KB071541

커플상담과 신경생물학

Mona DeKoven Fishbane 저

박수룡 · 전영주 · 서미아 · 김현수 · 최지원 · 김수지 · 안혜상 공역

LOVING WITH THE BRAIN IN MIND

NEUROBIOLOGY & COUPLE THERAPY

학지사

역자 서문

S. Freud는 무의식의 개념을 이용하여 우리 인간의 행동을 심층심리학으로 설명하면서 신경과학이 충분히 발달하면 자신의 이론을 증명 또는 보완해 줄 것이라고 했다. 놀랍게도 최근 들어 당시에는 상상도 못할 만큼 신경과학이 발달함에 따라 Freud의 예언이 실현되고 있다. 즉, 비물질인 마음에서 일어나는 것으로 알았던 여러 현상이 뇌라는 물질에서 실제로 일어나고 있다는 사실을 증명할 수 있게 된 것이다.

다른 모든 분야에서와 마찬가지로 상담치료의 발달과정에서 여러 모델이 각자의 우수성을 강조하며 생겨났지만, 결국에는 그 모든 모델을 아우르는 통합적 접근이 정석으로 여겨지고 있다. 하지만 이제는 그런 모델들뿐 아니라 신경과학적 지식 또한 상담현장에 필수적이고 효과적이라는 점을 인정할 수밖에 없게 되었다. 우리나라의 경우 지금까지 상담기술에 관한 책과 신경과학에 관한 책들은 각각 적지 않았으나 이 두 분야를 통합하여 소개하는 책은 거의 없었다.

이 책의 저자 Mona DeKoven Fishbane은 Cacioppo, Damasio, Siegel 등 현존하는 신경과학계 거장들의 최신 연구결과와 함께 자신의 상담치료 경험을 매우 잘 융합하여 소개하고 있다. 저자는 한 내담자 커플의 사례를 통하여 그들이 겪는 어려움을 심리학적으로 풀어 가면서 동시에 이것을 신경과학적으로 설명하고 있다. 또한 그들의 치료과정에서 효과가 있었던 여러 상담 기법을 소개하면서 그 적절성을 신경과학적 관점에서도 입증하고 있다.

쉽게 말하자면, 사람의 성격은 변하지 않아서 문제 또한 해결하기 어렵다고 흔히들 말하지만, 저자는 적절한 신경과학적 지식을 사용하는 것으로 사람이 얼마든지 변할 수 있음을 보여 준다. 즉, 우리로 하여금 어려움을 겪게 하는 문제들의 상당 부분이 뇌의 작동 방식 때문이라는 점과 그에 대한 이해를 토대로 하여 적절한 치료 기법을 적용하면 반드시 효과가 있다는 점의 근거까지도 제시하고 있다.

커플 및 가족치료를 전문으로 하는 역자들은 제각기 자신들의 상담 현장에서 성공적으로 또는 실패로 경험했던 많은 것에 대한 설명을 이 책을 통하여 상당 부분 얻을 수 있었다. 그리고 그에 대한 감사함은 이 책을 번역하여 국내의 많은 분에게도 도움을 드리자는 결론을 내리게 하였다.

비록 이 책이 역자들 모두 각자 바쁜 일과에서 시간을 쪼개어 작업한 결과물이라서 부족한 점이 적지 않을 줄 알지만, 그럼에도 불구하고 이 책을 통하여 얻을 수 있는 지식은 현장 상담자들은 물론 해당 분야의 연구자들과 학생들 그리고 내담자와 일반인들에게까지 큰 도움이 될 것임을 확신한다.

이 책의 선정에서부터 출판에 이르기까지 많은 수고를 하신 전영주 교수님과 여러 역자의 노고에 감사드리며, 우리 모두에게 좋은 책을 출판하기 위해 오랫동안 애써 오신 학지사의 김진환 사장님 그리고 편집부 박선민 님의 수고에도 깊은 감사를 드린다.

대표 역자 박수룡

서문

심리치료와 과학의 융합에서 정확성과 유용성을 모두 포함하려면 어떻게 해야 할까? 이 책에서 Mona DeKoven Fishbane은 종합적이고 폭넓은 과학적 발견을 기반으로 한 여러 가지 사례를 들어 커플상담에 접근하였다. 심리치료의 숙련도와 관계없이 상담자에게 도움을 주기 위해 집필된 이 책은 풍부한 연구 자료와 현실적인 제언들을 소개하고 있다.

이 책은 과학적인 접근방식뿐만 아니라 실용적인 방식 모두를 포함하고 있다. 책의 전반부에는 중요하고 다양한 연구결과가 요약되어 있으며, 이 중에는 신경과학에서 비롯된 성의 차이뿐만 아니라 친밀한 관계에서의 신뢰 문제도 포함되어 있다. 이 책을 통해 포옹에서 비롯된 호르몬의 변화가 어떻게 배우자를 감지하는지, 그리고 애착과 신경질이 이떠한 방식으로 소통의 패턴을 형성하는지 배울 수 있다. 또한 한 커플의 예를 통해 과학적 발견들이 개인사, 문화, 사회적 맥락 그리고 뇌의 기능과 어떻게 관련이 되는지를 알게 될 것이다.

이 책의 후반부에서는 과학 연구가 Fishbane 박사의 실제 임상실습에 어떠한 영향을 미쳤는지에 관해 서술하고 있다. 현실적인 적용방법이 어떻게 새로운 접근방식을 형성하고, 독자의 상담 과정에서도 어떻게 사용될 수 있는지 알 수 있다. 앞서 말한 내용을 바탕으로 전반부에서는 에릭과 리사 커플에 대하여 살펴볼 것이다. 신경과학의 이해와 더불어 신경교육이 이 커플의 관계에 어떻게 영향을 미치는지 볼 수 있다. 예를 들어, 대인관계에 관련된 신경생물학적 어려움인 '아랫길(low-road)' 상태에 있을 때, 커플들은 암묵적 기억(implicit memory)에 의존하여 상대방의 행동을 인지하고 의도를 해석한다. 이럴 때는 전두엽 영역을 활성화함으로써 뇌 하부의 균형과 몸 전체에 미치는 영향에 대해 배울 수 있다. 앞서 말한 실용적인 접근방식은 신경과학의 이해와 더불어 우리의 감정을 강화하고 연민 또한 증가시킨다.

이 책에서 Fishbane은 과학과 상담을 잘 연결시켰다. 다른 시리즈에도 익숙하다면 Lou Cozolino의 『관계에 대한 신경과학(The Neuroscience of Relationships)』과 Marion Solomon과 Stan Tatkin이 함께 저술한 『친밀한 관계에서의 사랑과 전쟁(Love and War in Intimate Relationships)』도 들어 본 적이 있을 것이다. 『관계에 대한 신경과학』에서는 애착에 대한 기본 이해와 그들의 뇌가 상담을 통해 어떻게 변화하는지를 알 수 있고, 『친밀한 관계에서의 사랑과 전쟁』에서는 감정 조절과 신경통합의 개념을 토대로 한 구체적인 사례들이 담겨 있다. 이 책에서는 다양한 정보를 기반으로 한 커플상담의 기본 지침들이 포함되어 있으며, 최근의 비약적인 문명의 발전과 함께 뇌 연구로 인해 커플들이 어떤 행동을 하는지를 알 수 있다. 이 책은 커플의 다양한 상황에 어떻게 개입할 수 있는지를 보여 주므로 실제 상담에서 유용하게 사용될 수 있을 것이다.

심리상담에 대한 연구는 변화에 기반한 상담과 과학의 조합이라고 말할 수 있다. 대인관계 신경생물학(interpersonal neurobiology)은 인류학부터 시작해 신경과학까지 넓은 범위의 과학을 담고 있으며, 이는 인간의 심성, 건강한 발전 그리고 우리의 행복과 연관되어 있다. 이 책을 독자들에게 소개할 수 있어 영광이다.

Norton Series on Interpersonal Neurobiology 편집자

Daniel J. Siegel, MD

차례

제1부 신경생물학의 지혜

서론

몇해 전 어느 아침, 런닝 머신에서 운동을 하던 나는 86세의 시모 나나에게 안부 전화를 했다. 이는 나와 시어머니 모두가 소중히 여기는 일상이었다. 시어머니는 내게 책 한 권을 읽고 있는데 분명 나도 이 책을 좋아할 것이라고 말하였다. 책은 Erik Kandel(2006)의 『기억을 찾아서』였다. 나는 깜짝 놀랐다. 나도 이 책을 절반 정도 읽던 중이었고, 비록 자전적 내용을 담고 있으나 Kandel에게 노벨상을 안겨 준 그런 진중한 신경과학 연구들을 소개하고 있는, 86세의 노인이 읽을 만한 책은 아니었기 때문이었다. 난 시모가 어떻게 인생 제2막의 당신을 새벽 4시에 기상하여 탈무드, 에마뉘엘 레비나스(철학자), 스토아 철학, 신경과학 서적들을 읽으며 수업을 준비하는 지적 호기심과 학문적 열의로 가득찬 학생으로 만들 수 있었는지에 대해 생각해 보았다.

Kandel의 통찰은 나나의 변화에 대한 단서를 제공한다. 그의 연구는 학습이 인간의 뇌를 어떻게 변화시키는지 보여 준다. 비록 그가 선택한 뇌는 나새목의 연체동물(sea slug)의 뇌였지만(이 동물의 단순성이 Kandel의 연구목적에 유리하게 작용했지만), 그의 발견은 인간 뇌에도 적용이 가능했다. 더불어 Kandel과 동료들은 심리치료가 뇌를 어떻게 변화시키는지에 대해 규명했다. 변화의 기제(그리고 장모 나나의 변화의 기제)는 신경가소성(neuroplasticity)으로, 이는 새로운 학습에 대응하여 변화해 가는 인간 뇌의 능력을 말한다. 이 능력이 바로 커플 치료를 포함한 모든 심리치료가 추구하는 변화를 가능케 하는 기제이다.

신경가소성

신경가소성은 치료자가 업을 이어 가는 이유이며, 인간 행동 변화의 근간이라고 할 수 있다. 하지만 10년 전이나 마찬가지로 최근에도 신경가소성은 성인 뇌에서는 불가능하다 여겨지고 있다. 신경가소성은 어린 아이에게나 해당되는 이야기였다. 초기 성인기 이후로는 뉴런(뇌세포) 간에 새로운 연결이 일어날 가능성이 없다는 것이 통념이었다. 뇌는 사실상 20대부터 내리막길로 접어드는데, 뉴런들이 소실되고 뇌 용량이 노년기로 접어든다는 가정이 주류였다. 하지만 지난 10년의 발견은 성인의 뇌 기능에 대해 좀 더 낙관적이고 혁신적인 전망을 제공하고 있다. 즉, 신경가소성(뉴런 간의 새로운 연결) 그리고 더 나아가 신경생성(neurogenesis)이 나이가 들어서도 계속될 수 있다는 주장이다. 비록 많은 성인이 특정 범주로 굳어지는 경직 상태에 빠지지만(Cozolino, 2002), 신경과학은 삶에서 변화와 재활을 꿈꾸는 이들에게 희망을 제공하고 있다.

새로운 언어나 기술을 배우고자 하는 성인이라면 누구나(혹은 자동적 행동을 바꾸고자 하는 성인이라면 누구나) 일정 나이 이후로는 변화가 쉽지 않다는 사실을 안다. 성인에게 신경가소성이나 뇌 변화가 일어나기 위해서는 각별한 노력이 필요하다. 어린아이의 뇌는 끊임없이 배우고 끊임없이 새로운 신경망을 형성하는 반면, 중년 이후의 뇌는 재설계와 새로운 신경 경로 창출을 위해 수많은 연습을 필요로 한다. 치료자들은 도움을 주려는 치료자의 노력에도 불구하고 문제행동을 계속하려는 내담자 특징인 내담자 '저항'으로 애를 먹곤 한다. 실제 치료적 접근이라 불리는 것들은 내담자 저항과 씨름하며 호전 없음의 책임을 내담자에게 돌리기도 하고, '저항'에 우회하여 사람들을 변화시키려는 역설적 노력을 기울이기도 한다. 변화의 신경과학에 관한 나의 연구는 이 쟁점에 대해 조금 다른 관점을 제시하고 있다. 나는 자신이나 관계를 변화시키는 것이 내담자에게 왜 그렇게 어려운지 충분히 이해한다. 이는 친숙하고 예측 가능한 방식으로 행동하게끔 뇌가 우리를 촉발하고 있기 때문이다. 인간의 뇌는 패턴(pattern)을 추구하며, 끊임없이 과거 경험을 토대로 다음 순간을 예측한다. 우리는 습관을 형성하게끔 선천적으로 프로그램되어 있다.

그럼에도 불구하고, 우리는 일편 변화를 위해 프로그램되어 있기도 하다. 이는 좋은 소식이며, 치료자로서의 나의 일에 희망과 낙관을 제공한다. 비록 우리 뇌가 친숙함을 스캔하기도 하지만, 이 와중에도 우리는 새로움에 개방되어 있다. 실제, 인간의 뇌는 인생 전반에 걸쳐 계속적으로 적응하고 배워가고 있다. 비록 아이 때보다는 더 큰 노력이나 작업이 필요하나, 우리는 여전히 우리를 변화시킬 수 있으며 잘 변화시킬 수 있다. 뇌 변화가 일어날 수 있는 조건이나 상황이 조성된다면 말이다. 매번 같은 것을 같은 방식으로 하는 것은 신경가소성을 만들어 낼 수 없다. 성인은 자신이 만든 자취 혹은 흔적에 갇히기 매우 쉽다. 앞으로도 살펴볼 것이지만, 행동적 흔적은 함께 발화하도록 습관화된 신경회로인 신경 흔적이 존재함을 보여 주는 증거이다. 커플상담에서의 변화는 내 경험으로 볼 때 뇌가 어떤 방식으로 작동하는지 그리고 무엇이 새로운 신경 회로를 만들어 내는지 이해할 때 더 성공적이었다. 과학에 근거를 둔 변화에 대한 나의 낙관은 치료를 통해 자신의 인생 혹은 관계를 변화시켜 보고자 하는 내담자들에게 희망을 제공한다.

과거 오랫동안 지속되었던 유전(nature) 대 환경(nurture)의 논쟁은 신경과학에 의해 잠재워졌다. 이제는 유전과 환경 둘 모두로 설명하고 있다. 우리는 우리의 기질, 능력, 정서 스타일에 영향을 주는 유전적 소인을 가지고 있다. 하지만 이들 경향도 우리가 어떻게 키워지고 있고, 어떤 것들과 마주하고 있으며, 인생에서 무엇을 하고 있느냐에 따라 영향을 받는다. 경험은 신경세포 간 연결인 시냅스를 만들어 내고, 이를 강화함으로써 우리의 뇌를 조형한다. 환경의 유전에의 영향은 유전자 수준에서도 일어난다. 후생학(epigenetic)은 경험이나 환경이 유전자 표현에 어떤 영향을 주는지 연구하는 학문이다. 우리가 가진 유전자가 발현되느냐 그렇지 못하느냐는 후생 환경에 달려 있다. 신경과학으로 인간을 이해하는 관점은 결정론적 입장을 취하고 있지 않다. 유전의 역할이 더 많이 알려짐에 따라 더욱 그러하다. 그리고 뇌에 대한 경험의 영향도 아동기에서 멈추지 않는다. 우리가 어떻게 살아가고 있고, 어떻게 사랑하고 있느냐는 우리의 관계를 조형할 뿐 아니라 우리의 뇌도 조형한다. 성인으로서 우리는 우리의 미래에 대해 이야기할 수 있다. 말하자면, 성장과 신경가소성을 촉진하는 선택을 우리가 할 수 있다는 말이다. 더불어 우리는 만족스러운 관계 혹은 더 나은 관계를 만들어 가는 방법에 대한 선택권도 함께 가지고 있다.

왜 신경과학과 커플상담에 관한 책이어야 하는가

이 책을 지필 중이라 말하였을 때, 사람들은 신경과학과 커플상담 사이의 관계에 대해 내게 묻곤 했다. 왜 이 두 영역이 함께여야 하는가라고 말이다. 이 질문에 나는 뇌가 우리의 행동, 정서, 사고에 기저하고 있으며, 신경과학의 발전은 인간의 경험 혹은 관계에 대해 우리에게 무엇인가를 말해 주고 있기 때문이라고 대답했다. 신경생물학에 관한 나의 연구는 나 자신의 임상 실천은 물론 커플관계에 관한 이론과 치료 과정도 변화시켰다. 나는 뇌의 작동을 이해하는 것이 치료자의 필수 요건이라 생각한다. 커플, 커플상담과 더불어 신경과학은 나 자신의 임상 실천에 정보를 제공하고 있으며 동시에 개입을 개선시키고 있다.

앞으로 이 책에서 살펴볼 것이지만, 신경생물학은 불행한 커플의 고통스러운 역동에 대한 이해를 증진시킨다. 또한 신경생물학은 행복한 커플이 나타내는 건강한 역동에 대해서도 말해 준다. 우리는 파트너들이 어떻게 서로에게 반응적이 되고 정서적으로 비조절적이 되는지 살펴볼 것이고, 이런 일이 발생했을 때 뇌에서는 어떤 변화가 일어나고 있는지 살펴볼 것이다. 핵심은 정서와 정서 조절 과정에 있다. 연구들은 친밀한 커플관계에서 자기조절의 중요성을 보여 준다. 여기에 더해, 우리는 공감의 신경생물학에도 초점을 맞출 것이다. 공감은 여러 겹으로 구성되어 있다. 공감의 구성 요소를 이해하는 것은 따라서 커플상담에서 공감을 촉진시키는 데 핵심이 될 수 있다. 좋은 소식은 공감과 자기조절이 학습될 수 있다는 것이다. 공감이나 자기조절을 증진시키는 기술들이 상담 과정에서 소개될 것이다. 기분과 공감, 기타 많은 커플관계 양상들이 유전적 소인과 초기 아동기 경험으로 인해 개인차를 나타내고 있다. 하지만 가소성이 있는(적응력 있는) 뇌 덕분에 내담자들은 관계를 변화시키고 정서 지능 기술을 배워 갈 수 있다.

신경과학은 인간의 관계적 본성을 보여 준다. 인간은 다른 이들과 관계하도록 프로그램되어 있다. 상호 의존은 인생 전반에 걸쳐 나타나고, 관계는 좋든 나쁘든 우리의 정신적·신체적 건강에 영향을 준다. 우리는 파트너들이 어떻게 서로 간에 관계를 발달시키는지 살펴볼 것이고, 이를 통해 안위를 증진시키는 방식에 대해 생각해 볼 것이다. 사랑의 관계는 시간과 노력을 요구한다. 즉, 작업을 해야 한다는 소리이다. 사랑에 빠지는 달콤한 초기 단계가 지나간 후에도 좋은 관계를 유지해 나가고자 한다면, 커플은 선제적으로 관계를 육성할 필요가 있다. 커플이 서로에게 영향을 미치고 서로의 만족에 영향을 끼쳐 감에 따라 돌봄, 관용, 감사의 과정이 탐색될 것이다. 친밀한 관계는 그 연결성이 항상 같은 상태로 머물러 있지 않다. 연결되고, 연결이 끊어지고, 다시 연결이 되는 상태를 오간다. 서로에게 상처를 입히고, 연결이 끊어진 후에는 회복이 일어난다. 사랑은 미안해라고 말하는 것, 아니 미안해라고 '많이' 말하는 것을 의미한다. 상대의 관심을 촉발하는 기법, 커플관계를 회복시키는 기법들이 소개될 예정인데, 이들 기법은 커플 연구와 신경생물학 연구로부터 온 것이다.

인간의 사회적인 뇌는 커플관계를 넘어 안전과 지지를 원한다. 커플이 처해 있는 맥락은 파트너들의 인생 대처와 인생 관리 능력에 영향을 준다. 심한 스트레스나 고립은 애착이 잘 형성된 정서적으로 유능한 커플들에게조차 부정적 영향을 미칠 수 있다. 전쟁, 가난, 차별과 같은 외상적 경험은 건강한 내담자들에게조차 대처 자원을 고갈시킬 수 있다. 확대가족, 친구로부터의 지지와 공동체 의식은 커플이나 핵가족에게 매우 중요하다. 하지만 돌봄과 사회적 지지에도 불구하고 많은 이는 고립감을 느낀다. 최근의 가족치료 체계 이론은 커플과 가족에게 영향을 주는 맥락적 스트레스와 지지 원천들을 조명하면서 내담자를 둘러싼 거시적(macro) 차원의 중요성을 전달하려고 노력한다. 이 책은 커플과 커플 과정의 다수준적 이해에 신경생물학이라는 미시적(micro) 수준을 첨가하고 있다. 이 책은 커플과의 작업에 이 같은 여러 수준의 내용을 통합한 통합적 관점을 제공할 것이다.

신경과학 영역은 지난 10년간 폭발적 발전을 이룩하였다. 뇌혈류를 측정하는 기능적 자기공명영상(fMRI)과 같은 새로운 뇌영상 기법들은 사랑할 때, 화를 낼 때, 두려움을 느낄 때, 동정심을 가질 때 우리 뇌의 어디가 어떻게 활성화되는지를 보여 준다. 확산텐서영상(DTI)은 각기 다른 뇌 영역의 뉴런들 간의 연결을 영상으로 보여 준다. 이러한 기술력과 여타의 것들이 이전에는 결코 알 수 없었던 뇌 기능에 대해 우리에게 알려 주고 있다. 신경생물학으로부터 온 통찰은 인간의 경험과 감정에 대한 우리의 이해를 심화시킨다. 최근 몇 년에 걸쳐 신경과학과 심리치료를 통합한 책이나 신경과학과 인간관계를 통합한 책들이 다량 출간되고 있다. Daniel Siegel, Allen Schore, Louis Cozolino와 같은 치료자들이 이런 영역의 선구자들이다. Daniel Goleman은 뇌와 정서 지능, 뇌와 사회지능 간의 상호작용에 대해 우리에게 알려 주었다.

　동시에 커플상담 영역은 보다 원숙해졌다. 신경과학이 나의 최근 열정이라면, 커플상담은 나의 오랜 사랑이다. 많은 치료자와 수련생이 커플상담에 대해 겁을 먹고 있다. 이들은 상대를 맹렬이 비난하는 두 성난 성인과 함께 있는 것에 압도되곤 한다. 때로는 부부 싸움 중에 있는 부모 곁으로 되돌아간 기분을 느끼기도 한다. 이 책은 치료자와 커플에게 변화의 과정에 관한 임파워먼트를 제공하는 것을 목적으로 한다. 치료란 과학(science) 못지않게 기술(art)이다. 그러나 과학은—그것이 커플과 커플상담에 관한 과학적 연구이든, 뇌와 관계에 관한 과학적 연구이든 간에—치유 기술에 대한 정보를 제공할 수 있고 변화를 촉진할 수 있다. 커플상담의 실천은 John Gottman, Leslie Greenberg, Sue Johnson을 비롯한 커플의 주요 문제 영역을 파악한 사람들의 연구로 인해 더욱 풍성해졌다. 또한 커플을 위한 상담은 만족할 만한 성과를 내고 있다. 비록 커플상담이 가족치료의 의붓자식으로 출발하기는 했지만, 최근에는 그 자체로 정체감과 문헌을 가질 정도로 성장하였다. 앞으로도 보겠지만, 신경과학은 커플 연구의 닻을 내리고 커플 연구를 심화시킨다. 변화의 과정뿐 아니라 개인적 경험, 관계적 경험에 있어 신경과학과 커플상담 간에는 동시성(연결성, synchrony)이 존재한다.

큰 그림: 가치관의 문제

　인간은 사회적 존재이다. 인생을 살아가면서 우리는 끊임없이 다른 이를 필요로 한다. 관계는 신체적 건강에 직접적 영향을 미친다. 파트너로서 어떻게 행동하느냐는 관계에 막대한 영향을 미친다. 심리학자, 커플연구자, 신경과학자들은 만족스럽고 행복한 친밀감을 만들어 내는 개인적 자질과 관계적 자질을 확인해 왔다. 결론은? 관계를 잘해 나가기 위해서는 좋은 사람(mensch)이 되어야 한다는 것이다. mensch는 이디시어(유대인 언어)로, 좋고

점잖은 사람을 뜻한다. 이 책의 많은 부분은 장기 사랑의 관계에서 mensch
가 되는 것이 무엇을 의미하는지를 분석한다. 이는 당신 자신의 정서와 반응
성을 관리하는 것과 파트너를 배려하고 존중하는 것을 포함한다. 파트너를
사랑하고 존중하는 것이 훌륭한 관계를 위한 기반이기는 하지만, 관계적 습
관 또한 훌륭한 관계를 위해 필요하다.

  Blaine Fowers(2011)는 그의 논문에서 성공적인 커플이 사용하는 소통·
관계 기술이 대부분 전통적 미덕을 반영하는 것들임을 보여 주었다. 그리스
철학자 아리스토텔레스가 아주 오래전에 정리한 바 있는 이러한 인성적 강
점들에는 자제력, 관용, 정직, 용기, 판단력, 신용, 지조, 헌신, 정의감 등이
있다. 치료자들은 보통 미덕이나 윤리를 말하지 않는다. 우리는 좀 더 실질
적인 경향이 있다. 하지만 나는 Fowers의 주장에 끌린다. 이 책에서 언급할
많은 근거-기반 관계 기술들은 친밀한 관계에서 가치관과 미덕이 중요함을
보여준다.

  긍정적 관계에 기여하는 개인적 자질 중 일부는 미국 사회의 주된 가치관
과 충돌한다. 미국의 지배적·문화적 가치관은 권리(rights)를 강조하는 경향
이 있다. 완벽히 사랑받을 자격을 포함, 우리는 많은 좋은 것(goodies)을 가
질 '자격이 있다.'고 생각한다. 하지만 관련 문헌을 고찰해 보면, 관계 성공에
있어서 권리만큼이나 의무(responsibilities)가 중요함을 알 수 있다. 권리와 의
무 사이의 차이는 크다. 권리에만 초점을 두는 것은 우리를 기쁘게 하는 부
담을 파트너에게 전가시키는 것과 별반 다르지 않다. 이는 우리를 '나를 완
벽하게 사랑하는' 혹은 '나를 완벽하게 사랑하지 않는' 파트너에 의해 영향을
받도록 방치해 두는 것과 같다. '권리를 가졌다.' 혹은 '의무를 가졌다.' 식의
관점은 책임을 나 혹은 파트너에게 전가한다. 존중받거나 특별한 대우를 받
기를 기대하는 것과 마찬가지로, 우리는 관계에 자발적으로 그리고 주체적
으로 공헌해야 할 의무도 받아들여야 한다.

문화가 중요하다

문화 신경과학(cultural neuroscience)이라는 학문은 문화가 뇌를 조형하는 방식에 관해 연구한다. 원가족 문화와 마찬가지로, 이보다 더 큰 맥락은 개인의 발달과 뇌 작용에 영향을 미친다. 이 분야 대부분의 연구는 다양한 주제(지각에서 정체감에 이르는)에 있어 동양인(예를 들어, 중국이나 일본)과 서양인(예를 들어, 유럽계 미국인)이 나타내는 차이를 조명한다. 유럽계 미국인들은 자기에 집중하는 문화적 규준을 가진 반면, 아시아인들은 맥락과 상호의존적 세계관에 집중하는 문화적 규준을 가지고 있다(Ames & Fiske, 2010). 유전적 요인과 경험적 요인 모두가 이러한 차이를 만들어 내는 것 같다. 뇌란 그 뇌가 속한 문화에 적응해 간다. 새로운 문화에 적응해야 하는 과업은 성인의 뇌에 있어 특히 더 큰 도전이 될 수 있다. 이민자가 새로운 소리, 냄새, 경치, 색, 문화, 언어로부터 경험하는 "문화 충격은 사실상 뇌의 충격이라 말할 수 있다."(Wexler, 2006)

치료자가 내담자의 문화적 배경을 이해하는 것은 중요하다. 이는 문화적 배경이 내담자의 신념과 행동에 관해 많은 것을 이야기해 주고 있기 때문이다. 커플과 치료자 간, 혹은 커플 양자 간의 전제나 가정(assumptions)에서 차이가 나타나는 이유는 이들이 경험한 문화적 규준과 가치관이 서로 다르기 때문이다. 서로 다른 문화적 배경에서 온 파트너들은 상대에 대한 기대가 상이하여 고통을 경험할 수 있다. 문화적 배경을 공유한 경우에조차 각자는 고유한 원가족 경험으로 인해 사랑, 갈등, 성역할에 대한 매우 다른 가정을 가질 수 있다. 내담자 고유의 문화적 신념을 이해하고 이들의 문화적 행동을 존중하는 것은 상담을 안전하고 생산적인 방향으로 나아가게 하는 데 필수적이다.

이 책은 미국 주류 문화에 의해 영향받은 신념과 행동들을 주로 소개하고 있다. 우리 안에 깊이 뿌리박혀 있는 태도들은 파트너를 자극하고 화나게 하는 습관들이 무엇인지에 대한 힌트를 제공한다. 저자인 나의 관계 관점은 개인주의, 경쟁, 관계에서의 승패 개념을 만들어 낸 미국 문화의 주류 문화적 내러티브(cultural narrative)와는 사뭇 다르다. 미국 역사 초반기의 서구 유럽의 정신이었던 단호한 개인주의는 친밀한 관계에 해를 가하는 자기중심적(자기초점적) 사고를 만들어 냈다. 우리는 자기중심적 가치관이 커플관계에 주는 영향에 대해 생각해 볼 것이며, 커플상담에서 보다 협력적이고 관용적인 가치관을 발달시키는 방법에 대해서도 생각해 볼 것이다. 커플연구는 관계를 함께 만들어 가고, 관계에 공동책임을 지며, '너 대 나'라는 관점 대신 '우리'라는 의식을 발달시키는 데 파트너가 중요한 역할을 함을 보여 준다.

선제적으로 사랑하기

사랑에 빠진다는 것은 달콤한 경험이다. 남편과 내가 처음 사랑에 빠졌을 때, 나는 그만을 보고 있었다. 나는 우리에게만 색깔이 칠해져 있고 나머지는 흑백으로 처리된 화면을 보고 있었다. 그를 사랑하기 위해 나는 특별히 애를 쓸 필요가 없었다. 그냥 자연스럽게 그를 사랑하게 되었다. 앞으로 보겠지만, 신경과학자들은 이런 사랑에 빠진 상태에 관해 연구했다. 이런 상태는 마치 마약에 취해 있는 것과 같아 서로의 눈을 바라보며 서로를 빛나게 하는 것만으로도 뇌의 보상 중추가 발화한다. 이들의 눈에는 상대의 결점은 보이지 않고 아름다움과 경외만이 있을 뿐이다.

하지만 어느 시점이 되면 현실감각이 되돌아온다. 매력이라 생각되던 것들이 짜증의 원인이 된다. 사랑으로 잠시 멈추었던 뇌의 비판적 사회기능이 재가동하기 시작하고, 좀 더 균형 잡히고 판단적인 눈으로 세상을 보게 된다. 이 상태에서는 다음의 상황이 중요하다. 만약 사랑을 '그 후로도 행복하게 잘 살았다.'는 식으로 보게 된다면, 우리는 실망과 비난에 굴복하게 될 것이며 '잘못된 상대와 함께 있구나!'라는 자각을 갖게 될 것이다. 이는 때에 따라서는 사실일 수 있으나, 많은 경우 사실이 아닐 수 있다. 문제는 상대가 아닌 나 자신의 비현실적인 기대에 있을 수 있다. 파트너들은 흔히 이 단계에 준비되어 있지 못하다. 따라서 자신이 완벽하게 사랑을 받고 있지 못하다고 느끼게 되면 충격에 휩싸이게 되고 상처를 받게 된다. 이런 실망이 부정성의 반응 사이클을 촉발한다.

커플은 서로에 대한 자동조종장치에 반응하게 되었을 때 곤경에 처한다. 우리는 한 파트너의 자기보호 기제가 다른 파트너의 경보 체계를 발효시키는 취약성의 악순환의 고리를 탐색하게 될 것이다. 이 같은 상호 강화적이고 반응적인 과정은 순식간에 일어나고, 우리가 의식하지 못한 상태에서 일어난다. 이 책에서 전달하고자 하는 주요 메시지는 인간이란 이런 자동적 반응을 하게끔 프로그램되어 있다는 사실이다. 이 체계는 인간이라는 동물로부터 물려받은 유산이다. 우리는 결국 포유류이다. 하지만 다른 한편으로는 그리고 영광스럽게도 우리는 우리를 다잡아 다른 선택을 할 수 있는 인간 고유의 능력을 가지고 있다. 우리는 문화와 가치관을 발전시킬 수 있는 종이다. 우리의 고차원적 뇌는 포유류 뇌를 통제하여 가치관에 부합하는 삶을 살 수 있게 해 준다. 이것이 바로 이 책 후반부의 임상적 개입에서 다룰 자동성과 선택 사이의 상호교류이다.

상담에서 우리는 파트너들이 선제적 사랑의 기술을 배울 수 있도록 돕는다. 선제적으로 사랑을 한다는 것은 자신의 행동에 책임을 지고 관계에 공동책임을 진다는 것을 의미한다. 현명하게 사랑하기란 Martin Buber(1973)가 "잘못된 만남(mismeetings)"이라 명명한 단절(disconnection)을 관계에서 나타나는 불가피한 현상으로 이해하는 것을 포함한다. 더불어 단절이 일어난 후 이를 회복시키기 위해 헌신을 하는 것을 포함한다. 신뢰 구축은 커플과 개인 모두의 안위를 위해 필요하다. 우리는 신뢰의 다면적 의미와 신뢰가 깨지는 다양한 방식을 탐색할 것이며, 친근한 관계에서 '신뢰 자원'을 개발하는 방법을 제안할 것이다(Boszormenyi-Nagy & Ulrich, 1981). 우리는 이 책 전반에서 상대를 배려하는 상호작용 방법에 대해 탐구해 나갈 것이다. 부부,

커플이 선제적으로 자신들의 관계를 함께 저술해 나갈 수 있게 되면, 이 방법에 대한 탐구를 본격적으로 진행할 것이다.

신경교육

나는 '신경과학으로부터의 발견들'이 의도성과 임파워먼트를 목표로 하는 커플상담의 변화 프로젝트에 많은 것을 보태줄 것이라 믿는다. 신경과학이 이 목적에 도움이 되는 세 가지 방법이 있다. 첫째로, 신경과학은 관계 · 발달 · 변화 이론에 대해 치료자에게 정보를 제공할 수 있다. 뇌가 어떻게 작동하고 친밀한 관계에서 뇌-신체가 서로간 어떻게 영향을 주고 받는지 이해하는 것은 매우 중요하다. 둘째, 신경생물학적 지식에 기초한 특정 기법이 변화의 과정을 촉진할 수 있다. 인간이라는 정서적 존재가 어떤 방식으로 사랑을 하고 사랑이 어떻게 개인을 왜곡하고 좀먹는지 이해할 수 있을 것이며, 이러한 지식에 기초하여 성공적 관계 수립을 위한 개입을 구상해 볼 수 있다. 마지막으로, 치료자는 내담자에게 신경생물학적 관점에서 관계 반응성과 관계 고통을 이해하게 돕는 '신경교육'을 제공할 수 있다. 인간의 뇌가 위협에 투쟁이나 도피로 반응하도록 프로그램되어 있다는 사실을 알게 된다면, 내담자는 좌절 상황에서 수치심을 덜 느끼게 될 것이다. 나를 안정시킬 뇌 영역이 있다는 것을 알게 되는 것은, 즉 기분을 통제하는 방법을 알게 되는 것은 고무적인 일이다. 신경교육은 변화란 어렵지만 가능하다는 통찰을 제공한다. 참으로, 신경가소성에 관한 연구들은 변화 가능성을 낙관할 수 있게 만든다. 그리고 나는 이 정보와 낙관적 조망을 커플과 공유한다. 내담자는 자신의 뇌와 몸을 더 잘 이해하게 되었을 때, 그리고 자신을 조절하는 방법과 상대와 연결되는 방법을 알게 되었을 때 자신감을 얻고 이를 감사히 여긴다.

신경과학: 최신 연구

신경과학 분야는 급성장하고 있고, 내 서재의 신경과학 서적을 위한 공간은 늘어만 가고 있다. 새로운 자료와 통찰들이 매 순간 쏟아져 나오고 있다. 신경과학은 유동적이고 진행 중에 있는 학문 분야이다. 한순간을 포착하고자 하는 시도는 한계가 많고 앞으로도 많은 변화가 있을 것이다. 게다가, 기술력과 과학이 발전해 감에 따라 분석도 진화하고 있다. 커넥톰(connectome, 신경망을 도식화하는 학문)과 더불어 유전학과 후생유전학(경험이 유전자 발현에 어떤 영향을 주는지 탐구하는 학문)이 이 분야를 변화시키고 있다. 뉴런은 뇌의 회색질 부분에 해당한다. 최근 연구는 뇌의 백질에도 주목하고 있다. 이 백질 세포들이 뉴런 간 소통을 촉진하는 역할을 한다.

이 책에서 내가 인용한 연구 중 일부는 향후 그 결과가 번복되거나 좀 더 정교화될 것이다. 신경과학 영역의 광대함과 이 영역 연구의 끊임없는 진화가 내 입을 다물게 하고 나를 겸손케 한다. 어떻게 내가 계속 쏟아져 나오고 있는 연구결과들을 요약할 수 있을까? 내가 제시하는 생각들이 진화 중에 있는 결과들임에도 불구하고 나는 뇌 연구로부터 온 지혜가 너무도 흥미로워 이를 공유하기로 마음먹었다. 그것이 불완전하고 앞으로 변화될 가능성이 크다 하더라도 말이다. 그럼에도 이 중에는 내가 생각하기에 계속 유지될 만한 원칙들이 있다. 변화에 대한 생각, 정서적 과정과 이성적 과정 간의 관계, 뇌와 신체 간의 상호작용이 여기에 속하며, 이러한 원칙들은 임상가의 임상실천을 변화시킬 수 있다.

신경과학자들의 자료 원천에는 동물 연구, 특정 뇌 영역 손상자의 인지적·정서적 기능 평가 연구, 보다 최근에는 실시간 뇌 기능이나 작용을 살피는 연구가 있다. 각 연구의 장점과 단점이 뇌에 관한 지식이나 이를 연구하는 방법에 영향을 줄 수 있기 때문에 이들 원천에 대해 좀 더 자세히 다룰 필요가 있다. 먼저 동물 자료, 특히 설치류를 대상으로 한 실험이 있다. 설치류의 뇌가 인간의 뇌와 다르기는 하지만, 이 둘은 연구결과를 가치 있게 만들 만큼 충분한 공통점이 있다(특히, 피질 하부의 수준에서는 더 그렇다). 좀 더 가까운 친척인 원숭이나 침팬지를 대상으로 한 연구는 추가적 정보를 제공한다. 하지만 고차적 인지 기능의 설명에 있어서는 동물로부터 나온 결과를 인간 뇌에 적용하기란 한계가 있다. 이는 인간 뇌와 동물 뇌가 사고 및 복잡한 행동 처리에 있어서 차이를 나타내기 때문이다. 하지만 인간과 동물은 자동적 정서 처리에 있어서는 많은 점을 공유한다. 두 번째로 중요한 자료 원천은 질병, 사고, 수술로 인해 뇌손상을 입은 인간으로부터 온다. 환자들의 비극적 상실·손실이 과학자로 하여금 특정 뇌 손상 영역과 특정한 인지적 혹은 정서적 기능 상실을 연결할 수 있게 한다.

신경과학의 최종적 자료의 원천은 기능 중에 있는 인간 뇌 활동의 연구로부터 온다. 뇌파(Electroencephalographic: EEG) 판독치는 다양한 뇌 영역의 전기적 활동을 포착한 결과이다. 경두개자기자극법(Transcranial Magnetic Stimulation: TMS)은 뇌에 자기파장을 투과시킴으로써 특정 뇌 영역의 기능을 일시적으로 차단한다. 이로써 연구자들은 특정 뇌 영역이 수행하는 기능을 확인할 수 있다. 기능적 MRI(functional Magnetic Resonance Imaging: fMRI)와 다른 뇌스캔들은 서로 다른 자극 조건들에서 어떤 뇌 영역이 활동적이 되는지를 확인할 수 있게 한다. 특정 뇌 영역이 활동적이 되면, 이 영역은 산소를 필요로 하게 된다. 즉, 혈액으로 운반된 산소를 필요로 하게 된다. fMRI는 스캐너에 사람을 위치시킨(눕혀 놓은) 상태에서 특정 뇌 영역에 유입되는 혈류의 양을 측정한다. 특정 인지적 혹은 정서적 과제 동안 특정 영역이 활성화되면 신경영상법들은 이 영역의 활동을 보여 주는 놀랄 만한 뇌 사진·이미지들을 제공한다.

신경영상법이 연구에 활용되는 방법과 관련하여 최근 여러 비판이 일고 있다. 여기에는 자료 해석이 지나치게 단순화되어 있다는 비판도 포함되어 있다. fMRI 연구의 대부분은 상관관계에 의존하고 있다. 따라서 상관 결과에 의지하여 뇌 활동이 특정 정서나 특정 경험을 야기했다는 식의 인과적 해석을 하는 것은 한계가 있다. 더욱이 같은 뇌 영역이 다양한 기능을 수행하는 것으로 시사되고 있는 현 상황에서 이런 해석은 문제를 야기할 수 있다. 연구가 어떻게 수행되어야 하고, 어떤 정보가 유포되어야 할 것인가에 대한 규제가 촉구되고 있다(Aue, Lavelle, & Cacioppo, 2009; Van Horn & Poldrack, 2009). 많은 연구자가 신경과학 연구결과를 왜곡하거나 편파적으로 사용하는 것을 막기 위해 메타분석(다수의 연구결과를 분석한 연구)을 활용할 것과 인간 뇌 기능 평가에서 다양한 자료 원천을 활용할 것을 제안하고 있다(Cacioppo & Decety, 2011). 작은 표본을 활용한 단일 연구의 결과가 반복 검증을 거치기도 전 언론의 헤드라인을 장식하고 있다. 유명 언론에 의한 이 같은 신경과학 정보의 오용 사례는 특히 더 문제라 할 수 있다. 마지막으로, fMRI 기법은 자극에 노출되는 동안 혹은 정신적 과제를 수행하는 동안 개인이 스캐너 안에 누워 있어야 한다는 물리적 제한성을 가지고 있다. (과학자들은 이제 스캐너에 한 번에 두 명을 배치하는 연구를 진행하기 시작했다. 물론 이런 시도가 낙관적이기는 하나 어색한 신체 자세로 인해 여전히 예비적이고 제한적이라 하겠다.) fMRI 셋업은 커플의 복잡한 상호작용(다양한 몸짓, 얼굴 표정, 상호 조절·비조절로 가득한)을 유발하기에는, 그리고 이를 측정하기에는 거리가 있다. 신경영상법의 인위적이고 인공적인 셋업은 서로 교류하는 현실 커플의 제멋대로의 세상을 충실히 포착하기에는 한계가 있다고 할 수 있다.

우리가 살펴볼 몇몇 연구의 초점은 뇌-신체 간 과정을 살피는 것으로, 두개골 안의 뇌를 넘어서는 것이다. 예를 들면, 많은 연구가 혈류의 코르티솔 수준을 검토한다. 코르티솔은 개인의 스트레스 수준을 대변하고, 뇌에서 분비되며, 신체에 영향을 주고, 신체를 투쟁 혹은 도피 태세로 준비시킨다. 다른 연구들은 유대(bonding)와 기타 다른 관계적 과정을 촉진하는 호르몬인 옥시토신에 주목한다. 이 책이 기반으로 하는 연구들은 다양하며, 뇌, 신체, 관계를 포함하여 다루는 범위도 방대하다.

이 책의 계획

이 책 전반부(신경생물학의 지혜)에서는 커플관계에 적용되는 신경과학적 아이디어들에 집중한다. 제1장은 고통 속에 있는 커플의 딜레마로 출발하며, 앞으로 이 책 전반에서 논의될 커플을 소개하는 내용으로 구성되어 있다. 다음으로 뇌 기능의 기초(제2장), 정서 과정(제3장), 뇌의 사회적 특성(제4장)에 대한 탐색이 이어진다. 제5장은 '사랑과 사랑의 불만'에 관한 내용이다. 사랑에 빠질 때 사람들에게는 무슨 일이 벌어지는가? 사랑은 지속될 수 있는가? 어떻게 커플이 행복에서 쓰디쓴 고통의 길로 가게 되는가? 어떻게 관계의 행복과 불행이 건강에 영향을 주게 되는가? 행복한 장기간의 사랑을 가능하게 하는 요소는 무엇인가? 이어지는 제6장에서는 성과 성차에 관한 쟁점을 다룰 것이며, 성과 성차가 커플관계에 미치는 영향에 대해 살펴볼 것이다.

이 책 후반부(신경생물학적 커플상담의 실제)에서는 신경생물학에서 아이디어를 얻은 구체적인 커플상담의 개입에 대해 다룬다. 제7장은 반응성과 비난을 만들어 내는 커플 간 취약성과 생존 전략의 상호 교환인 커플의 취약성의 악순환 고리(사이클)를 깨는 방법들에 대해 탐색한다. 제8장과 제9장은 커플상담에서의 관계적 임파워먼트에 집중한다. 즉, 관계적 임파워먼트를 강조하며, 이를 통해 파트너 각자의 개인적 및 관계적 목표의 성취를 도울 것이다. 제8장에서는 자기조절, 공감, 정서 지능의 기술을 향상시키는 기법들을 소개할 것이다. 제9장에서는 육체적 애정, 성적 교류뿐 아니라 존중, 공정, 관대, 감사를 강조할 것이며, 커플이 공동으로 관계를 육성하는 방법에 대해 다룰 것이다. 죄책감, 사과, 용서를 포함하여 상처, 단절, 복구로 이어지는 과정이 검토될 것이다. 다음으로 제10장에서는 파트너의 원가족과의 관계와 미해결된 세대 간 상처가 커플관계에 미치는 영향을 살펴볼 것이다. 오래된 세대 간 상처를 치유하는 것은 파트너들을 해방시켜 책임 있고 애정적인 방식으로 커플이 관계하도록 만들 것이다. 마지막 결론에서는 관계 변화를 자극하고 유지하는 데 도움이 되는 개입들을 제안할 것이며, 커플관계에서의 신경가소성과 변화에 대한 도전을 다룰 것이다.

이 책 전반에서 우리는 에릭과 리사 커플을 살필 것이며 이들의 변화 여정을 추적해 나갈 것이다. 책 후반부에서는 특정 기법을 설명하기 위해 일부 다른 커플들도 소개할 것이다. 비록 에릭과 리사가 이성, 백인, 결혼한 커플이기는 하나, 이 책에서 기술된 과정들은 동성 커플, 비결혼 상태의 커플, 다양한 인종적·민족적·문화적 배경을 가진 커플에도 적용이 가능하다. 맥락적 특징의 중요성 때문에(성과 문화가 뇌를 조형하기 때문에) 우리는 문화적 혹은 성적 사안들을 일부 고려할 것이지만, 신경생물학적·대인관계적 쟁점을 포함한 많은 쟁점은 모든 커플에게 통용된다. 이 책은 일반 커플의 역동을 다루고 있다. 폭력, 중독, 외도, 재혼 가족의 도전과 같은 특수한 치료적 쟁점에 집중하고 있지 않다. 이들 영역은 그 자체가 하나의 영역이라 할 수 있으므로 이 책의 범위를 넘어선 것으로 판단된다. 비록 이들 특수 사례가 고유한 임상적 도전을 제기하고는 있으나, 이들 역시 관계적 역동과 역동에 내재한 신경생물학적 기초에 대한 이해를 요구하고 있다.

이 책은 누구를 위한 책인가? 저자들은 책을 쓸 때 특정 독자를 머릿속에 그리며 이들과의 대화를 만들어 간다. 이 책을 집필할 때 나는 동료 치료자들을 마음속에 그렸다. 커플·가족치료자 그리고 커플 치료 영역으로 들어갈 것을 고려하고 있는 다른 치료자들을 마음속에 그렸다. 대학원을 졸업한 후 훈련 과정에 있는 학생들부터 대학원 과정 학생, 학부의 관련 수업 수강 학생들에 이르기까지 다양한 훈련 수준에 있는 학생들도 생각하고 집필했다. 커플과 작업하는 성직자와 기타 다른 상담자들도 이 책으로부터 도움을 받을 수 있다. 끝으로, 나는 모험적인 일반 독자들, 뇌가 어떻게 작동하고 이것이 사랑의 관계에 어떤 영향을 주는지(혹은 사랑의 관계로부터 어떻게 영향을 받는지) 궁금해하는 비치료자들을 생각하며 책을 집필했다. 이 책은 '지침서(how to book)'가 아니다. 이 책은 커플 친밀성과 신경생물학 영역에의 보다 진중한 여행(이 여행이 재미가 있기를 바란다.)을 담고 있다. 이 책은 방대한 참고문헌을 가지고 있다. 독자는 이 책 뒤에 있는 참고문헌들을 일일이 확인해 볼 수도 혹은 그렇지 않을 수도 있다. 나는 많은 연구자, 임상가, 그리고 이 책에서 거론한 다양한 영역에 대해 내게 많은 것을 가르쳐 준 통합론자들에게 감사와 존경을 표하며 이 책을 썼다. 이들의 업적을 인용한 것은 나 나름의 존경을 표현하는 방법이다. 또한 제시된 인용은 특정 주제에 대한 참고문헌을 얻고자 하는 이들에게 도움이 될 것이다.

여정

이 책 저술의 여정은 10년 정도라 할 수 있다. 나는 1971년에 임상심리 전공으로 대학원 과정을 시작했다. 당시는 가족상담이 태동기에 있었다. 따라서 나의 전문성은 가족상담 분야의 성장과 함께 성숙했다 해도 과언이 아니다. 비록 초기에는 관련 문헌이 매우 적었지만, 그럼에도 불구하고 나는 커플 작업에 끌렸다. 최근에는 많은 이론, 연구, 커플상담 접근이 시중에 나와 있다. 나는 이런 풍족함과 다수의 치료 모델들로부터 얻은 지혜가 매우 고무적이라 생각한다. 나는 정통성에 편류하는 것을 좋아하지 않는다. 정통 치료라 일컬어지는 것들은 구속이 심하다. 나의 사고와 임상실천들은 체계, 전략, 다세대, 이야기, 인지행동, 정신역동, 관계, 탄력성-기반 접근을 포함한 여러 치료적 접근에 의해 보다 풍성해졌다.

나의 상담적 접근은 통합적-관계적 접근이라 칭할 수 있다. 나의 상담의 기본적 골격은 현재 내가 가르치고 있는 시카고 가족건강 센터(Chicago Center for Family Health: CCFH) 동료들로부터 온 탄력성 이론이다. CCFH의 Michele Scheinkman, Froma Walsh, John Rolland와의 협업이 내 생각을 조형했다. 나는 상담에서 병리나 결핍에 집중하기보다 커플이 가진 강점에 집중한다. 더불어 나의 접근은 Stone 센터의 관계-문화적 치료(relational-cultural therapy)로부터 영향을 받았다. 이 치료는 관계적 견해가 신경생물학 연구에 의해 그 타당성이 입증되기 수십 년도 더 전에 상호 의존성과 관계 내 자기에 집중했다. 나는 Murray Bowen의 다세대적 접근은 물론 다세대 관계에서의 충성(loyalty)에 관심을 두는 Ivan Boszormenyi-Nagy의 다세대적 접근에 매력을 느끼고 있다. Boszormenyi-Nagy도 나처럼 Martin Buber의 대화 철학에 깊은 감명을 받았다. 1980년대에 Olga Silverstein과 함께한 집중훈련은 나로 하여금 내담자 삶에서의 변화와 안정의 복잡성을 이해할 수 있게 도왔고, 가족체계의 변화란 무엇인가에 관한 통찰을 얻도록 만들었다. Michael White는 내담자를 도울 수 있는 치료적 연장을 내게 제공한 나의 멘토였다. 그로 인해 나는 내담자가 주인 의식을 가지고 적극적으로 자기 삶을 개척할 수 있도록 도울 수 있었다. 커플에 적용한다면, 커플이 기꺼이 공동책임을 질 수 있도록 돕는 것을 의미한다. 그리고 이것이 바로 커플 상담에서 내가 하는 작업의 핵심이다.

신경과학 세계로의 나의 여정은 비교적 근간에 시작됐다. 2004년에 나는 Allan Schore가 연사였던 세미나에 한 주간 참석했다. 당시 나는 신경과학 분야에 문외한이었고, Schore가 강의한 신경생물학, 임상작업, 아동발달의 통합적 내용의 방대함에 놀랐다. 난 이 영역에 매료되어 관련 서적들을 탐독해 들어갔다. 2006년 나는 Daniel Siegel과 함께 대인관계 신경생물학 훈련을 대중에게 시행하였다. Daniel Siegel은 내가 신경과학과 커플·가족 치료를 연합한 논문들을 출간하기 시작했을 때 자문을 주었던 사람이다. 이 외에도 Louis Cozolino, Bonnie Badenoch, Brent Atkinson, Marion Solomon, Stan Tatkin을 포함한 여러 치료자, 통합론자가 나의 임상실천, 교육, 저술 활동에 영향을 주었다.

Norton 출판사의 편집장인 Deborah Malmud가 이 책의 집필을 부탁해 왔을 때, 나는 최신 신경과학 연구들을 깊이 파 보아야겠다고 결심했다. 여기에는 여러 영역에 대한 공부도 포함되어 있다. 나는 정서, 정서조절, 공감, 상위 뇌와 피질 하부 과정 간 인터페이스, 뇌와 신체 간 인터페이스, 성차, 정신신경면역학, 관계 만족 등 다양한 주제와 영역을 공부했고, 이 리스트는 더 커져만 갔다. 때로는 하나를 캐고 그것을 기점으로 다시 탐색을 이어가다 온라인 상에서 길을 잃고 '토끼굴에 빠지기도' 했다. 이렇게 한 다음, 각 장을 위한 보다 큰 그림을 얻기 위해 나는 한 발자국 뒤로 물러나 공부한 것들을 바라보았다. 이 과정은 매우 흥미롭다 할 수 있는데, 이를 통해 나는 주요 주제, 뇌의 작동, 관계의 막힘과 막힌 관계의 풀림을 설명하는 하나의 통합적 틀을 발견할 수 있었다.

이 책 저술의 여정 중 마지막 부분은 템플턴 재단(Templeton Foundation)을 포함하고 있다. 이 재단의 지원금 덕분에 나는 임상 일을 잠시 멈추고 저술에 전념할 수 있었다. 연구지원금을 신청하는 과정에서 템플턴 인성개발팀의 Craig Joseph와 대화를 나누었고, 그와의 대화는 이 프로젝트에 대한 나의 비전을 명료화하는 데 도움을 주었다. John Templeton 경의 사랑, 인성, 자비에 대한 강조는 다년간의 임상, 연구 경험으로부터 나온 나의 견해와도 일치한다. '자기 습관의 주인(masters of our habits)'이 되어야 한다는 John 경의 주장은 신경생물학적-임상적 관점에서 주장하는 '변화' 개념의 핵심을 잘 담고 있다.

희망

이 책에서 나는 독자를 압도시키지 않은 상태에서 복잡한 신경과학적 발견들을 커플과 커플상담에 적용해 보고자 한다. 나의 개인적 경험을 이야기해 보면 다음과 같다. 미국가족치료아카데미(American Family Therapy Academy: AFTA) 2006년 연차 학술대회에서 Daniel Siegel이 기조 강연을 맡았다. 그가 뇌와 커플관계의 복잡성을 가족치료 전문가들에게 강연하고 있을 때 나는 최면에 걸린 듯 그의 강연을 듣고 있었다. 강연 중 그 누구도 딴 짓을 하지 않았다. 신경과학의 문제점은 내용이 어려워 사람들을 지루하게 만든다는 데 있다. 사람들은 신경과학의 내용이 너무 어렵다고 생각하며 압도되거나 버거워한다. 뇌 이론(Siegel & Hartzell, 2003)을 소개하고 이를 관계나 상담에 적용하면서 신경생물학의 기초를 다루어 나갈 때, Daniel Siegel은 말 그대로 청중을 손아귀에 쥐고 흔들었다. 은유적으로 표현한다고 해도 마찬가지이다. 중견 임상가들이 신경생물학의 힘과 신경생물학이 임상 작업에 주는 함의를 이해해 감에 따라 방은 이들의 열기로 가득 찼다.

 이 책에서 나는 사람들을 '지루하게 하거나 졸리게 하지 않기'를 원하며 복잡하고 어려운 정보를 쉽게 전달할 수 있기를 원한다. 지나치게 단순화하지 않은 상태에서 나는 신경생물학의 풍부한 내용을 독자에게 전달할 수 있기를 희망한다. 그리하여 임상가들이 이 분야에 대해 그리고 이 분야가 주는 치료적 · 상담적 함의에 대해 이해할 수 있게 되기를 원한다. 커플상담의 이론과 기법의 근거를 대인관계 신경생물학과 커플(커플의 고통과 커플의 관계 만족) 연구에 두는 것은 임상 작업을 지지하고 강화하는 동시에 임상 작업의 효과를 극대화할 수 있다. 이 책이 독자에게 내가 경험한 낙관과 임파워먼트를 제공할 수 있기를 희망한다. 신경과학적 발견이 임상 작업에 통합되어 감에 따라 이것이 내담자 촉진에 큰 공헌을 할 수 있기를 기원한다.

제1부

신경생물학의 지혜

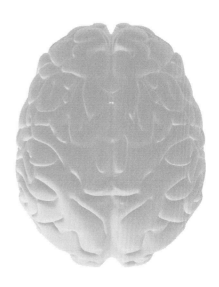

제**1**장
/////////////

고통 속의 커플

에릭과 리사

부부상담 예약을 위해 에릭이 전화를 걸어왔을 때, 난 그의 목소리에서 고통을 감지할 수 있었다. 그는 필사적이었다. 첫 회기에서 부부와 이야기를 나누면서 부부상담을 받는 데 마지막으로 동조한 사람이 에릭이었다는 사실을 알게 되었다. 여러 해 동안 아내 리사는 부부관계 개선을 위해 상담을 받으러 가자고 남편 에릭을 졸랐다. 리사는 남편이 공감적이라거나 정서적으로 연결되어 있다고 느끼지 못했다. 에릭은 "난 당신을 있는 그대로 인정하고 있어. 그런데 당신은 왜 날 그대로 받아들일 수 없는 거야? 결혼은 사람을 개조하는 학교가 아니야!"라는 식이었다. 리사가 에릭을 변화시켜 결혼생활을 개선해 보려 함에 따라 에릭은 '리사가 에릭을 변화시킨다.'라는 말에 강한 반감을 가지게 되었다. 에릭은 리사에 의해 변화되고 싶지 않았다. 부부의 갈등은 해가 거듭될수록 자동적이 되었고 고조되었다. 리사는 에릭이 정서적으로 곁을 내주지 않을 때마다 발끈했고 비판적이 되었다. 에릭은 도망을 가거나 자신이 얼마나 훌륭한 남편인지 정당화함으로써 상황을 무마하곤 했다. 에릭에게 있어 치료를 받는다는 것은 자신을 개조하기 위해 치료자와 아내가 팀을 이루는 것과 다를 바 없었다.

그렇다면 어떻게 하여 에릭이 나의 상담실에 와 있는 것일까? 리사는 더이상 물러설 수 없었고, 결혼생활을 끝내야겠다고 결심하게 되었다. 이러한 결정은 에릭에게 충격이었고, 마침내 그를 일깨웠다. 리사를 깊이 사랑하고 있었기에 에릭은 리사와의 결혼생활을 끝내고 싶지 않았다. 따라서 부부상담에 올 것에 동의하는 것은 물론 예약전화까지 자신이 걸겠다고 제안했다. 리사는 지난 11시간 동안의 에릭의 변화가 의심스러웠고 조심스러웠다. 그녀는 에릭이 변화를 원한다는 사실을 믿지 않았으며, 그가 변화하든 말든 이제 별 상관이 없었다. 단지 이전으로 돌아가고 싶지 않다는 결심만이 분명했다. 그럼에도 리사는 상담을 받아 보자는 에릭의 제안을 수용했는데, 이는 에릭에 대한 사랑이 아직 남아 있고 가정을 깨면서까지 스무 살짜리 딸에게 상처를 주고 싶지 않았기 때문이었다. 첫 회기 동안 상담실에는 강한 긴장감이 맴돌았다. 아내를 만족시키고자 하는 에릭의 욕망은 방어와 두려움으로 희석되었다. 결혼 상태를 회복하고자 하는 리사의 욕망은 분노와 절망 사이를 오갔다. 첫 회기에서 나는 치료자의 일이 부부를 불행한 결혼생활로 되돌려 보내는 것이 아님을 명확히 했다. 첫 회기에서 나는 이 부부에게 아직 감정적 유대가 남아 있음을 감지하였고, 그래서 이들에게 각자의 관계 욕구를 더 잘 만족시키는 새로운 관계 정립의 기회를 가져 보자고 제안했다.

보통의 사람들과 마찬가지로, 에릭과 리사도 '특별한 그 누군가'를 사랑하고 그와 정서적 유대를 형성하는 것에 관심이 있었다. 관계 초반, 이들에게는 상대를 알아가는 흥분, 성적 열망, 지지와 존경이 있었다. 둘 모두는 '안식처를 찾은' 느낌이었다. 하지만 시간이 지나면서, 특히 둘째 아이가 태어난 이후로 둘 사이에는 긴장이 맴돌았고, 둘은 이를 어떻게 해결할지 몰랐다. 부부는 결혼생활에 압도되었고, 고립되었으며, 비난과 방어가 둘 사이를 장악했다. 가정은 이제 이들에게 더 이상 '안전한 장소'가 아닌(Bowlby, 1977) 좌절과 단절의 근원이었다. 우리는 이 책에서 관계 불만족의 흔적을 찾기 위해 에릭과 리사의 관계력을 돌아볼 것이다. 또한 우리는 신경생물학으로부터 온 정보와 변화의 통합적 접근으로부터 온 정보를 활용한 상담이 어떻게 상대를 재발견하게 하고 만족스럽고 관대한 부부관계로 나아가도록 만드는지 알아볼 것이다.

비난: 악순환의 고리

상담에 오는 커플들은 일반적으로 비난과 방어, 힘의 투쟁(힘겨루기)과 이에 대한 반응이라는 반복되는 악순환의 고리에 사로잡혀 있다. 각자는 자신이 피해자인 양 느낀다. 이러한 교착 상태에서 커플은 좌절하고 무력감을 느낀다. 회가 거듭될수록 싸움은 과열되고 상대를 지치게 만든다. 고통 속의 커플은 상호 파괴적인 방식으로 서로가 서로를 자극한다. 리사가 비난을 하면 할수록 에릭은 방어적이 되고 더 많이 도망간다. 에릭이 리사의 관심에 반응하지 않으면 않을수록 리사는 더 불안해지고 더 크게 화를 낸다. 서로는 서로의 좌절 사이클을 수없이 재점화하고, 이것이 반복될수록 각 파트너의 부정적 감정의 골은 깊어만 간다. 상대에게 자신을 전달하는 방법을 모른 채 커플은 패배감에 젖어든다. 이러한 좌절과 패배는 커플을 힘의 투쟁(힘겨루기)으로 이끌고, 여기서 각자는 자신의 입장이 맞다는 것을 서로에게 납득시키려 노력한다. 한쪽이 상대를 비난함에 따라 커플 간에 비난-역비난의 춤이 발생한다. '비난의 뜨거운 감자'와 함께 어느 파트너도 문제에 대한 책임을 지고자 하지 않는다. 상대에게서 흠을 발견하는 것의 대안이 자신을 비난하는 것이라면, 커플은 비난의 공을 상대에게 넘길 것이다. 에릭과 리사의 관계는 로맨스류라기보다는 추리소설류에 가깝다. 양편은 오해, 단절, 낙담의 감정으로 끝을 맺는다.

커플 연구가들은 행복한 커플과의 비교를 통해 불행한 커플의 행동과 태도를 규명했다. John Gottman(2011)은 이 두 집단을 각각 친밀 관계의 '대가(masters)'와 친밀 관계의 '재앙(disasters)'이라 명명하였다. 우리는 제5장에서 이 두 집단 간의 차이를 조명할 것이다. 요점은 많은 불행한 커플이 상호 부정성과 상호 적대적 고조(갈등 중 생리적 조절이 어려워지는)라는 사이클에 갇혀 있다는 사실이다. 이들은 제대로 상담을 받지 않는 경향이 있고, 따라서 이들의 적대적 상호 교환은 더 큰 부정적 태도를 낳고 종국에는 상호 신뢰를 악화시키는 방향으로 나아간다. 자멸적 싸움과 더불어 불행한 커플은 행복한 커플에서 나타나는 긍정적 태도와 애정적 배려가 결여되어 있다. 우정과 상호 존중은 있다손 치더라도 시들해진다. 이 같은 적대적 환경은 에릭과 리사 커플에서 관찰할 수 있듯, 비난과 자기방어에 불을 지핀다.

신경생물학은 비난 게임에 기저하는 역동을 이해할 수 있게 해 준다. 동물의 경우와 마찬가지로, 인간의 행동은 생존에 초점이 맞춰져 있다. 위협을 감지하면 우리는 투쟁하거나 도망친다. 혹은 아주 암울한 상황 속에서는 얼어붙게 된다. 투쟁-도피 반응은 뇌간 그리고 뇌 깊숙이에 위치한 변연계 내의 작은 아몬드 모양의 편도체에 의해 중재된다. 다음 장에서 보겠지만, 편도체는 끊임없이 위험을 스캔하며, 위협을 감지하면 경보를 발효한다. 이 경보는 투쟁-도피 행동을 촉발하는 몸과 뇌 영역에 메시지를 전달한다. 이 위협 탐지 체계는 정글에서는 생사를 가를 정도로 중요한 기제일 수 있다. 이 체계를 에릭과 리사에 적용한다면 다음과 같다. 리사는 에릭의 정서적 비가용성을 감지하며 위협감을 느낀다. 리사는 에릭에게 가까이 가고자 하지만 그녀의 음성에는 분노와 비난이 깃들어 있다. 에릭은 이 음성을 듣고 가까워지고 싶어 하는 그녀의 정당하고도 부드러운 욕구를 읽어 내지 못한다. 오히려 그는 위협을 읽어 낸다. 아내의 비난에 에릭은 공격받는다고 느낀다. 그래서 그는 자신이 해야 할 마땅한 일을 한다. 내가 뭘 해도 널 만족시키지 못할 것이라고 리사에게 말하며 도망치거나, 자리를 박차고 나가거나, 싸움을 한다. 그의 반응은 리사에게 더욱 큰 위협으로 감지되며, 이제 화는 격노의 수준으로 고조된다. 커플관계는 완전히 조각이 나며 각자는 분노와 오해의 감정을 경험하게 된다. 시적으로 표현한다면 우리는 이를 '편도체의 춤'이라 부른다.

비난 게임은 신경생물학에 의해서뿐 아니라 사회적 전제·가정(societal assumptions)에 의해서도 강화된다. 경쟁을 중시하는 미국 주류 문화의 가치관은 커플로 하여금 서로 간의 불일치를 승패의 렌즈로 보도록 만든다. 고등학교에서는 대화의 기술을 연마시키지 않고 언쟁과 경쟁의 기술을 연마시키고 있다. 파트너들은 마치 한 편이 이기면 다른 한 편이 지는 양 생각하며 언쟁의 기술을 커플관계에 도입한다. 에릭은 자신을 바꾸려는 리사의 절실한 노력을 자신의 자율성과 독립을 해치려는 행동으로 이해했다. 리사가 이긴다면 에릭은 기분이 나빠질 것이다. 자율성의 렌즈로 이들의 역동을 살펴보면, 에릭은 리사에 의해 변화되길 거부할 것이다. 만약 에릭이 리사를 공감하거나 그녀의 정서적 욕구를 수용하게 된다면 이는 리사에게는 '승리'요, 에릭에게는 '패배'가 될 것이기 때문이다. 그런 이유로 에릭은 현재의 자신의 입장이나 태도를 고수할 수밖에 없다. 여자가 설치도록 혹은 지배적이 되도록 놔두지 말아야 한다는 에릭의 신념은 리사가 비판적이 되었을 때 편도체에서 반응할 것을 요구한다. 에릭은 아내의 요청과 비판을 남성 자아에 대한 모독으로 받아들이도록 배워 왔고, 그래서 비판적인 아내의 반응을 경계하며 이에 저항한다. 독선적 분개로 가득찬 리사는 변화에 대한 자신의 요구가 부부관계에 어떤 영향을 미칠 것인지 들여다보고자 하지 않는다. 다른 많은 동성의 친구와 마찬가지로, 리사는 남편의 공감 부족과 정서적 유능성 부족을 경멸적 시선으로 바라보며 남편을 '막내 아들 혹은 또다른 미성숙한 아들'로 묘사한다. 반응적이 되거나 비난적이 되어 감에 따라 리사는 이 싸움에서 유리한 고지를 내주고 있다. 그녀가 원하는 것의 전부가 남편과 가까워지는 것임에도 말이다. 정서적 유능성에 있어 리사는 에릭만큼이나 이 상호 교류에서 반응적이 되었다. 어느 한쪽도 자신의 감정의 뇌가 자신을 잠식해 감을 깨닫지 못한다.

희생양 혹은 피해자 사고방식이 이 커플관계에 만연해 있다. 각자는 상대가 문제를 야기했다는 식의 상대-비판적 관점을 가지고 있다. 고통스러운 결혼관계에 대한 이 같은 직선적 설명은 상대비난적 상호 교류에 불을 지피게 된다. 체계론적 치료자로서 나는 각자의 행동이 의도치 않게 상대의 반응을 악화시키고 있음을 커플이 볼 수 있도록 도왔다. 이 관계에 있어서는 한 편이 피해자이고, 한편이 가해자라는 공식이 성립하지 않는다. 모두가 피해자이며, 모두가 불행의 악순환 고리를 만들어 낸 장본인이다. 그렇다고 해서 커플관계에서 피해자나 가해자라 일컫는 이가 존재하지 않는다는 말은 아니다. 학대나 배신과 같은 상황에서는 피해자-가해자 관점으로 보는 것이 더 정확한 진술일 수 있다. 비록 가족치료자 중 일부는 각 파트너가 동등한 정도로 관계 상호작용에 기여하고 있다고 주장하고 있지만 때로는 한 사람의 행동이 너무 악질적이거나 위험해서 이 중 한 사람은 가해자, 다른 한 사람은 피해자가 되는 경우가 발생하기도 한다. 하지만 커플관계에서는 양자가 관계적 불행에 함께 기여하고 있는 경우가 보다 더 전형적이다. 특히 서로가 서로를 강화하는 순환적 방식으로 관계적 불행에 기여하고 있는 경우가 흔하다. 리사와 에릭은 확실히 이러한 경우에 해당한다.

커플의 여정

리사와 에릭의 경우, 처음부터 서로가 서로를 좌절시키는 비난과 방어 일색으로 관계를 시작한 것은 아니었다. 둘은 순수하고 이상에 취한 상태에서 결혼에 골인했고, 상대를 영혼의 파트너로 여겼다. 처음 만났을 때, 에릭은 리사의 맑고 쾌활하며 자신만만한 태도에 매료되었다. 이는 부정적이고 비판적이었던 자신의 어머니와는 반대의 특성이었다. 에릭의 아버지는 에릭이 5살 때 갑작스런 심장발작으로 돌아가셨다. 어머니의 충격은 말이 아니었고, 이로 인해 어머니는 아들을 과보호하고 통제하기 시작했다. 만약 에릭이 어머니와 다른 생각이나 태도를 드러내려고 하면 혹은 어머니와 다른 감정을 표현하려고 하면, 어머니는 에릭에게 죄책감이 들도록 하여 결국에는 당신 말에 순종하게 하거나 입을 다물게 만들었다. 에릭의 감정은 묻혔고, 이와 더불어 무언가에 관여하면서 동시에 분화하는 능력 또한 묻히게 되었다. 에릭은 친절하고 관대한 사람이었지만 공감 능력이라는 것을 발달시키지는 못했다. 그는 철회하거나 문제를 혼자만의 것으로 돌리는 방식으로 살아남았다. 리사를 처음 만났을 때 에릭은 리사의 편안한 감정 표현과 정서적 고립으로부터 자신을 꺼내 주던 방식에 매료되었다. 반면, 리사의 경우는 에릭의 안정적인 모습과 친절함에 매료되었고 그로 인해 안도하였다. 리사는 에릭이 알코올 문제를 가지고 있던 아버지처럼 학대적이 되거나 우울 문제를 가지고 있던 어머니처럼 방임적이 되지 않을 것이라 확신했다. 리사의 어머니는 리사와 리사의 여동생 캐시를 아버지의 언어폭력으로부터 지켜 주지 못했다. 그래서 리사는 캐시를 지켜 주는 역할을 떠맡았으며, 이로 인해 지나치게 책임감이 강한 아이로 성장하였다. 리사는 아버지와 어머니 모두에게 강한 분노를 느끼고 있었다. 에릭과 리사는 관계 초반에는 자신들의 관계가 자신들의 원가족 경험과 매우 다르다고 느꼈고, 상대의 사랑으로 상처가 치유되었다고 느꼈다.

초반에는 모든 것이 좋았다. 에릭은 엔지니어로서 직장에서 능력을 인정받았고, 리사는 유치원 교사로서 자신의 일을 즐겼다. 첫 아이인 아멜리아는 이들에게 기쁨이 되었다. 리사는 아이 양육을 위해 일을 쉬기로 결심했다. 에릭은 아이 양육에 전념하겠다는 리사의 결정에 따랐고, 함께 첫 아이를 키우는 재미에 푹 빠졌다. 이들은 한 팀과 같았다. 둘째 딸 산드라는 무척 까다로운 아이였다. 신생아 때는 매우 예민하였고, 걸음마 때는 수줍음과 불안이 많았다. 때문에 리사는 종종 자신이 엄마로서 실패자인 것처럼 느끼게 되었다. 에릭에게 지원을 요청했으나 곁에 있어 주지 못해 도움이 못 되는 남편에게 화를 내곤 했다. 에릭은 아이와 관련하여 자신이 무능하다고 느끼게 되었고, 날이 선 리사의 목소리에(초반에는 아빠 역할을 제대로 하고 있지 않다는 리사의 은근한 암시에) 당황하며 자신감을 잃었다. 에릭에게 실망한 리사는 역시 젊은 엄마인 동생 캐시에게 의지했다. 자매는 아이를 중심으로 뭉쳤고, 리사는 에릭에게서 얻지 못한 공감과 정서적 친밀감을 캐시에게서 얻었다. 자매의 유대는 에릭과 리사의 안정적인 결혼생활에 도움을 주었고, 리사의 좌절을 참을 만한 수준으로 유지시켰다.

에릭과 리사의 안정적인 결혼생활은 에릭이 센터에 전화하기 2년 전, 동생 캐시가 유방암 선고를 받았을 즈음에 산산이 부서졌다. 리사는 그 당시 불안 문제로 제정신이 아니었다. 리사는 이 고통을 가장 가까운 친구인 캐시에게 말할 수 없었다. 자신의 문제로 아픈 동생에게 부담을 지울 수 없었기 때문이었다. 리사는 에릭에게 다급히 도움을 요청했다. 에릭은 리사에게 도움이 되고자 노력했으나 캐시가 제공하던 그런 공감을 리사에게 제공할 수는 없었다. 그는 단순히 방법을 몰랐다. 괜찮아 질거라 말함으로써 그리고 집안일을 좀 더 도움으로써 리사를 위로하고자 하였다. 에릭의 관심 및 돌봄의 표현 방식은 리사가 원하는 그것과 코드가 맞지 않았다. 캐시가 사망하자 리사는 엄청난 충격에 빠졌다. 또다시 에릭은 리사에게 도움이 되고자 하였다. 하지만 리사는 외로웠고, 남편과 괴리를 느꼈다. 한때 에릭은 리사에게 튼실한 반석이었으나 지금의 에릭은 리사에게 차가운 돌만 같았다. 에릭은 아내의 분노와 비난에 어찌할 바를 몰랐고, 아내에게 애도의 시간을 주기 위해 한걸음 물러났다. 무의식적으로 에릭은 자신이 아버지의 죽음에 대처했던 방식으로 리사도 자신의 상실에 대처할 것이라고 생각했다. 즉, 상실의 고통에 그다지 연연하지 않고 앞으로 나아가는 방식으로 상실에 대처할 것이라고 생각했다. 에릭은 기분 전환을 위해 자신이 생각하기에 괜찮을 것 같은 활동들을 리사에게 제안하였다. 하지만 리사는 이러한 에릭의 제안이 자신의 고통에 무감각한 제안이라고 여겼다. 둘 간의 간극은 커져만 갔고, 종국에는 리사로 하여금 혼자 사는 것이 소원한 남편과 사는 것보다 더 낫다는 결론에 이르게 만들었다.

맥락에서의 커플 역동

　이 커플의 교착 상태는 사회문화적 요인에 의해 영향을 받았다. 다른 많은 소녀의 경우처럼, 리사도 아주 어릴 적부터 또래와 공감을 주고받는 연습을 했다. 리사와 캐시의 유대는 험난한 가족 경험으로 단련되었고, 이런 경험으로 두 소녀(성장해선 두 여성)는 서로에 대한 공감을 키울 수 있었다. 이 책 후반부에서도 보겠지만, 리사와 캐시 사이에 공감이 흐를 때 옥시토신이라는 호르몬·신경전달물질이 함께 분비되고, 이 물질은 둘 사이의 유대를 강화하고 스트레스를 감소시키는 역할을 한다. 리사가 에릭에게서 찾으려 했으나 찾을 수 없었던 것이 바로 이 옥시토신에 젖어 있는 관계였다. 다른 많은 소년의 경우처럼, 에릭은 사회화 과정에서 공감 기술을 발달시키는 것이 좌절되었다. 소년은 '독립적이어야 한다.' '울거나 나약해져서는 안된다.'라는 또래 가치 혹은 사회문화적 가치에 의해 조형된다. 비록 에릭이 남성다움을 강조하는 그런 마초 타입의 인간은 아니었지만, 그도 역시 공감 미숙이 전형으로 여겨지는 '남성' 성별의 인간이었다.

　원가족 경험이 커플의 젠더 훈련을 악화시켰다. 리사는 아버지의 정서적 학대와 어머니의 우울적 방임이라는 아동에게 지나친 책임과 부모화를 요구하는 환경 속에서 자랐다. 리사와 캐시는 서로 가까웠다. 서로에 대한 공감과 돌봄이 있었기에 이들은 아버지의 화와 어머니의 방임이라는 예측하기 어려운 공포로부터 도망칠 수 있었다. 자매는 각자 상대의 공감 전문가가 되었다. 유아기에 아버지를 잃은 경험과 아들의 슬픔을 돌보아 주는 데 무능했던 어머니로 인해 에릭은 자신의 감정과 단절되었다. 에릭의 어머니는 자신을 공감하는 방법이나 남을 공감하는 방법을 아들에게 가르치지 못했다. 이는 에릭에게 있어 중대한 상실이라 할 수 있는데, 이러한 개인적 배경이 남자는 감정에 무심해야 한다는 소년의 사회화와 맞물려 에릭에게 커다란 영향을 주었기 때문이다. 아버지를 잃은 슬픔에 직면하여 에릭이 취한 생존 전략은 감정을 누르고, 철회하고, 전진하는 것이었다. 동생을 잃은 아내에게 같은 대처 기술을 쓸 것을 제안했을 때, 리사는 에릭의 무심함에 화를 냈다.

에릭-리사 커플의 어려움에 기여한 요인 중 상당수가 원가족 경험으로부터 왔다. 각자는 가족과 관련한 초기 외상을 경험했고, 우리는 여러 연구를 통해 만성적 학대나 방임이 어린 아동의 뇌에 부정적 영향을 줌을 안다. 아버지의 분노와 아버지의 언어적 학대에의 반복적 노출이 성인이 된 리사를 결혼생활을 포함한 여러 상황에서 불안하고 반응적이 되도록 만들었다. 아동기에 아버지를 잃은 경험과 이 상실을 처리하는 과정에서의 어머니 도움의 부재가 에릭의 정서적 뇌를 정서에 무감하고 회피적이 되도록 만들었다. 둘 모두는 자신들의 원가족과 불안정 애착을 이루고 있었다. 리사는 불안 애착 유형을 발달시켰고, 에릭은 회피 애착 유형을 발달시켰다. 자신을 둘러싼 사회·정서적 세상에서 길을 찾았던 바로 그 방식으로 인해 리사와 에릭은 살아남을 수 있었다. 어린 아이로서 리사는 위협에 과경계 태세를 보이고 주변으로부터 위안을 적극적으로 추구함으로써 상황에 대처하였다. 에릭의 생존은 자신과 어머니의 고통을 무시하고 에너지를 비정서적 영역에 투자하는 능력과 관련이 있었다.

비록 초기 아동기 경험이 이들의 발달에 부정적 영향을 끼쳤지만, 리사와 에릭은 더 큰 사회적 맥락에서는 안전한 환경 속에서 자랐다. 안전한 동네에서 거주했고, 경제적으로도 안정적이었다. 백인이라 인종차별이나 소외를 당하지도 않았다. 다른 내담자들은 더 큰 맥락으로부터 온 외상으로 스트레스를 받곤 한다. 일정 정도의 스트레스는 피할 수 없으며 오히려 뇌에 좋은 영향을 끼친다. 하지만 압도적이고 만성적인 스트레스는 몸과 마음, 관계에 해를 끼친다. 한 예로 빈민가 길거리 폭력에 무자비하게 노출되는 것은 혹은 인종차별이나 동성애 혐오에 무자비하게 노출되는 것은 커플과 가족에게 해가 된다. 돈 문제도 커플을 압도할 수 있다. 에릭과 리사는 경제적으로 안정적이라 운이 좋은 편이다. 하지만 지금같이 어려운 경제 상황 속에서 많은 커플은 돈 문제로 고통을 겪고 있다. 불안은 관계를 위해 사용될 에너지를 고갈시킬 수 있다. 생존이 걸려 있을 때, 관계 유지라는 사치품은 변두리로 밀려날 수밖에 없다. 마찬가지로, 가족원의 중병이나 만성 질환은 커플 기능에 부정적 영향을 미친다.

관계 안에서 에릭과 리사는 큰 T 외상(T trauma)이라는 것을 많이 겪지는 않았다. 하지만 신뢰와 안정을 좀먹는 작은 t 외상(t trauma)의 축적으로 고통을 겪어 왔다(Brown & Shapiro, 2006). 이들은 수없이 많이 상대를 실망시켰고, 이는 관계적 신뢰라는 견고한 천을 파열시켰다. 각각의 실망은 과거의 상처 위에 덧쌓여지고, 종국에는 작은 단절이 과도한 반응을 유발하였다. 또한 작은 t 외상들은 당시 적절히 처치되지 않았기 때문에 곪게 된다. 정말로 위험한 것은 위안받지 않은 외상(uncomforted trauma)이라는 지적도 있다. 에릭과 리사는 모두 독선적 분개와 방어로 가득차 있었기 때문에 그 누구도 결혼생활의 상처를 위로할 입장에 서 있지 않다. 상담에서 우리는 부부간 상호 공감과 돌봄을 이끌어 내는 방식으로 에릭과 리사의 상처를 탐색하게 될 것이다. 이러한 탐색은 파트너의 뇌를 안심시키고 서로의 존재로부터 안전감을 찾게 함으로써 부부의 신뢰관계 회복에 기여할 수 있다.

관계와 관련한 문화적 신념이 에릭과 리사 커플의 결혼 문제에 영향을 미쳤다. 에릭과 리사는 그 누구도 커플됨(couple-hood)과 양육이라는 고된 작업에 준비되어 있지 않았다. 서로에 대한 매혹과 '안식'을 찾는 느낌으로 인해 커플은 관계 초반에 작은 말다툼이나 좌절만을 경험했을 뿐이다. 이들은 동화 버전으로 결혼생활을 시작했고, 따라서 이후 이야기가 전개되는 방식에 실망했다. 그 누구도 서로 간의 갈등에 책임을 질 수 없었다. 각자는 문제에 대해 상대를 비난했다.

Andrew Cherlin(2009)은 미국 문화가 커플에게 부과한 불가능한 구속(impossible bind)에 대해 설명했다. 한편으로 우리는 결혼을 이상화하고 있지만 다른 한편으로 우리는 결혼생활을 손상시키는 개인주의에 대한 믿음을 신봉하고 있다. 이상화된 결혼과 지나친 개인주의, 개인적 만족에 대한 강조가 합쳐져 순진무구한 기대가 만들어졌고, 이로 인해 에릭과 리사와 같은 커플은 자기초점적 관점과 상대에 대한 비현실적인 기대를 갖게 되었다.

패러다임의 전환

커플의 상호경쟁적·상호비난적 행동은 둘 사이를 증오로 분리시킨다. 상담의 일환으로 나는 둘 사이를 이렇게 만든 믿음(신념)과 관례들을 찾아볼 것이며, 이런 믿음과 관례들에 도전을 가할 것이다. 상대에 대한 비난은 지금 내가 상처받았다, 힘을 잃었다(disempowerment)를 반영하는 징후로 재해석된다. 우리는 연결되기를 원하나 종국에는 서로를 밀어내는 그런 커플의 관계 방식이나 과정을 탐색해 나갈 것이다. 행복한 커플은 상대를 낯선이로 보고 철회하거나 적으로 보고 적대시하기보다는 동맹자로 보고 접근한다(Gottman & Driver, 2005; Wile, 2002). 이와 함께 우리는 관계적 임파워먼트(empowerment)를 개발하는 방법에 대해 논의할 것이다. 즉, 정서 지능과 사회지능을 높이는 방법을 논의할 것인데, 이 방법을 통해 개인은 상대에게 보다 성공적으로 자신의 요구와 바람을 전달할 수 있고 상대에게 제 목소리를 낼 수 있다. 또한 서로를 비난하거나 자극하지 않으면서 관계에서 오는 실망의 순간을 참아낼 방법을 배울 것이다. 이러한 중재는 커플 간의 우정을 강화하고, 파트너에 대한 철회나 적대보다 우호를 증진시킬 수 있다.

상담은 커플에게 관계 교착 상태에 대한 새로운 관점을 전달하게 될 것이다. 각 파트너는 으레 한쪽 때문에 다른 한쪽이 상처받았다는 식의 직선적·일방향적 관점으로 문제를 규명한다. 우리의 상담은 순환적 관점을 향해 나아갈 것이다. 커플은 순환적 관점에서 둘이 어떻게 감정의 뇌에 의해 작동된 반응성 사이클에 사로잡히게 되는지 지켜보게 될 것이며, 이런 결과에 대한 책임도 함께 지게 될 것이다. 나는 커플이 새로운 관계를 공동 집필하는 집필자가 되도록 도울 것이다. 상담은 패러다임의 전환이라 말할 수 있을 정도로 관계 역동에 대한 개인의 조망 자체를 변화시키는 데 주력

할 것이다. 나는 커플이 개인적 관점에서 체계론적·관계적 관점으로, 독립
에서 상호 의존으로, 경쟁에서 협력으로, 다툼에서 대화로 나아갈 수 있도
록 격려할 것이다. 나는 커플이 자신들의 상호작용에 대한 '공동 조망(joint
overview)'을 발전시킬 수 있도록 도울 것이다(Wile, 2002). 그래서 관계를 위
해 한 팀으로 작업할 수 있게 도울 것이다. 커플의 불행의 춤을 함께 목도함
으로써 이들은 "아하, 그것이 문제였구나!" 하는 깨달음을 갖게 될 것이다.
서로를 비난하는 대신 커플은 자신들의 상호작용 패턴이 당사자 모두에게
슬픔을 가져다주고 있음을 이해하게 될 것이다(Johnson, 2008). 이 과정에서
커플은 자신들의 행동이 커플의 난관에 기여하는 방식을 이해하게 될 뿐만
아니라 둘 사이의 상호작용이 모두에게 부정적 영향을 주고 있음을 이해하
게 될 것이다. 더불어 이들은 자신들의 악순환 사이클을 외현화하는 방법을
배우게 될 것이다(Scheinkman & Fishbane, 2004; White, 1989).

자동성과 선택

커플의 목표와 가치가 검토되어 관점·조망의 전환이 이루어지면, 커플은
이제 사려 깊고 의도적인 행동을 취해야 한다. 반사적으로 반응하는 대신 의
식적인 선택을 하는 것이 여기에 속한다. 하지만 즉각적 반응 태도에서 사려
깊고 의도적인 태도로 가는 것은 매우 어렵다. 이유는 우리의 뇌 때문이다.
우리의 경험 대부분은 자동 운행 장치로 운영되고 있다. 우리는 '우리가 우
리의 인생을 주관한다.' '우리가 우리 함선의 선장이다.'라고 생각하길 좋아
한다. 하지만 신경과학 연구는 뇌에서 **자동성**(automaticity)이 매우 큰 역할
을 하고 있음을 보여 준다. 이러한 장치는 인간에게 큰 혜택이라 할 수 있다.
인간을 특별하게 만드는 우리의 상위 뇌는 그 작동을 위해 엄청난 에너지를
필요로 한다. 행동을 취할 때마다 혹은 감정을 느낄 때마다 생각을 해야만
한다면 우리는 곧 가진 연료를 다 소진해 버릴 것이다(Baumeister & Tierney,

2011). 따라서 자연은 인간에게 이원적 체계(two-track system)를 허락하셨다. 하나는 의식하에서 진행되는 우리의 행동이나 정서, 결정을 빠르게 이끄는 체계이고, 또 하나는 이와는 반대로 느리고 좀 더 의도적으로 작동하는 체계이다(Kahneman, 2011). 이 중 자동적 뇌과정이 우리의 일상 대부분을 운영하며, 이 과정은 운영을 위해 적은 에너지를 사용한다. 이러한 작동 기제로 인해 우리는 인간 고유의 일(예를 들어, 예술, 기술, 철학, 신경과학)을 위해 뇌 에너지를 아껴 둘 수 있다. 인간은 지구 상에 존재하는 생명체 중 스스로에 대해 연구하는 유일한 종이다. 우리는 창조와 자아성찰에 비상한 재능을 가지고 있다. 반면, 이원적 체계의 단점은 우리의 정서 생활 대부분이 자동적으로 운행되고 있다는 데 있다. 이것은 우리를 큰 곤경에 빠뜨린다. 특히, 친밀한 관계에서 문제를 야기한다.

커플치료자는 부부가 한 걸음 물러나 자신들의 자동적 반응과 행동을 확인하고 상호작용에서 좀 더 의도적이고 사려 깊게 되도록 돕는다. 이 작업의 목표는 선택(choice)을 하도록 조장하여 각자가 진정으로 원하는 관계를 만들어 갈 수 있도록 돕는 데 있다. 과거의 영향으로 자동적으로 반응하는 대신 부부는 배우자와의 사랑의 관계에서 선제적인(proactive) 행동을 취할 수 있다. 이 책에서 소개하는 많은 기법은 반응성의 자동 사이클을 제지하기 위한 기법들이며, 동시에 좀 더 사려 깊고 의도적인 선택을 하도록 커플에게 힘을 부여하는 기법들이다. 그리하여 파트너는 자신의 상위 가치관에 부합하는 삶을 살 수 있게 된다.

우리가 할 이야기들

인간은 이야기를 하는 존재이다(Siegel, 2012). 전전두엽 피질 덕분에 우리는 경험에서 의미를 창출하려는 동기를 가진다. 신념과 내러티브(narrative)를 포함하고 있는 인간의 상위 뇌는 자동적이고 정서적인 반응에 영향을 준다.

사고와 정서 사이에는 양방향의 교류가 있다. 감정은 우리의 사고를 전복하여 상위 뇌가 원시적 반응에 '무력화되게' 할 수 있다(Goleman, 1995). 동시에 우리의 신념, 가정, 가치관은 우리의 정서적 반응을 만들어 내기도 한다. 우리가 만든 이야기들이 변화를 야기한다. 흔히 우리의 이야기는 자기정당화나 파트너에 대한 비난의 내용을 담고 있다. 이런 이야기들이 파괴적 상호작용을 강화하며 우리의 신경학적·행동적 흔적을 보다 뚜렷하게 만든다.

커플이 가진 관계 내러티브가 고통에 기여하는 경우가 적지 않다. 부부관계는 이래야 한다는 식의 기대는 관계 자체를 위협할 수 있다. 이런 개인의 이야기와 기대는 그 개인이 살고 있는 문화에 의해 만들어지는 경우가 많다. 특히 사랑이라는 고된 작업에 준비시키는 대신 '그 후 행복하게 잘 살았다.' 식의 가정을 주입하는 문화가 커플에게 실현 불가능한 이야기와 기대를 만들어 낼 수 있다. 완벽하게 사랑받을 권리가 있다는 생각이 '사랑에 빠진다(fall).' '사랑을 버린다.' 식의 사랑에 대한 소극적 관점을 만들어 냈다. 초기 얼굴이 붉어지는 단계가 지나고 애정관계 구축이라는 중차대한 작업이 시작될 때, 많은 커플은 자신이 잘못된 관계 속에 있다는 자각을 갖게 된다. 왜냐하면 파트너에 대한 흥분이나 끌리는 감정이 더 이상 느껴지지 않기 때문이다. 외도를 하거나 이혼 후 재혼을 하는 식의 또 다른 관계로 나아가는 행동들이 재빠르게 뒤따른다. "나는 완벽하게 사랑받을 권리가 있어."라는 이야기가 수많은 장기 결혼관계를 해체시켰다.

커플치료자로서 나는 내담자들로 하여금 개인주의와 순간적 만족에 지나친 가치를 두는 내러티브들을 재검토하도록 격려한다. 나는 행복한 결혼관계에 관한 연구결과를 내담자들과 공유하는데, 특히 John Gottman과 그의 동료들의 연구결과를 공유한다. 연구에 따르면, 행복한 커플은 긍정적이고 신뢰와 사랑이 넘치는 관계를 만들기 위해 함께 책임과 노력을 다한다. 원하는 관계를 만들고자 한다면, 유대를 만들어 가는 방법, 장기관계에서 필연적으로 발생하는 실망을 극복하는 방법을 알아내는 것이 필수적이다.

변화를 위한 커플 임파워먼트

치료에 오는 커플들은 사면초가에 빠진 느낌, 무기력한 느낌, 단절된 느낌 등을 경험한다. 이들은 비난과 힘겨루기(power struggle)에 의존하곤 하는데, 이는 이들을 반사적인 반응성의 반복 사이클에 빠지게 한다. 나는 상대와의 상호작용에서 좀 더 의도적이 되도록 도움으로써 내담자의 이같은 파괴적 행동을 교정할 것이다. 상담은 각 개인의 욕구와 관심을 인정하면서 동시에 융통적이고 관대한 방식으로, 그리고 서로에게 연결되는 방식으로 관계를 맺도록 촉진한다.

이 책에서 제안하고 있는 많은 임상 기법은 정서 지능·사회지능 기술에 집중하고 있다. 나는 힘에 대한 개념을 재정립하여 자기조절과 관계 탐색 능력인 관계적 임파워먼트(empowerment)를 이 힘의 개념에 포함시킬 것이다. 파트너를 위한 공간을 제공하면서 동시에 자신의 위치를 고수하는 방법을 아는 것이 성공적 관계에 이르는 열쇠이다. 어떻게 말해야 할지 모를 때나 자신의 입장이 상대에게 어떻게 전달될지 모를 때, 파트너들은 힘겨루기와 상대지배전략(Power Over)을 사용한다. 자기에 대한 힘(Power To)과 함께하는 힘 (Power With)은 힘겨루기와 지배적·멸시적 행동을 불필요하게 만든다. 파트너들은 중요한 타자와의 관계에서 안전, 존중, 경청, 사랑, 수용의 경험을 얻기를 원한다. 관계적 임파워먼트는 커플에서 이런 긍정적 경험이 발생할 가능성을 높인다.

하지만 어떻게 커플이 변화될 수 있을까? 큰 변화는 어렵다. 행동 습관은 함께 연합되어 있어 과거의 행동을 지속하게 만드는 신경세포들의 망인 '신경 흔적(neural ruts)'에 반영되어 있다. 변화된 행동, 사고, 정서를 반영하는 새로운 신경망을 발달시키기 위해서는 고된 노력이 필요하다. 이 책에서 제안하는 개입들은 힘을 북돋는 것들이다. 우리는 습관을 유지하게끔 프로그램 되어 있을 뿐만 아니라 변화를 하게끔 프로그램되어 있는데, 이들 개입이 이런 인간의 체계를 건드리기 때문에 힘이 필요하다. 관계 습관을 변화시키기 위해서는 고도의 주의 집중이 필요하다. 이전과 같은 것을 같은 방식으로 자동적으로 수행하는 것은 커플을 단절과 비승인의 불행의 춤으로부터 탈출시킬 수 없다. 커플에게서 그리고 각 파트너에게서 변화가 일어나기 위해서는 신경가소성과 관계적 가소성이 선제적으로 만들어질 필요가 있다.

안전한 환경 만들기: 치료자의 역할

상담에 온다는 것은 미묘한 문제이다. 내담자는 흔히 실패감과 취약성을 가지고 상담 장면에 오며, 치료자로부터 비판받는 것을 두려워한다. 이들은 고통스런 방향으로 혹은 자신의 의도와 맞지 않는 방향으로 변화될 것이 요구될까 봐 두려워할 수 있다. 내담자는 자신의 '현실 기준(touchstones of reality)'을 잃을까 봐 걱정하며(Friedman, 1985), 그래서 치료자를 경계와 의심을 가지고 본다. 도움을 요청한 이가 커플이라면 상황은 더욱 복잡해진다. 커플이 힘겨루기와 불행의 올가미에 얽혀 있다면 각자는 상대의 변화를 희망하며 치료에 올 수 있다. 커플상담에서 파트너들은 종종 치료자에게 재판관의 역할을 기대한다. 나는 이들의 고통, 걱정, 희망을 보듬으며 재판관의 역할을 떠맡기를 거부한다.

상담 작업에서의 나의 좌우명(mantra)은 '안전이 우선이다.'이다. 상담자로서 나는 상담실을 관계적 고통을 탐색하고 취약성을 드러내며 변화의 모험을 하는 데 안전한 공간으로 만들 필요가 있다. 이는 인지적 변화, 행동적 변화만을 의미하는 것이 아니다. 커플의 정서적 뇌인 변연계도 함께 말하고 있는 것이다. 뇌를 재설계하고 관계를 변형시키는 변화란 '변연계 차원에서의 변화(limbic revision)'를 의미한다(Lewis, Amini, & Lannon, 2000). 이 상담은 각 파트너의 개인 내 혹은 파트너 간의 심층 정서 처리를 다룬다. 이 상담은 커플을 정서적으로 동요시킬 뿐 아니라 치료자를 정서적으로 동요시킬 수 있다. 치료자는 커플을 변연계 영역에 합류시켜 이들의 감정으로 이 영역을 공명시킨다. 이러한 울림은 좋은 현상이다. 이것이 바로 내담자가 '실제 공감 받는(feeling felt, 혹은 인정 받는)' 방식이라고 할 수 있다(Siegel & Hartzell, 2003). 하지만 이는 치료자를 감정적으로 전염시킬 수 있는데, 치료자가 커플의 절망감에 전염되는 경우가 그 예이다. 치료자 자신의 역전이가 상담에서 문제로 떠오를 수 있으므로 이는 다루어질 필요가 있다.

비록 재판관의 법복을 입지는 않을 것이지만, 나는 이 과정에서 다양한 모자는 쓸 것이다. 나는 증인이자, 촉진자이자, 코치가 될 것이다. 어떤 때에는 이들이 자신들의 이야기를 할 때, 나는 이들의 고통을 보듬어 주며 조용히 함께 있어 줄 것이다. 다른 때에는 악순환의 고리를 깨뜨리거나 새로운 접근을 시도해 볼 것을 종용하며 활동적으로 활약할 것이다. 커플 간의 싸움을 막기 위해 일어서서 타임아웃 신호를 보내야만 할 때도 있을 것이다. 나는 커플을 갈등의 사이클로 몰아넣은 심리내적 · 다세대적 · 맥락적-문화적 요인을 탐색함으로써 대화의 깊이와 폭을 확장시킬 것이다. 또한 주기적으로 신체와 뇌 과정에 대한 심리교육을 전달하며 커플의 현 교착상태를 설명하는 뇌 관련 정보를 커플과 함께 나눌 것이다.

커플 치료자들은 양쪽 파트너 모두와 동등한 동맹관계를 유지할 필요가 있다. 이는 매우 어려운 일이며, 내담자들은 치료자가 어느 한 편에 설 때 이를 재빨리 알아챈다. 이 사안에 관해서 나는 "다자 편애(multilateral partiality)"(Boszormeny-Nagy & Spark, 1973)란 용어가 이들과의 관계를 설명하는 데 더 유용하다고 생각한다. 얼마 전 가족치료자들은 가족체계와의 작업에서 '중립성(neutrality)'이 어떤 역할을 하는지를 연구했다. 중립성이라는 의미는 내게 잘 와닿지 않는다. 작업할 때 나는 중립적이지 않다. 나는 나의 내담자들과 이들의 안위를 매우 소중히 여긴다. 다자를 편애한다는 말은 커플 내 양자 모두를 편애함을 뜻하고, 그러한 편애에서 균형을 맞추고 있음을 뜻한다. 그렇다면 한 파트너의 행동이나 성격이 더 문제적일 때 어떻게 양자 모두를 동등하게 편애할 수 있을까? 나의 경우, 내담자의 행동이나 생존 전략을 촉발하는 취약성을 알고 있을 때 그 내담자의 고통을 더 잘 공감하게 된다. 커플의 춤 이면의 숨은 역동을 이해하는 것은 나로 하여금 파트너들의 고통을 '보듬게' 만든다. 커플의 비생산적·자기방어적 행동에 도전을 가하고 있는 중에라도 말이다. 보듬어져 본 경험이 있는 내담자들은 변화의 위험을 보다 기꺼이 받아들인다.

나는 커플과 상담을 진행할 때 협력하고 투명하게 작업한다. 내게 있어 감춰진 안건이란 없으며, 내담자가 알지 않았으면 하는 꿍꿍이도 없다. 나는 내담자에게 변화하라 강요하지 않으며, 변화를 위해 이들을 조종하지도 않는다. 나는 커플의 능력·탄력성과 동맹을 맺고 있으며, 커플의 병리와 겨루기보다는 커플의 강점과 협력한다. 나는 이것이 상담의 열쇠라 생각한다. 나는 변화의 영역들을 찾으나 비병리적 그리고 존중하는 방식으로 이들 영역을 찾는다. 나는 '최소한의 병리 가정(least pathology assumption)'을 사용하고자 노력한다. 파트너들은 고의로 상대를 해하지 않는다. 이들은 단지 상대에게 전달되는 더 나은 방법을 모를 뿐이다.

나는 나의 상담실을 무비난, 무수치심 지대(blame-free, shame-free zone)로 만들고자 한다. 에릭이 자신의 감정을 우리와 더 잘 공유하게 되었을 때, 리사는 오히려 화를 냈다. 리사는 남편이 집에서는 왜 그렇게 행동하지 않는지 궁금해했다. 에릭은 "여기서는 창피하다거나 비난 받는다는 느낌이 없어. 여기서 감정을 이야기하는 것은 아주 안전하게 느껴져."라고 대답했다. 나는 내담자의 고통과 취약성을 수용하고 이들의 생존 전략을 존중함으로써 안전한 분위기를 만들고자 한다. 동시에 나는 커플이 보이는 파괴적 행동들에 도전을 가한다. 어떻게 이런 행동들이 이들이 진실로 원하는 것(사랑과 안전이 깃든 관계)의 성취를 방해하는지 보여 줌으로써 말이다. 존경받고 수용되면 커플은 안전감을 경험하게 되고, 변화를 위한 모험을 떠날 수 있다. 나의 궁극의 목표는 커플이 자기 집에 무비난, 무수치심 지대를 만들도록 하는 데 있다. 다음 장에서 보게 되겠지만, 변연뇌의 중추인 편도체는 위험을 끊임없이 스캔한다. 만약 편도체가 위험을 감지하면 투쟁-도피 반응이 촉발된다.

안전이 감지되면, 긴장을 늦추고 사회적 활동을 수행할 수 있다. 따라서 치료자의 오피스가 안전한 장소가 되는 것은 필수적이라 할 수 있다.

치료자가 내 편이다, 치료자가 나를 존중하고 있다(내담자의 변화하지 않고자 하는 권리를 존중하는 것을 포함하여)고 느끼게 되면 내담자는 기꺼이 새로운 행동을 취할 것이다. 하지만 실제적인 변화를 만들어 내기 위해서는 치료자는 내담자로 하여금 변화의 주체가 자신임을 충분히 느끼게 해 주어야 한다. 그 누구도 다른 이에 의해 '변화되고' 싶지는 않을 것이다. 에릭은 리사의 여러 해에 걸친 자신을 변화시키고자 한 노력에 저항했다. 정서적 연결성을 높이고자 한 리사의 행동은 에릭에게 위협으로 다가왔고, 그래서 에릭은 이러한 접근에 저항했다. 에릭의 두려움은 치료자인 나 또한 리사처럼 그를 변화시키려 할 것이라는 생각에서 왔다. 나는 내 일이 커플 각자를 변화시키는 데 있지 않음을 치료 시 명확히 했다. 나의 일은 커플 각자로 하여금 둘 사이의 관계 문제에 기여한 원인을 탐색하도록 촉진하는 데 있다. 나는 이들에게 사려 깊고 선제적인 사랑을 가능하게 하는 연장을 제공할 것이다. 이 연장을 사용할지 말지는 커플이 결정할 일이다.

내담자들이 나의 노력에 저항할 때, 나는 내담자들과 대립하거나 이들에게 발끈하지 않기 위해 노력한다. 변화는 그들의 몫이다. 가족치료자들은 오랜 기간 변화와 저항이라는 쟁점과 싸워 왔고, 때로는 내담자를 모순에 빠뜨려 달리 행동하도록 만들곤 했다. 나는 내담자들을 모순에 빠뜨리지 않는다. 하지만 적어도 변화 과정이 매우 복잡하고 모순적일 수 있다는 사실은 믿는다. 치료자가 내담자의 변화하지 않고자 하는 권리를 수용하게 될 때, 내담자들은 변화 과정에 보다 더 개방적이 되곤 한다. 이 모든 게 '선택'의 문제이다.

운동가적 접근

　파트너에 대한 피해의식적 태도와 사랑을 수동적으로 보는 태도를 수정하기 위해 나는 커플이 적극적인 운동가가 될 것을 제안한다. 나는 사람들이란 삶에서 발언권을 갖길 원한다고 믿는다. 하지만 이들은 친근한 관계에서 이런 목소리를 내는 방법을 모를 수 있다. 오히려 상대 비난이나 상대 지배를 통해 이런 발언권에 대한 욕구를 드러내고 있다. 하지만 이 방법은 종국에는 역효과를 낸다. 이 책에서의 나의 목표는 뇌, 커플 · 결혼관계, 변화에 대해 우리가 알고 있는 바에 근거하여 관계 변화에 유용한 임상적 기법을 제안하는 데 있다. 앞으로의 장들에서 우리는 뇌 기능의 기초를 다룰 것이며, 이러한 뇌 기능이 어떻게 커플관계에 영향을 주는가를 다룰 것이다.

제**2**장
//////////

뇌 과학 입문
기초적 지식

자율적인 뇌

커플의 반응적인 춤은 즉각적으로 촉발된다. 어느 한 편의 치켜뜬 눈썹, 붉어진 얼굴, 돌아가는 눈은 누가 무슨 말을 하기도 전에 그리고 무슨 일이 일어나고 있는지를 깨닫기도 전에 상대의 불안이나 분노 반응을 유발한다. 대개 이런저런 말들을 덧붙이지만, 이런 말들은(본능적이고 매우 빨라서 미처 의식하지 못했던) 자신의 행동을 정당화하려는 시도이다. 이런 행동이 반응적인 것이든 아니든, 우리 정신생활의 대부분은 의식하지 못한 채로 일어난다. 이런 현상은 기본적으로 정상적인 것인데, 만약 그런 상황에서 뇌가 모든 것을 의식하면서 조작하느라 에너지를 소비한다면, 우리는 곧바로 탈진되어 아무 것도 할 수 없게 될 것이다. 우리가 매일 다녀서 익숙한 길을 운전할 때와 낯선 도시에서 운전할 때의 정신적 노력을 비교해 보라! 이처럼 우리는 자율적인 조종사를 쓰고 있는 셈인데, 이는 사실 매우 편리한 것이다. 이런 자동적인 과정은 뇌의 수고를 절약하여, 일이나 생존에 필요한 의식적인 역할과 선택에 우리가 집중할 수 있도록 해 준다.

우리 뇌의 자율성에는 이와 같은 진화론적 이점이 있다. 하지만 바로 이런 자율성이 커플들의 고통을 초래하기도 한다. 즉, 커플들을 화나게 하기도 하고 그들을 갈라놓기도 하는 것은 그들이 의식도 못한 채 반복하는 이런 반응들과 춤이다. 따라서 그들 자신의 반응에 대한 사려 깊음(thoughtfulness)과 알아차림(awareness)을 키워 주면 그들이 삶의 피해자가 되는 대신 집필자가 되게 할 수 있다. 이 장에서는 '상황의 배후'에서 작동하는 뇌의 역동 몇 가지를 알아볼 것이다. 우선 개인과 커플의 뇌가 작동하는 방식에 관한 기초적 지식들에 대해서 알아보자.

상호 연결된 신경세포들

뇌는 놀랄 만큼 복잡한 신체기관이고, 우주에서 우리가 알고 있는 것들 중 가장 복잡한 단위이다. 뇌 세포는 '신경세포(neuron)'라고 부르는데, 이들은 다른 신체 세포들처럼 서로 붙어 있지 않다. 이들은 '시냅스(synapse)'라고 하는 간격을 통하여 신호를 주고받는다. 한 신경세포에서 다음 신경세포로의 신호 전달은 화학적으로(chemically), 즉 앞 신경세포에서 분비된 신경전달물질이 다음 신경세포에게 흡수되는 것으로 진행된다. 신경세포는 핵과(다른 신경세포의 신호를 받아들이고 내보내는) 돌기들로 구성된다([그림 2-1] 참조). 받아들이는 가지를 '수상돌기'라 하는데, 이들은 신호 제공 세포로부터 받은 정보를 세포체로 보낸다. 그 정보는 세포체로부터 시냅스까지 이어진 축삭을 따라 전기적으로(electrically) 전해지고, 이곳 시냅스에서 다시 신경전달물질을 통해서 화학적으로 다음 세포의 수상돌기로 전달된다.

사람의 뇌에는 수십억 개의 신경세포가 있는데, 하나의 신경세포는 수천 개의·다른 신경세포와 연결되어 있으므로 시냅스들의 연결을 모두 합

하면 수조 개에 이른다. 사람들과 마찬가지로 신경세포도 '사회적'이어서
(Cozolino, 2006) 다른 신경세포와 연결되지 않은 세포는 소멸(세포자멸)한다.
우리의 습관, 생각, 감정과 행동의 바탕에는 이러한 신경세포들 간의 연결망
이 있다.

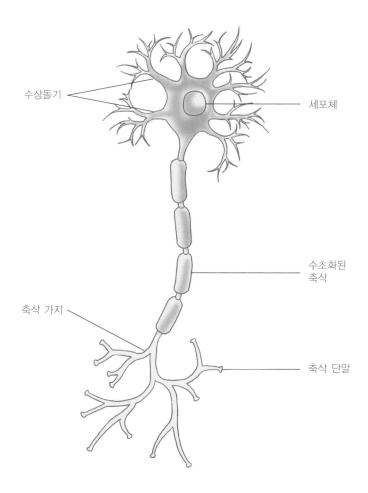

수상돌기

세포체

수초화된
축삭

축삭 가지

축삭 단말

[그림 2-1] 신경세포의 모양

함께 발화하여 함께 연결되는 신경세포

"신경세포는 함께 발화(fire)하여 함께 연결(wire)된다."(Siegel, 1999)는 Hebb의 공식에 따르면, 신경세포들은 다른 신경세포와 함께 발화할수록 함께 하나의 연결망으로 연결된다. 어떤 연결망이 자주 발화할수록 그 신경세포들 간의 연결이 더 강해진다는 말이다. 리사가 불쾌해한다는 신호를 에릭이 감지하면 그의 뇌에서는 그런 상황을 예측하고 반응하는 연결망 전체가 발화한다. 뇌는 언제나 다음 순간을 예측하기 때문에 '예측 기관'이라 불리기도 한다(Siegel, 2010b). 뇌는 과거 경험에 기초하여 이런 예측을 할 만한 어떤 패턴을 찾고 있는 것으로 보인다. 에릭은 자신의 과거 그리고 그들의 과거를 토대로 리사의 반응을 무의식적으로 예측하여 자신의 반응을 준비한다. 마찬가지로, 에릭의 이런 낌새는 실망하여 화가 나 있는 리사의 신경세포 연결망을 자극한다. 이런 작은 춤들이 반복될수록 그 뇌 연결망은 더 촘촘하게 연결된다. 그들이 보이는 행동 레퍼토리의 배후에는 뇌 연결망이 있는데, 뇌에 남아 있는 이런 자국들은 그들의 개인적 및 대인관계에서 반영된다. 비난하고 방어하는 에릭과 리사의 춤은 몇 년간 반복된 것으로, 그들에게는 아주 익숙한 상호관계 방식이다. 즉, 그들의 자동 레퍼토리인 것이다.

Hebb의 공식은 습관을 고치기가 왜 그리도 어려운가를 설명해 준다. 즉, 우리가 무엇을 자주 할수록 앞으로도 그것을 반복하기가 더 쉽다는 말이다. 신경세포 연결망과 행동의 상호작용은 호환적이어서 어떤 신경세포들이 발화되면 우리는 그 특정 방식으로 행동하고 생각하며 느끼게 된다. 이런 점에서 우리가 어떠한 방식으로 행동하고 경험할 때, 우리는 그 특정한 신경 연결망을 만들고 강화하는 셈이다. 이런 영향은 순환적으로 진행되며, 이런 점에서 우리는 우리가 하는 행동 자체인 것이다. 우리가 행동하고 상상하고 생각하고 배우는 모든 것이 뇌를 변화시킨다. 이처럼 에릭과 리사는 서로에게 반응하는 모든 순간마다, 그들은 그들을 우선적으로 반응하게 하는 뇌 연결망을 강화하고 있는 셈이다.

수초

뇌에 있는 세포들의 대부분은 신경세포(회백질)가 아니라 교질(백질)이다. '교질 세포'는 여러 형태로 나타나는데, 그 각각은 여러 방식으로 뇌 기능에 기여한다. 최근까지 뇌 과학 연구의 대부분은 주로 신경세포와 신경 회로에만 초점을 두었다. 즉, 교질은 주로 (영양을 공급하고 신경세포와 시냅스의 폐기물을 치우는) 보호기능을 하는 정도로만 여겨졌다. 그러나 최근 교질의 역할이 훨씬 더 복잡하여 신경회로 기능의 조정과 활성화에 필수적임이 밝혀지고 있다(Fields, 2009). 교질 세포의 한 종류인 '희소돌기아교세포'는 축삭을 둘러싼 지방 층, 즉 수초를 생성하는데, 이 수초는 신경세포간의 신호 전달과 소통 속도 및 효율을 높이는 역할을 한다. 회백질을 구성하는 신경세포들과 달리, 수초의 지방질은 뇌에서 하얗게 보인다. 수초는 축삭의 빠르고 효율적인 전달을 가능하게 함으로써 보다 복잡하고 유연한 생각과 판단을 촉진한다. 수초는 계속 성장하고 변형하면서 성인의 뇌도 발달할 수 있게 한다.

경험이 뇌를 가공(shape)한다

어린 시절부터의 생존 습관과 생존 전략은 그 사람의 신경 연결망에 반영된다. 우리는 이런 (대개는 무의식적인) 생존 전략을 성인기의 애정관계에 끌어와 과거의 방식을 되풀이하곤 한다. 이처럼 커플들은 그들의 신경망 자국에 매달려 있다. 커플의 춤 그리고 각자의 신념과 생존 전략(Scheinkman & Fishbane, 2004)은 각 파트너의 기존 신경 구조를 반영하는 동시에 영향을 미친다. 커플이 어떤 춤을 반복할수록 그들은 앞으로도 그 춤을 반복하기가 쉬워진다. 즉, 한 파트너가 이를 악무는 것만으로도 그들의 전체 반응 과정이 즉각 시작될 수도 있다. 상담의 과제들 중 하나는 이처럼 잘 짜인 자동적 패턴과 이와 관련된 각 파트너의 신경 처리 과정에 개입하여 커플이 새로운 춤, 즉 새로운 대화법을 개발하고 결국에는 그것이 자동적으로 진행되게 하는 것이다. 각 파트너들이 새로운 행동을 배우면 새로운 신경 회로가 형성되고, 나중에는 새로운 습관이 그들의 뇌에 짜여서 그들의 관계에 새로운 상호관계의 춤이 나타나게 되는 것이다.

"학습과 경험이 뇌를 변화시킨다."는 Kandel의 발견은 '신경가소성'이 일생 동안 가능하다는 연구결과들과 일치되며, 에릭과 리사가 그들의 대본을 다시 쓰고 자신의 뇌를 다시 만들어 갈 수 있다는 희망을 준다. 이 책의 나머지 부분은 커플들이 개인적 및 공동 수준에서 자동적으로 반복하는 행동을 제어할 수 있게 하는 기법들에 대한 것이다. 이제부터 뇌가 경험에 의하여 가공(shape)되고 변한다는 Kandel의 통찰이 의미하는 점에 대해서 살펴보자. 이미 말했듯이, 과거의 유전(nature, 천성)·환경(nurture, 양육) 논쟁은 최신의 신경생물학적 관점에 의해 이미 낡은 것이 되었다. 유전과 환경은 서로 얽혀 있다. 유전과 환경의 통합은 시냅스 수준에서 일어나는데, "경험은 신경세포들의 연결을 변환하여 평생 동안 뇌를 변화시킨다. 즉, 경험이란 살아 있는 것이다."(Siegel & Hartzell, 2003, pp. 33-34). 하지만 경험이 뇌에 미치는 영향은 시냅스 말단의 변화보다 훨씬 깊고 크게 나타난다. 경험은 유전자의 발현 자체가 나타나거나 나타나지 않게 하는 것까지 영향을 미친다. 최근의 연구들은 유전자와 환경의 상호작용에 관심을 기울이는데, 이런 후생학적 변화들 중 일부는 '세대 간 전이'로 나타나기도 한다(Zhang & Meaney, 2010).

뇌를 가공하는 환경의 힘은 아동기에 가장 크게 나타난다. 아동의 뇌는 특히 가소적(가변적)이어서 경험에 의해서 가공된다. 어린아이의 뇌는 부모와의 (특히, 우뇌-우뇌 간의 비언어적) 상호작용에 의해서 시냅스 연결이 형성되고 강화된다(Schore, 2003). 어린아이의 뇌에는 성인의 뇌보다 훨씬 많은 신경세포들이 있는데, 이 신경세포들은 경험을 통해서 서로 연결되어 신경망을 이룬다. 이미 말했듯이 다른 신경세포와 연결되지 않은 신경세포들은 소멸한다. 이런 신경세포들의 대량적인 연결과 '가지치기'는 정상적인 과정인데, 이처럼 '활기찬 뇌 성장기'는 새로운 것은 모두 흡수하는 아동들의 특성에서 드러난다. 아동에 대한 부모의 태도가 적절하든 그렇지 않든, 또는 안정 애착이든 아니든 그 영향력은 아주 막대하다. 그 영향은 심지어 출생 전부터 시작하는 것으로 보인다. 태아가 모성 스트레스나 소리 같은 외부 자극들에 의한 영향을 받는 것처럼 (영양 상태와 같은) 환경적 영향에 대한 노출은 자궁에서부터 시작된다. 그렇다고 해서 어린아이가 아주 백지상태라는 의미는 아닌데, 아동들은 각자의 인지적 및 감정적 경향과 기질을 가지고 태어나지만, 이런 것들도 경험에 의해서 변형되거나 강화될 수 있다는 말이다. 인성을 결정짓는 것은 결국 기질과 경험 간의 상호관계이다.

세 갈래의 뇌

우리 뇌는 몇 개의 층으로 이루어져 있는데, 어떤 영역들은 출생 당시에 이미 기능을 하고 있거나 즉각 실행이 가능한 데 비해서, 다른 부분들은 나중에 발달한다. 특히 비언어적 및 감정적 처리 과정을 담당하는 우뇌 영역들은 출생 시 이미 작동 상태에 있다. 인간 뇌 구조에 대한 기초사항들, 즉 세 갈래의 뇌([그림 2-2] 참조)를 살펴보자. 우리 뇌에는 진화론적 자취가 남아 있다. 우리 뇌의 가장 밑바닥에는 파충류에서처럼 '뇌간'이 있다. 이것은 신체 및 생리적 균형, 수면과 각성의 주기, 심장 박동 등을 조절하며 또한 '싸움하기-도망가기-얼어붙기 반사'를 포함하는 자동적 조정 기능을 한다. 뇌간은 척수 및 온몸으로 뻗은 신경계와 연결되는 곳이기도 하다. 그 다음의 단계는 원시 포유류의 뇌, 즉 '변연계'이다. 여기에는 (공포 반응을 담당하는) 편도체와 (기억과 학습에 핵심적인) 해마가 포함된다. 이들은 감정의 처리 과

정의 중추적인 영역이다. 끝으로, 뇌에서 가장 발달한 상위 단계는 '신피질'
이다. 신피질은 세포 여섯 개의 두께에 불과한데, 이것은 뇌의 바깥 면을 둘
러싸고 있으며, 언덕과 계곡, 즉 뇌회(gyri)와 열구(sulci)로 울퉁불퉁하게 주
름져 있다. 신피질은 보다 상위적인 기능을 담당한다. 신피질의 앞부분을
'전전두엽 피질(PFC)'이라 하는데, 다른 동물들과 다르게 인간에게서 특징적
으로 잘 발달되어 있다. PFC는 인식과 이성을 담당한다. 이런 뇌의 각 부분
은 상호 연결되어 있어서 인간의 모든 경험에는 뇌의 각 영역 내 또는 영역
간 연결이 깔려 있다. 즉, 감정에는 PFC, 변연계, 뇌간을 포함한 뇌의 많은
영역이 관련되는 것으로 보인다(Davidson & Begley, 2012; Siegel, 2012).

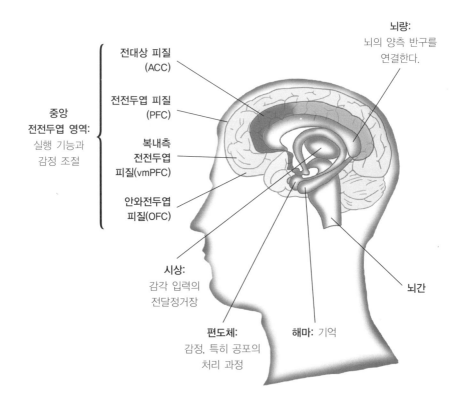

[그림 2-2] 인식, 감정 및 감정 조절에 관한 주요 뇌 구조
중앙 전전두엽 영역(vmPFC, OFC, ACC)과 변연계 영역(편도체, 해마)을 포함한다.

인간의 세 갈래 뇌는 '내부의 파충류'와 '내부의 포유류'가 신경 영역을 공유하고 있어서 우리 인간에게 독특한 가능성을 부여한다. 영장류인 우리는 DNA의 98%를 우리와 가장 가까운 친척인 침팬지와 공유하는데, 그 2%의 차이는 사고와 판단을 담당하는 전전두엽 피질에서 주로 나타난다. 우리 머릿속에 남아 있는 진화적 역사는 우리의 기능에도 영향을 미친다. 자연은 진화 과정에서 오래된 부분들을 새로운 목적을 위해서 재활용한다. 즉, 인간 뇌에서 오래된 뇌 회로가 새로운 역할을 맡는다. 우리가 위협을 당할 때 편도체가 뇌를 '납치'(Goleman, 1995)하듯이, 오래된 하위 회로는 종종 상위 회로의 기능을 압도할 수 있다. 뛰어난 사회 신경과학자인 John Cacioppo는 뇌의 진화적 중층구조(evolutionary layering)의 중요성에 대해서 다음과 같이 설명했다. "우리를 영리하게 만들어 준 더 새롭고, 더 복잡한 모든 신경망 연결이 (우리가 원숭이나 심지어 생쥐와 공유하고 있는) 오래되고 원시적인 신경 과정을 대치하지는 않는다." 오래된 시스템은 새로운 시스템의 저변에서 여전히 그리고 때로는 매우 독립적으로 활동하고 있다. 이런 '층별 승급'의 의미를 실제적인 예를 들어 설명하자면, 신피질이 선박의 명백한 선장은 아니라는 것이다. 신피질이 함교(배를 통제하는 곳)에서 관측하고 지각하여 계획을 세우고 결정을 하기는 하지만, 갑판 아래에는 (신피질이 나타나기 훨씬 전에 이미 승선한) 더 원시적이고 감정적인 뇌의 층이 항상 투덜대고 있다 (Cacioppo & Patrick, 2008, p. 49).

편도체: 감정의 보초병

Joseph LeDoux(1996)는 편도체에 대해서 광범위한 연구를 했는데, 그는 우리의 사려 깊은 전전두엽 반응과 자동적인 무릎반사나 감정적인 뇌 반응을 설명하기 위해서 '윗길-아랫길'이라는 용어를 사용하였다. 이 상위-하위 구분에는 다음과 같은 세 가지 의미가 있다. 즉, 편도체가 PFC보다 먼저 진화되었고, 따라서 진화론적으로 나중에 나타난 PFC가 상위 구조라 할 수 있다. 또 편도체는 뇌에서 PFC보다 아래쪽의 더 깊은 곳에 위치하고 있다. 끝으로, 편도체는 대개 낮은 수준의 충동적인 반응을 이끌어 내는 반면, PFC는 보다 높은 수준의 태도를 취하게 한다. 나는 이 두 과정의 상호 작용을 '두 길의 이야기'(Fishbane, 2007, p. 398)로 말하고 싶다. 아랫길은 항상 문제를 점검하여 위험에 대비하는 보초병인 편도체에 의해서 주로 좌우된다. 편도체는 미처 의식을 하기도 전에 재빨리 반응하는데, 위협에 맞닥뜨릴 때 뇌간 영역에 퍼져 있는 중뇌수도 주위 회백질(periaqueductal gray)과 함께 '싸움하기-도망가기' 반응을 일으킨다(LeDoux, 1996; Panksepp & Biven, 2012). LeDoux가 말한 대표적인 예는 다음과 같다. 우리가 숲속을 가다가 뱀처럼 생긴 것을 보면, 눈에 들어온 그 뱀의 영상은 감각의 정거장인 시상으로 전해진다. 그 영상은 길고 느린 신경 통로를 통해서 머리의 뒤쪽에 있는 후두엽(시각) 피질로 보내져서 비로소 뱀, 그림자, 혹은 막대기라고 해석된다. 그런데 문제는 만약 그것이 실제로 독사였다면, 시각 피질이 그것을 구분해 낼 때쯤에는 우리는 이미 죽었을 것이라는 점이다. 다행스럽게도 이런 영상에 대한 두 번째 통로가 있어서, 시상에서 뱀이라고 추정한 그 영상은 편도체로 직접 그리고 빠르게 전달된다. 편도체는 위험을 느끼면 '싸움하기-도망가기' 반응을 촉발한다. 따라서 우리는 그 독사로부터 도망치거나, 만약 뱀 사냥꾼이라면 그 뱀을 처치할 수 있다. 만약 그것이 막대기나 그림자로 드러나면 아무런 해를 입지 않겠지만, 만약 그것이 독사라면 우리의 목숨을 구한 것이다. 이렇듯 편도체는 우리의 생존 메커니즘에 매우 중요한 부분이고, 우리의 (진화론적) 이익에 기여한다.

만약 뱀이 있는 숲속이 아니라 비난하고 공감할 줄 모르는 배우자와 있는 거실에서 편도체가 위험을 감지하면 어떤 일이 일어날까? 우리는 대인관계 상황에서도 뱀이 있는 숲에서와 마찬가지의 위협을 느끼고 우리의 생존이 달려 있는 듯이 반응하게 된다. 자기방어를 위한 우리의 진화론적 메커니즘은 뱀이나 고약한 배우자의 차이 같은 세부사항들에 관해서도 방심하지 않는다. 어떤 위협이든 어쨌든 위협인 것이니까. 그래서 우리는 결혼생활의 사소한 실망에도 즉각적으로 싸우거나 달아날 수 있도록 흥분되어 심장 박동이 빨라지며 근육이 긴장하는 것이다. 여기에는 생존을 위한 진화론적 메커니즘과 좋은 결혼생활과 개인적 행복을 위한 필요조건 간에 일치되지 않는 점이 있다. 그러나 Cozolino(2002, p. 289)가 잘 설명한 것처럼, "진화는 각 종(種)의 신체적인 생존을 추구하여 만들어진 것이지, 개인의 행복을 위한 것이 아니다."

　편도체는 위협을 지각할 때, 교감신경계와 시상하부-뇌하수체-부신(HPA) 축을 자극하여 아드레날린(에피네프린), 노르아드레날린(노르에피네프린) 및 코르티솔을 분비시킨다. 이 스트레스 호르몬들은 심장 박동을 빠르게 하고 근육을 긴장시켜서 몸이 싸우거나 달아나는 것을 준비한다. 편도체는 매우 빠르게 기능하기 때문에 우리가 위험에 놓여 있다는 것을 의식하기도 전에 반응하곤 한다. 일단 이런 활성화가 일어나면, 상위 뇌(전전두엽 피질)는 우리가 보인 반응을 정당화하는 정도로 뒤따라올 뿐이다. 물론 우리는 단지 생존만을 위해서 반응하는 피조물이 아니라, 우리 자신의 반응에 대한 이해와 설명을 필요로 하는, 즉 생각을 하며 의미를 추구하는 존재들이다. 그렇지만 편도체가 상황을 주도하는 동안, 전전두엽은 충분히 기능하지 못하여 종종 편도체의 긴급성에 밀려나곤 한다. 이 점에 관해서 Goleman(2006, p. 17)은 "아랫길이 반응하는 동안, 윗길이 할 수 있는 것은 상황을 조금 낫게 하는 정도이다. 과학소설가 Robert Heinlein이 '사람은 합리적인 동물이 아니라 합리화하는 동물이다.'라고 말한 대로이다."라고 했다.

　편도체와 전전두엽의 상호작용은 감정 조절 장애와 자기조절 둘 다에 있어서 필수적이다. 유감스럽게도 감정 반응은 종종 자기조절보다 자동적으로 이루어진다. LeDoux(1996, p. 265)가 말한 대로, "피질 영역에서 편도체로 이어지는 연결 회로는 편도체에서 피질로 향하는 회로들보다 매우 약하다. 이런 점이, 감정이 의식적인 사고를 침범하는 것은 매우 쉬운 데 비해서, 감정을 의식적으로 조절하는 것은 대단히 어렵다는 사실에 대한 설명이 될 것이다." 다음 장들에서는 커플 간의 상호작용에서 '알아차림'과 '사려 깊음'을 강화하는 특별한 기법들에 대해서 알아볼 것이다. 이런 기법들은 커플이 그들의 개인적 및 대인관계의 대본을 바꾸려는 노력을 할수록 (전전두엽 영역과 편도체 간의 연결을 증가시켜서) 자기조절을 잘하게 해 준다.

편도체는 '싸움하기-도망가기'의 생존 장치로, 위험하고 긴박한 상황에 대한 감시병인 동시에 '감정적 기억'의 회상에 대해서도 중요한 역할을 한다. 편도체는 출생 당시 이미 작동 상태에 있어서 (우리가 외현적으로 상기하지 못하는) 언어 이전의 기억들을 처리한다. (외현적 기억에는 18개월에서 2살 무렵에야 접속되는 해마가 필요하다.) 이런 초기의 기억들, 특히 공포 기억은 편도체에 의해서 처리된다. 과거에 익숙했던 위협적 상황을 현실에서 느끼게 되면 오래된 기억들이 활성화된다. 에릭이 도움이 되지 않거나 반응이 없다고 느낄 때, 리사의 편도체는 그녀가 어렸을 때 놀랐거나 보호받지 못한 기억들을 불러온다. 이렇게 현재와 과거가 겹쳐짐에 따라 그녀는 에릭에게서 자극을 받아 자신이 옳다는 느낌이 과열된다. 편도체는 '시간 기록'을 따르지 않는다(Badenoch, 2008). 즉, 지금 리사의 분노를 일으키는 것은 그녀의 고통스러웠던 아동기의 기억들이지만, 그녀 자신은 이런 연관을 알지 못한다. 리사의 입장에서 그녀의 분노는 현재 에릭의 결점에 대한 것일 뿐이다. 마찬가지로 에릭에게는 당면한 리사의 분노가 그의 어머니의 비난에 대한 고통스러웠던 경험을 불러온다. 그의 위기감은 그의 오래된 감정 기억 때문에 강화된 것이지만, 그가 현재 알고 있는 것은 리사가 너무 비이성적이며 까다롭다는 사실뿐이다. 그래서 그는 과거에 했던 대로 자신의 감정을 꺼버리고 리사에게서 등을 돌리는 것으로 자신을 방어한다. 그런데 그가 이렇게 할 때, 리사는 과거의 냉담한 어머니가 다시 나타난 것처럼 자신이 보호받지 못한 채 혼자 버려진 듯한 느낌을 받았다. 이렇게 과거의 인물들이 현재에 재활성화 되는 커플의 '편도체 춤' 또는 Goleman(1995)이 말한 '변연계 탱고'에 의해서 이 사이클은 점점 더 악화된 것이다.

전전두엽 피질

다행스럽게도 에릭과 리사, 그리고 모든 인류는 전전두엽 피질이라는 축복을 받았다. 우리는 자동 조종사에만 의존하도록 운명 지어지지 않은 것이다! 치료에서 강조되고 또 의식적인 변화를 가능하게 하는 것은 전전두엽 피질(PFC)과 변연계의 상호작용이다. 자기조절과 사려 깊은 선택에 특히 핵심적인 영역은 복내측 전전두엽 피질(vmPFC)과 안와전두엽 피질(OFC)을 포함하는 중앙 전전두엽 피질이다. OFC는 전전두엽 피질의 중앙, 즉 양쪽 눈의 바로 뒤에 있다. 그 중요성을 위치적으로 보여 주듯이, OFC는 변연계(편도체), 뇌간, 그리고 신피질과 단 하나의 시냅스 간격만큼만 떨어져 있다. 따라서 이곳은 뇌의 '신경 정보 집합소(neural integrating convergence zone)'라고 불리기도 한다(Siegel & Hartzell, 2003). 중앙 전전두엽 피질(middle PFC)은 우리의 유연한 반응, 자기조절, 사회적 인식, 도덕적 행동, 그리고 공감을 가능하게 한다(Siegel, 2007). 이 영역은 '선택의 가능성을 창조'(Siegel & Hartzell, 2003)하는 '알아차림'의 중추이기도 하고, 또 편도체와 소통하여 감정 조절을 촉진하는 곳이기도 하다.

전전두엽 피질은 일생 동안 발전하는데, 10~12개월 된 어린아이의 뇌에서 활성화되기 시작하여 성인기까지 계속 발달한다. 전전두엽 피질은 (어린 시절의 왕성한 성장과 시냅스 연결망 형성처럼, 뇌의 두 번째 '왕성한 성장기'인) 사춘기에 대량적인 시냅스의 재형성과 가지치기를 겪는다. 우리가 건강한 생활 습관으로 잘 키우기만 하면, PFC는 일생동안 계속해서 학습하며 발달한다. 다음 장들에서는 내담자가 보다 사랑하고 활기 있는 관계를 공동 창조할 수 있도록 전전두엽의 유연성, 사려 깊음, 그리고 지혜를 키우는 방법들을 살펴볼 것이다.

양 뇌 반구

뇌에는 (뇌간, 변연계, 신피질의) 위계적 조직뿐 아니라 수평적 조직도 있다. 사람에게는 각자 특별한 기능을 가지고 있는 두 개의 뇌 반구와 반구 간 소통이 가능하도록 이 둘을 연결하는 '뇌량(corpus callosum)'이 있다. 좌뇌는 언어와 논리, 그리고 사실에 특화되어 있다. 이것은 선형 방식으로 처리하며, 의식과 함께 작동한다. 반대로 우뇌는 감정에 특화되어 있고, 대부분 비선형적인 게슈탈트 방식으로 의식의 저변에서 작동한다. 즉, 우뇌는 사물의 '요지'를 파악한다(Siegel, 2012). 우뇌는 좌뇌보다 먼저 발달하여 출생 시 이미 작동 상태에 있는데, 말의 운율이나 어조 같은 의사소통의 비언어적 측면을 담당한다. 예를 들면, 부모가 어린아이에게 재미있는 노래처럼 속삭이거나 말하는, 소위 '엄마 말투'가 이런 비언어적 의사소통이다. 이런 상호작용은 안정감과 조율이라는 맥락을 제공하는데, 즉 어린아이의 우뇌는 초기의 애착관계에 의해서 조성된다(Schore, 2003). 반면에, 보호자와의 불안정하고 외상적인 상호관계는 어린아이의 우뇌 발달에 좋지 않은 영향을 미친다. 이렇게 만들어진 우측 전전두엽 피질은 변연계와 밀접하게 연결되어 일생 동안 감정 조절에 중추적인 역할을 한다(Siegel, 2012).

기억

신경과학자들은 기억을 두 종류, 즉 '외현적 기억'과 '암묵적 기억'으로 분류한다. 의식적이고, 의미적이며, 이야기로서의 외현적 기억은 해마가 관장하는데, 이미 말했듯이 해마는 18개월 무렵에 발달이 시작된다. 암묵적 기억 시스템은 어린아이의 생애 초기부터 기능하여 청각적, 절차적 및 감정적 기억에 관련하며, 의식의 저변에서 작동한다. 우리의 초기 기억들은 암묵적이며 언어 이전의 (언어는 좌뇌의 기능인데, 생후 1년 후반에 발달한다.) 것들이다. 이런 기억들은 특히 거기에 감정이 실려 있을 경우에는 (나중에 이런 기억이 있다는 것을 우리가 의식하지 못해도) 우리의 행동에 영향을 미친다. 암묵적 기억은 우리가 그 기억에 대해 알지 못하는 경우라도 우리의 현실 반응을 즉각적으로 좌우한다. Cozolino가 말한 대로 "마음은 잊어버려도 몸은 기억한다(2006, p. 131)." 또 "몸은 기록을 가지고 있다."는 van der Kolk(1994)의 유명한 시구도 있다. 특히 트라우마는 무의식적·암묵적 기억 시스템에 저장되었다가 현실 상호관계에서 갑자기 되살아나 앙갚음을 한다. 플래시백이나 다른 외상 후 증후군 증상들도 이렇게 이해할 수 있다.

커플 상호작용의 현실에서 촉발되는 오래된 기억들은 각자의 아동기, 파트너 상대와의 과거 관계 경험, 그리고 현재 관계 자체로부터 비롯될 수 있다. 현재 관계 이전의 '관계적 상처'나 '관계적 트라우마'는 특히 그것이 적절하게 처리되지 않은 경우, 현재 상황에서 자극을 받을 수 있다(Johnson, Makinen, & Milliken, 2001). 예를 들어, 저녁시간에 에릭이 신문에 빠져 있을 경우, 리사는 에릭이 거리를 두었거나 무관심했던 이전의 상처에 의해서 자극을 받아 과민해질 수 있다. 리사로서는 현재 상황으로 남편에 의한 이전의 상처가 다시 자극받아서 매우 속상하게 될 수 있다는 말이다. 반면, 에릭의 입장에서는 우울에서 비롯된 것으로 보이는 리사의 반응이 몹시 거슬릴 수 있다. 이렇게 반복될수록 악화되는 관계적 상처의 악순환을 멈추기 위해서 리사에게는 이런 상처들과 관련된 고통과 불편이 해소되고, 에릭에게 이해를 받는다는 느낌이 필요할 것이다. 이후에 논의될 치료적 개입의 대부분은 파트너들이 서로의 고통에 대해 존중과 공감의 자세로 귀를 기울여 듣고 지지하는 데 도움이 되는 방법들을 강조할 것이다.

체화된(embodied) 뇌

뇌는 머리에만 있는 것이 아니다. 두개골에 들어 있는 뇌는 전체 이야기의 일부분일 뿐이며, 이에 덧붙여 몸 전체로 뻗은 신경 그물망과 신경계가 있다. 뇌와 몸 사이에는 끊임없는 양방향의 흐름이 있다. 미주신경은 양쪽 방향에서 중요한 전달자이다. 이 열 번째 뇌 신경은 뇌간과 신체 장기(창자와 심장) 사이를 오가면서 뇌에서 신체 장기로 정보를 전달할 뿐 아니라, 신체 장기에서 뇌로 가는 구심성의 신경섬유를 가지고 있다(LeDoux, 1996). 그래서 '육감' '뱃속이 울렁거림' 또는 '가슴 아픔' 같은 신호를 보낸다. 이런 신체 장기 피드백은 몸에서 경험되는 감정을 알게 해 준다. 몸이 보내는 신호는 '섬엽(insula)' 또는 '섬엽 피질(insular cortex)'에 도달하고, '내부수용감각(interoception)'이라고 하는 과정을 통하여 해독된다. 앞으로 살펴보겠지만, 내부수용감각은 '감정 알아차림(emotion awareness)'에 필수적인 것으로 보인다.

'다중미주신경이론(polyvagal theory)'에 따르면, 미주신경은 몸에서 오는 내부 정보를 감지하는 '내부수용감각'(Porges, 2007)뿐 아니라, 외부 세계의 안전 또는 위험을 평가하는 우리 신경계의 '신경수용감각(neuroception)'에도 반응한다. 안전하다고 인식하면 미주신경은 '사회관계 참여시스템'을 활성화시켜서 무장을 해제시키고 얼굴 근육을 이완시켜서 타인에게 다가가 어울리게 한다. 커플이 서로에 대해 안전하고 친근하게 느끼도록 해 주는 것은 바로 이 사회관계 참여시스템이다. 그래서 갈등상태의 커플에서처럼, 만약 위험을 느끼면 편도체와 교감신경계가 작동하여 '싸움하기-도망가기-얼어붙기' 반응을 일으킨다. 더 나아가 목숨의 위험이 감지되는 경우라면, 이보다 더 원시적인 미주신경계가 활성화되어 실신, 마비 또는 해리현상 등을 유발하기도 한다.

뇌와 몸의 소통에 또 다른 중요 수단은 호르몬이다. 여기에 중요한 호르몬

몇 가지를 알아보면, 그 첫째는 스트레스 반응 호르몬인 '코르티솔'이다. 스트레스 반응은 선사시대에 인류가 초원에서 안전하게 생존할 수 있도록 진화되어 얻어진 것이다. 코르티솔과 다른 스트레스 호르몬들은 근육이 싸우거나 도망할 준비를 돕는다. 단기적 위기 상황에서 이런 스트레스 반응은 다른 동물들과 공유하고 있는 진화적 혜택이다. 일반적으로 동물은 치명적인 위험을 맞닥뜨린 상황에서 재빠르게 도망치지 않으면 죽는다. 스트레스 연구가인 Robert Sapolsky(2004)가 말한 대로 얼룩말은 포식자로부터 도망쳐서 점심을 먹거나, 아니면 포식자의 점심이 되는 것이다. 이런 스트레스들은 대개 강하지만 짧은 것들이다. 하지만 우리 인간의 경우에는 (빚이나 아이들, 결혼생활이나 삶의 의미처럼) 만성적인 스트레스가 쉴 새 없이 수년간 지속될 수도 있다. 만성적인 또는 극심한 스트레스가 인체와 뇌에 미치는 영향에 대해서 많은 연구가 이루어졌다. 지속적이거나 외상적인 스트레스는 면역 시스템에 해로운 영향을 미치며, 기억과 인지 능력에도 지장을 줄 수 있다. 외현적 기억 및 학습에 중요한 '해마'에는 코르티솔 수용체가 풍부하기 때문에 코르티솔이 과다 분비되면 특히 취약하다. 코르티솔은 해마에 있는 신경세포를 손상시킬 수 있기 때문이다. 만약 스트레스가 일시적이면 그 손상은 회복될 수 있지만, 아주 심하거나 지속적인 트라우마 경우처럼 해마가 오랫동안 과도한 코르티솔에 노출되면 신경세포가 죽고 재생되지 못한다. 발달 초기의 아동에게 외상성 스트레스는 중요한 발달 시기에 있는 해마에 좋지 않은 영향을 끼치므로, 특히 해롭다. 스트레스의 이런 독성은 생애 내내 지속된다. 만성적으로 불행한 결혼생활을 하는 배우자들에 대한 연구들은 계속되는 갈등과 스트레스가 건강에 해로우며 면역 시스템에도 지장을 준다는 점을 제시한다(Robles & Kiecolt-Glaser, 2003). 대인관계와 건강에 대한 관련성은 제5장에서 알아보겠다.

　자연은 코르티솔에 대한 해독제로 '옥시토신'을 주었다. 옥시토신은 장기들 간의 호르몬인데, 뇌와 자율신경계의 신경전달물질이기도 하다. 옥시토신은 오르가슴, 출산, 육아, 마사지, 접촉과 공감으로 분비되는데, 남녀 양성 모두에게서 발견되지만 여성들에게 훨씬 많다(Zak, 2012). 옥시토신은 어머니와 갓난아이의 연결과 애착에 중추적인 역할을 하는 것으로 보인다. 실험적으로 옥시토신을 투여 받은 생쥐들은 겁을 덜 내고 호기심이 많아져서 훨씬 사회적으로 된다. 이 호르몬 · 신경전달물질은 신뢰, 관대함, 애착, 그리고 돌보기와 관련된다. 옥시토신은 코르티솔 수치를 낮추며, 상처 회복을 빠르게 하고, 혈압을 낮추는 한편, 통증도 줄여 준다. 로마시대에 애착과 신체적 애정을 받지 못한 채 고아원에서 자라난 청소년들이 나중에 사회적 및 정서적 장애를 보였다는 사실에서 보듯이 접촉과 옥시토신의 중요성은 아주 분명하다.

안전한 감정적 및 신체적 유대가 필수적이라는 사실은 아무리 강조해도 결코 지나치지 않는다. 우리는 안전과 위험을 측정하도록 되어 있으며, 이는 사회적 관계를 맺는 것이 안전할 때라야 가능하다. 우리의 '차분한 연결'(Uvnas-Moberg, 2003)은 '싸움하기-도망가기' 시스템과 병행되어 있는데, 우리의 생존에는 이 둘 모두 동등하게 중요하다. '연결 본능'은 최근까지 그다지 연구되지 않았다. 이는 연구의 대상이 주로 (포유류나 인류의) 암컷이 아닌 수컷이었기 때문이다. 실제로, 연구용 수컷 쥐들은 우리에 함께 두었을 때 서로에게 공격적이기 때문에 별개의 우리에 가두어야 했다. 그런데 McClintock과 그의 동료들은 암컷 쥐들을 연구하면서 이들을 그 사회적 무리와 함께 두었을 때 더 잘 자라고 잘 산다는 사실을 발견했다(Hermes et al., 2009). 옥시토신은 차분한 연결 시스템과 연관된다(Uvnas-Moberg, 2003).

옥시토신과 사촌 관계인 '바소프레신'은 남성에게 훨씬 많다. 바소프레신은 (혈압과 관련된 과정을 조절하기도 하지만) 수컷 포유류의 영역 지킴과 짝 보호와 연관된다. 옥시토신과 바소프레신의 역할에 대해서, 일부일처제 관계로 짝을 짓는 미국 중서부의 설치류인 대초원 들쥐의 생활에 관련한 연구들이 많이 행해졌다. 이 대초원 들쥐들의 장기간의 짝 결합은 동물의 왕국에서는 드문 것으로, 이런 행동에 대한 신경생물학적 관심을 집중시켰다. 이들 대초원 들쥐의 뇌에는 (사촌 관계에 있지만 성적으로 난잡한 산골 들쥐와 다르게)

보상과 쾌락 중추에 옥시토신과 바소프레신의 수용체가 있었다. 실험적으로 이 호르몬들을 조작하면 짝 선택, 일부일처제, 그리고 어린 새끼에 대한 애착과 돌봄 같은 결합 행동을 높이거나 낮출 수 있었다(Carter, 2002; Young, Wang, & Insel, 2002). 이 호르몬들과 일부일처제에 대한 인간의 도전은 다음에 더 깊게 살펴볼 것이다.

트라우마와 뇌

발달 과정에 있는 아동의 뇌는 학대나 방치 등의 트라우마에 특히 취약하다. 이는 아동기가 경험을 통한 뇌 신경망의 연결이 이루어지는 중요한 시기이기 때문인데, 아동기의 외상성 스트레스는 뇌를 기능장애 상태로 만들 수 있다. 이미 말했듯이, 심하거나 만성적인 형태의 코르티솔은 학습과 기억의 저장소인 해마를 손상시킨다. 학대와 방치는 장기 기억과 인지에 손상을 가져올 수 있으며, 마찬가지로 사회 기술과 자기조절에 해를 입힌다(Perry, 2001, 2002; Teicher, Andersen, Polcari, Anderson, & Navalta, 2002). 외상성 기억은 출생 당시 이미 접속 상태에 있는 암묵적 기억 시스템에 주로 저장된다. 생후 첫 일 년 동안 해마는 미완성 상태에 있기 때문에 초기 트라우마와 관련된 기억들은 외현적 기억처럼 다시 불러오기가 어려울 수 있다. 오래된 기억들은 그것이 어디서 비롯된 것인지 의식하고 알지 못하더라도, 현재 시제로 나타나 문제를 일으킬 수 있다(Siegel, 2012; van der Kolk, 2003). 스트레스와 트라우마는 원가족 경험에서만 생기지 않는다. 보다 광범위한 맥락들이 트라우마가 될 수 있다. 폭력, 빈곤, 또는 소외의 경험은 모두, 특히 그것이 심하거나 만성적인 경우에는 뇌에 손상을 주어서 아동에게는 물론 성인에게도 부정적인 영향을 준다. 실제로 최근의 연구결과는 빈곤과 관련된 스트레스가 아동의 발달에 해로운 영향을 미친다는 점을 보여 준다(Hackman & Farah, 2009).

통합

여기서 한 가지 중요한 질문이 제기되는데, 인간 뇌의 복잡성, 중층 구조, 그리고 분화를 포함한 것들이 어떻게 다 함께 나타나는가 하는 점이다. '통합'은 뇌의 건강과 감정적, 인지적, 사회적 및 신체적 안녕에 필수적이다 (Siegel, 2012). 이는 신피질, 변연계, 그리고 뇌간 같은 뇌의 여러 층 간의 수직적 통합과 좌우 뇌 반구의 수평적 통합, 정신과 몸의 통합, 그리고 개인과 타인의 상호 유대를 총망라한다. 통합은 의식적인 알아차림을 통해서 촉진된다. 예를 들어, 우리가 스트레스를 받아서 몸 안에 코르티솔이 넘치면 우리는 생리적 그리고 감정적 처리 과정으로 조율할 것을 의식적으로 선택할 수도 있고, 당면한 스트레스에 효과적인 기법을 사용할 수도 있다. 명상을 하거나, 호흡에 집중하고, 타임아웃이나 신체운동을 시도하거나 친구들과의 대화를 통해서 침착성을 되찾고, 또는 상위 뇌를 활용하거나 옥시토신의 마법을 유도할 수도 있다. 통합을 위해서는 정신적 또는 감정적 경험에 주의를 기울이는 것만큼이나 신체 과정에도 주의를 돌리는 것이 중요하다. 마음챙김(mindfulness) 같은 기법들은 여러 단계에서의 통합을 촉진한다. 마찬가지로, 좌우 뇌 반구의 통합은 우리의 신체 장기 및 감정적 경험을 언어화하여 인식하고 사려 깊은(thoughtful) 관점을 갖게 해서 우리가 삶을 느끼고 이야기할 수 있게 한다.

변화: 신경과학적 관점

상담은 변화의 작업이다. 내담자는 자신이 변하기 (또는 배우자를 변화시키기) 위해서 상담실에 온다. 하지만 내담자들은 이런 과제에 대해서 흔히 심한 양가감정을 경험한다. 많은 치료자가 회기를 잘 마친 후 그 커플이 새로운 과정을 시작할 거라고 확신하며 스스로 만족하곤 한다. 그런데 일주일 후에 그 커플에게서 그들의 예전 패턴이 다시 나타났다는 실망스러운 이야기를 듣게 되면 과연 변화가 가능할 것인지에 대한 의심을 품게 되기 마련이다. 커플상담에서의 변화와 항상성(Keeney & Silverstein, 1986)에 대해서는 다음 장들에서 알아볼 텐데, 우선 지금은 변화의 어려움 저변에 깔려 있는 신경생물학적 사실에 대해서 간단히 살펴보자.

Hebb의 공식에서 보듯이, 신경세포의 연결망이 활성화할수록 또 다시 동시에 발화하기가 더 쉬워지고, 마침내 그들은 함께 물들어서 아주 쉽게 활성화되곤 한다. 이런 신경 자국들(neural ruts)은 개인이나 커플의 행동으로 반영된다. 우리가 어떤 등산로를 자주 다닐수록 그 길이 더 단단해지고 더 넓어지는 것처럼, 습관은 그 스스로를 지속시킨다. 아동기에 습득한 행동 레퍼토리는 커플의 춤에서 드러나고, 이 춤은 그 자체의 자리를 잡는다. 에릭과 리사의 춤은 그 자리를 수년 동안 차지해 왔다. 신경과학적 관점에서 보면 오래된 습관의 자리와 변화의 가능성은 동일한 기제(mechanism)를 이용한다. 변화와 습관의 기저에는 신경세포가 함께 발화하고 반복적으로 발화하는 경향, 즉 '신경가소성'이 있다. 신경가소성 변화의 유명한 예는 런던의 택시기사들과 관련된 것이다(Wollett & Maguire, 2011). 이 택시기사들의 뇌를 스캔 촬영해 보니 그들의 뇌에서 공간적 지남력과 기억을 조절하는 영역이 매우 발달하였음이 드러났다. 런던 시가지의 복잡함과 그들이 그 도시를 자기 손바닥을 보듯 잘 안다는 사실(이는 GPS가 나타나기 전이다.)을 고려하면 이런 결과를 수긍할 만하다. 그들이 특별히 런던의 지리에 대한 뇌를 가지고 태어났을 리 없다. 그보다는 훈련 전후의 스캔 촬영이 보여 주듯, 런던 거리를 반복적으로 운전한 경험이 그들의 뇌, 즉 다른 사람들의 뇌에서는 다른 용도로 쓰였을 피질 자산을 변하게 한 것이다(Wollett & Maguire, 2011). 실제로, 신경가소성은 경쟁적이라는 점, 즉 자주 쓰이는 뇌 영역들은 더 커지고 효율성이 높아진다는 점이 잘 알려져 있다. 왼손으로는 바이올린을, 오른손으로는 활을 잡는 바이올린 연주자들에게는 왼쪽 손가락에 대한 신체감각지도(신체의 각 부위에 대한 뇌 지도)가 변해서 다른 사람들에 비하여 더 크고 더 잘 분화되어 있다(Schwenkreis et al., 2007). 신경가소성이 알려 주는 주문은 "사용하라, 아니면 잃을 것이다."는 것이다. 즉, 자주 이용되는 영역은 덜 사용되는 영역으로부터 자리와 기능을 넘겨받게 된다. 뇌의 신경가소성 적응 능력은 뇌졸중에서의 회복에 아주 중요하다. 손상된 뇌 영역의 주변 부위들이 손상된 조직을 보상하여 기능의 회복에 기여할 수 있기 때문이다.

신경가소성의 기저에 있는 뇌의 변화 가능성은 오래된 습관은 바꾸기가 어렵다는 점도 동시에 말해 준다. 변화에 대한 뇌의 신경가소성 능력은 좋은 변화와 해로운 변화를 구분하지 않는다. 습관적이고 반복적인 실행은 가치나 목표와는 상관없이 뇌를 재연결시킨다. 에릭과 리사가 각자의 아동기에서 비롯된 생존 전략을 토대로 하여 서로에게 파괴적인 습관에 빠져든 것처럼, 그들은 서로에 대한 각자의 기대와 반응을 강화시켜서 의도하지는 않았지만 결국 일상이 되어 버린, 서로에게 불만스러운 춤을 만들었다. Hebb의 공식처럼, 뇌의 변화 가능성 그리고 과거에 근거하여 미래를 예측하는 성향은 우리가 우리 자신의 나쁜 행동 습관에 빠질 수도 있음을 의미한다.

그러나 우리는 우리의 과거나 습관에서 돌아올 수 없게 아주 갇혀 버린 것은 아니다. 우리는 의식적인 선택을 가능하게 하는 전전두엽 피질이라는 축복을 받은 덕택에 습관과 탐닉을 극복하여 보다 높은 가치와 일치되는 선택을 할 능력도 가지고 있다. 이런 것들 중 어느 하나도 변화를 만들어 낼 수 있다. 우리가 '고정 의식구조' 대신 '성장 의식구조'(Dweck, 2006)를 따른다면 우리는 변화를 부정적으로 전망하여 위협을 받는 대신, 변형(transformation)을 삶의 과정의 한 부분으로 선택할 수도 있다는 말이다. 에릭은 리사가 자신을 변화시키려는 시도를 공격적이고 위험한 것으로 여겼기 때문에 변하지 않겠다는 방어적 자세를 취하고 결혼생활에서 쪼그리고 있었다. 반면 리사는 자신의 결혼생활이 변하지 않을 거라는 좌절감과 절망감에서 이혼 직전까지 다다랐다. 사실 그녀는 첫 회기에서 나에게 "늙은 개가 새 기술을 배울 수 있나요? 에릭이 과연 변할까요?"라고 물었다. 나는 리사의 그 질문을 "에릭과 제가 변할 수 있을까요? 우리가 결혼생활을 만족스럽게 재창조할 수 있을까요?"라고 수정하도록 도와주었다. 신경과학과 신경가소성에 대한 이해를 바탕으로 내가 생각한 대답은 다음과 같다. '그럼요, 두 분 모두 변할 수 있지요. 사실 우리 인간들은 모두 변하고 또 적응하도록 준비되어 있답니다. 그렇지만 변화는, 특히 성인의 뇌에는 여러 가지 힘든 과정들이 필요하지요. 첫째, 두 분이 서로를 소중히 여긴다는 점이 분명히 드러나도록 두 분의 관계를 함께 바꾸고 만들겠다는 헌신이 필요합니다. 저는 (두 분 중 한 사람이 다른 사람을 바꾸는, 직접 목적어가 아니라) 두 분의 관계에서 변하기를 바라는 점들을 먼저 확인할 겁니다. 그래서 특정한 변화가 목표로 결정되면 그 새로운 행동이 두 분의 뇌에 확실히 자리를 잡아 지속되게 할 겁니다. 그러기 위해서 두 분은 새로운 관계의 파트너로서 여러 가지 레퍼토리를 필요로 할 것입니다.' 실제로 내가 리사에게 해 준 말을 굳이 언급할 필요는 아마 없을 것이다. 그녀의 질문에 대한 완전한 답은 우리의 공동 작업을 통하여 체계적으로 펼쳐질 것이기 때문이다. 신경가소성에 대한 지식 덕분에 나는 이 커플에게 사실적이면서도 낙관적인 희망을 전해 줄 수 있었다. "예. 두 분은 충분히 변할 수 있답니다. 두 분 각자 그리고 두 분의 관계의 변화를 위한 뇌의 재연결에 필요한 '새 신경 케이블'(Scheinkman & Fishbane, 2004)을 까는 것이 조금 어려운 작업이기는 하지만 말이지요."

제**3**장
///////////

감정적인 뇌

감정의 힘: 나는 느낀다. 고로 존재한다

데카르트의 유명한 격언인 "나는 생각한다. 고로 존재한다(cogito, ergo sum)."는 말은 신경과학적 관점에서 보면 두 가지 중요한 오류를 범하고 있다. 첫째, 정신을 신체와 구분하고 있다. 앞에서 보았듯이, 뇌와 몸은 서로 얽혀 있어서 무수히 많은 방법으로 서로 영향을 미친다. 둘째, 데카르트는 이성을 인간의 고귀한 능력으로 규정하여 감정보다 이성을 특별하게 여겼다. 신경과학자들은 우리의 일상 기능에 있어서 이성이 중요하기는 하지만, 상대적으로 작은 부분이라는 점을 발견했다. 데카르트의 오류(Damasio, 1994)는 기저에서 핵심적으로 중요한 역할을 하는 감정적 뇌에 비해서 생각하는 뇌를 지나치게 강조했다는 점이다. 데카르트의 말에 대한 균형을 맞추기 위해 "나는 느낀다. 고로 존재한다(Cacippo & Patrick, 2008)."는 말이 제시되었다. Schore(2009a)는 심리학의 초점이 최근 인지에서 정동(affect)으로 바뀌고 있음을 지적했다. 생각과 느낌은 모두 분명히 인간의 중요한 경험이며, 이성과 감정의 통합이 건강한 기능을 촉진시킨다.

감정적 흥분은 대개 의식의 저변에서 빠르게 진행된다. 그런 후에 상위 뇌가 기능을 시작하여 그 감정적 반응을 해명하려고 우리가 흥분한 이유에 대한 설명이 될 수도 있고 안 될 수도 있는 이야기를 만들어 내는 것이다(Gazzaniga, 2008). 우리는 자신의 자동적인 감정적 행동을 설명(때로는 정당화)하려고 하지만, 이 설명이 균형 잡히고 공정한 것일지 혹은 자기중심적인 것일지마저도 각자의 성숙 정도나 기분에 따라 달라진다. 치료자와 내담자가 감정의 영향력을 이해하게 되고, 나아가 '아래에서 위로'인 감각 및 감정과 '위에서 아래로'인 인지적 조절 간의 상호작용을 이해할 수 있게 된 후에야 감정적인 반응에 대하여 비로소 관여할 수 있게 된다. 커플을 도와서 그들이 흥분 상태에서 곧바로 자신을 정당화하거나 상대를 비난하기에 앞서서 자신의 감정과 반응을 먼저 확인하게 하는 것이 자신들의 관계에 대한 권한(empowerment)과 사려 깊음(thoughtfulness)을 촉진시킨다. 치료자의 역할은 내담자가 자신의 감정적 반응을 이해하고 숙달하여 결국에는 커플이 서로의 심리내적 및 대인관계 과정에 대한 '배경 지식(meta)'을 가질 수 있게 하는 것이다.

체화된(embodied) 감정

감정은 '피와 땀, 그리고 눈물로 채워진' 신체적 경험(LeDoux, 1996, p. 42)이다. 우리는 심장의 두근거림이나 속이 뒤집어지는 느낌으로 경험되는 두려움을 통해서 분노를 느끼게 된다. 달리 말하면, 이런 감각들은 위협에 직면하여 긴장된 우리 몸을 이완시키고 싶어 하는 일종의 연민 상태라고도 할 수 있다. Damasio(2010)에 따르면, 감정은 '뇌와 신체의 연결고리'에서 만들어지는데, 즉 신체 반응을 유발한 자극에 대한 뇌의 인식이다. 느낌은 '감정에 대한 알아차림'으로, 신체가 경험한 정보가 뇌로 입력되는 것을 통해서 생긴다. 이런 설명은 "우리는 무서워서 떨고 슬퍼서 울부짖는 것이 아니라, 떨고 있기 때문에 무서움을 느끼는 것이고 또 울부짖기 때문에 슬퍼하는 것이다."라고 했던 심리학자 William James(1884)의 주장과도 일치한다. 즉, 감정적 경험을 시작하게 하는 것은 신체적 각성이다.

감정의 신경생리학에 대하여 연구를 하는 학자들은 피험자가 펜을 이로 물고 만화를 볼 때(즉, 얼굴의 근육들을 웃을 때처럼 만들었을 때), 그 만화를 더 재미있는 것으로 평가한다는 사실을 발견했다(Strack, Martin, & Stepper, 1988). 즉, 신체적 경험이 우리의 감정을 가공한다. 감정에 의한 생리적 경험에 대한 하부 피질의 반응은 (그 느낌을 알아차리고 명명하는) 상부 피질의 인식 속도보다 훨씬 빠르다. 자신의 신체 상태를 파악하고 느낌과 관련된 신체 정보를 받아들이는 내부수용감각(interoception)은 신피질 내부 깊은 영역에 있는 '섬엽(insula)'에 의해서 조절된다(Craig, 2009). 심장 및 여러 장기는 뇌와 소통을 하는데, 이런 신체 장기 감각은 척수를 따라 뇌간으로 올라가서 섬엽(궁극적으로는 전방 섬엽까지)과 전대상피질(ACC)에 전달된 후에 비로소 인식된다. 신체로부터 얻어진 정보는 이렇게 섬엽 회로(insular circuit)를 통하여 뇌로, 그리고 뇌에서는 비의식적인 회로에서부터 의식적인 회로로 전해진다.

이러한 신체로부터 뇌까지의 입력에 관련되는 회로는 매우 중요한데, Daniel Siegel(2010a)은 '내부수용감각'을 '알아차림' 같은 건강한 기능에 기여하는 '육감'으로 보았다. 자신의 내적 상태를 인식하고 그와 관련된 느낌을 경험할 수 있는 능력에는 개인적인 차이가 있다. 그 차이는 우측 섬엽의 크기와 활동성에서 반영된다(Bechara & Naqvi, 2004). 에릭이 이처럼 자신과 리사의 감정을 잘 읽지 못한다는 점은 그의 뇌가 기능하는 방식을 보여 주는 것 같다. 경험이 뇌를 변화시키므로 그의 덜 활성화된 (것으로 가정되는) 섬엽 또는 섬엽 회로가 그의 빈약한 감정적 생활에 대해서 어느 정도 원인이 되고 있거나 혹은 영향을 주고 있는지 단언하기는 어렵다.

몸의 신호를 인식하는 것은 (전전두엽 피질과 변연계, 그리고 좌우 뇌 반구의 통합을 요구하는) 필수적이면서도 복합적인 능력이다. 이런 통합 덕분에 우리는 감정에 압도되는 대신 그 감정을 확인할 수도 있고 또 진정시킬 수도 있다. 즉, "어떤 것에 이름을 붙이면 그것을 길들일 수 있다(Siegel, 2010a, p. 116)." 자신의 감정을 판독하지 못하는 사람들은 심각한 불이익을 겪게 되는데, 사실 이런 현상은 감정표현불능증(alexithymia)이나 자폐증의 특징이다. 우리 문화는 종종 남성들을 (신경학적으로는 정상적인 발달을 했더라도) 자신이나 타인의 느낌을 잘 인식하지 못하도록 사회화시키곤 한다. 우리가 봐 왔듯이, 에릭은 자신의 감정을 확인하고 표현하는 방법을 배우지 못했다. 즉, 그의 아버지가 돌아가셨을 때 그에게는 분노나 슬픔을 위한 공간이 주어지지 않았다. 아직 소년이었던 그는 '다 자란 소년은 울지 않는다.'거나 '성가시고 취약한 감정에 빠지지 말라.'는 또래들 및 일반적인 사회문화적 메시지를 받아들인 것이다. 내가 상담 현장에서 만난 수많은 남성이 분노 감정에 대해서는 확인이 가능하지만, 슬픔이나 두려움처럼 상대적으로 취약한 감정에 대해서는 어쩔 줄 몰라 했다.

몸의 신호를 느낌과 연결하는 데 익숙하지 못하다는 것이 우리가 감정을 가지고 있지 않다는 의미는 아니다. 감정 반응은 우리가 그것을 알거나 모르거나, 또 그것을 좋아하거나 또 싫어하는 것과는 상관없이 일어나는 것이다. 하지만 그 감정에 이름을 붙일 능력이 없다면 '그것'이 무엇인지 모르기 때문에 그것을 길들이기가 어렵게 된다. 예를 들어, 쉽게 화를 내는 사람은 화가 폭발할 때까지 자신이 그런 상태에 임박해 있다는 사실에 대하여 아무런 단서를 가지지 못할 수도 있다. 슬픔이나 불안에 대한 신체적 단서를 무시하는 사람은 타인과의 관계에서 생겨난 감정이 시키는 대로 휘둘릴 수도 있다. 따라서 자신의 감정적 배열상태를 완전히 확인하고 감정을 조절하는 방법을 배우는 것이야말로 각자의 '감정지능'에 핵심적인 측면일 뿐 아니라, 동시에 타인과의 공감을 위해서도 필수적인 조건이다. 에릭은 리사에게 공감할 수 있게 되기 위해서 자기 자신의 감정을 '판독하는' 방법을 먼저 배워야만 한다.

사회적 관계로 이끄는 감정

　그러면 우리는 왜 이런 성가신 감정을 가지게 되었을까? 우리가 이성적이기만 한 것이 더 편하지 않을까? 그 답은 어쩌면 놀랍겠지만 '아니오' 이다. 편도체가 없다면 우리는 타인에 관한 신뢰성 정도를 측정할 수 없을 것이다. 변연계의 일부이자 전전두엽 피질의 일부인 안와전두엽 피질(OFC)이 손상되면 우리는 도덕적 판단을 내리는 데 어려움을 겪게 된다. 섬엽은 우리가 신체 상태를 '판독 할' 수 있게 하고, 다른 뇌 영역들과 함께 자신과 타인의 감정적 경험을 인식하게 해 준다. 감정은 보다 상위의 피질 기능과 통합되어 우리의 판단에 핵심적인 도움을 준다.

　감정 조절 손상의 가장 유명한 사례로 1880년대의 철도 노동자였던 Phineas Gage가 있다. 원래 그는 감정적 측면에서 정상이었고, 사람들에게 인기도 많았던, 꽤 괜찮은 사람이었다. 어느 날 그는 쇠파이프가 두개골을 관통하는 끔찍한 사고를 당했다. 하지만 그는 모두 놀랄 만큼, 사고를 당하지 않은 것처럼 걷기도 하고, 말도 할 수 있었다. 그는 괜찮아 보였고, 그의 이성적인 뇌도 정상적으로 기능했다. 그러나 얼마 지나지 않아서 그가 비극적인 상실을 겪었다는 점이 분명해졌다. 즉, 그 쇠파이프가 그의 OFC와 복내측 전전두엽 피질을 심하게 손상시켜서 그는 직업뿐 아니라 결혼생활도 유지하지 못할 만큼 예민하고 몰지각한 사람이 되고 말았다. "Gage는 더 이상 Gage가 아니다."(Damasio, 1994, p. 8)는 말처럼 그는 더 이상 과거의 그가 아니었던 것이다.

　이 사례는 신경과학 문헌들을 통해서 널리 알려졌는데, 감정 조절과 성숙에 대한 OFC 및 기타 중앙 전전두엽 영역의 핵심적 역할을 보여 준다. 잘 연결된 전전두엽 피질과 편도체의 기능이 없다면 우리는 반사회적이거나 타인에 대해서 무관심한 사람이 된다. (실제로 신경과학자들은 중앙 전전두엽 영역에 손상을 입은 환자들 중에서 후천성 반사회적 사례들을 확인하였다.) 성공적이고 친밀한 사회적 관계는 물론 감정적 성숙을 위해서도 감정과 이성, 즉 변연계와 전전두엽 피질의 원활한 협동과 통합이 필수적이다.

진화 과정으로서의 감정

'정동(affect) 신경과학' 분야의 중요 학자인 Jaak Panksepp는 감정의 진화론적 근거에 대하여 연구했다. 그는 정욕, 놀이, 돌봄, 탐구, 공황, 두려움, 그리고 분노라는 일곱 가지의 개별적인 '정서 작동 시스템'을 확인하여 그 각각은 개별적인 뇌 회로와 신경화학 체계를 가지고 있다고 주장했다(Panksepp, 1998; Panksepp & Biven, 2012). 이 시스템은 위험에 대한 방어, 음식이나 짝을 찾기, 그리고 자손 돌보기 같은 각자의 고유한 진화론적 목적을 가지고 있다. 이 점에 대하여 LeDoux(1996, p. 40)는 "감정은 느낌이 의식적인 것으로 진화된 것이 아니다. 감정은 뇌에 의해서 조절되는 것으로, 행동과 생리적인 특수성을 위해서, 즉 우리의 조상들이 혹독한 환경에서 생존하고 번식할 수 있게 하기 위해서 진화한 것이다."고 했다. 감정은 이처럼 개체의 적응적 필요에 도움을 주었고, 또 지금도 계속해서 도움을 주고 있다(Damasio, 2010; Davidson, Fox, & Kalin, 2007).

정서적 경험의 측면에서 인류가 다른 포유류들과 얼마나 연속성 또는 불연속성이 있는지는 신경과학자들의 주요 논쟁거리이다. 감정 측면에서 인류와 동물 간의 연속성을 매우 강하게 주장하는 Panksepp는 인간의 웃음과 기쁨의 근원을 '쥐의 웃음', 즉 설치류도 분명히 간지럼을 탄다는 반응에서 찾았다. (Panksepp의 간지럼 타는 쥐는 그가 쥐 우리 속으로 손을 넣었을 때, 간지럼을 더 해 달라는 것처럼 그의 손을 쫓아다녔다고 한다.) 또 Panksepp는 어린 동물이 그 어미에게서 분리될 때 고통스럽게 울부짖는다거나 장난치는 것이 대폭 줄어들었다는 사실 등을 통해서 인류의 감정과 기타 포유류들의 감정적 경험이 아주 흡사하다는 많은 증거를 보여 주었다. 인간의 전전두엽 피질이 매우 발달된 사실, 그리고 적어도 감정 경험의 복잡성에 있어서 인간이 다른 동물들과 구분된다는 점은 분명하다. 우리가 감정을 의식적으로 인식하고, 또 그것을 여러 사회적 필요에 따라 변형하는 능력, 즉 생각을 해서 자신을 조절할 수 있는 능력은 동물들 중에서 매우 독특한 것이다. 동물의 감정적 경험을 인정할 것인지 여부와는 무관하게 인간의 감정에는 진화적 측면에서의 연속성, 그리고 감정을 조절하고 반영하는 능력에서의 불연속성이 모두 있어 보인다. 이는 우리의 윤리적 신념과 목표를 지키려는 선택을 가능하게 하는 '위에서 아래로'의 과정과 '아래에서 위로'의 과정이 만나는 점과 유사하다. 감정 조절의 여러 형태에 대해서는 이 장의 뒷부분에서, 또 커플상담에의 적용에 대해서는 다른 장에서 알아볼 것이다.

의사소통으로서의 감정

감정은 사람들 사이의 의사소통에 이바지하는데, 때로는 그 소통되는 내용을 알지 못하는 경우에도 그렇다. 감정 표현에는 얼굴의 근육들이 흔히 사용되는데, 뇌에는 타인의 (주로 얼굴로 표현되는) 감정을 판독하는 데 특화된 영역이 있다. 다른 영장류들과 비교하면 사람의 얼굴에는 털이 훨씬 적은데, 이 덕분에 서로의 감정과 의도를 알 수 있게 되었다는 주장도 있다. 우리의 생존에는 타인의 감정과 의도를 정확하게 판독하는 것이 필수적이다. 이런 점에서 Simon Baron-Cohen의 '눈으로 마음 읽기' 검사를 해 보면 사람들마다 다른 정확도를 보여 준다. 이 검사는 피험자에게 인간의 눈과 그 주변의 근육들만 보이게 편집된 사진들을 보여 주고 어떤 감정이 전달되는지에 대한 사지선택형 질문을 한다. Baron-Cohen은 이 검사에서 일반적으로 여성이 남성보다 더 좋은 성적을 낸다는 점을 발견했다(Baron-Cohen, 2003). 타인의 얼굴에서 감정을 읽어 내는 능력은 지리적 및 문화적 영향을 초월하는 것 같다. Paul Ekman은 여러 문화를 넘어서 범세계적으로 이해되는 기본적인 감정들을 찾아냈다. 이런 감정들은 놀람, 분노, 역겨움, 두려움, 행복, 그리고 슬픔 등을 포함한다. 이런 감정들은 배운 것이 아니라 자동적인 것이고, 우리의 진화적 역사의 한 부분이며, 또 생명 유지에도 필수적인 것들이다(Damasio, 2010). 이런 기본 감정들이 범세계적인 현상이라는 점과는 별도로, 문화는 감정을 언제 그리고 어떻게 표현할지에 관련한 감정의 '표현 규칙'을 만든다(Ekman, 2003).

감정 기억

감정 기억은 편도체에 의해서 조절된다. 이미 보았듯이, 에릭과 리사는 때때로 그들의 원가족에게서 받았거나 그들의 결혼생활에서 받은 이전의 상처들이 재점화되는, 즉 자신의 감정적인 뇌의 포로들이다. 리사가 에릭을 비난하고 무시할 때, 에릭은 어머니의 비난을 다시 겪는 듯이 자신을 보호하려고 움츠러들곤 했다. 그의 이러한 반응은 (감정적 뇌에 관한 한) 그가 어린아이였을 때 느꼈던 위험이나 방치 상태에서와 마찬가지로 자동적인 것이다. 에릭은 그의 과거가 현재 리사와의 경험과 겹친다는 점을 모르기 때문에 그저 위험을 느낄 때면 으레 그래야만 할 것처럼 느꼈을 뿐이다. 그런 그가 할 수 있었던 것은 리사와의 접촉을 차단하는 것뿐이었다. 한편 리사로서는 보호받지 못하여 겁에 질렸던 그녀의 어린 시절이 되살아났다. 그녀가 과거에 경험했던 분노는 이제 현재 시점으로 에릭을 인식하게 했고, 따라서 에릭의 그런 대처 방식을 잘못된 것으로 여기게 만들었다.

이런 결혼생활의 사이클이 수년 째 지속되면서 이 커플은 각각 외상적 감정 경험을 겪어 왔다. 어린 시절에 저장된 과거의 감정적 회로에 그들이 현재의 결혼생활에서 경험하는 고통스러운 상황들이 덧붙여지고 겹쳐져서 재점화된 것이다. 그런 상처들은 완전히 직면된 적이 없었기 때문에 반복하여 자극되곤 하였다. 리사의 결혼생활에서 받은 여러 번의 상처 덕분에 한때는 견고성과 강인함이라고 여겨졌던 에릭의 특성들이 이제는 그녀와 관계 맺기를 거절하고 그녀의 요구에 무관심한 것으로 바뀌었다. 에릭 또한 한때는 쾌활한 자신감이라고 여겼던 리사의 장점을 이제는 남편을 통제하려는 공격처럼 느끼게 되었다. 이런 커플들의 고통스러운 상황에서 현재와 과거를 분리하는 것을 돕는 방법들, 즉 사려 깊음(thoughtfulness)을 이끌어 내고 감정적 폭풍을 진정시키는 기법들은 이후의 장들에서 알아볼 것이다. 에릭과 리사가 자신들의 현재의 감정 처리 과정을 더 잘 알게 되고, 또 자신들의 미래에 도움이 되는 사려 깊은 선택을 할 수 있는 능력을 발달시킬수록 그들의 과거는 힘을 잃어 갈 것이다.

이 상담은 인지적인 것과는 전적으로 다르다. 물론 관점과 내러티브의 변화(인지적 재구성)도 우리가 하는 상담 작업의 일부이기는 하지만, 우리는 각 파트너의 감정적 경험을 보다 자세하게 검토한다. 예전의 가족치료나 인지치료적 접근에서는 내담자의 사고방식을 변화시키면 정서와 행동의 변화가 뒤따를 것이라고 가정하여 인지적 구조의 변화를 강조했다. 그러나 여러 신경과학 문헌들을 고찰해 보면, 깊고도 지속적인 변화가 일어나기 위해서는 이성과 감정 그리고 마음과 몸을 통합한 인간 전체에 주목해야 한다는 점이 분명하다.

감정에 서툰 사람은 자신의 내면적 정서 및 대인관계 생활에서도 빈곤하다. 에릭은 어린아이로서 생존하기 위해 자신의 감정적 경험과 담을 쌓는 것을 배웠다. 고통스러운 감정을 가둠으로써 그는 감정 일체와의 접촉에서 벗어나려 했는데, 그 결과 이제는 리사와 냉담과 단절이라는 느낌만 남게 되었다. 나쁜 감정을 몰아내려는 것은 결국 모든 감정을 가두는 것이다. "나쁜 느낌은 내쫓고 좋은 느낌만 가질 수는 없다. ACC와 섬엽으로 들어가는 하위 입력을 차단하면 감정을 인식하는 근원과도 끊기게 된다. 그 결과는 죽음과 같은 감정적 생활이 될 뿐 아니라, 몸이 전하는 지혜로부터 단절된다(Siegel, 2010a, p. 126)." 에릭이 결혼생활에 완전히 참여하기 위해서는 그 자신의 감정은 물론 리사의 감정을 읽고 또 견디는 법을 배울 필요가 있다. 반면 리사는 감정을 읽는 데에는 조금 더 능숙하지만, 화가 난 상황에서 종종 조절 장애를 일으키곤 했다. 상담 과정을 통해서 에릭이 감정과 공감을 배워 가는 동안, 리사 역시 감정적 자극을 받을 때 자신을 조절하는 방법을 알게 될 것이다.

정동 스타일의 개인적 차이

에릭과 리사의 극적으로 다른 대응 방식은 신경과학자들의 주된 연구 분야인 '정동(affect) 스타일의 개인적 차이'라는 광범위한 주제를 보여 준다. 위스콘신 대학교 교수이자 '감정과 뇌' 연구 분야의 개척자인 Richard Davidson은 감정 반응과 감정 조절에서의 개인적 차이점, 그리고 정서적 반응의 시간적 경과를 측정하는 '정동 시간 분석법(affective chronometry)'을 발견했다. 이 검사는 피험자가 얼마나 빨리, 얼마나 강하게 흥분되고, 또 얼마나 빠르게 회복되는지를 포함한다. Davidson은 '회복탄력성(resilience)'을 부정적인 경험 후에 원상으로 회복되는 능력으로 제안했다. 우리는 불편한 경험에 직면하면 흥분했다가도 다시 회복하도록 되어 있다. 부정적 사건 후에 회복을 하지 못하는 것은 우울이나 불안 장애와 관련이 있다(Davidson, 2000).

정동 스타일의 개인적 차이에서 흥미로운 점은 전전두엽의 비대칭성과 관련된다. Davidson과 동료들은 휴식기에 높은 좌측 전전두엽 활성화를 보이는 사람들은 회복력이 더 높고, 더 긍정적인 정동으로, 친교 행동을 더 많이 하고, 또 부정적 사건에서 더 잘 회복할 수 있다는 점을 발견했다(Jackson et al., 2003). 우측 전전두엽 활성화가 높게 나타난 사람들은 부정적 정서를 경험하기 쉽고, 철회나 회피 행동을 보이는 경우가 더 많았다. 이런 차이는 생후 10개월의 아기들에게서 분명히 나타났다(Davidson, 2000). 이런 결과가 정신적 및 신체적 건강에 대해 가지는 의미는 아주 크다. 높은 우측 전전두엽 프로필의 사람들은 부정적인 경험을 더 많이 하고, 스트레스 호르몬인 코르티솔 수준이 더 높으며, 회복 면역 체계가 약하다. 다른 여러 개인적 차이들처럼, 회복력과 전전두엽 비대칭성도 경험으로 변할 수 있다. 간단히 말하면, 마음챙김 명상은 이런 점에서 특히 효과적이다(Davidson & Begley, 2012).

개인적 차이의 다른 측면은 행복과 불행의 만성적 수준과 관련이 된다. 사람들은 유전적으로 결정된 '행복 기준점'을 가지고 있어 보이는데, 이것이 사람들의 만성적 행복 수준의 50%를 차지한다. 10%는 생활 환경에 영향을 받으며, 나머지 40%는 그 자신의 의도적 활동과 훈련의 몫이다(Lyubomirsky, Sheldon, & Schkade, 2005). 이렇게 보면 우리가 자신의 감정에 대해서 자발적으로 영향을 미칠 수 있는 정도가 아주 크다는 점이 분명하다. 우리는 긍정적 감정은 늘리고 부정적 감정은 줄이는 방법들에 대해서 알아볼 것이다.

감정 회로

어느 특정한 감정을 특정한 뇌 영역과 연결 지으려는 시도들도 있었지만, 감정은 뇌 전체를 두루 통하는 회로에서 반영된다는 점이 분명해지고 있다. 이 회로는 변연계, 몸으로부터 입력을 받고 또 몸으로 출력하는 뇌간, 그리고 이 모두가 서로 연결된 전전두엽 영역들을 포함한다. 섬엽, 전대상 피질(ACC), 해마, 편도체, 전전두엽 피질(OFC), 안와전두엽 피질(OFC), 복내측 전전두엽 피질(vmPFC), 그리고 배외측 전전두엽 피질(DLPFC) 등이 모두 감정과 관련된다(Davidson, 2000). 이렇게 널리 퍼져 있는 신경망은 피질, 피질 하부, 그리고 신체 장기 등 모든 요소를 망라한다. 나아가 이미 말했듯이, 감정은 머리뿐 아니라 몸 전체로 경험하는 것이다. 감정 경험의 대부분은 신체 장기 및 피질 하 수준에서 진행되는 무의식적인 것이다(Davidson, 2003).

감정을 생성하고 조절하는 데 있어 상위 및 하위 뇌 영역과 신체적 과정의 상호관계는 매우 복잡하다. 감정 경험은 한편으로는 '아래에서 위로'의 방식으로 만들어진다. 즉, 신체 장기 감각 자료가 몸에서 섬엽으로 올라가면, 섬엽은 다른 뇌 구조들과 공조하여 감정적 인식을 만들어 낸다. 동시에 '위에서 아래로'의 요소들도 감정의 생성에 영향을 미칠 수 있다. 우리가 믿거나 예상하는 것이 우리의 고통 및 다른 감정 경험에 영향을 준다. 말하자면, 우리가 현재 마주한 사람에 대한 감정적 반응, 즉 육감에는 우리가 그 사람에 대해서 생각하는 내용이 영향을 미친다.

우리가 커플 간의 감정적 반응에 대해서 어떻게 접근하고 작업할 것인지를 고려할 때에는 이런 점이 필수적이다. 에릭이 도움이 되지 않으며 사랑스러운 파트너가 아니라는 리사의 믿음은 그가 무관심하다고 느껴질 때마다 그녀를 흥분시킨다. 마찬가지로, 리사가 끊임없이 자신의 결점을 들춰낸다는 에릭의 추정은 그의 조건반사적 방어에 기름을 붓는다. 연구들에 의하면, 믿음, 추정, 그리고 기억은 우리의 지각과 감각에 영향을 미친다. 달리 말하면, '오류가 없는 지각'은 없다(Siegel, 2010b)는 것이다. 우리는 감각의 수준에서도 믿음 때문에 오류를 범할 수 있다. 커플상담을 할 때 나는 파트너들에게 서로를 새로운 관점, 즉 보다 너그러운 '무죄추정의 원칙'에서 볼 것을 권한다. 그렇게 되면 그들은 정말 서로를 다르게 볼 수 있게 된다.

여기서 잠시 상호 연결된 감정 회로들을 알아본 후에 이것들이 어떻게 상호작용을 하며 또 영향을 주고받는지에 대해 알아보기로 하자. 이미 말했듯이, 섬엽(insula)은 몸을 마음으로 연결하는 중요한 부분이다. 또 타인의 경험을 피질하 수준에서 공유하는 것을 촉진한다. (다음 장에서 논의할) '거울신경세포(mirror neurons)'와 마찬가지로, 섬엽은 타인이 느끼는 것과 동일한 내용을 우리 몸과 섬엽이 느끼도록 타인과 공유되는 감정 신경망을 구성한다. 섬엽은 우리가 고통을 느낄 때, 그리고 타인이 고통을 겪는 것을 볼 때 활성화된다. 또 타인의 표정에서 그가 역겨워하는 것을 느끼거나 볼 때, 섬엽 영역이 활성화된다. [신경과학 연구 논문의 제목들 중에서 내가 제일 좋아하는 것은 '섬엽에서 우리는 함께 역겨워한다.'(Wicker et al., 2003)이다.] 섬엽은 긍정적 및 친사회적 감정에도 관련된다. 섬엽은 동정이나 공감을 하는 경우에 활성화된다. 잘 훈련된 명상가일수록 섬엽의 활성화가 더 잘 된다. 동정심이나 몸 상태에 대한 '자기 알아차림(self-awareness)'은 모두 명상의 효과에서 입증된 것이기 때문에 이는 쉽게 이해할 수 있다. 그러나 모든 것이 그렇듯이, 좋은 것도 지나치면 문제가 될 수 있는데, 불안해지기 쉬운 사람들의 경우에는 섬엽과 편도체가 과잉활성화되어 있다(Stein, Simmons, Feinstein, & Paulus, 2007). 종합해서 말하면, 섬엽과 그 복잡한 기능에 대한 연구는 우리가 타인들과 얼마나 깊게 연결되어 있는지, 그리고 우리의 감정 경험이 그 근본에서는 얼마나 신체화되어 있는 것인지를 보여 준다.

섬엽은 중앙 전전두피질의 일부인 전대상 피질(ACC)과 매우 강하게 상호 연결되어 있다. ACC는 신체적 고통의 정동적 측면과 사회적 거절에서의 감정적 경험을 모두 기록한다. 한 유명한 실험에서 사회적 거절은 신체적 고통에서와 같은 뇌 영역, 즉 ACC를 자극한다는 점이 발견되었다(Eisenberger & Lieberman, 2004). ACC와 전방 섬엽(AI)은 중앙의 전전두피질의 다른 영역들과 협력하여 자신과 타인의 감정 반영을 가능하게 한다. 이런 정보가 중앙의 전두 영역에 도달하면 '메타인식적 반영 알아차림(metacognitive reflective awareness)'이 가능해진다(Olsson & Ohman, 2009).

AI와 ACC는 신체 장기 및 감정적 자료들을 '아래에서 위로' 보내어 통합을 돕는 동시에 상위의 인식 과정에 의해서 영향을 받기도 한다. 예를 들어, 침구사들은 타인의 몸에 침이 들어가는 장면에서 다른 사람들이 느낄 만한 연민의 통증을 느끼지 않는다. 즉, 그들의 섬엽-ACC 회로가 활성화되지 않는다. 그들은 이것이 치유 과정이라는 것을 알기 때문에 감정적으로 자극을 받지 않는 것이다. 마찬가지로, 누군가가 본인의 잘못으로 벌을 받는 것을 볼 때에는 (특히 남성들은) 고통의 신경망이 자극을 덜 받는다(Singer et al., 2006). 커플이 서로를 부정적인 렌즈를 통해서 볼 때면, 그들의 상호 공감이 지장을 받는다. 즉, 그들의 (적대적) 인지가 그들의 정상적인 공감 회로를 억제한다. 리사와 에릭은 서로를 대적하는 것에 익숙해진 결과, 자신들의 기존 상호작용을 부정적으로 해석하기가 더 쉽게 되었다. 쉽게 말해서, 그들은 상대의 고통을 '느끼지 않으려' 하게 된 것이다.

감정의 또 다른 중요한 회로는 PFC-변연계 고리이다. 편도체는 (피질 및 피질 하부의 구조들과 풍부하게 연결되어) 주변 환경의 안전과 위험을 끊임없이 살피고 있다. 편도체는 어떤 사람이 친구인지, 적인지, 또는 낯선 사람인지를 평가한다. 이런 평가는 생존을 위한 장치로, 매우 빠르고 반사적이며, 때때로 부정확하기도 하다. 편도체는 종종 '부정적 오류'를 범하는데, 즉 이는 잘못하지 않기보다는 안전한 것이 낫고, 잠재적으로 위험할 수 있는 상황에서 괜찮다고 가정하기보다는 위험한 것으로 해석하는 것이 낫기 때문이다. 이런 점에서 편도체는 타인에 대한 신뢰도를 측정할 때 대개 비판적이다. 그런데 편도체에 손상을 받은 환자는 이런 필수적인 능력을 상실한다. 편도체는 부정적 감정뿐 아니라 긍정적 감정에 대해서도 연관된다.

한 단계를 높여서 전전두엽 피질로 가 보자. 안와전두엽 피질(OFC)과 복내측 전전두엽 피질(vmPFC)은 충동적인 표출과 공격적 반응을 순화하는, 즉 편도체에 대하여 '위에서 아래로'의 억제 영향을 미친다. OFC는 부정적 감정을 억제하며, 자기검열과 자기인식 및 적절한 사회적 행동에도 관여한다. OFC는 목표와 보상의 맥락에서 자신이 선택할 행동들을 비교 측정하는 경우에 활성화되며, 외부의 사회적인 신호들에 대해서도 평가한다. 이런 예로, 철로 사고로 OFC와 vmPFC에 손상을 입은 Phineas Gage가 잃어버린 능력을 기억해 보자. Gage는 후천성 반사회적 사례로 볼 수 있다. 난폭한 사람이나 쉽게 화를 내는 사람들에서는 이와 비슷한 신경 프로필이 뚜렷이 나타난다. 하위 전전두엽과 상위 피질 하부의 활성화는 반사회적 및 충동적 공격적 행동과 관련되는데, 특히 전전두엽 기능 장애는 폭력적 경향과 관련이 깊다(Bufkin & Luttrell, 2005).

OFC와 vmPFC는 중앙 전전두엽 피질이라는 더 큰 회로의 일부로(Siegel, 2012), 여기에는 OFC, vmPFC, ACC, 그리고 섬엽이 포함된다. 이 영역은 경험에 대한 '메타인지적 반영 알아차림'을 가능하게 한다(Olsson & Ohman, 2009). Siegel(2010a)은 이 중앙 전전두엽 영역이 아홉 가지 통합 기능, 즉 신체 조절, 대인관계 조율, 감정 균형, 공포 경감, 공감, 식별, 도덕적 인식, 직감, 그리고 반응 융통성과 관련된다고 했다. 반응 융통성이란 반응하기 전에 잠깐 멈추어 한 번 더 생각할 수 있는 능력, 즉 '생기를 되찾는 잠깐의 쉼'(Siegel, 2010a, p. 215)이다. 실제로 피질 하부 회로가 반사적인 반응을 일으키는 것과 다르게 상위 전전두엽의 활성화는 반영적인 기능을 촉진한다(Olsson & Ohman, 2009).

　중앙 전전두엽 영역은 목표 및 그 목표를 이룰 수단을 고려하며, 부정적인 정서를 하향조정한다. 이것은 분명히 우리가 커플상담에서 강조하는 점, 즉 각 파트너에게 반응하기 전에 잠깐 멈춰서 생각해 보도록 권하는 것과 같다. 말하자면, 내가 남편에게 소리치기 전에 내 중앙 전전두엽은 잠시 멈추고 생각하게 한다. '내가 폭발하는 것이 남편에게 또 우리 관계에 어떤 영향을 줄까? 감정 폭발 후에 나는 나 자신에게 어떤 느낌을 가지게 될까? 그런 후에 수습하느라 얼마나 힘들까?' 등을 스스로 질문하게 한다는 말이다. 그러면, 내가 분노와 비난 방식으로 나아갔을 때에는 나의 정당한 주장에 뒤따르는 일종의 쾌감이 있기는 하겠지만, 냉정을 잃은 나 자신에 대한 후회와 함께 나의 감정 폭발로 상처를 받아 움츠러들어 있는 남편을 추슬러야 하는, 결과적으로 더 힘든 과정에 당면해 있는 나 자신을 발견하게 된다. 그런데 다행스럽게도 이 게임의 정점에서 나의 중앙의 전두엽은 내가 이런 손해를 무릅쓰기 전에 생각을 하게 돕는다. 즉, 나의 OFC와 vmPFC는 내가 잠시 멈출 수 있는 힘을 주고 또 남편과 더 잘 통할 수 있는 공간, 즉 다른 경로를 선택할 수 있는 여유를 갖게 해 준다.

　제2장에서 보았듯이, 두 뇌반구는 서로 다른 전문 영역을 가지고 있다. 이들은 감정의 인식과 조절에서 각자 고유한 역할을 한다, 피질 하부 영역 및 신체 장기 영역과 더 밀접하게 연결되어 있는 우 뇌반구는 감정의 인식에 관여한다. 우 뇌반구가 하는 작업들의 대부분은 무의식적 과정인데, 이런 '적응적 무의식'(Wilson, 2002) 덕분에 우리는 보다 복잡한 쟁점과 결정에 사용할 수 있는 상위 인식 능력을 보유할 수 있다. 마찬가지로 '관계적 무의식'은 우 뇌반구를 통한(Schore, 2009b) 무의식적 수준에서 타인과 소통할 수 있게

한다. Schore는 암묵적 정동 조절은 우 뇌반구에서 일어나며, 외현적 정동 조절은 좌 뇌반구가 관여한다고 주장했다.

통역사

좌 뇌반구는 논리와 언어의 중추로서, 우리가 경험한 것을 이야기로 바꾼다. Michael Gazzaniga는 두 반구를 연결하는 뇌량이 손상되거나 또는 간질을 조절하기 위해서 잘라낸 '분리-뇌' 환자들에 대한 놀라운 연구에서 좌 뇌반구는 사람들의 행동과 감정에 대한 근거와 이유를 만드느라 아주 바쁘다는 것을 발견했다. Gazzaniga(2008)는 이런 좌뇌의 기능에 대하여 '통역사'라는 이름을 붙였다. 통역사는 게임에 늦게, 즉 우 뇌반구와 변연계에 의한 반응 시나리오가 이미 시작한 후에 와서 이 모든 것을 이해할 만한 것으로 만들기 위해 노력한다. 통역사는 그 상황 및 그 사람의 가치관과 관점에 들어맞거나 맞지 않을 수도 있는 '이야기를 지어낸다.'(Gazzaniga, 2010) 그런데 이런 이야기들은 종종 자신의 반응에 소급하여 적용하려는 합리화가 되기도 한다(Olsson & Ohman, 2009).

통역사는 늘 합리적이려고 하지만, 때로는 이것이 어려울 때도 있다. 뇌량에 손상이 있어서 우 뇌반구와 정보를 교환할 수 없는 '분리-뇌' 환자의 경우, 좌 뇌반구는 우 뇌반구가 이상하게 벌여 놓은 것을 이야기로 설명하려고 한다. 작화증(confabulation)은 흔히 이렇게 짜 맞춘 이야기들이다. 이런 이야기를 만들어 내고 자신의 경험을 정당화하려고 하는 시도는 본인도 모르게 좌 뇌반구에 의해서 진행된다. 뇌량에 이상이 없는 경우에도, 자동적인 과정과 이에 뒤따르는 합리화 시도는 매우 놀랍다. "사회적 평가는 자동적으로 만들어진 판단인데, 이 판단은 그 통역사가 설명삼아 시도한 기록이다(Funk & Gazzaniga, 2009, p. 680)." 그러나 우리는 "구성하려고 하는 의식의 본성에 대해서는 인지하지 못한다(Roser & Gazzaniga, 2004, p. 58)." 이런 '사후 정당화'야말로 커플들을 난관에 빠뜨리는 주된 요인이다. 통역사가 꾸며 낸 이야기일 수 있음에도 불구하고, 우리는 자신이 만들어 낸 (대개 보증할 수도 없는) 근거를 사실인 것처럼 신뢰하는 경향이 있다. 이에 따라 내담자들은 자신들이 흥분하게 된 이유나 상대를 반박할 만한 이유와 이야기에 집착하고 또 자신이 인식한 현실을 완강하게 주장하곤 한다. 실제로 커플들은 이미 일어난 일과 그것이 의미하는 점들에 대해서 다투면서 종종 경쟁적인 현실에 빠져들곤 한다. 우리의 감정 경험과 그에 수반되는 근거들이 (실제로는 자신의 뇌에서) 만들어진 것이라는 점을 깨닫게 되면, 타인이 경험한 내용에도 마음을 열 수 있는 겸손과 그에 따른 헌신을 높일 수 있다. 우리는 이런 점들을 임상 사례에서 살펴보고, 각 파트너들이 다중적인 현실을 받아들이게 하고 방어적인 자기정당화는 멈추게 하는 개입 기법들을 제시할 것이다.

감정 조절

감정 분야에 대한 연구가 만발한 것처럼, 감정 조절에 대한 특별한 관심도 한창이다(Gross, 2007). 감정 조절 장애는 불안장애나 기분장애 등 여러 정신병리의 한 현상이지만, 또한 커플들이 어려움을 겪는 요인이기도 하다. 에릭과 리사 모두 갈등에 직면하면, 리사는 화를 내며 비난하고, 에릭은 압도당하여 빗장을 잠그는, 결국 두 사람 모두 감정 조절 기능장애 상태가 된다. 이들은 변연계의 조종을 받아 그녀는 싸우려 들고, 그는 달아나려 하는 것이다. 감정적 자극을 받을 때 스스로 진정시키는 자기조절(self-regulation)과 자기진정(self-soothing) 방법을 배우는 것이야말로 감정 지능과 긍정적 친밀관계에 필수적이다. 내가 커플들과 하는 작업의 대부분에는 감정 조절과 관련된 개입이 포함된다.

감정 조절은 감정 반응이 시작되는 것을 알아차리고 그것을 견디는 상위 인식을 동원해서 그 반응과 격화를 최소화하려는 선제적 또는 예방적인 관점에서부터 감정 반응을 최대로 동원하는 것까지, 감정 처리 과정의 여러 지점에서 일어날 수 있다. 우선 감정적 상황 자체부터 시작해 보자. 나의 자각 또는 의식적 선택이 있을 수도 있고 없을 수도 있는데, 나는 내가 파트너에 대해서 감정적으로 흥분된 것을 발견한다. 이 다음에 일어나는 일이 매우 중요하다. 만약 내가 화가 난 것이 파트너의 잘못 때문이라고 가정하고 있다면, 나는 일방통행적인 (대개는 비난을 포함한) 반응을 보일 것이다. 반면에, 감정이 나를 압도하려는 것을 내가 자각하고 그 감정을 어느 정도 조절할 능력이 내게 있다는 점을 인식한다면, 그리고 이런 점들에 대한 나의 책임을 신중하게 받아들인다면, 아주 다르게 반응할 것이다. 즉, 나 자신을 돌아보며 내 신체적 신호를 '읽고', 그 느낌을 확인하여 이름을 붙일 수도 있다. 또 무엇이 그런 느낌을 자극하는지에 대해서 생각해 볼 수도 있다. 그래서 만약 내가 그 느낌을 견디며 나의 책임에 초점을 맞춘다면 보다 성숙한 반응 방법을 찾아낼 수도 있다. 이런 이상적이고 성숙한 (제발 내가 언제나 이럴 수 있다면!) 시나리오에서 나는 나의 느낌에 휘둘리지 않으면서 그 느낌을 경험할 수 있을 것이다. 나는 과잉조절(폐쇄) 또는 과소조절(파트너에게 잔소리하기)을 하지 않으면서 이런 감정적 상황을 헤쳐갈 수 있을 것이다. 감정 조절에서 필수적인 요소는 자신의 느낌에 휘둘리지 않으면서 그 느낌을 느끼고 확인하는 능력이다.

이 과정은 전전두엽 피질, 특히 편도체의 활성화를 조절하고 억제하는 복내측 전전두엽 피질(vmPFC) 및 OFC의 활성화와 관련된다. 건강한 감정 조절에서는 PFC의 활성화 증가와 편도체의 활성화 감소가 나타난다. 반대로, 우울한 사람들에서는 감정을 조절하려고 할 때 PFC와 편도체의 활성화가 모두 증가한다. 즉, PFC가 편도체를 억제하거나 조절하지 못하는 것이다. PFC에 손상이 있는 사람들은 자신의 감정을 조절하지 못한다. 감정 조절 장애는 높은 코르티솔 수준으로 나타나는 스트레스 반응의 증가와 일치된다. 중앙 전전두엽 피질의 기능 저하로 나타나는 감정 조절 기능장애는 충동성, 공격성, 그리고 폭력성과도 관련된다. 감정 반응과 감정 조절에는 개인적인 차이가 있는데, 좌측 전전두엽의 활성화 프로필이 높게 나타나는 사람들은 부정적 정서를 더 잘 억제한다(Davidson, 2000).

감정 조절에는 여러 방법이 있다. 가족치료에서의 재구성과 비슷한 '인지적 재평가(cognitive reappraisal)'는 자극을 덜 부정적이고 덜 위협적인 용어로 바꾸어 생각하거나 그 자극을 처리할 자신의 능력에 대해서 재검토하는 방법이다. 재평가 과정은 PFC와 ACC를 활성화시키고 편도체와 섬엽의 활성화 수준을 낮춘다(Ochsner & Gross, 2005). 재평가 과정은 커플 간 상호작용을 아주 다르게 변화시킬 수 있다. 예를 들어, 에릭이 리사를 만족할 줄 모르는 비판적인 사람이라고 여기고 자신은 그녀의 잔소리에 대해서 무력하다고 생각한다면, 그는 그녀에 대한 자신의 감정을 조절하는 데 더 많은 어려움을 겪을 것이며, 자신을 진정시키기 위해서는 철회할 수밖에 없을 것이다. 그런데 이와 반대로 만약 그가 리사의 분노를 그와 가까워지고 싶은, 즉 연결되고 싶은 욕구에서 비롯된 조급한 시도라고 이해한다면 이 모든 흥분 상황을 다른 관점에서 보게 될 것이다. 또 만약 그가 그녀의 비판이 그녀 자신의 상처와 취약성 때문이라는 점을 이해하게 되면 덜 위협적으로 느끼고 조금 더 동정적으로 될 수도 있을 것이다. 나아가서, 이럴 때 그가 리사와 교류하는 기술을 배우고 자신의 반응을 스스로 진정시키는 방법을 알게 된다면 그녀의 비판 때문에 압도되거나 무력해지는 느낌에 빠지지 않게 될 것이다. 에릭의 이런 변화는 감정적 상황에서 리사에 대한 새로운 관점, 즉 그녀의 흥분이 의미하는 것을 재평가하는 것에 해당한다. 또 자기 자신을 새롭게, 즉 감정적 상황을 아내와 더불어 처리할 능력이 있는 사람으로 보는 것을 의미한다. 재평가는 매우 효과적인 감정 조절 방법임이 밝혀졌다. 자극을 재해석하고 그 상황에서 한 걸음 멈춰 설 수 있는 능력을 기르면 심리내적 자기조절과 성공적인 사회적 상호작용이 가능하게 된다.

이와 대조적으로, 단순히 '감정을 억제하려는 시도'는 별 효과가 없다. 단순한 억제는 생리학적으로 휘저어진 반응적인 상태를 유지하게 하고 부정적인 감정 기억을 남겨 놓는다(Gross, 2002). 또 억제는 파트너의 생리학적 반응성을 높인다. 그래서 리사가 비난을 시작하면 에릭은 자신의 상처나 분노를 억제하려고 해도 진정하지 못하고, 리사는 심지어 더 조급해진 채로 끝나고 만 것이다. 억제는 에릭이 자신의 감정을 리사에게 감추려고 했던 것처럼 사회적 소통을 저해한다. 에릭이 그렇게 하는 동기는 자기보호, 즉 리사가 흥분했을 때 솔직하게 소통하면 상황이 더 악화될 것이라는 두려움 때문이다. 그래서 그는 지금껏 살아오면서 부정적인 감정에 직면할 때마다 그랬던 것처럼, 그녀를 피해 숨으려고 했다. 하지만 그가 그럴 때, 리사는 버림받은 느낌으로 끝이 나서 에릭이 자신과 함께 있지 않다거나 그녀에게 진실하지 않다(사실 그렇기도 하다.)고 느꼈다. 그녀는 '끝까지 싸워서라도' 분위기를 개선하기를 원했지만, 이것이야말로 에릭이 가장 싫어하는 일이었다. 리사는 에릭처럼 억제를 하지 않기 때문에 에릭이 자기중심적이고 무신경하다는 관점에서 벗어날 수 없었다. 우리와의 작업을 통한 에릭의 철회에 대한 (그의 어린 시절의 경험에서 비롯한 두려움에 대한 생존 전략이라는) 인지적 재평가는 지금껏 리사가 보였던 감정적 반응과 행동에서 벗어날 수 있게 도와줄 것이다. 그녀가 자신을 양육자 여성이라 여기는 한편, 에릭의 행동을 그의 취약성에 의한 것으로 재구성하는 것은 그녀가 그를 보다 동정적인 관점에서 보게 해 줄 것이다. 재평가는 파트너들의 서로에 대한 관점을 바꿔 줄 수 있다.

'가까운 관계에서의 감정 억제가 부정적 영향을 가져온다.'는 가설은 범세계적인 것이 아닐 수도 있다. 아시아계 미국인과 유럽계 미국인을 비교한 연구에서 아시아계 미국인은 유럽계 미국인보다 감정 억제를 더 자주 사용하지만 그에 따른 부정적인 결과는 훨씬 적다는 점이 보고되었다(Butler, Lee, & Gross, 2007). 연구자들은 아시아인의 가치 체계에서는 감정 억제가 에릭과 리사 사이에서처럼 개인적인 자기보호보다는 집단의 조화를 위한 것이기 때문일 것이라고 제안했다. 같은 집단군을 비교한 다른 연구에서도 아시아계 미국인들에게는 감정 조절에 대한 가치가 높게 여겨지기 때문에 부정적인 결과가 더 적다는 점이 드러났다(Mauss & Butler, 2010). 감정 조절이나 억제가 사회적 조화를 강조하는 문화적 가치와 일치할 경우에는 개인주의나 자기보호를 중시하는 문화권에서와는 아주 다른 결과를 보여 주고 있다.

감정 조절을 개인의 심리내적 과정이라고 여기는 우리의 관념은 재고할 여지가 있어 보인다. 이런 점에서 감정의 사회적 조절에 관련한 흥미롭고도 새로운 관점이 나타나고 있다. 사회적 기준치 이론(social baseline theory)의 관점에서 보면, 우리 인간이 적응해 온 생태 환경은 원래부터 사회적이었다. 즉, 우리가 신뢰하는 사람들과 함께 있다는 점 자체가 우리가 우선적으로 흥분할 필요가 없게 해 준다. 이미 보았듯이, 애써서 해야 하는 감정 조절에는 PFC가 관여되는데, 이 처리 과정은 영양적인 측면에서 비싸기도 하고 또 PFC는 쉽게 피로해지기 때문에 자기조절에 쓸 수 있는 자원에는 한계가 있다. 사회적 기준치 이론에서는 우리가 믿을 만한 상대와 있을 때 덜 위협받고, 덜 흥분할 수 있다(Beckes & Coan, 2011)고 한다. 때문에 안전한 애착을 느끼는 사람과 가깝게 있다는 점은 우리의 감정 조절에 대한 필요를 줄여 준다는 것이다. 이 이론에 따르면, 사회적 근접성(social proximity)은 감정 조절을 위한 기본장치이다. 우리는 혼자 있거나 불안정 애착 상태를 느낄 때에는 값비싼 PFC라는 자기조절 회로를 이용해야 하지만, 안전하게 연결되어 있을 때에는 위협의 관리에 필요한 자원을 신뢰하는 타인에게서 얻어 올 수 있기 때문이다. 바로 이런 것이 '대인관계 사회적 감정 조절'(Beckes & Coan, 2011, p. 983)이다. 이런 점에서 보면 불행한 커플들이 겪는 충격은 안타깝지만 명백하다. 즉, 서로 상대를 조절하고 진정시킬 수 없기 때문에 그들의 관계에서 비롯되는 위협을 처리하려면 각자 자기조절에 의존할 수밖에 없는 것이다.

마음챙김

마음챙김 명상(mindfulness meditation)을 포함한 마음챙김은 감정 조절을 향상시킬 수 있다. 최근 수년 동안 신경과학자들은 '마음챙김' 및 '동정 명상(compassion meditation) 수련자'에 대하여 연구하고 있으며, 또 초심자에게 명상 수련을 가르치면서 실험을 해 왔다. 이런 연구의 지도자들 중 한 명이 정서신경과학의 개척자인 위스콘신대학교의 Richard Davidson이다. Davidson은 다른 신경과학자들과 함께, 불교와 서구 과학적 접근의 통합에 관심을 가지는 달라이 라마와의 역사적인 회담에 참석했다. 2004년에 인도의 다람살라에서 열린 이 특별한 회담들 중 하나는 수도승과 과학자들 간의 연관성에 관한 것인데, 이는 신경가소성에 대한 연구로 이목을 끌었다 (Begley, 2007).

Davidson은 불교 수도승들이 기능적 자기공명영상(fMRI) 기계 내부에서 명상을 하게 하면서 연구를 진행했다. (이 수도승들은 이 계획을 위해서 기꺼이 위스콘신으로 갔다. 그리고 Davidson과 함께 이 연구를 디자인하기도 했다.) 이 연구에서, 숙달된 명상가는 섬엽이 더 두껍다는 점이 밝혀졌는데, 이는 (자신의 몸 상태를 읽는) 내부수용감각과 공감 및 동정심에 관한 섬엽의 역할과 일치되는 현상이다. 마찬가지로, 장기간 훈련된 명상가는 부정적 감정에 대한 조절을 더 잘하며, 스트레스 호르몬인 코르티솔 수준도 낮았다. 초심자들에 대한 명상 수련도 비슷한 결과를 나타냈다. 8주간의 마음챙김 명상코스 참가자들은 좌측 전전두엽의 활성화가 높아졌고 면역 기능도 향상되었다 (Davidson et al., 2003). 신경가소성 덕분에 명상이 실제로 뇌를 변화시킬 수 있었던 것이다.

'정동에 이름붙이기(affect labelling)' 연구는 마음챙김 경향이 높은 사람들은 전전두엽의 활성화가 증가하고 편도체의 활성화는 감소되었음을 보여 주었다(Creswell, Way, Eisenberger, & Lieberman, 2007). 이런 프로필은 성공적인 감정 조절과 연관이 있다. 일반적으로 마음챙김과 행복 간에는 상관관계가 있고, 이런 점에서 마음챙김은 '불행감 예방'의 한 방법이라고 여겨진다 (Barnes, Brown, Krusemark, Campbell, & Rogge, 2007). 자신의 신체적 느낌과 감정에 관한 알아차림은 감정 조절을 촉진하는데, 이 알아차림은 편도체의 활성화는 낮추고 전전두엽의 활성화는 높인다(Herwig, Kafferberger, Jancke, & Bruhl, 2010).

정식적인 명상 실행이든 (감각, 생각과 느낌 등에 대한) 비판단적 알아차림이라는 조금은 비정식적인 마음챙김 실행이든, 알아차림은 정신 건강과 결혼 만족에 관련이 있다(Wachs & Codova, 2007). 이는 감정 기술의 향상, 특히 분노 표현의 조절이라는 측면에서 이해가 된다. 마음챙김은 그 말이 의미하는대로 상황에 대한 처리 속도를 늦출 뿐 아니라 반응적으로 되는 것을 막아 준다. 특히 자신의 느낌을 온전히 받아들이는 것이 도움이 되는 것으로 밝혀졌는데, 즉 자신의 부정적 감정을 수용하는 것이 도리어 그 감정을 감소시키고 우울에 빠지는 것도 막아 준다(Shallcross, Troy, Boland, & Mauss, 2010). 또 친밀한 관계에서의 마음챙김은 자신뿐 아니라 상대방의 경험에 대한 개방성, 호기심, 그리고 수용을 증진시킨다.

긍정적 감정을 계발하기

긍정적 감정은 부정적 감정을 억누르고 상쇄할 수 있다. 다음 장들에서 보겠지만, John Gottman의 연구는 행복한 커플들에서 긍정적·부정적 비율이 높다는 점을 확인했다. 긍정적 감정은 강한 면역기능, 신체적 및 정신적 건강, 그리고 장수는 물론 인지적 융통성 및 창조적 사고와도 연관된다. 대조적으로, 분노나 우울 같은 만성적인 부정적 감정은 면역기능의 저하, 질병과 사망률과 연관되며, 부정적 감정에 의한 HPA(시상하부-뇌하수체-부신) 축의 만성적 과잉활성화는 주의력과 기억력의 감소와도 연관된다(Diamond & Aspinwall, 2003). 회복탄력성이 높은 사람들은 유머, 이완, 탐험, 희망과 낙관 같은 긍정적 감정과 행동을 사용하는 경향이 높다. 이런 사람들은 생리적인 회복탄력성도 높은데, 예를 들어 긍정적 감정의 중재 덕분에 부정적 경험에도 심장혈관의 회복이 빠르다(Tugade & Fredrickson, 2007). 이런 사람들도 다른 사람들과 마찬가지로 부정적인 경험을 하지만, 이들은 어려운 시기를 견디는 동안 긍정적인 감정 자원을 사용하는 경향이 높다. 긍정적 감정 습관들에 대해서 말하자면, 즐기기, 축하하기, 이미 받은 축복을 찾기, 감사하기, 그리고 부정적 사건에서 긍정적 의미를 발견하기 등이 있다. 안정적인 애착을 이룬 사람들은 (주어진 상황을 '어떻게 해 볼 수 없는 위협'이 아니라 '해 볼 만한 도전'이라고 보는 것 같은) 긍정적인 감정 자원을 더 많이 가지고 있는 것으로 보인다(Diamond & Aspinwall, 2003, p. 143).

긍정적인 태도는 단순히 행복한 느낌에 관한 것만이 아니다. 이는 어려운 상황에 대한 자신감과 주도적인 접근을 포함한다. 실제로, '주도적인 대처'라는 용어는 건강한 감정 조절을 증진시키는 데 중요 요소인 '선제적 선택'과 '환경 변화시키기'를 의미한다(Diamond & Aspinwall, 2003). 에릭과 리사 같은 불행한 커플들을 상담할 때 특히 어려운 점들 중 하나는 그들이 무력한 느낌과 만성적인 부정적 정동에서 벗어나 보다 선제적이고 자율적인 대처 방법을 찾게 해 주는 것이다. 어떤 사람들은 (유전적으로 타고 났든, 생활 경험에서 얻었든) 태생적으로 긍정적이고 회복탄력적인 데 비해서, 다른 사람들은 무기력과 부정적 관점이라는 무거운 짐과의 힘겨운 싸움을 계속한다. 에릭과 리사는 그들 삶의 다른 분야에서는 '할 수 있다.'는 식의 사람들이었다. 그들은 자기 직업에서 성공적이고 사랑받고 있으며, 그들의 자녀도 잘 키우는 편이었다. 사실 그들의 관계 초기에는 각자가 가진 강점과 회복탄력성이 분명했다. 그러나 여러 해 동안 그들의 관계가 쇠퇴해 가면서 부정적 감정의 지배를 받게 된 것이다. 상담 과정에서 우리는 부정적 감정을 조절하고 동시에 긍정적 감정을 증진할 수 있는 전략들에 대해 탐색할 것이다. 또 세월에 따라 약해진 그들의 관계 회복탄력성(Jordan, 2004; Walsh, 2006)도 키워 갈 것이다.

커플 공동조절: 좋아지게 하거나 나빠지게 하거나

에릭과 리사는 감정에 대한 효과적인 자기조절 방법을 배울 필요가 있으며, 또 자신들이 서로를 어떻게 조절(또는 자극)하는지에 대하여 주의를 기울일 필요가 있다. 파트너들은 서로를 감정적으로 또한 생리학적으로 좋아지게 하거나 나빠지게 하거나 하는 식으로 공동조절한다(Greenberg & Goldman, 2008; Solomon & Tatkin, 2011). 행복한 관계에서의 공동조절은 생리적 조급함을 진정시키고, 면역 시스템을 완화하며, 또 더 건강하게 오래 살 수 있게 하는 등의 긍정적인 면이 크다. 그러나 스트레스를 주고받는 관계에서는 공동조절 장애가 일어나 '감정의 전염과 상승'이라는 사이클에 의해서 불행감이 커져 간다. 치료자는 파트너들을 진정시켜서 그런 관계의 늪에 빠져 있는 상대에 대해서 책임감을 가지게 하고, 또 서로에 대한 동정심과 돌봄을 키워 가도록 도움을 준다.

모든 커플은 자기조절과 동시에 진정이 필요한 파트너 사이에서 균형점을 찾아야 한다(Greenberg & Goldman, 2008). 커플의 감정 조절은 양방향적이고 역동적이다. 즉, 나는 나의 파트너가 나를 조율해 주고 지지해 줄 것을 원한다. 이것이 충족되면 가끔 파트너가 다른 일로 바쁘거나 부주의하여 도움이 되지 않을 때가 있더라도 나는 자기조절을 하면서 견딜 수 있다. 그런데 내가 자기조절을 할 수 없을 때나 파트너가 전혀 도움이 되지 않는 경우에는 조절 기제가 작동하지 않기 때문에 관계가 어려움에 빠지는 것이다. 우리는 모두 감정적인 피조물이지만, 자신의 감정을 조절할 능력을 가지고 있다. 그런데 이런 조절에는 개인적 및 대인관계적 과정이 동시에 요구된다. 친밀한 관계일수록 파트너는 긍정적이든 부정적이든 서로의 행복에 생리학적으로 그리고 신체적으로 영향을 미친다. 우리 인간의 '사회적인 뇌'는 우리와 가까운 사람에게 아주 절묘하게 조율 받게 되어 있다. 다음 장에서는 '사회적인 뇌'에 대한 설명과 함께 그것이 커플의 기능에 영향을 미치는 방식에 대해서 알아보겠다.

제**4**장
//////////

사회적인 뇌

진화적 관점

인간은 사회적 동물이며, 인간 종은 사회적 집단으로 발전해 왔다. 인간의 뇌가 다른 동물보다 상대적으로 큰 것은 타인과의 상호작용 과정에 필요한 엄청난 양의 정보에 대처할 수 있도록 진화되었기 때문이다. 인간의 조상이 진화 초기 수렵 채취에서 벗어나 직립하게 되면서 두 발로 몸의 균형을 잡기 위해 여성의 골반은 점점 작아지게 되었고 산도도 좁아졌다. 반면 집단생활의 복잡성이 증가하면서 이것에 적응하기 위해 태아의 머리 크기는 점점 커졌다. 커진 태아의 머리는 여성의 좁은 산도를 통과하기 어렵게 되었고, 절충적으로 인간의 아기는 미성숙한 상태의 작은 머리로 태어나도록 진화되었다. 그리하여 유아는 다른 동물의 새끼에 비해 성장 중인 뇌로 인해 출생 후 훨씬 오랜 기간 동안 성인의 집중적 돌봄이 필요하게 되었다. 이로 인해 인간의 아동은 장기간 동안 부모나 양육자와의 의존적 유대, 즉 안정된 돌봄

체계를 필요로 하게 되었다. 이런 맥락에서 우리 인간은 복잡한 '관계적 신경회로(affiliative neurocircuitry)'를 가지고 되었고, 집중적 돌봄을 필요로 하는 종으로 진화되었다(Taylor, 2002).

　타인과의 사회적 연결에 대한 인간의 욕구는 부모-자녀 간의 유대를 훨씬 넘어 확장된다. 과학자들은 인간의 진화적 성공이 사회적 본성과 관련되어 있다고 믿고 있다. 인간은 자신의 욕구와 생각, 감정을 타인과 조정하는 방식을 학습함으로써 생존 선택권이 엄청나게 확대되었다. 집단의 중요성은 생존을 위해 필수적이므로 인간의 두뇌 활동 중 많은 부분이 타인의 의도를 읽고 그것에 맞추거나 수용되는 방법을 찾는 데 사용된다. 이러한 이유로 Daniel Siegel은 뇌를 '신체의 사회적 장기'라고 하였다(Siegel & Hartzell, 2003, p. 97). 인간이 별개의 개별적 창조물이라는 것은 '일종의 망상'이며, 실제로 우리의 존재는 타인과 밀접하게 연결되어 있다[Albert Einstein, Siegel (2010a, p. 255)에서 재인용]. 태고의 인간이 집단 밖에서 홀로 생존하는 것은 불가능했기 때문에 집단으로부터 추방된다는 것은 이들에게 곧 죽음을 의미했다(Goleman, 2006). 앞서 보았듯이, 신경과학자들은 사회적 거부가 뇌의 통증 영역을 자극한다는 것을 발견하였다(Eisenberger & Lieberman, 2004). 인간이 적응한 생태학은 사회적이다. 우리의 뇌는 고립되어 기능하지 않으며, 인간의 뇌는 근본적으로 사회적 속성을 가지고 있기 때문에 '별개의 자아'라는 개념은 맞지 않다.

뇌는 연결을 통해 짜여진다

　아기의 뇌는 부모나 양육자와의 연결을 통해 짜여진다. "인간의 연결은 신경세포(뉴런)의 연결을 만든다."(Siegel, 1999, p. 85) 아기는 뇌 줄기와 기본 반사가 작동되고 감정의 뇌(emotional brain) 또는 변연계(limbic system)가 부분적으로 발달된 상태에서 태어난다. 감정의 뇌 회로는 출생 후 첫 해 동안 집중적으로 발달되며, 부모의 돌봄과 감정조율의 맥락에 따라 발달이 가변적일 수 있다. 출생 후 두 번째 해에 좌뇌, 그리고 기억을 관장하는 해마(hippocampus)와 함께 전두엽 회로가 발달하기 시작한다. 아기(아기의 뇌)는 적절한 발달을 위해 부모(또는 다른 주 양육자)와의 애착을 필요로 한다. 부모의 공감 조율이 아기 뇌의 신경세포 회로의 구축을 촉진하기 때문에 부모와 유아 간의 초기 상호작용의 대부분은 우뇌와 우뇌 간의 상호작용이다(Schore, 2003). 이 과정 동안 부드러운 건드림이나 피부 접촉이 결합되면 아기와 부모 양쪽 모두에게 옥시토신이라는 진정성 호르몬·신경전달물질이 분비되어 두 사람 간의 애착을 촉진시킨다.

아기는 초기 애착활동에서 능동적 파트너로, 본능적으로 부모와 연결하기 위해 양육자와의 근접성을 추구하고 눈맞춤으로 면대면 소통을 한다. 이것은 출생부터 뇌에 견고하게 설계된 것이지 결코 학습된 것이 아니다(Siegel, 1999, p. 138). 아기의 반사 중 하나인 미소는 부모로 하여금 사랑스러운 아기에게 빠져들게 만든다. 미소는 아기의 생존을 위해 반드시 필요한 부모와의 애착을 촉진하는 자연의 섭리 중 하나이다 (Tronick, 2007). 아기의 반사적 미소는 부모의 미소를 자극하여 양자 간 긍정적인 고리가 형성되도록 한다. 자발적인 사회적 미소는 한참 후에 발달한다. 부모의 얼굴을 보는 것은 아기 뇌의 천연 마취물질을 분비시킨다. 부모-자녀 간의 상호작용은 아기 뇌의 신경 성장을 자극하는 생화학적 과정을 촉발한다. 아기와 부모 간의 영향은 양방향적이며, 이 새로운 관계에서 아기와 부모는 서로의 뇌를 가공하는 서정적인 이중주(lyrical duet)에 참여한다(Cozolino, 2006). 부모와 아기는 서로를 통제하며 순환적 방식으로 서로에 대한 영향력을 함께 만들어 간다.

애착관계는 부모가 유아의 감정을 통제하는 것을 도와준다. 부모가 아기의 보채는 이유를 알아채고 달래줄 때 (초보 부모에게 배고픔과 젖은 기저귀, 졸릴 때 아기의 울음을 구분하는 것은 큰 과제이다.), 아기는 불편함이 지속되지 않고 부모의 달래는 목소리와 접촉이 불편함의 해소와 연관된다는 것을 배우게 된다. 이러한 '두 사람 간의 통제' (Siegel & Hartzell, 2003)는 궁극적으로 자녀가 힘들 때 스스로를 달랠 수 있는 능력인 '자기조절'을 개발시키는 내적 구조를 구축하게 해 준다.

감정조율과 애착의 섬세한 역동이 잘못 되면 어떻게 될까? 부모의 위로와 안전 대신 잘못된 감정조율이나 방임, 학대가 가해졌을 때 자녀에게 미치는 영향은 어떠할까? 동물을 대상으로 한 연구에서는 이러한 물음에 대한 답을 제공한다. Harlow의 고립되어 양육된 원숭이에 대한 고전적 실험을 비롯해 최근 Michael Meaney 등의 쥐 실험에 이르기까지 부재하거나 태만한 어미에 의해 양육된 포유류는 성체가 되어 어려움을 겪는다는 것을 보여 준다. 어미가 잘 핥아 주고 털을 다듬어 준 쥐의 새끼는 성체가 되어서도 스트레스에 탄력적인 반응을 보였다(쥐에게 있어서 핥아 주고 털을 손질해 주는 것은 좋은 부모됨의 지표이다). 태만한 어미의 새끼는 불안한 성체가 된다(Begley, 2007). 이러한 차이는 다음 세대로까지 전수되는데, 관심 없는 어미의 새끼는 후에 자신의 새끼들에게 태만하다. Meaney가 적었듯이, "당신은 바로 당신 엄마처럼 된다." [Meaney, Begley(2007, p. 169)에서 재인용]. 놀랍게도 이러한 엄마의 관심이나 방임의 세대 간 전수 효과는 실제로 자손의 유전자 기능에 영향을 미친다. 이 연구는 '모성 태만의 영향력이 다음 세대의 유전자 발현을 변화시킨다.'는 것을 보여 준다. Meaney[Begley(2007, p. 172)에서 재인용]는 "유전자는 비활동적이거나 활동적일 수 있다. 유전자의 활동성을 결정짓는 것은 환경이다. 유전자의 활동성은 부모의 돌봄(유전자가 기능하는 화학적 환경)에 의해 변화한다."라고 하였다. 이 연구의 또 다른 흥미로운 발견은 태만한 어미에게 태어난 새끼들도 양육적 어미에게 입양되어 키워지는 경우, 양육적 어미에게서 태어난 새끼들과 마찬가지로 잘 자란다는 것이다. 단순히 유전적 구성이나 어미와 새끼의 (생물학적) 친자관계가 아닌 양육된 경험(안정 애착 쥐)이 중요하다는 것이 분명하다.

인간의 아동발달에서 감정조율과 안정 애착의 중요성은 아무리 강조해도 지나치지 않는다. 초기 학대나 방임의 영향은 아동의 성장 중인 두뇌를 파괴한다(Perry, 2001, 2002; Teicher et al., 2002). 외상과 방임에서 발생하는 만성적이고 심각한 스트레스는 어린 아동의 해마에 악영향을 미쳐 기억과 인지를 손상시킬 수 있다. 스트레스가 장기간 지속되면 손상은 회복이 불가능할 수 있다. 양육은 중요하다. 두뇌가 적절하게 발달하기 위해서는 타인과의 사랑이 넘치고 안정되며 친밀한 접촉이 필요하다. 타인과의 상호작용을 통해 만들어진 뇌의 이런 과정은 유아기를 넘어 전 생애에 걸쳐 지속된다.

우리는 연결하도록 만들어졌다

아동기에 인간은 타인에 대한 욕구를 포기하지 않는다. 최근의 연구들에서는 인간이 전 연령대에 걸쳐 상호의존적임을 보여 주고 있다. 성인기와 노년기 연구 모두 우정과 사회적 연결이 성인기의 건강과 안녕, 장수에 필수적인 역할을 한다는 것을 보여 준다(Cacioppo & Patrick, 2008). 사회 신경과학 분야의 창시자 중 한 명인 John Cacioppo는 인간 종에게 고독감은 진화적 가치를 갖고 있다고 하였다. 갈증이나 허기처럼, '고독감'도 고통을 야기하여 인간으로 하여금 타인을 찾아 나서고 집단에 다시 합류하도록 만든다. 사회적 소속은 인간의 생존에 필수적이기 때문에 '고독감'은 우리가 계속 연결되도록 하는 역할을 한다. 우리는 연결하도록 만들어졌고, 단절이나 어려운 관계에 대해 깊은 수준에서 반응한다. 관계적 불행으로 인한 고통은 우리의 신체에도 새겨진다.

신경과학 연구 분야는 인간이 근본적으로 관계적 창조물이라는 것을 발견하였다. 그럼에도 불구하고 미국의 지배적 문화 내러티브는 청소년기에 분리·개별화를 성취해야만 자율적인 성인이 될 수 있고 독립적으로 기능할 수 있다고 묘사한다. Johnson(2008, p. 253)은 이에 대해 "우리는 인간의 생물학적 특성과 맞지 않는 분리의 문화를 만들고 있다."라고 하였다. 개인적 자아에 대한 잘못된 신화는 청년기 이후의 의존성을 병리화하며, 성인발달의 특징으로 분리와 자율성을 지나치게 강조하는 발달이론에서 특히 잘 드러난다. 그러나 최근의 발달이론은 예전에 비해 관계적이며(Fishbane, 2001; Jordan, 2010), 인간이 생애주기를 걸쳐 타인을 필요로 한다는 신경과학적 관점과 잘 들어맞는 편이다. 대인관계 신경생물학과 사회 신경과학 분야는 관계적 관점을 지지하는 연구들을 풍부하게 제공한다.

　독립성과 상호의존성에 대한 대조적 관점은 단지 학술적인 측면만이 아닌 실제 커플의 삶 속에서도 벌어지고 있다. 자율성과 독립성, 경쟁, 제로섬 게임 등을 중시하는 문화에서 성장한 에릭은 리사가 연결(친밀감)을 원할 때 위협감을 느끼게 된다. 특히 리사가 적대적이거나 비판적인 언어로 친밀감을 표현할 때 에릭은 리사가 자신의 자율성을 무시하고 있다고 느끼며 자신을 방어하게 된다. 에릭의 편도 반응은 그를 둘러싼 문화적 전제(cultural assumption)에 의해 형성된 면이 있다. 에릭은 본인 함선의 선장이 되고 싶었고, 여성에 의해 휘둘리고 싶지 않았다. 반면, 리사의 경우 어릴 때 동생 캐시와의 상호의존이 유일한 위안이었고 문화적으로도 여성의 친밀감 추구는 허용되었기에, 에릭과 가까워지고 싶은 표현을 거부당한 것은 리사에게 당혹스러운 일이었다. 리사는 모성을 가지고 에릭에게 지지와 공감의 손길을 뻗었다. 하지만 에릭이 거리를 두며 리사를 묵살하자 리사는 어린 시절에 부모로부터 느꼈던 것처럼 자신의 '구차함'이 부끄럽게 느껴졌다. 에릭이 도움되지 않는 점과 그에 대한 의존 권리에 대한 자신의 양가감정에 직면하자, 리사는 에릭에게 등을 돌리게 되었고 자신을 보호하고자 하였다. 상호의존에 대한 욕구가 좌절되면서 부부 사이에는 깊은 심연이 생겼고, 이는 통제와 제로섬 게임의 전쟁으로 발전하였다. 이 커플의 경우, 옥시토신(oxytocin)의 분비 대신 스트레스 호르몬인 **코르티솔**(cortisol)이 분비되면서 고통스러운 단절에 기름을 부은 셈이 되었다.

감정 전염

타인에 대한 지각과 소통의 대부분은 우리의 의식 아래에서 일어난다. 우리가 의식하지 못하면서도 타인의 감정을 알거나 경험한다는 것은 분명 정서의 사례이다. '감정 전염'(Hatfield, Cacioppo, & Rapson, 1993)은 양날의 칼이다. 앞으로 다루겠지만, 이것은 타인에 대한 감정을 조율하게 해 주며 공감의 기본이기도 하다. 다른 한편으로 정서적으로 불안정한 누군가와 함께 있으면 우리도 정서적으로 불안정해지기 쉽다. 감정 전염은 부부갈등에서 불행의 원인이 된다. 한 번의 눈짓으로 배우자의 화난 감정이 상대 배우자의 불안 반응을 일으키기 충분하다. 반면, 작은 공감과 차분함은 반응적 편도체에서 감정통제를 상실하게 하는 대신 화난 배우자를 진정시킬 수 있다.

공감

뇌와 신체에서 타인의 경험을 받아들이고 느낄 수 있는 능력의 긍정적 측면은 바로 우리가 공감할 수 있다는 것이다. 다윈은 공감[그의 용어로 동정심(sympathy)]이야말로 가장 중요한 인간 감정이라고 하였다. Keltner(2009)가 '가장 다정한 사람이 생존한다.'라고 표현하였듯이, 초기 인간 진화 단계부터 공감 및 타인과 협력할 수 있는 능력은 인간의 생존에 기여하였다. 야생적 힘의 수준에서 적자생존은 강자생존을 의미하지 않으며, 환경에 가장 적합한 이가 생존함을 의미한다. 그리고 우리가 받아들인 인간 환경은 사회적인 것이다. 야만적 힘이나 따돌림이 아닌 지도자의 사회적 · 정서적 지능은 타인의 신뢰와 존경을 불러일으킨다. 친밀한 관계에서 사람들이 장기적인 파트너로 선호하는 특징 중 하나가 '다정함'이다(Buss, 1998). 다정함은 단지 친절한 것이 아니며, 타인의 감정과 욕구를 정확하게 지각하는 능력, 그리고 본인의 아젠다를 타인과 조정하는 능력까지 포함한다.

신뢰할 수 있고, 타인의 믿음을 지각할 수 있으며, 관대하고, 타인을 돌보며, 무엇보다 타인을 공감할 수 있는 능력은 옥시토신에 의해 조절된다(Zak, 2012). 옥시토신은 우리가 무기를 내려놓고 함께 어울려 유대하고 결합하고 자식을 낳아 기르도록 해 준다. 인간에게 옥시토신을 투여하면 공감과 신뢰 행동이 증가한다. 이 책의 제8장과 제9장에서 커플 간의 신뢰와 공감을 촉진시키기 위한 임상적 개입을 살펴볼 것이다. 우선 공감의 복잡성 측면을 볼 것이다. 신경과학자들은 공감을 다면적 현상으로 본다.

공감의 신경생물학

공감의 신경생물학은 공명(resonance), 인지적 공감, 자기조절, 자아와 타인 간의 경계 등 네 가지의 분리의 과정을 포함한다(Decety & Jackson, 2004). 첫째, 공명은 타인이 경험한 바를 자동적으로 그리고 무의식적으로 느끼는 것을 말한다. 다른 영장류와 마찬가지로 아기들은 이런 태고의 공감 능력을 가지고 태어난다(놀이방에서 한 아기가 울면 다른 아기도 덩달아 함께 운다; deWaal, 2008). 이 능력에 대한 한 가지 설명은 거울신경세포(mirror neurons)에 있다. 거울신경세포는 1990년대에 이탈리아의 한 연구자에 의해 처음 발견되었다. 원숭이가 음식을 먹을 때 활성화되는 세포가 연구자의 음식 먹는 장면을 보기만 해도 동일하게 활성화되는 것을 발견하였다. (연구자가 아이스크림이나 땅콩을 먹은 경우에도 논란은 있었지만 결과는 동일했다.) 그 후 UCLA 연구자들은 원숭이보다 더 복잡한 인간의 신경체계에서도 거울신경세포가 있음을 확인하였다(Iacoboni, 2008). 우리가 누군가의 행동(임의적 움직임이 아닌 의도적 행동)을 볼 때 운동피질(motor cortex) 내에 있는 거울신경세포가 마치 그 행동을 하는 것처럼 활성화되면서 자동적으로 우리의 뇌에서 그 행동을 경험한다는 개념이다. 많은 신경과학자가 현재 이 시스템이 기능하는 방식을 연구하고 있으며, 몇몇 연구는 공감 수준과 거울신경세포의 활동을 연결하고 있다. Gallese(2009)는 공감에는 거울신경세포의 '체화된 자극'(무의식적으로 우리 몸에서 타인의 경험을 자극하는)이 포함되어 있다고 하였다. 거울신경세포가 제대로 기능하지 않는 자폐나 감정표현불능증(alexithymia)의 경우, 공감의 공명 단계에서 손상이 있다고 연구들은 밝히고 있다.

다른 신경과학자들은 인간의 거울신경세포 시스템이 제대로 규명된 것인지 의문을 제기하며, 공명에서의 다른 뇌의 기능을 지적한다. 예를 들어, 뇌 깊은 곳에 위치한 섬엽(insula)은 타인의 혐오감을 지각하는 것뿐만 아니라 자신의 혐오감도 입력한다. 유사하게, 신체적 고통을 경험할 때 활성화되는 전 섬엽(anterior insula)과 전 대상피질(Anterior Cingulate Cortex: ACC) 영역도 고통받는 타인을 볼 때 활성화된다. 이러한 공유된 회로는 감정에 의해서도 활성화되는 것으로 보인다(Niedenthal, 2007). 타인의 경험에 의해 영향 받고 있다는 것을 인지하지 못하면서 타인과 공명하고 타인이 느끼는 것을 속속들이 느낄 수 있는 능력을 인간이 어떻게 갖게 되었는지에 대해서는 다양한 설명이 있다(Siegel & Hartzell, 2003). 실제로 연구들에서는 연구 대상자가 웃는 얼굴을 볼 때 (자신이 웃는다는 자각 없이) 얼굴 근육이 미소 짓게 된다는 사실을 발견하였다. 또 다른 연구들도 사람들이 무의식적으로 서로의 신체 움직임을 따라하며, 이런 유사 행동이 잦을수록 서로에 대해 더 긍정적으로 느낀다는 것을 밝혔다(Goleman, 2006). 이러한 무의식적 동시성은 결혼생활에 심오한 영향을 미친다. 오랜 기간 행복하게 지낸 부부들은 서로 닮아 가는데, 여러 해 동안 '지속적인 라포'가 부부의 얼굴 근육을 유사하게 만들기 때문이다. 얼굴이 닮을수록 더 행복한 부부인 셈이다(Goleman, 2006). 이 모든 연구는 공감의 체화된 속성을 가리키며, "공감은…… 다른 사람의 내면 상태를 공유하며 구축되는 정신적이며 생리학적인 것이다."(Goleman, 2006, p. 25)

공감의 두 번째 수준은 인지적(cognitive)인 것이다. 타인에 대한 공감은 그들에 대한 자동적·생리학적·무의식적 수준의 감정 이상을 수반한다. 공감은 전전두엽 피질(prefrontal cortex)을 활성화시키는 높은 수준의 인지적 기술을 요구한다. 이는 타인의 신발에 내 발을 맞추려는 의식적인 노력이기도 하다. 개인마다 공감의 정확성 수준은 다르다(Ickes, 2003). 공감의 정확성 점수에서 여성이 남성보다 높은 경우가 많지만, 공감적 정확성에 대한 남성의 동기가 증가하면 이 성차는 사라진다(Ickes, Gesn, & Graham, 2000). 공감은 선천적인 것이 아니라 변화될 수 있는 특징인 것이다. 태도와 신념은 공감을 강화시키거나 약화시킬 수 있다. 공감에 대한 동기 증진과 공감기술을 위해 작업하는 것이 커플상담의 핵심이다.

공감의 세 번째 구성요인은 자기조절(self-regulation)이다. 만일 개인이 타인의 고통 앞에서 너무 힘들다면 공감은 개인의 고통에 못 이겨 무너져 버린다(Eisenberg, 2010). 예를 들어, 만일 내담자가 슬픈 이야기를 하는데 치료자가 울기 시작한다면, 이는 치료자가 관점을 상실하고 자신의 반응에 휩쓸린 것이다. 이것은 공감이 아니며 내담자에게 도움이 되지 않는다. 반면, 힘든 내담자의 이야기를 들으며 치료자가 완전하게 본인의 감정조율을 하면서 눈물이 약간 핑 돌았다면 이는 내담자에게 의미 있을 수 있다. 실제로 스톤센터(Stone Center)에서 개발한 관계이론은 치료자가 내담자의 경험에 감동받는 것의 중요성을 강조한다(Jordan, Kaplan, Miller, Stiver, & Surrey, 1991). 치료자는 백지상태가 아니며 중립적이지도 않기 때문이다. 우리는 인간이며, 인간은 서로의 감정을 경험하게 되어 있다. 나의 임상 작업에서 내담자와 함께 느끼고 그들의 고통에 아파하는 것은 내담자로 하여금 이해받는 느낌과 안전감을 갖도록 한다. 그러나 나의 아픔은 그들을 위한 것이며, 나의 문제에 매몰된 나 자신을 위한 기회가 아니라는 것은 분명하다. 감정을 통제할 수 있는 능력은 공감과 개인적 괴로움을 분리할 수 있는 능력을 말한다.

자아와 타인 간의 건강한 경계(boundary)는 공감의 네 번째 구성요인이다. 실제로 기능적 자기공명영상(fMRI)을 통해 타인의 고통을 볼 때 우리 자신의 통증 영역이 활성화되지만 겹치는 부분이 완전하지 않음을 볼 수 있다. 고통을 경험하거나 타인의 고통을 볼 때 관여하는 체성감각피질(somatosensory cortex) 영역이 있지만, 자신의 고통을 경험할 때에만 활성화되는 동일한 부위의 다른 영역도 있다. 뇌는 자기와 타인 간의 차이를 알도록 설계되었다. 이 경계는 공감 과정에서 중요하다. 만일 우리가 타인의 고통에 빠져 자신을 잃어버리게 된다면 (많은 여성에게 특히 위험함) 우리는 타인의 경험에 대해 안전하게 우리 자신을 개방할 수 없게 된다.

　가족치료자들은 오랫동안 관계에서의 경계의 중요성을 강조해 왔다. 건강한 경계는 분화의 필수적 요인이다(Bowen, 1978; McGoldrick & Carter, 2001). 건강한 경계가 없다면 부부는 타인의 흥분 앞에서 통제를 잃기 쉽다. 타인이 우리와 다른 견해를 갖고 있거나 감정적으로 고조되어 있을지라도, 분화는 차분하고 개방된 방식으로 타인과 관계 맺음을 할 수 있도록 해 준다. 경계는 타인에게 영향 받지 않는 방식으로 (우리 자신을) 타인으로부터 보호하는 것으로 간주될 수 있다. 많은 내담자가 타인으로부터 영향을 받거나 흥분하지 않기 위해 자신 주변에 거대하고 침투할 수 없는 벽을 쌓고 있다. 그러나 이런 견고한 경계는 사람을 고립시키고 단절시킨다. 반면 건강한 경계는 관계를 맺도록 한다. 그래서 경계는 타인에 대한 장벽을 치지 않고도 '만남, 배움, 분화, 교환'의 핵심이 될 수 있다(Jordan, 2010, p. 14). 이런 융통적인 경계는 안전하다고 할 수 있다. 배우자가 안전한 맥락에서 건강한 경계를 유지하면서 공감하고 서로 관여할 수 있도록 조력하는 것이 커플상담의 핵심이다.

공감 받는 느낌

　우리는 타인으로부터 공감 받을 때 인정받는다고 느낀다(Siegel & Hartzell, 2003, p. 60). 부부관계에서 이러한 감정조율이 필요하다. Siegel과 Hartzell(2003, p. 89)에 의하면, 협력적 소통이란 '탐색하고-이해하고-합류하는' 태도를 의미하는 반면, 단절된 소통은 '추궁하고-판단하고-고치려는' 태도로 나타난다. 후자의 경우, 한쪽 배우자가 자상한 감정조율을 원하는데 다른 쪽 배우자는 충고나 해법을 제공할 수 있다. 이것은 이성애 커플에게 나타나는 일반적인 역동이다. 남성은 문제해결이나 물건을 고치는 식으로 훈련되어 있어 이런 방식으로 여성 파트너에게 베풀지만, 여성은 상대가 조급하게 문제해결을 해 주려는 것보다 공감해 주면서 함께 있어 주는 것을 선호한다. 이것이 에릭과 리사가 경험하는 잦은 긴장의 원인이다. 에릭은 리사를 위로하기 위해 조언을 하지만, 리사가 도리어 화를 내는 것에 상처받는다. 리사는 에릭이 일부러 버티면서 그녀가 그토록 원하는 공감(그녀가 자신의 동생과 소중히 공유했던)을 거부하는 것이라고 느낀다. 에릭은 리사의 감정조율을 어떻게 해야 할지 모를 뿐만 아니라 그 자신의 감정조율도 할 줄 모른다. 공감의 공명회로는 본인의 감정조율에서도 활성화된다는 것에 주목해야 한다(Siegel, 2007). 나중에 보겠지만, 에릭이 공감을 배우기 위해서는 리사의 경험뿐만 아니라 자신의 신체와 감정의 경험에 접촉하는 것도 필요하다.

눈맞춤

감정조율을 위해서는 사랑에 필수적인 눈맞춤이 필요하다. 눈맞춤은 편도체를 진정시키고 감정 조절에 핵심적인 안와전두피질(Orbitofrontal Cortex: OFC)을 활성화시킨다. 사랑스러운 눈맞춤은 우리를 차분하게 만들고 이완을 도우며 서로 돌보도록 해 준다. 연인의 눈을 보면서 우리 자신을 멋지고 사랑스러운 존재로 되비추어 보는 것은 낭만적 사랑의 백미 중 하나이다. 몇해가 지나 불행한 결혼관계로 변질되면 배우자의 눈을 볼 때 우리 자신이 무가치하고 사랑받지 못하는 존재로 보인다. 인간은 타인이 어떻게 나를 지각하는지에 정교하게 맞추어져 있으며, 친밀한 관계만큼 영향력 있는 것은 없다. 배우자가 다른 곳을 보거나 (서로가 아닌 창 밖이나 위, 아래 어디든) 경멸의 눈으로 바라볼 때 부부는 멀어진다.

우리의 사회적·감정적 뇌는 작은 사회집단에서의 면대면 소통과 함께 진화되었다. 우리가 타인으로부터 수집하는 많은 정보는 비언어적인 것으로, 표정이나 신체 제스처, 음성 톤 등으로 전달된다. 부부가 서로를 바라보지 않고 말하는 것은 (나의 임상경험에서는 매우 일반적인 현상이다.) 서로의 정서적 상태에 대한 중요한 정보를 놓치고 있는 것이다. 최근 우리의 사회적 세계가 면대면 대화로부터 기술 기반의 소통으로 전환되고 있는 것은 엄청난 사건이다. 문자, 트위터, 이메일 등을 사용하면서 오랫동안 우리의 사회적 세계를 형성하는 데 필수적이었던 신체적·비언어적 소통을 놓치고 있다. 우리는 이러한 새로운 환경에 뇌가 적응하는 방식을 보는 자연적인 실험(아마도 용의주도한)에 참여하고 있는 것이다. 연구에 따르면, 요즘 세대 대학생들의 공감능력이 급감하고 있다고 한다(Konrath, O'Brien, & Hsing, 2010). 얼마나 많은 새로운 기술 세계(현재 인간의 뇌를 가공하고 있는 환경)가 변화를 초래하게 될지 모르겠다. 인터넷 상호작용에 대한 최신 연구는 온라인 상에서 서로 볼 수 있는 눈맞춤이 온라인의 무자비함을 어느 정도 상쇄할 수 있다고 밝혔다(Lapidot-Lefler & Barak, 2012). 우리의 공감과 도덕(윤리)회로는 눈으로 볼 때, 그리고 상대에게 보여질 때 활성화된다.

애착

인간의 애착에 관한 문헌은 광범위하다. 애착의 범주는 건강하고 탄력적인 기능과 관련된 안정 애착과 불안정 애착으로 나누어진다. 불안정 애착은 불안·양가형, 회피형, 혼란형 애착으로 범주화된다. 불안정 애착 유형은 발달상의 어려움 및 사회적 상호작용의 어려움과 관련이 있다. 아동의 애착 유형은 배우자의 행동과도 상관관계가 있다. 불안 애착 아동은 종종 불안하거나 집착하는 부모를 두고 있고, 회피형 애착 아동은 감정을 무시하는 부모를 가진 경우가 많으며, 혼란형 애착 아동은 변덕스럽고 무서운 부모를 가진 경향이 있다. 그렇다고 해서 힘든 아동기나 외상적 경험이 있는 아동기를 보낸 사람은 불안정 애착 자녀를 가질 수밖에 없는 것은 아니다. 만일 부모가 자신의 고통스러운 과거와 작업하였고, 생각과 사고, 긍정적 감정과 부정적 감정을 통합하여 과거에 대한 일관성 있는 내러티브를 구축했다면, 그런 부모는 안정 애착 자녀를 가질 가능성이 크다(Siegel, 1999). 실제로 개인은 상담이나 긍정적인 친밀한 관계를 기반으로 '노력해서 얻은 안정 애착'이라는 안정 애착 프로파일을 획득할 수 있다.

안정 애착에 대한 우리의 욕구는 아동기에 끝나지 않는다. 성인의 사랑도 애착관계로 간주된다(Hazan & Shaver, 1987; Johnson, 2008; Solomon & Tatkin, 2011). 부모와의 애착이 자녀의 정서 조절 능력을 돕는 것과 마찬가지로 성인기에도 친밀한 타인과의 애착은 우리 자신의 통제를 돕는다(Beckes & Coan, 2011). 건강한 성인은 힘들 때 자기조절과 자기위로를 할 수 있지만, 타인(특히 친밀한 타인)으로부터의 위로와 조절에 대한 욕구에서 벗어난 것은 아니다. 이것은 타인에 대한 병리적 의존이 아니라 건강한 상호의존성을 반영한다.

불안정 애착은 종종 커플 갈등의 저변에 깔려 있는 요인이지만 내담자는 이것을 호소문제로 드러내지 않는다. 스트레스 상황이나 불안할 때 자신의 정서를 통제하는 것을 배우지 못한 사람은 배우자가 위로해 주길 바라는 경향이 있다. 배우자가 이 위로를 해 줄 수 없거나 함께해 주지 못할 때 관심과 지지 부족에 대해 격분할 수 있다. 리사는 자신이 힘들 때 에릭이 정서적으로 잡아주길 원했다. 그러나 종종 에릭은 그렇게 하지 않았고, 리사의 욕구에 둔감했다. 가끔 에릭은 리사에 대해 요구 많은 엄마처럼 느껴졌고, 뒤로 물러남으로써 본능적으로 자신을 보호하였다. 에릭이 자신을 보호하는 방식이 리사로 하여금 혼자라고 느끼게 하였고, 더욱 안심시켜 주길 바라게 되었다. 그럴수록 그들의 부정적 상호작용은 통제할 수 없을만큼 빠르게 고조된다. 이 커플의 괴로운 유형은 두 배우자 모두 불안정 애착 유형이기에 발생하는 애착 춤(attachment dance)으로 볼 수 있다. 리사의 불안정 애착(불행한 아동기의 유산)은 불안하게 위로와 안심을 추구하는 형태를 취한다. 리사가 동생인 캐시와 서로 유대하고 위로할 때에는 견딜 만했다. 그러나 캐시의 죽음 후에 (어쩌면 그 전에도) 리사는 자신의 애착욕구를 에릭에게 전환했지만 에릭은 그녀의 욕구에 반응하지 못했다. 에릭은 회피형 불안정 애착 유형으로, 타인에 대한 욕구뿐만 아니라 자신의 감정에 대해서 회피하는 것을 학습했다. 에릭의 엄마는 에릭의 감정을 무시하였고, 아들이 자신의 감정을 존중하는 법이나 타인의 감정을 적절하게 다루는 것에 대해 가르치지 않았다. 그래서 에릭과 리사의 역기능적 상호작용(그녀는 쫓아가고 비난하며, 그는 도망가고 방어, 철회하는 유형)은 불안-회피형 애착 춤이다.

돌봄과 친화

　'싸울 것인가, 도망갈 것인가'의 투쟁-도피(fight-or-flight) 본능은 동물과 인간 영역에서 연구되었다. Shelley Taylor(2002)는 투쟁-도피 본능이 과장되게 강조되었으며, 위험에 직면했을 때 '돌봄과 친화'와 같은 본능도 못지않게 중요하다고 주장하였다. 옥시토신과 내인성 아편유사체(opioids)가 관련된 안정된 연결 체계는 인간을 포함한 암컷 포유류에서 가장 많이 발견된다(Uvnas-Muberg, 2003). 스트레스 상황에서 수컷의 전형적인 행동인 투쟁-도피와 달리 인간이나 다른 포유류의 어미는 새끼를 보호하고 사회집단에 지원을 요청하는데, 이는 돌봄과 친화에 대한 진화적 근거이다. 위협에 직면했을 때 어미가 새끼만 홀로 남겨둔 채 싸우거나 도망가는 것보다 새끼를 보호하는 것이 개인의 유전자를 자손을 통해 전달되도록 하는 진화적 목적에 더 잘 부합한다. 이런 진화적 체계가 최근까지 연구되지 않은 이유는 스트레스와 위협에 대한 연구가 주로 수컷에 초점을 두고 이루어졌기 때문이라는 것이 Taylor와 Uvnas-Moberg의 주장이다.

　호르몬·신경전달물질인 옥시토신(Oxytocin)은 돌봄과 친화 행동의 핵심이다. 앞서 보았듯이, 옥시토신은 오르가슴, 출산, 수유, 마사지, 부드러운 접촉, 공감 등의 상황에서 분비된다. 인간과 다른 포유류의 경우, 어미와 새끼 간의 유대가 매우 중요하다. 암컷은 수컷보다 더 많은 옥시토신 수용체를 가지고 있으며, 수컷도 옥시토신 수용체를 가지고 있긴 하지만 (옥시토신과 관계되지만 다른 효과를 갖는) 바소프레신(vasopressin)[1]을 더 많이 가지고 있다. 인간과 다른 포유류에서 옥시토신은 스트레스 상황에 있는 암컷이 다른 암컷을 찾게 만드는 반면, 바소프레신은 프레리 들쥐와 같은 수컷이 방어와 영역권 확보에 관여하게 돕는다. 옥시토신은 에스트로겐(estrogen)[2]에 의해 강화되는 반면, 바소프레신 효과는 테스토스테론(testosterone)[3]에 의해 증가된다. 기본적인 성차의 저변에는 이러한 호르몬의 차이가 있는 것 같다. 이 주제에 대해서는 제6장에서 심도 있게 살펴보겠고, 여기서는 여성이 관계에서 돌봄 제공자가 될 가능성이 훨씬 높은 점에 주목하자. "여성은 사회적 천을 꿰매는 데 매우 많이 관여한다. 여성들은 부모, 배우자, 자녀, 친구들, 친척, 심지어 반려견까지 돌본다."(Taylor, 2002, p. 100)

여성은 남성 배우자에 비해 사회적 지지를 더 많이 찾고 제공한다. 이는 이성애 결혼을 통해 남성이 여성보다 심리적, 신체적으로 훨씬 이익을 많이 얻는다는 Taylor의 결과에 대한 설명이다. 결혼에서 여성이 제공하는 돌봄은 남성의 건강을 보호하지만, 남성이 제공하는 (경제적 보호와 같은) 돌봄은 여성의 건강을 덜 보호한다. 아마도 호르몬과 사회화의 영향이겠지만, 이성애 결혼관계에서는 누가 누구를 돌보는가에 대한 잦은 불균형이 발생한다. 커플상담에서 만난 많은 여성은 결혼과 가족관계에서 자신들이 돌봄 및 관계에 대해 너무 많은 부담을 지고 있는 점에 분노하고 있었다. 여성은 자신의 원가족과 시가족에서 '친족 관리자(kin keepers)'인 반면(Fingerman, 2002), 남성은 결혼 후 처가족은 물론 자신의 원가족에조차 덜 관여하는 경우가 적지 않다. 리사는 이러한 불균형에 분노했다. 에릭의 어머니로부터 전화가 오

---

1) 역자주: 바소프레신(vasopressin)은 신경성 뇌하수체 호르몬의 하나로, 혈압 상승과 관련이 있다.
2) 에스트로겐(Estrogen): 여성 호르몬
3) 테스토스테론(testosterone): 남성 호르몬

면 에릭은 전화기에 자동으로 뜨는 발신자 이름을 본 후 리사에게 전화를 받으라고 요청했다. 리사는 마지못해 전화를 받지만 에릭이 자신의 어머니로부터 온 전화를 받지 않으려고 하는 것이 부담스러웠다. 리사는 자녀들과 남편, 시어머니, 집안일까지 돌보고 캐시(동생)가 사망하기 전에는 그녀까지 돌보면서 지쳐 갔다. 그녀의 면역 체계는 과잉 돌봄을 제공하면서 정작 자신은 돌봄을 받지 못하는 만성적 스트레스로 고통 받고 있었다.

진화적 이점에서 볼 때 다른 생존 기술과 마찬가지로, 돌봄과 친화도 과잉 사용되면 역효과를 낳을 수 있다. 돌봄과 친화에서 서로 주고받는 것이 균형 잡혀 있다면 양쪽 모두 양분과 옥시토신의 혜택을 볼 수 있다. 그러나 한쪽이 (이 경우에는 리사가) 모든 돌봄을 제공하며 돌봄은 받지 못하는 상황이 되면, 그 결과로 소진이 온다. 리사는 캐시의 투병 기간 동안 여성으로부터의 지원에서 도외시되었다. 리사는 오랫동안 여성 친구들과 연락이 닿지 않았고, 고립감과 더불어 친구가 없다고 느꼈다. 그녀는 옥시토신이 결여된 것이다. 캐시의 죽음 후, 리사는 오직 에릭만을 대상으로 정서적 연결을 찾고자 시도했다. 이 부부에 대한 상담적 개입 중 하나는 에릭이 아내를 잘 돌보고 어머니를 다룰 수 있도록 배우게 하면서 동시에 리사가 정서적 양분을 제공받을 수 있는 다른 출처를 찾도록 조력하는 것이다. 우리는 에릭이 리사를 보호하고 돌보는 방식과 리사가 남편의 돌봄과 배려에 대해 인정하도록 돕는 것에 대해 살펴볼 것이다.

미주신경: 연민과 연결

Dacher Keltner(2009)는 복측 미주신경(ventral vagus nerve)에 관한 Stephen Porges(2007)의 연구를 기반으로 연민, 친절, 자비 등의 '친사회적 정서'에 대해 탐구하였다. 포유류에게만 있는 이 신경은 돌봄 행동과 연민을 가능하게 하고, 신뢰와 사랑을 촉진시키는 풍부한 옥시토신 수용체이다. 타인의 힘든

경험에 대해 연민을 가지고 경청할 때 미주신경의 중재에 의해 듣는 사람은
얕은 한숨을 내쉬게 된다. 한숨은 양쪽 모두를 연민의 맥락에서 위로 받게
하며, 말하는 사람과 듣는 사람의 '투쟁-도피' 반응을 낮춘다(Keltner, 2009).
이런 순간에 미주신경은 심장 박동을 늦추고, 교감신경계의 반응을 낮추며,
차분한 연결을 촉진한다. 느린 동시다발적 돌봄과 연민은 친밀한 관계에서
생리적 · 심리적 위로를 제공한다. 부부가 감정적으로 동요하거나 불안정하
여 심장 박동이 빨라지고 단절감을 느끼며 서로를 판단하게 될 때, 부부는
속도를 줄이면서 복측 미주신경의 도움을 받도록 조력하는 것이 필요하다.
감정 동요 상황에서 연민이 갖는 치유의 힘과 부드러운 호흡, 그리고 배우자
의 공감 등으로 감정이 진정됨으로써 커플 춤을 느리게 할 수 있는 구체적
기법을 살펴보겠다.

Keltner의 연구는 "인간은 돌보는 종이며, 우리 자손의 취약성은 우리의 신
경 체계와 사회 조직을 재조정하였다."는 사실을 가리키고 있다(2009, p. xi).
그는 인간이 협동하거나 타인에게 베풀 때 뇌의 **보상중추**(reward center)가 점
화되는 것에 주목하였다. 중격의지핵(nucleus accumbens) 또는 보상중추는 받
는 것만큼 베푸는 즐거움을 입력한다. Keltner, Taylor, 그 외 여러 연구자도
인간이 돌봄과 자비, 연민(짐작컨대, 인간의 강력한 사회적 네트워크에서 이러한
특징들이 생존적 가치를 가졌을 것이다.)을 갖도록 설계되었다고 강조하였다.

인간은 접촉을 통해서 긍정적 감정과 위로를 서로에게 표현한다. 안전한
맥락에서 부드러운 접촉을 하는 것은 옥시토신과 엔도르핀을 분비하고, 미
주신경과 안와전두피질을 활성화시키며(Keltner, 2009), 편도체를 비활성화
시킨다. Keltner는 접촉이 위안을 줄 때 피부의 중요성에 주목했는데, "피부
는 나쁜 것을 내보내고 좋은 것을 가져오는 데 필수적이다."고 했다(Keltner,
2009, p. 181). 부드러운 신체 접촉은 만지는 사람과 만져지는 사람에게 모두
유익한 것으로 나타났다. 쥐와 인간을 대상으로 한 연구에서 모두 새끼를 많
이 접촉하는 어미에게 긍정적인 생리학적 효과가 있는 것으로 나타났다.

부부관계에서 신체 접촉의 영향력은 '손 빌려 주기(lending a hand)'라는 유

명한 실험에서 입증되었다(Coan, Schaefer, & Davidson, 2006). 연구자들은 '배우자의 손을 잡은 (연구)참여자' 그리고 '낯선 이의 손을 잡은 참여자'가 '누구의 손도 잡지 않은 참여자'보다 실험 중 고통을 덜 느낀다는 것을 발견하였다. 커플상담에서 서로 접촉(성관계, 포옹, 꺼안기 등)하지 않는 커플의 경우가 더러 있다. 어떤 커플은 몇 년간, 또는 몇십 년간 접촉이 없는 경우도 있다. 관계적 · 개인적 안녕을 위한 필수적 자원의 가용성을 이해하기 위해서 치료자가 커플의 신체적 친밀감(성적이거나 성적이지 않은 접촉 모두)에 대해 질문하는 것은 중요하다. 안정된 연결 체계를 키우기 위한 방법으로 포옹, 마사지, 성관계 등을 격려하는 것은 커플상담에서 필수적이다. 이러한 체화된 형태의 돌봄은 옥시토신을 증가시키고, 방어를 낮추며, 즐거움과 안녕을 증진시키고, 커플 간의 유대를 강화시킨다.

신뢰와 안전

미주신경을 활성화하고, 연민, 스킨십, 사랑에 의한 옥시토신 분비를 통해 배우자가 상호 보살필 수 있는 긍정적인 방법은 관계의 신뢰감과 안전감에 달려 있다. 신뢰가 깨지거나 안전감이 침해되면 배우자는 서로로부터 자신을 안전하게 지키기 위해 필연적으로 자기보호 기제에 의존하게 된다. 신체 폭력이나 정서 학대, 외도와 같은 주요한 문제가 없는 경우라도 단절과 공감 결여의 순간들이 계속 누적되면 배우자에 대한 불신감과 불안전감을 키울 수 있다. Gottman(2011)은 이런 순간들의 누적이 불신, 배신, 이혼을 향한 폭포를 유발할 수 있다고 보았다. 에릭과 리사 같은 사례가 그러하다. 둘 다 좋은 사람이고 비열하거나 폭력적이지도 않지만, 서로에게 상처 입힌 세월들은 양쪽 배우자 모두에게 불안전감과 불신의 분위기를 만들었다. 이제 그들은 상호작용할 때마다 상처와 오해를 미리 예상하게 되었다. 서로 대화를 시작하기도 전에 각 배우자의 신경수용감각(neuroception)이 위험을 입력하게 된 것이다. 커플이 관계에서 안전, 신뢰, 존경을 함께 창출할 수 있도록 조력하는 것이 치료자 작업의 핵심이다. 다음에 우리는 행복한 장기적 애정관계의 구성요인과 오랜 세월 동안 사랑을 키우는 것의 도전에 대해 탐색할 것이다.

제**5**장

사랑 그리고 불만족

사랑에 빠지는 것

리사와 에릭이 사랑에 빠졌을 때, 두 사람은 마치 안식처를 찾은 것처럼 느꼈다고 했다. 그들은 그들의 사랑에 대해 안심했으며, 상대방이 자신을 무엇이든 지지해 줄 것이라 믿었다. 에릭은 리사에게 그녀가 그토록 간절히 원했던 평온함, 안정감, 그리고 다정함을 안겨 주었다. 리사는 그가 절대로 그녀의 아버지처럼 학대하거나 그녀의 어머니처럼 사라져 버리는 일은 없을 것이라 확신했다. 그리고 그녀를 보호하려고 애쓰는 그의 모습을 너무나 사랑했다. 리사는 데이트 초기에 그녀의 차가 고장나자 에릭이 그녀를 돕기 위해 조퇴를 하고 달려와 집까지 안전하게 들어갈 수 있도록 도와주었던 일을 회상하였다. 에릭은 리사의 긍정적인 성격에 흠뻑 빠져 있었다. 또한 그녀의 사교 능력과 뭐든지 할 수 있다는 자신만만한 태도가 마음에 들었다. 리사의 사랑 가득한 두 눈이 에릭을 향할 때 에릭의 지난날의 모든 불안한 마음은 눈 녹듯이 사라졌다. 에릭과 리사는 서로에 의해 보완되어 완전해졌다고 느꼈다. 에릭의 안정감과 리사의 활기찬 모습은 완벽한 하나를 이루었다.

그때는 불타는 열정도 가득했다. 두 사람 사이에는 강한 화학적 반응이 있었으며, 성적 에너지 또한 강력했다. 그들의 성관계는 열정적이었고, 활발했으며, 두 사람은 서로에게 흥분과 만족을 주었다. 에릭과 리사는 성적인 열정과 뜨거운 감정이 강하게 결합되어 관계 초반에 깊은 유대감을 구축할 수 있었던 운이 좋은 연인들 중 하나였다. 그들은 그들의 진실한 사랑이 평생 유지될 것이라 확신했고, 그들이 결혼하고 가족계획을 세우고 미래를 향해 함께 항해하는 멋진 동반자가 될 수 있을 거라고 굳게 믿었다.

시인, 철학자, 심리학자들은 '사랑에 빠져 있는' 이 신성한 상태를 포착하기 위해 모든 노력을 다해 왔다. 그리고 현재에도 신경과학자들과 진화 인류학자들은 열정적이고 낭만적인 사랑의 본질을 찾아내기 위해 애쓰고 있다. 런던의 신경과학자들(Bartels & Zeki, 2000, 2004)은 열렬히 사랑하는 사람들을 연구하기 위해 그들을 기능적 자기공명영상(fMRI) 기계에 들여보낸 후 그들의 파트너 사진을 보여 주었다. 이때 보상회로뿐만 아니라 정서 및 행복한 상태와 관련된 뇌의 영역(섬엽 및 전대상피질의 일부분)이 활성화되는 것을 발견하였다. 반면, 공포, 슬픔 및 공격성과 관련된 편도체와 슬픔, 우울함과 관련된 오른쪽 전전두엽 피질은 비활성화 된다는 사실을 알게 되었다. 사랑하는 사람의 사진을 볼 때 긍정적인 정서의 회로는 켜졌던 반면, 부정적인 정서의 뇌 회로는 잠잠해졌다. 또한 최근의 연구에서는 사랑에 빠진 남자와 여자, 또는 동성애자와 양성애자가 각각 그들의 연인 사진을 보고 있을 때 뇌 활성의 차이가 없는 것으로 밝혀졌다(Zeki & Romaya, 2010). 연구자들은 또한 사랑에 빠진 사람들의 뇌 활성과 자신의 아기 사진을 보고 있는 엄마들의 뇌 스캔 영상을 비교하였다. 주목할 만한 공통점은 두 가지 모두 사회적 유대감과 보상회로는 활성화되는 반면, 부정적인 정서 및 부정적인 사회적 판단과 관련된 뇌 영역은 비활성화되었다. 연구자들은 연인과 엄마들의 뇌 속에서 발견된 비판적인 사회적 판단 영역의 비활성화는 연애 초기 단계의 연인들과 아기와 사랑에 빠진 엄마들에게 일반적으로 보이는 눈먼 사랑과 사랑의 일관성 현상의 신경생물학적 뿌리일 것이란 사실에 주목하였다(Bartels & Zeki, 2004; Zeki, 2007).

유사한 연구에서 진화 인류학자인 Helen Fisher와 동료들은 사랑에 푹 빠져 있는 연구 대상자들에 대한 논문을 발표하였다(Aron et al., 2005; Fisher, 2004; Fisher, Aron, & Brown, 2006). 그들 역시 fMRI 기계 안에서 그들의 연인 사진을 보며 검사를 받았다. 연구자들은 사랑에 빠져 있는 연구 대상자의 복측 피개부와 미상핵을 포함하는 뇌 회로가 도파민으로부터 에너지를 얻는 보상 및 동기부여 회로란 사실을 발견하였다. 도파민은 사랑하는 연인이 세상의 중심이 되도록 관심을 집중하게 만든다. 초콜릿과 코카인도 유사한 회로를 활성화시키는데, Fisher는 초기의 열정적인 사랑이 이러한 물질에 취한 것과 같다고 설명했다. 연구자들은 낭만적인 사랑이 배우자 선택(우리의 유전자를 다음 세대로 전달하는 진화적 과정에서 중요한 단계)을 위한 포유류의 성적 매력 시스템에서 나왔다고 시사한다. 포유류가 짝짓기를 하고, 인간이 유대를 형성하여 그들로 하여금 아이를 함께 기를 수 있도록 만든다면, 그래서 잠재적으로 그들의 유전자를 유지해 나갈 수 있다면 이는 열정적인 사랑의 쾌감을 느끼는 데 도움을 준다. 성관계의 즐거움과 낭만적인 사랑의 황홀감은 인류의 생존을 도모하며 우리를 지켜 준다.

다음으로 과학자들은 연인과 최근 이별한 사람들을 대상으로 연구를 진행했다. 그들의 뇌 스캔 영상은 코카인 금단증상이 있는 사람들과 유사해 보였다. 그들은 여전히 강렬하게 보상-동기부여 회로에 의해 움직였다. 그러나 상대의 결점은 염두에도 없이 강박 사고로 가득 찬 미친 사랑은 슬프지만 영원히 지속될 수 없다. 우리의 뇌와 신체는 장기간에 걸쳐 그런 격렬함을 견딜 수 없다. 결국 격정적인 사랑은 온전한 뇌의 상태와 균형 잡힌 관계로 바뀌면서 눈에 쓰인 콩깍지가 벗겨지고 파트너의 나쁜 점까지 모두 볼 수 있는 더욱 현실적인 관점으로 바뀌게 된다. 마침내 사회적 판단의 뇌 회로는 재활성화되며 서로의 파트너를 더욱 분명하게 바라볼 수 있게 한다.

열정적인 사랑의 감정이 수그러드는 것은 수많은 커플에게 충격적이고 깊은 실망감을 안겨 준다. 개성 있고 매력적이던 상대의 장점이 이제는 성가시게만 느껴진다. 에릭의 단호함은 정서적인 거리를 두게 하는 원인이 되어 리사와의 유대감이 점점 사라지는 것처럼 보이기 시작한다. 에릭은 리사의 명랑하고 쾌활한 성격과 적극적인 태도가 점차 압력으로 느껴진다. 사실 시간이 지남에 따라 리사는 에릭을 변화시키고자 노력했고, 에릭에게 활기를 불어넣어 정서적으로 여유 있도록 만들고자 했다. 그러나 에릭은 그녀가 그의 어머니처럼 자신을 비난한다고 여겼으며, 오히려 리사가 그토록 갈망하는 정서적인 연결고리에서 벗어나 자기만의 세계로 들어가고자 했다. 여기서 우리는 결국 이혼 직전의 상황과 상담까지 이어지게 한 그들의 불행의 씨앗을 보게 된다.

낭만적이고 열정적인 사랑의 불꽃이 행복하게 영원히 지속되는 영역으로 넘어가야 한다는 문화적 기대는 초기의 격렬한 사랑의 감정이 약화될 때 자신이 잘못된 사람과 함께하고 있다는 결론을 내리게 한다. 새로운 관계를 시작하거나 외도를 하는 것은 마치 약물에 취한 것과 같은 욕정을 경험하기 위해 다시금 마법의 순간을 찾고자 노력하는 것으로 묘사될 수 있다. 실제로 어떤 사람들은 자신의 뇌가 갈망하는 그 다음의 '황홀감'을 찾기 위해 다른 사랑에게로 넘어간다. 수많은 외도가 새로운 파트너로부터 흥분을 느끼고자 하는 강력한 욕구를 반영한다. 하지만 그 다음의 욕정을 추구하는 사람들은 종종 새로운 파트너에 대한 차후의 실망감으로 인해 불행한 결말을 맞기도 한다. 그럼에도 불구하고 시시포스(Sisyphus)처럼 수많은 사람은 새로운 사랑을 찾기 위해 계속해서 다시 시작한다.

Fisher의 연구는 열렬한 사랑으로부터 다른 종류의 연대감에 이르기까지의 필연적인 경로를 제시했다. 그녀는 연애관계의 세 가지 다른 측면 또는 단계를 각각 해당 신경화학 및 진화의 목적으로 설명했다. 첫 번째 단계는 욕정(lust)이다. 이 단계의 목적은 단지 배우자를 데려오는 것이며, 성관계의 대상으로서 특별하지 않다. 몇몇의 연구자는 이를 관계적 욕정이라 부른다(Reis & Aron, 2008). 욕정은 테스토스테론에 의해 추진되며, 남성과 여성 모두에게 성적 욕구를 불러일으키는 역할을 한다. 열정의 진화적 두 번째 단계는 낭만적인 사랑(romantic love)으로, 이 사랑은 특별한 누군가에게 초점을 맞춘다. 다른 연구자들은 이를 뜨거운 사랑이라 칭하기도 한다. 이는 Fisher의 사랑에 푹 빠진 연구 대상자들의 fMRI 뇌 스캔 영상에서 포착된 단계이다. 낭만적인 사랑은 도파민과 노르에피네프린으로 채워지며, 뇌 속 보상과 갈망의 중추를 활성화시킨다. 사랑의 세 번째 단계는 애착(attachment)이다. 본 단계의 진화적 목표는 커플이 서로에 대한 유대감을 형성하고 그들의 자녀를 함께 돌보는 것이다(이러한 진화적 설명은 아이가 없는 게이, 레즈비언 또는 이성애자 커플을 고려하지 않는다. Fisher의 이론에 의하면, 아이가 있든 없든 관계없이 아마도 모든 커플은 본래 그들의 유전자를 다음 세대로 전달하기 위하여 사랑의 애착단계가 필요하다). 애착은 연인 간 또한 부모-자식 간의 유대감 형성을 용이하게 하는 옥시토신과 바소프레신, 그리고 신경화학물질에 의해 발현된다. Fisher는 이러한 상태에서 하나의 신경생물학이 다른 것과 상충될 수 있음을 지적한다. 그래서 때로는 애착의 화학물질이 장기적인 관계에 있는 사람들의 성욕을 감퇴시키고 열정의 화학 물질을 약화시킬 수 있다. 장기적인 애착의 맥락에서 성적 흥분과 연애 감정을 키우는 것은 힘겨운 도전일 수 있다.

장기적인 관계에서 열정을 유지하는 이 복잡한 문제를 Stephen Mitchell (2003)은 그의 저서 『사랑은 지속될 수 있을까? 시간의 경과에 따른 로맨스의 운명(Can Love Last? The Fate of Romance Over Time)』에서 다루고 있다. Mitchell은 열정이 불확실성, 새로움, 모험심에 의존한다고 설명했다. 장기간의 연애관계는 미래를 위한 보장, 헌신 및 안정감에 달려 있다. 하지만 한 손에는 억제되지 않는 욕정과 욕구, 그리고 나머지 한 손에는 예측 가능성과 안도감을 쥐고 있는 상황은 종종 조화를 이루지 못한다. 또한 Mitchell은 안도감은 실질적으로 환상을 기반으로 한다고 언급했다. "사랑은 그 본질상 안심할 수 없으며, 다만 우리가 그렇게 만들고 싶어 할 뿐이다."(Mitchell, 2003, p. 49) 사실 지속적으로 연인관계를 유지하기 위해서는 파트너를 가질 수 없거나 또는 영속적이고 확실한 안도감을 가질 수 없다는 사실을 받아들여야 한다. 오히려 사랑의 섬세함과 연약함에 대한 감사함이 요구된다. "관계에서 로맨스를 키우는 것은 각자 또는 함께 희망하는 삶의 모습을 만들어 내는 방법에 흠뻑 빠져 있는 두 사람이 필요하며, 또한 그들의 희망이 연약하다는 사실에 대한 인내가 필요하다."(p. 201)

Mitchell은 완벽한 사랑, 열렬한 욕망과 안정된 애착을 한 번에 모두 그리고 영원히 갖고자 하는 우리의 깊은 욕망을 훌륭히 포착해 냈다. 우리는 우리의 연인이 우리를 완벽하게 돌보고 절대 배신하지 않으며 어린 시절의 상처를 치유해 주고 위험으로부터 보호하며 모든 기대에 부응하면서 또한 침대에서 흥분시켜 주기를 갈망한다. 우리는 우리의 파트너를 영원히 믿을 수 있기를 기대한다. '사랑에 빠짐'이라는 구절은 로맨틱한 열정이 가지고 있는 수동적인 특성을 정확히 담아내고 있는데, 그들은 연애관계에서 노력하지 않아도 파트너에게 완벽하게 관심 받기를 바란다. 심리적으로 고통스런 관계에 있는 내담자들은 그들이 여전히 그들의 파트너를 사랑하지만 싫증이 났다라고 종종 말한다. 이 수동적 문구는 도로에 생긴 포트홀에 갑자기 빠진 것처럼 나의 골머리를 썩인다. 실제 일어난 일은 초기의 열렬한 낭만적인 사랑 단계가 조금 무뎌진 상태로 바뀐 것이다. 이로 인해 예상하지 못했거나 그들의 사랑을 어떻게 키워 나갈지 알지 못했던 파트너들은 어쩔 줄 몰라 한다. 부부에게 장기적인 사랑의 보편적 변화과정을 알려 주는 것은 그들의 경험에 보다 더 큰 관점을 제공하게 된다. 치료자로서 나는 부부가 그들의 사랑에 대해 능동적으로 대처할 수 있게 도와주며, 그들이 '사랑하다.'라는 것을 수동적인 동사가 아닌 능동적인 동사로 이해하기를 원한다.

연구자들은 낭만적인 사랑, 욕정 그리고 이 모든 것이 18개월에서 최대 3년까지만 지속된다고 추정하며, 그 이후에는 우애적 사랑으로 대체된다고 본다. 결혼한 부부는 시간이 지나며 뜨거운 사랑과 우애적 사랑의 측면 모두가 함께 약화됨을 경험한다(Hatfield, Pillemer, O'Brien, & Le, 2008). 장기간에 걸쳐 불타는 듯이 뜨거운 연애 감정을 유지할 수 있는 몇몇 부부가 있음을 보여 주는 아주 흥미로운 최신 연구도 있다. Acevedo와 Aron(2009)은 다수의 조사 연구를 검토하면서 오랜 시간 낭만적인 사랑을 유지하고 있는 부부를 확인했다. 하지만 이러한 장기간의 사랑에 빠져 있는 연인은 초기의 낭만적인 사랑과는 차이를 보였으며, 사랑의 집요함과 같은 특성은 나타나지 않았다. 장기간의 연인들은 집착이나 열광 없이 사랑의 강렬함, 성적인 관심, 그리고 서로의 유대감을 유지하였다. 그리고 오래 지속되는 낭만적인 사랑은 그들의 관계 만족도, 개인의 안위 및 자존감과 관련이 있었다. 이러한 부부가 단순히 자신들의 사랑을 유지할 수 있는 마법과 같은 축복을 받은 것인지, 그렇지 않다면 실제 그들이 사랑을 의도적으로 구축해 왔는지에 대해서는 어떠한 정보도 없지만 우리는 여기서 부부가 그들의 사랑과 열정을 키울 수 있는 방법을 찾아보려 한다.

연결과 단절: 네가 보여

신경과학자들은 우리가 얼굴을 맞대고 접촉하기 위해 진화했다고 언급한다. 연인들은 상대방의 눈을 깊이 바라보는데, 이는 그들 간의 유대감 형성에 도움을 주고 그들의 연결된 상태를 안전하게 보호할 수 있다. 나와 내 남편이 사랑에 빠졌을 때, 나는 그의 눈에서 지혜와 사랑의 샘을 보았고 그 샘에 빠져들었다. 사랑하는 남편의 눈을 바라보며 나는 그의 결점을 의식하지 못했다. 나는 그의 눈에서 신이 나 사랑스럽게 재잘대던 나의 모습을 보았다. 그 무엇이 이러한 열정, 연결, 그리고 사랑의 거울보다 더 훌륭할 수 있겠는가? 영화 〈아바타〉에서 사랑은 사랑하는 사람의 눈을 바라보며 건네는 '네가 보여(I see you)'라는 말로 표현되었다. 아바타뿐만 아니라 인간도 열렬한 사랑을 시작하는 초기 단계에는 애정 어린 눈빛으로 서로의 눈을 바라보며 긍정의 신호를 느끼고 두 사람의 영혼을 연결한다. 그리고 수년 뒤, 만약 관계가 틀어졌다면 파트너의 강철 같은 차가운 눈을 바라보며 그 눈에 반영된 성질이 더럽고 증오의 감정이 가득한 본인의 모습을 보게 된다. 눈은 사랑 또는 증오, 존경 또는 경멸, 또는 상대방을 전혀 바라보지 않는 거절의 느낌을 전달하는 힘을 가졌다. 결혼생활에서 보이지 않는 느낌은 배우자의 경멸을 느끼는 것만큼 고통스러울 수 있다.

시간이 지남에 따라 많은 커플은 어떠한 형태의 눈맞춤도 하지 않는다. 또는 리사와 에릭처럼 상대의 눈에 반영되어 그들이 보게 되는 것은 냉담함, 비난, 그리고 분노의 모습이다. 이 커플이 그들의 관계 초기에 어떻게 서로를 흠모하며 바라보았는지 기억해 보라. 하지만 수십 년이 지난 지금, 리사와 에릭은 더 이상 서로를 콩깍지가 쓰인 체 바라보지 않는다. 지금 그들은 실망과 판단의 렌즈를 통해 서로의 결점을 확대해서 보며 둘 사이의 긍정적인 순간이나 자질을 놓치고 있다. 불행한 부부는 그들의 관계에서 긍정적인 순간의 50%를 놓치고 있는 반면, 행복한 부부는 좋은 것들을 알아채고 찾아낸다(Gottman, 2011). 또한 Gottman이 말하는 행복한 부부는 서로에게 등을 돌리거나 멀리 떨어지기보다 서로에게 마주 향한다(눈맞춤 포함). 서로에게 향하는 것은 부부의 애착과 좋은 기분을 향상시킨다. 눈맞춤은 공감을 용이하게 만들어 배우자로 하여금 상대방이 느끼는 감정을 알아차릴 수 있게 해준다.

하지만 아무리 좋은 관계라 할지라도 유대감이 끝까지 변함없는 것은 아니다. 철학자 Martin Buber(1970)는 '나-너(I-Thou)'라고 불렀던 애정 어린 깊은 관심은 안정된 상태가 아니며, 이는 객관화되거나 왜곡된 방식으로 우리가 다른 사람과 관계를 맺는 '나-그것(I-It)'의 상호작용으로 바뀐다고 언급했다. 오해, 피로, 또는 주의 집중을 방해하는 것 때문이든 아니든 단절은 불가피하다. 많은 부부에게 있어 '상호작용 실패'의 순간(Buber, 1973)은 상당한 방해물로 다가온다. 만약 내 배우자가 완벽히 나에게 맞추고 나의 모든 필요를 충족할 것이라 기대한다면 상호작용 실패는 더욱더 상처로 느껴진다. 하지만 모든 관계는 연결-단절-재연결 사이를 왔다 갔다 하는 움직임이 존재한다. 애착이 잘 이루어진 엄마와 아기에 대한 연구결과에 따르면, 그들 상호작용의 70%가 조화를 이루지 못하는 것으로 나타났다. 중요한 것은 그들이 다시 연결되고 상호작용이 다시 이뤄짐으로써 상황을 바로잡는 것이다 (Tronick, 2007). 부부에게도 이는 마찬가지이다. 나는 상담에서 상호작용이 실패한 순간을 알아낼 수 있는 도구와 갈등 악화나 상호 비난 없이 그들의 관계를 바로잡을 수 있는 방법을 제공함으로써 이러한 단절의 과정을 정상화시키고 부부의 관계를 개선한다. 또한 부부가 그들의 연결감을 잘 보살필 수 있도록 돕는 부부관계 관리에 주력한다. 관계를 만드는 것은 시간이 필요하고 존재를 요구한다. 바빠 흘러가는 세상 속에서 남편과 아내 모두는 가정을 유지하는 것뿐만 아니라 대개 직장에 나가야 하기에 성인들의 친밀한 관계 형성은 업무, 아이들, 세탁, 요금납부 이후에 오는 가장 나중 일이 되었다. 부부관계는 사전에 능동적으로 보살피지 않았을 때 결국 고통받는다. 우리는 부부 관리, 연결 및 관계 개선을 용이하게 하는 방법에 대하여 제9장에서 탐색하고자 한다.

친밀한 관계가 건강에 미치는 영향

간단히 말하면, 행복한 연인관계는 육체적인 건강, 정서적인 안위, 낮은 사망률과 관련이 있으며, 불행한 관계는 우울, 허약한 건강상태, 조기 사망과 관련이 있다. 조금 더 깊이 살펴보자면 심리학, 관계, 뇌 및 신체 사이의 연결과 관계가 있다. 정신신경면역학의 분야는 이러한 밀접한 관계의 요인(심리학, 신경관 돌기 및 면역체계)을 보여 준다. 과학자들은 만성적 스트레스, 특히 사회적 스트레스 및 불행한 결혼관계가 육체적인 질병을 불러일으키거나 악화시키는 반면, 애정 어린 친밀한 관계의 지원이 포함된 사회적 지지는 스트레스를 개선하고 질병으로부터 신체를 보호하는 경로에 대해 서술하고 있다.

연구에 대해 알아보기 전에 몇 가지 주의사항이 있다. 친밀한 관계에 대한 대부분의 연구는 이성애자의 결혼에 초점을 맞추고 있다. 그래서 결혼이란 단어가 우리가 논의할 연구의 개요에 종종 사용된다. 하지만 나는 관계 또는 친밀한 관계라는 단어가 현 상황에서 게이, 레즈비언, 동거 중인 장기 연애 파트너 관계를 포함하기에 보다 더 편안하다. 가능하면 나는 일반적 용어인 부부(커플) 또는 파트너(배우자)라는 단어를 결혼 또는 남편과 아내라는 단어 대신 사용하고자 한다. 이미 기술했듯이 나는 연구문헌에 대한 충실함과 모든 애정관계에 관련되는 포괄성에 대해 균형을 유지하고자 한다. 두 번째 주의사항은 본 장에서 논의된 연구의 문화적 맥락과 관련이 있다. 그러한 연구의 대부분은 서구 사회에서 수행되었는데, 특히 미국에서 이루어졌다. 그러므로 관계 만족도 문헌을 분석할 때 이 연구가 수행되는 문화적 맥락을 유념해야 한다.

전반적으로 기혼 남성과 여성의 사망 위험은 보다 낮은 편이다(Lillard & Waite, 1995). 하지만 결혼은 양날의 검과 같아 관계의 질에 따라 그들을 보호할 수도 있고, 해를 입힐 수도 있다. 이러한 사실은 이성애 관계에 있는 남성보다 여성에게 보다 더 적용된다. 일반적으로 남성은 결혼의 혜택을 받는다. 하지만 여성의 경우, 그 관계가 긍정적인지 아닌지의 여부에 달려 있다(Graham, Christian, & Kiecolt-Glaser, 2006). 이러한 성별 차이에 대하여 다양한 설명이 제시되어 있다. 결혼으로 인해 얻게 되는 남성들의 전반적인 이익은 남편의 긍정적인 생활 습관과 정기적인 건강 관리를 하고자 여성들이 그들 남편의 건강한 행동을 촉진하는 데에서 기인한다고 할 수 있다(Reczek & Umberson, 2012; Waite & Gallagher, 2000). 더구나 여성은 관계의 질적인 측면에 더 민감하여 정서적 분위기를 면밀하게 측정하고 관계에서 정서적 균형에 대한 책임감을 가지며 결혼 생활에서의 긴장에 대해 생리학적으로 반응한다. 여성들은 그들의 관계를 중요하게 여기기에 불행한 결혼생활은 아내로서 실패했다고 느끼게 만들 수 있다.

연구자들은 각각의 성별이 부부 갈등으로 인해 어떻게 부정적인 영향을 받고 조절이 되지 않는지에 대해 초점을 맞춰 왔다. Janice Kiecolt-Glaser

는 부부간의 불화가 있을 때 여성이 남성보다 더 큰 심혈관의 반응으로 대응한다는 사실을 발견하였다. 또한 남편의 철회는 아내의 코르티솔과 노르에피네프린을 증가시키는 경향이 있다(Robles & Kiecolt-Glaser, 2003). John Gottman(2011)은 부부 갈등을 겪고 있는 동안 생리학적으로 반응하는 남성은 종종 통제되지 않는 자신의 흥분을 다루기 위해 마음의 문을 닫고 의사진행을 철회하는데, 바로 이때 그의 아내는 생리학적으로 스트레스를 받게 된다고 하였다. 성별에 관계없이 결혼생활은 그들의 건강과 면역 기능을 보호할 수 있지만 부부의 갈등은 스트레스의 요인이다. 실제로 불행한 결혼 상태보다 미혼이 더 행복감을 느끼는 경향이 있다(Graham et al., 2006). 결혼생활을 평가할 때 결혼의 장점과 결혼의 중압감을 함께 고려하는 것이 중요하다(Slatcher, 2010).

스트레스: 좋은 점, 나쁜 점, 못난 점

스트레스의 신경생물학과 건강과의 상관관계에 대해 분석해 보자. 스트레스는 피할 수 없는 인생의 현실이다. 그리고 그것이 모두 나쁜 것만은 아니다. 약간의 스트레스는 우리로 하여금 배우고 적응하는 데 도움을 준다. 심지어 갓난아이들도 배고픔, 피로, 또는 다른 필요로 인해 스트레스가 가득한 순간을 수도 없이 경험한다. 신생아의 괴로움과 부모 및 다른 사람들의 반응적인 보살핌의 상호작용은 자녀에게 회복탄력성, 일종의 도전을 지배할 수 있는 능력을 형성시킨다(DiCorcia & Tronick, 2011). 삶은 변화하는 환경에 지속적으로 적응하는 것이다. McEwen(2006)은 자연스럽고 건강한 스트레스(생체 적응)와 압도적이고 건강에 충격을 주는 스트레스(생체 적응 부하)를 구분하였다. 인간은 고정되고 정지한 생명체가 아니기에 우리는 계속해서 도전에 마주치고 그런 도전을 통과하면서 성장한다. (우리의 뇌가 항상 변하는 새로운 경험에 적응하는 신체 기관이라는 점을 떠올려 보자.) 생체 적응은 우리가 스트레스와 삶의 변화에 적응하는 과정이고, 다음 스트레스 요인이 발생할 때까지 새로운 항상성을 달성하면서 반드시 다시 적응해야 한다. 이것은 정상적이고 필수적인 과정이다.

보통의 스트레스 또는 생체 적응은 우리를 성장시키는 요인인 반면, 생체 적응 부하(또는 과도한 스트레스)는 다른 문제이다. 이것은 몸과 마음에 해를 끼칠 수 있다. 스트레스 호르몬인 코르티솔은 우리가 급성 위기를 다루는데 도움이 되지만, 만성 코르티솔은 신체를 손상시킨다. 과도한 코르티솔은 고혈압과 동맥경화증, 비만, 면역 기능 저하, 그리고 골연화증과 관련이 있다(Taylor et al., 2008). 그것은 또한 인지적인 기능에도 영향을 준다. 과도한 스트레스와 코르티솔은 학습과 기억에 필수적인 해마에 부정적인 충격을 주고 신경줄기세포에서 새로운 신경세포를 생성하는 신경생성을 억제한다(Kim & Diamond, 2002). 해마는 많은 코르티솔 수용기를 가지고 있다. 정상적인 환경에서 위기가 끝나면 해마는 HPA 축에 코르티솔 생산을 멈추라고 신호를 보낸다. 하지만 만성적이고 압도적인 스트레스가 있을 때 해마는 더 이상 이런 기능을 행하지 못하고 스트레스에 대한 반응이 통제하지 못할 정도로 상승한다. 반복적인 스트레스는 전전두엽 피질에도 부정적인 영향을 미치는데, 이는 인지적인 장애를 일으킨다(Yuen et al., 2012).

친밀한 관계에서 받는 만성적인 스트레스는 특정한 손실을 입힌다. 결혼관계에서의 긴장감은 심혈관, 내분비, 그리고 면역 기능에 부정적인 영향을 준다(Robles & Kiecolt-Glaser, 2003). 여성 심장 환자의 경우, 결혼에서의 스트레스가 분명히 심장 질환 재발의 위험을 증가시킨다(Robles & Kiecolt-Glaser, 2003; Slatcher, 2010). 결혼관계에서의 적대감은 특히 건강에 위험하고 상처의 회복을 늦추며 혈압과 심박동수를 상승시키고 면역 기능을 저하시킨다(Graham et al., 2006; Kiecolt-Glaser, Gouin, & Hantsoo, 2010; Smith et al., 2009). 에릭과 리사의 관계에 침투한 적대감과 요구-철회(demand-withdraw)의 상호작용 패턴은 생리적인 건강의 위험과 연관된다(Slatcher, 2010). 반대로, 결혼 만족감이 높은 커플은 갈등 시에도 낮은 심혈관 반응을 보인다(Smith et al.

2009). 행복한 커플은 갈등을 겪어도 이것이 해로운 것이 되거나 증가하지 않는다. 부정적인 정서가 처리되는 동안에도 긍정적으로 머무르고 의견이 불일치하는 동안에도 생리적으로 침착할 수 있는 파트너들이 더 건강할 뿐만 아니라 관계에서도 더욱 만족할 수 있다(Gottman, 2011).

부정적인 정서와 결혼의 긴장상태를 포함한 심리사회적인 스트레스는 노르에피네프린에 의해 염증을 증가시킬 수 있다(Kiecolt-Glaser et al., 2010). 최근 연구에서는 치료와 질병 모두에서의 염증의 역할에 대해 주목하고 있다. 급성 염증은 부상에 대한 신체의 반응이고, 치유 과정을 돕는다. 하지만 만성적인 스트레스는 독성, 급성 염증이 되어 건강에 나쁜 영향을 미친다. 염증은 우울증에 의해 악화되고, 또한 우울증을 악화시킨다. 그리고 우울증과 결혼관계에서의 적대감은 연관되어 있다. 염증은 또한 생활 습관과도 연관된다. 운동은 염증을 줄여 준다. 반면에 건강하지 않고 지방이 많은 음식은 염증을 증가시킨다. 치매가 있는 배우자를 돌보는 사람이 경험하는 만성적인 스트레스는 염증 과정 및 연령 관련 질환을 증가시키고 '조기에 면역 반응을 노화'시킨다(Kiecolt-Glaser et al., 2003). 스트레스가 우리의 염색체에 어떠한 영향을 주는가를 살펴보면 이 사실은 더욱 명확해진다. 염색체의 끝부분에 해당하는 말단체(telomere)는 염색체를 보호한다. 하지만 만성적인 스트레스는 말단체의 활동을 줄이고 말단체를 짧게 만들어서 심혈관 위험, 노화, 그리고 사망에까지 이르게 한다(Epel et al., 2004, 2006; Kiecolt-Glaser & Glaser, 2010).

보호 요인

불행한 관계를 만들어 내는 다양한 요인은 대단히 심각하게 보인다. 하지만 모든 것이 파멸이고 암울한 것은 아니다. 이 모든 스트레스와 부정적인 영향으로부터 우리를 보호해 줄 수 있는 요소들이 있다. 어떤 사람들은 다른 사람보다 회복력이 뛰어나다. 낙천주의, 숙련감, 자존감, 그리고 외향성과 같은 개인적인 특징은 위협적인 상황에서 코르티솔을 낮추고, 편도체 활성도를 감소시키며, 전전두엽 피질의 활동을 증가시킨다. 이러한 사람들이 위협당하지 않거나 아주 쉽게 대응할 수 있는 이유이다. 그들은 또한 건강과 정서적인 안위를 경험한다(Taylor et al., 2008).

우리는 파트너와의 스트레스에 영향을 미치는 개인적인 차이 외에도 관계 그 자체로 스트레스를 완화하고 건강을 지킬 수 있다. 이것은 아주 긍정적인 면인데, 사회적 지지, 긍정적이고 가까운 관계, 그리고 강한 사회적 네트워크는 더 나은 건강과 관련되어 있고 사망 가능성을 줄여 준다. 또한 면역, 내분비, 심혈관 기능을 증가시키고 코르티솔을 낮춘다(Eisenberger, Taylor, Gable, Hilmert, & Lieberman, 2007; Kiecolt-Glaser, McGuire, Robles, & Glaser, 2002; Reblin & Uchino, 2008; Uchino, 2006). 사랑하는 사람의 손을 잡거나 심지어 파트너의 사진을 보기만 할 때에도 뇌에 있는 고통이 덜 활성화되는 것처럼 사회적 지지는 신체적인 고통을 감소시킨다(Master et al., 2009). 심지어 이러한 지지는 혈압을 낮추어 건강에 유익하다(Reblin & Uchino, 2008).

이런 모든 연구의 핵심은 불행한 관계에 부정적인 영향이 있는 것처럼, 사랑에는 긍정적이고 건강한 유익이 있다는 것이다. 우리는 실제로 연결되어 있고, 우리의 가까운 관계에 의해 좋든 나쁘든 깊은 영향을 받는다. 불행한 관계를 가진 두 사람의 몸과 마음에 오는 타격은 어마어마하다. 이런 정보를 상담 중인 커플과 공유하는 것은 그들의 오래된 반응 패턴에 도전하고 보다 더 사려 깊은 방법으로 관계 맺도록 동기를 부여한다. 보다 건강한 삶과 관련된 특질과 행동은 만족스러운 관계를 맺는 데에도 마찬가지라는 점이 드러났다. 이제 우리는 커플의 안위에 영향을 미치는 몇 가지 요소에 대해 살펴볼 것이다.

관계 만족과 불만족

에릭과 리사 두 사람만이 시간이 지남에 따라 결혼의 질이 떨어지는 것을 경험하는 것은 아니다. 우리가 살펴본 것처럼, 이러한 질적인 하락은 예외적 상황이 아닌 일반적인 상황으로 보인다. 부부간의 관계에서 열정이 수그러들며 많은 심적인 고통이 생겨남에도 불구하고 시간이 흐르면서 낭만적인 사랑이 점점 사라지는 것에 대해서는 더 이상 놀랍지 않다. 하지만 길들여진 사랑, 우애적 사랑, 우정 또한 장기간의 관계에서 시간이 흘러감에 따라 감소되는 것으로 나타났다. 결혼 만족도는 첫 10년 동안 현저하게 감소하며, 그 다음 해부터는 더욱 서서히 점진적으로 감소가 지속된다(Bradbury, Fincham, & Beach, 2000). 관계는 재정상의 걱정이나 질병과 같은 심각하거나 또는 만성적인 스트레스에 의해 악화될 수 있다. 높은 스트레스는 파트너의 대처 기술을 방해할 수 있고 상호 비난과 부정적 성향을 증가시킬 수 있다(Karney & Bradbury, 2005). 아이를 갖는 것이 결혼 만족도에 특별한 손실을 가져오기도 한다(Schultz, Cowan, & Cowan, 2006; Twenge, Campbell, & Foster, 2003). 어린아이는 그들의 부모로부터 엄청난 양의 시간과 에너지, 관심을 필요로 하며, 부모는 직장, 가사 및 기타 가족의 의무를 곡예하 듯 모두 해내야 한다. 한 때 관심과 에너지의 중심이었던 부부관계는 우선순위 목록의 바닥까지 떨어지기도 한다.

시간, 돈, 아이와 같은 맥락의 스트레스 요인과 함께 성숙하고 친밀한 관계에서의 만족감을 촉진시키거나 약화시키는 다른 요인이 발견되었다. 이런 요인들 중 일부는 더 좋든 혹은 더 나쁘든 부부에게 미치는 영향과 관련된 패턴을 반영하면서 상호작용한다. 그들의 상호작용을 형성하는 데 있어서의 요인은 배우자의 강점과 한계와 관련 있는 개개인의 특성이다. 우선 긍정적인 부분에 대해 얘기해 보자. 부부의 행복감과 관련된 관계적 특성 및 개인적 특성은 무엇인가? 요인들 중 평등에 대한 인식이 가장 높은 것으로 나타났다.

연구에 따르면, 평등주의 성역할 관점을 가진 부부가 결혼생활에 있어 질적으로 가장 우수한 것으로 나타났다(Coontz, 2009). (다시 말하지만 이러한 연구는 주로 서구 사회에 적용될 수 있음을 유념하라) 게이 및 레즈비언 커플은 더욱 평등한 관계를 갖는 경향이 있는데, 이는 그들이 분업과 관계의 태도 면에 있어 당연히 사전에 규정된 성 역할 속에 들어가지 않기 때문이라 할 수 있다(Mahoney & Knudson-Martin, 2009). 이성애 커플이 평등한 관계를 이루기 위해서는 성역할에 대한 문화적 처방을 의식적으로 거부해야 한다. 그러나 일단 아이가 생기면 심지어 평등주의 이성애 부부조차도 종종 전통적인 성 역할에 빠지게 된다.

이성애자 부부에게서 여성의 만족감은 집안일의 분배가 얼마나 공정한지에 달려 있다. 남성의 만족감은 얼마나 자주 성관계를 갖느냐에 따라 예측된다. 여성은 남성이 가사와 아이의 양육을 많이 도와줄수록 그에 대한 성적인 매력을 더 많이 느낀다고 한다(Coontz, 2009). 이 조사에서 재미있는 부분은 '여성은 식기세척기에서 세척이 끝난 식기를 치우는 남성에게서 성적 흥미를 느낀다.'라는 문구이다. 이성애자 관계 속의 수많은 여성 내담자는 가사를 돕는 남성이야말로 하루 온종일 그녀를 생각하고 있다는 것을 의미하며, 이것은 그녀를 흥분시킨다고 한다. 하지만 그가 가사 노동에 참여하는 것은 단순히 '그녀를 돕는 것'만은 아니다. 오히려 가사가 단지 그녀의 소관이 아니며 자신의 일이라고 여기는 평등주의 가치관을 가진 남성이 두 사람 모두의 만족감에 기여하였다(Coontz, 2009). 관계 만족도가 가장 크게 감소한 경우는 아내가 집에서 아이들과 있고 싶지만 돈을 벌기 위해 일하러 가야 하거나, 남편이 혼자 가족을 먹여 살리는 부양자가 되길 원하나 그럴 수 없는 경우이다. 그리고 아내가 일하러 간 경우 남편이 집안일을 돕지 않는 경우이다. 이 연구는 파트너 간의 조정된 가치의 중요성과 결혼생활의 변화에 따른 가치의 진화에 대한 중요성을 지적한다. Coontz에 따르면, 오늘날 성공적인 관계의 핵심은 공정성, 존경심 그리고 친밀감이다. 그녀는 여성이 직장에서 일하는 것이 결혼생활의 기반을 약화시키지 않는다는 사실에 주목하였다. 오히려 부부가 모두 일하고 그들의 일을 즐기는 부부가 가장 높은 관계 만족도를 보인다고 했다. 다른 연구자들은 부부가 관계 속에서 절차적 정의(procedural justice)를 만들어 가며 양쪽 모두가 쟁점을 제기하고, 토론할 권한이 있다고 인식하는 **평등**함에 주목하였다(Wilkie, Ferree, & Ratcliff, 1998).

연구에 따르면, 성관계와 정서적 관계 모두를 포함하는 친밀감이 중년 이상의 남성과 여성의 행복에 깊은 관련이 있다는 사실이 밝혀졌다. 이는 단지 행위만을 의미하는 것이 아니라 남성과 여성 모두의 정서적 친밀감의 맥락에서의 성관계를 말한다(Cacioppo et al., 2008). 격정적인 사랑은 시간이 지남에 따라 희미해질 수 있지만 신체적·정서적 친밀감은 장기간에 걸쳐 관계와 개인의 안위에 기여한다.

부부의 만족감에 있어 핵심 요소 중 하나는 '우리-주의(we-ness)'이다. 초창기 사랑에서 그리고 이어지는 만족스러운 관계에서 커플 주위에 하나의 원이 그려지고, 그것은 그들이 함께 만들어 가는 친밀하고 비밀스러운 공간을 보호한다. '우리'라는 의식을 가진 커플은 공유되는 동질감과 약속을 나누며 더 큰 관계적 만족감을 가진다(Gottman, 2011; Greenberg & Goldman, 2008; Seider, Hirschberger, Nelson, & Levenson, 2009; Simmons, Gordon, & Chambless, 2005). John Gottman(2011)의 신뢰에 대한 최근 연구는 신뢰 및 관계 만족도를 약화시키는 자기중심적인 '나-주의(meness)'와는 대조적으로 상호 돌봄과 서로를 지켜 주는 파트너의 중요성에 대해 강조하였다. 다양한 연구에서 Gottman 등은 행복한 커플이 긍정의 문화를 만들고, 각자 멀어지거나 반대하지 않고 서로에게 향한다는 사실을 발견했다. 그들은 상호 간의 존중과 우정의 감정을 갖고 긍정 대 부정의 상호작용에 대해 5:1의 비율을 유지하였고, 심지어 갈등이 있는 기간에도 그 비율을 유지하였다. Gottman의 연구 결과에서 행복한 부부도 갈등이 있지만 그들은 서로에 대해 심술궂게 행동하거나 관계를 악화시키지 않았다. 그들은 문제를 제기할 때에도 부드럽게 시작하며 그들이 힘겨운 순간을 함께 지날 때에도 그러한 것을 바로잡을 수 있다. Gottman은 상대방의 상처받은 감정에 대해 세심하게 주의를 기울이는 순간부터 신뢰가 구축된다고 설명했다.

긍정적인 커플의 습관과 관계 만족도는 개개인의 특징 및 각 파트너의 습관에 의해 영향을 받는다. 결혼 만족도는 파트너가 쾌활하고 마음이 열려 있고 정서적으로 숙련되어 있고 상대방을 염두에 두고 의식하며 공감을 할 수 있는지와 연관되어 있다(Barnes et al., 2007; Burpee & Langer, 2005; Cordova, Gee, & Warren, 2005; Donnellan, Conger, & Bryant, 2004; Mirgain & Cordova, 2007). 정서 조절은 개인의 안위와 관계 만족도에 있어서 핵심이다(Fitness, 2001; Lopes, Salovey, Cote, & Beers, 2005). 반면에 정서조절장애는 많은 정신의학 진단과 관련이 있다(Chambers, Gullone, & Allen, 2009). 정서 조절은 개인으로 하여금 감정을 위한 관용의 창(window of tolerance)을 유지할 수 있도록 허용하며(Siegel, 1999, p. 253) 이것은 과다 각성의 상태도 아니고 얼어 있는 상태도 아니며, 압도된 상태도 아니고 감정을 죽인 상태도 아니다.

의사소통 기술은 결혼 만족도와 관련이 있다. Fowers(2001)가 언급하기로 많은 의사소통 기술은 전통적으로 개인의 장점 또는 성격의 강점으로 간주되었다. 예를 들어, 자기억제는 방어적이지 않은 경청의 자세뿐만 아니라 대화에 있어 사려 깊은 모습을 필요로 한다. 관용은 적극적 경청, 공감, 그리고 인정을 필요로 한다. 정직함은 감정과 염려를 공유하기 쉽게 만든다. 용기는 어려운 주제를 제기할 때 필요하다. 헌신은 충실함과 충성심을 뒷받침한다. 그리고 정의는 관계의 공정성의 도화선이 된다. Fowers의 관점은 아리스토텔레스의 덕 윤리에서 영향을 받았다. 이것은 현대의 문화에서 고루하게 들릴지 모르지만, Fowers에 의해 확인된 아리스토텔레스 철학의 덕성(선, virtues)은 부부에게 만족감을 주는 열쇠이다. 나는 Fowers가 지적한 대로 치료자들이 가치중립적이지 않다는 점에 동의한다. 치료자로서 우리의 신념 체계를 검토하는 것과 부부로 하여금 그들의 관계를 위한 그들의 가치를 찾을 수 있게 도와주는 것은 중요하다. 좋은 관계를 위한 그들의 생각을 분명히 표현함으로써 파트너는 그들이 함께 만들어갈 원하는 삶의 모습에 대한 목표를 세울 수 있다. 관계에서의 행동을 고려한 선택의 과정은 부부상담의 핵심이다.

안정 애착은 관계 만족도와 관련이 있다. 이 상관관계는 인지하고 있는 배우자의 지지를 통해 부분적으로 중재된다. 안정된 애착이 된 사람들은 파트너의 필요를 정확하게 인지하여 더욱 즉각적으로 반응하는 보호자가 된다. 이와는 대조적으로 불안정하게 애착된 사람은 덜 민감하게 반응(회피하는 파트너)하거나 주제넘게 나서고 그들을 돌보며 과도하게 통제(불안해하는 파트너)한다(collins, Ford, Guichard, Kane, & Feeney, 2010; Kane et al., 2007). 돌봄을 받는 편에서 안정 애착이 이루어진 사람들이 긍정적인 면에 도움을 주는 파트너의 시도를 인식할 가능성이 더욱 크다. 돌봄과 애착의 복잡함은 우리 사례의 커플에게 분명하게 나타난다. 에릭은 그의 아내 리사가 여동생의 죽음으로 슬픔에 빠지자 그녀를 돌보며 주의를 다른 곳으로 돌리려 노력하였고, 그녀를 기쁘게 하고자 애를 썼다. 그러나 리사는 에릭의 노력에 대해 그녀의 고통의 깊이를 잘못 판단하고 무례한 시도를 한 것으로 느꼈다. 에릭의 회피-불안정 애착 유형과 리사의 불안-회피 애착 유형은 리사가 몹시 위로를 필요로 하는 순간에 끔찍한 불일치를 만들어 냈다. 에릭이 그녀의 필요에 대해 세심하지 않거나 그녀를 위로할 수 없다는 리사의 느낌은 사실 수많은 상호작용 실패의 작은 순간들이 쌓여 형성되었다. 이러한 순간은 중요한데, 여러 연구에서 우리는 돌봄의 작은 행동들이 행복감과 관계 기능에 있어 즉각적인 영향을 미칠 수 있음을 발견했다(Collins et al., 2010, p. 385). 파트너가 지내 왔던 작지만 매일의 일상적 순간들이 관계 만족 또는 괴로움을 경험하게 만드는 느낌이 된다.

행복한 부부는 상호간의 세심한 보살핌, 마음 챙김, 성격 강점, 정서적 유능감, '우리'라는 느낌, 확신, 좋은 의사소통, 그리고 공평함으로부터 이익을 얻는다. 반면, 고통 속에 있는 부부에게는 무슨 일이 일어나고 있는가? 거의 정반대라고 생각하면 된다. 불행한 부부는 적개심, 부정적인 상호 교환, 그리고 갈등의 악화와 같은 감정을 경험한다. 그리고 시간이 지남에 따라 그들은 서로에 대한 확신이 줄고 서로를 부정적으로 바라보게 된다(Bradbury et al., 2000; Gottman & Levenson, 1992; Markman, Rhoades, Stanley, Ragan, &

Whitton, 2010). 최악의 조합은 긍정적인 애정의 감정이 줄어들고 부정적 행동이 많아질 때이다. 괴로움 속에 있는 부부는 방어적, 완고함, 철회, 흐느껴 움, 서로에 대한 냉담함, 즐거움의 상실, 다시 악화되는 갈등에 대한 책임 결여와 같은 행동을 보인다(Gottman & Levenson, 1992). 그들은 또한 갈등을 겪으며 생리학적으로 자극을 받는다(Levenson & Gottman, 1985). 이것은 성적인 자극이 아니다. 우리는 정서조절장애에 대해 말하고자 한다. 신혼 때의 부정적 상호교환과 스트레스 호르몬 수치가 10년 후 결혼 불만족 상태를 예측한 것으로 나타났다(kiecolt-Glaser, Bane, Glaser, & Malarkey, 2003). 이 연구는 부부의 행복감에 있어 생리학적 조절과 조절장애의 중요성을 암시한다(Solomon & Tatkin, 2011). 불행한 부부는 어느 한 사람의 분노가 상대방을 촉발하여 언쟁에 함께 말려들게 된다(Gottman, 2011). 행복한 부부가 갖고 있는 행동 개선능력이 없기 때문에 불행한 파트너는 안 좋은 순간을 흘려보내거나 다시 잘 연결할 수 없다. Gottman은 시간이 지남에 따라 이러한 고통스러운 순간이 축적되어 마침내 불신뿐만 아니라 배신 또는 이혼의 단계로 이어진다고 하였다.

관계에서의 괴로움은 신경증, 우울증, 불안감, 폭력과 약물 남용을 포함하는 정신장애 진단 및 통계 편람 I(DSM-I)과 정신장애 진단 및 통계 편람 II(DSM-II)의 주요장애와 상관관계가 있다(Fincham & Beach, 2010; Lebow, Chambers, Christensen, & Johnson, 2011). 많은 경우에 그 영향은 양방향 및 원형으로 나타난다. 개인의 정신병리는 결혼 관계에서의 상호작용에 영향을 주고 결혼 생활에서의 괴로움은 개인의 고통, 특히 우울증의 원인이 된다. 대부분의 연구가 상호 연관성이 있으므로 개인의 문제와 관계의 고충 사이에 어떤 방향으로 영향을 미쳤는지를 찾는 것은 어려운 일이다. 결혼 불만족은 우울증 및 기타 정신 장애에 영향을 미친다(Proulx, Helms, & Buehler, 2007; Whisman, 2007). 부부상담은 종종 우울증, 특히 심각한 관계적 괴로움이 있는 경우에 필요하다. 다른 한편으로는 한 명의 파트너에 대한 우울증 치료는 결혼의 기능을 향상시키는 결과를 가져올 수 있다(Lebow et al., 2011). 파트너 각각의 개인적 특성은 초기 단계부터 관계 형성에 도움을 준다(Donellan et al., 2004). 개인이 관계를 형성하고 그 안에 살고 있는 개인에게 영향을 준다는 문헌의 설명은 명백하다. 임상적으로도 그 영향은 분명하다. 파트너들은 그들의 상호작용에 대한 공동의 책임을 지며, 때로는 그들이 만든 관계가 양쪽 파트너를 희생시키는 데 영향을 미친다. 치료자는 그들 자신의 행동과 그들이 함께 추는 춤을 바꾸기 위해 애쓰는 부부의 도전을 응원하며 공감적인 태도를 취한다. 우리는 이후 장에서 개인과 관계적 전환를 위해 내담자에게 권한을 주는 방법에 대해 살펴보고자 한다.

결혼이라는 제도

사랑해서 결혼하는 것은 꽤 최근의 현상이다. 전통적으로 결혼은 경제적, 사회적, 그리고 정치적 목적으로 이루어졌고, 사랑에 근거를 두지 않았다(Coontz, 2006a). 지난 20세기 동안 사랑은 결혼의 지배적인 기대로 자리 잡았다. 최근 수십 년 동안 결혼이라는 제도는 과거에 비해 급진적으로 보다 더 선택적이고 부서지기 쉬운 것으로 변화되고 있다(Coontz, 2006a). 결혼이라는 제도는 과거에 비해 사람들에게 큰 의미를 주지 못하고 있으며, 오히려 의무는 적고 자발적인 선택에 대한 헌신이 필요한 관계가 점점 더 늘고 있다(Cherlin, 2004). 사실, 많은 커플이 결혼을 하기보다는 동거를 선택하고 있고 결혼관계 밖에서 아이를 가지는 것을 점점 더 받아들이고 있다. 그리고 많은 나라에서 결혼의 정의가 게이와 레즈비언을 포함하는 것으로 확대되며 게이와 레즈비언이 자신의 권리를 주장하는 힘은(관계의 합법화 된 상태를 통해 얻어지는 법적·경제적 혜택과 마찬가지로) 혼인 제도의 기초가 되는 숭고한 가치를 증명한다.

사회학자 Andrew Cherlin(2004, 2009)에 따르면, 미국에서는 표현하는 개인주의(expressive individualism)라는 가치와 함께 결혼이라는 것을 충성심과 역할 기대보다는 개인의 발전과 만족에 중점을 두고 있다. 그러나 의무 감과 함께하는 결혼의 제도적인 본성은 점점 흐려지고 있으며, 미국인들은 이제는 더 이상 결혼에 대해 열광하지 않는다. 사실, 미국인들은 서부 유럽 인들보다 더 많이 결혼하고 이혼한다. 이상적인 결혼과 표현하는 개인주의, 개인적인 만족과 각자의 선택에 대한 강조로 결합된 가치는 그들을 친근한 동반자 관계의 결혼 회전목마(marry-go-round)로 돌아가게 한다(Cherlin, 2009, p. 32). 또한 미국에서는 파트너가 되었다가, 파트너를 그만두었다가, 다시 파트너가 되는 것을 다른 서구 나라의 사람들보다 더 빠르게 진행하고 있다(Cherlin, 2009, p. 15). 이러한 결혼 회전목마가 아이들에게 미치는 영향 은 완전히 파괴적일 수 있다. 결혼하는 새로운 파트너가 많을수록 아이들 을 위한 결과는 더 나빠진다고 할 수 있다(Fomby & Cherlin, 2007). (그렇다고 불행하고, 매우 대립적이고, 학대하는 관계 그대로 있으라는 것은 아니다. 여기서 의 쟁점은 아이들의 삶에 들어갔다 나오는 새로운 어른 파트너 또는 의붓 파트너의 수를 말하는 것이다.) 우리는 다른 사회적 관계를 무시하고 자신의 파트너에 게 너무 많은 것을 기대하면서 우리의 문화적인 기대들이 결혼의 성공 가능 성을 약화시키는 부담을 짊어지게 하고 있다. 따라서 결혼이라는 제도의 힘 이 과거에 비해 약해짐과 반대로 오히려 우리는 관계로서 결혼에 대해 매우 높은 기대를 가지게 된다(Coontz, 2006b). 이러한 기대가 비현실적이고 자신 의 파트너를 완벽하게 사랑한다는 환상이 포함될 때 우리는 실망하게 될 것 이다.

일부일처제

많은 커플의 가치로 중요하게 여겨지는 일부일처제는 유지되기가 어려울 수 있다. 최근 다자 간 연애(polyamory)와 파트너 교환 프리섹스(swinging)는 일부일처제에 대한 도전으로 불륜에 포함되고 있다. 다자 간 연애와 파트너

교환 프리섹스 지지자들은 불륜과 달리 이런 일부일처제의 대체물은 합의에 의한 것이고, 개방적이며, 솔직하다고 강조한다. 오히려 이러한 방식이 실제로 결혼관계를 강화시킨다고 주장하고 있다(Oppenheimer, 2011). 하지만 이렇게 대체되는 합의된 방식과 서로에 대해 일부일처제로 맹세한 (대부분의 결혼한 커플이 포함하고 있는) 커플의 불륜은 종종 트라우마가 되고, 신뢰를 무너뜨리며 마음을 아프게 한다. 불륜에 대한 많은 가족 치료 문헌에서는 배신과 배신당한 파트너의 트라우마 경험에 초점을 맞추고 있는 반면, 최근의 일부 문헌에서는 외도를 하는 파트너를 보다 더 동정하는 쪽으로 다루고 있다(Scheinkman, 2005). Scheinkman은 일부일처제는 장기간으로 보면 유지되기 어려울 수 있다며 치료자들이 외도하는 파트너를 덜 판단하고 보다 열린 태도로 대하기를 제안했다.

연구자들은 인간과 인간이 아닌 동물들 사이에 유지되는 일부일처제의 복잡함과 이에 대한 배신을 연구하고 있다. 이것은 일부일처 관계를 유지하고자 노력하는 인간이 직면한 도전에 흥미로운 빛을 비추고 있다. Barash와 Lipton(2001)의 동물과 인간 세계에서의 불륜에 대한 연구 검토를 보면 사회적인 일부일처제(암수 한 쌍의 결합)와 성적인 일부일처제를 구분하고 있다. 연구자들은 조류(90%가 일부일처를 한다고 추정되는)와 같은 생물 가운데서도 분명한 부정행위, 공식적으로는 짝외교미 (Extra-Pair Copulations: EPCs)라고 불리는 것이 있다고 말한다. 일부일처제를 하는 조류 중에서도 10~40%의 새끼는 다른 부성을 가지고 있다(이 연구는 DNA 검사의 진보로 가능해졌다). 짝외교미가 양쪽 성별 모두에게 진화론적인 이점을 가지고 있다는 것이 알려지면서 남성이 자신의 유전자를 더 많은 자손에게 주는 것이 용인되고 여성은 자신의 짝이 아닌 더 많은 (아마 더 매력적이고 건강한) 남성의 접근을 허용하고 있다. 그 여성들은 비밀스럽게 부정행위를 하지만 그것이 발각되었을 때의 대가는 처절하다. 인간과 동물에게 여성 또는 암컷의 배신이 발각되었을 때 이는 종종 남성 또는 수컷 배우자에게 버림 받고 분리로 귀결된다. 사회적인 일부일처제는 다른 동물보다 조류 사이에서 더 높게 나타나는데, 이것은 아기 새의 빠른 신진대사를 따라가며 부모가 함께 끊임없이 먹이를 주어야 하기 때문이다. 확실히 일부일처제와 부모의 공동육아는 함께하는 듯하다. 90%에 달하는 조류의 비율에 비하면 포유류는 겨우 3%, 그리고 영장류는 10~15%만 일부일처제이다.

인간은 대부분의 영장류 중에서도 일부일처제를 따르는데, 그것은 아기 새와 같이 아기들도 부모의 돌봄이 많이 필요하기 때문이다. 아기들은 다른 어린 동물들에 비해 훨씬 더 무력하여 어쩌면 이렇게 보살핌을 공유하는 것은 아기뿐만 아니라 엄마에게도 도움이 된다. 하지만 다른 동물처럼 이러한 사회적인 일부일처제 방식은 성적인 일부일처제와 같지 않다. Barash와 Lipton(2001, p. 153)이 말했듯이, "일부일처제가 인간에게 자연스럽거나 정상적인것이라는 증거는 생물학이나 영장류 동물학, 인류학 어디에도 없다. 오히려 반대로, 인간이 오랜 시간동안 여러명의 성적 파트너를 두고 지냈음을 나타내는 증거는 매우 많다." 그럼에도 불구하고 일부일처제에 대한 문화적이고 종교적인 규범은 분명한 영향력을 가지고 있고, 결혼에 대한 대부분의 커플의 기대에 영향을 미친다. 게다가, 인간은 안정된 애착과 그들이 사랑하는 사람의 눈에 특별해 보이는 것을 갈망한다. 이러한 요구는 배우자의 부정으로 인해 침해된다.

사랑을 키우는 것

이 장의 핵심을 요약하면 다음과 같다. '사랑이란 처음에는 달콤하고 열정적이지만 그것이 지속되기 위해서는 노력이 필요하다. 관계가 장기적으로 유지되기 위해서 공짜는 없다.' 우리의 본성은 짝짓기를 매우 즐겁게 하며 한 쌍의 결합을 만들어 내도록 유혹한다. 우리는 이것으로 기분이 좋아진다. 물론 이것은 성적으로 기분이 좋은 것이다. 하지만 우리는 사랑하는 사람과 안전하게 성적 유대감을 만들어 내기 때문에 여러 가지 다른 면에서도 기분이 좋아진다. 그러나 결혼 초 몇 년의 시간이 흐르고, 특히 아이가 생기거나 삶의 심각한 스트레스 요인이 발생하면서 그 유대감은 약해지고 안전하고 섹시하다고 느낀 것은 위협적으로 보여 더 이상 추구되지 않는다. 나와 상담한 커플의 대다수가 사랑에 빠진 단계에서 양육이 필요한 보다 성숙한 사랑의 단계로 바뀌는 규범적인 전환에 대해 모르고 있었다. 그들은 사랑이란 단순하게 흘러가야 한다고 가정하면서 그들이 더 이상 서로의 세상에 중심이 아님을 느끼며 깊은 상처를 받는다. 우리의 문화는 시간이 흘러도 관심을 보이고 사랑하는 관계를 세워 가기 위한 작은 지침을 제공한다. 일부일처제는 유지하기가 그리 쉽지 않은데, 특히 열정과 신뢰가 희미해져 갈 때 더욱 그렇다. 문화적인 메시지를 흡수함과 더불어 우리는 사랑과 관계에 대하여 우리의 원가족에게서 먼저 배운다. 만약 우리의 부모가 장기적으로 돌보고 사랑하는 롤 모델이 되지 못하고 대신 분노하거나 유린되거나 학대 받는 관계에서 살았다면, 게다가 우리가 이상적인 로맨틱한 사랑에 대한 문화적인 기대를 믿는다면 우리는 장기적인 사랑의 관점을 건강하게 따라갈 수 없다.

앞에서 살펴본 바와 같이, 불행한 사랑의 관계(동시에 증오하는 관계가 되는 것)는 파트너의 신체적·정서적인 건강에 끔찍한 해를 끼치게 된다. 좋지 않은 관계의 습관이든, 개인적인 한계이든 부정적인 수렁에 빠진 커플은 장기적인 관점에서 고통을 받는다. 정서적으로 숙련되고 개방적이고 공감능력이 있는 파트너는 행복하고 만족스러운 관계를 장기간에 걸쳐 함께 만들어 갈 수 있다. 나는 이것을 '주도적으로 사랑하기'라고 부른다. 우리의 파트너가 필요를 완벽하게 맞춰 주길 기다리며 파트너가 그렇게 하지 않을 때 실망감으로 속을 끓이는 것보다 우리는 우리 관계에서 보다 더 주도적이고 덜 반응적으로 행동할 수 있다. 이것은 바로 우리가 이 책의 다음에서 탐구할 주도적으로 사랑하기의 여정이다. 하지만 먼저 다음 장에서는 성별이 어떻게 친밀한 관계에서 역할을 하는지 살펴 볼 것이다. 남성과 여성은 어떻게 다른가? 이런 차이들의 기원은 무엇일까? 그들이 변할 수 있을까?

제**6**장

젠더 쟁점

남자와 여자는 다른 행성에서 왔을까

화성에서 온 남자 그리고 금성에서 온 여자(Gray, 1992)라는 개념은 대중들 사이에서 인기를 끌었다. 이 개념은 많은 이성 커플이 겪는 격차를 일반화하였다. 즉, 여성들은 더 많은 정서적인 유대를 추구하며, 남자들은 더 독립적인 영역에서 더 편해진다는 것이다. 두 성(sex)이 얼마나 다른지에 대한 의문은 신경과학자들의 관심을 끌었다. 에릭과 리사의 차이점은 선천적으로 그들의 뇌의 차이에 의한 것인가? 리사는 유대적인 것을 타고났으며, 에릭은 공감을 하지 못하여 외로울 운명인 것인가? 대부분의 연구결과에서는 뇌와 능력 모두에서 남성과 여성은 다르기보다는 훨씬 더 비슷하며, 그들 유전자의 99.8%를 공유하고 있다는 것을 보여 주었다(Eliot, 2009; Hyde, 2005a). 그들의 인지 능력과 행동에 관련해서는 성별의 차이보다는 각 성별 내 개별적인 변수들의 영향이 더 크다. '남성은 노스다코타 출신이고, 여성은 사우

스다코나 출신'이라고 말하는 것이 남성과 여성은 서로 다른 행성에서 왔다고 하는 것보다 더 정확한 표현이다(Eliot, 2009, p. 13).

신경과학과 성차에 대한 연구에서 나오는 결과들은 아마도 호르몬의 영향에 의해 생기는 아주 작은 선천적인 성별의 차이, 예를 들어 남자 신생아들은 더 까다로운 경향이 있고, 더 높은 신체 활동 수준을 보이며, 남아와 여아가 사회화 과정을 통해 서로 다른 놀이 관심사를 보이는 것과 같은 차이가 만들어 지게 된다(Eliot, 2009). 대인관계와 인지 기술에서의 대부분의 중요한 성차는 학습과 경험에 의해 형성된다. 연구에서는 성격 특성에서 성차를 발견한다. 여성들은 더 민감하고, 따뜻하고, 염려하는 경향이 있는 반면, 남성들은 정서적 안정성, 지배력, 규칙 의식과 경계심이 더 높다(Del Guidice, Booth, & Irwing, 2012). 성차에 기여하는 생물학적 · 문화적 과정을 알아가는 것은 중요하다. 왜냐하면 이를 통해 우리가 바꿀 수 있는 것과 남성과 여성이 어떻게 성공적으로 친밀한 관계가 될 수 있을지를 이해할 수 있기 때문이다.

성차: 유전이냐, 환경이냐

만약 당신이 지뢰밭에서 걷기를 즐긴다면, 당신은 성차에 대한 문헌에 연구를 추가하려고 시도할 것이다. 나는 그러한 열정과 반감을 불러일으키는 연구영역을 잘 알지 못한다. 우리에게 친숙한 토론의 주제는 바로 유전 대 환경에 관한 것이다. 생물학적인 것 혹은 사회화로 인해 남성과 여성 사이에는 차이가 있는가? 유전 대 환경에 대한 오랜 논쟁이 신경과학자들에 의해 중단되었다는 것을 언급한 이 책의 일부 내용을 기억해 보자. 그것은 둘 다이며, 둘 중에 하나가 아니다. 우리는 호르몬과 유전자를 포함한 생명체로, 그것은 남성과 여성으로서의 경험에 영향을 미친다. 그러나 인간은 또한 문화의 생명체이기도 하다. 우리는 부모나 대가족에서부터 우리가 살고 있는 더 큰 사회에 이르기까지 우리를 키우는 사람들에 의해 만들어진다. 우리는 이러한 맥락들 내에서 규범, 신념, 그리고 기대를 흡수하고, 이는 성별에 따른 개인의 정체성에 영향을 미친다.

　과학자들이 성 차이를 조사하면서 유전 대 환경의 모든 측면에서 논쟁을 벌였다. 이들 중에는 성별의 근본적인 차이를 강조하는 사람들이 있다. 존경받는 자폐증 전문가인 신경과학자 Simon Baron-Cohen(2003)은 그의 연구가 논란이 될 것을 알고 논쟁에 뛰어들었으며, 그것은 실제로 논쟁이 되었다. 그는 저서『눈으로 마음을 읽기(Reading the Mind in the Eyes Test)』(공감 측정하기 위해 널리 사용되는 도구)를 통해서 평균적으로 여성이 남성보다 감정을 더 잘 알아차린다는 것을 발견하였다. 자폐증이 있는 사람들은 이 검사를 가장 잘 못하였다. 그는 이 차이점들이 깊이 뿌리막혀 있다고 제안하면서 여성의 두뇌가 일반적으로 공감하는 데 더 뛰어나고, 남성의 두뇌는 일반적으로 체계화하는 데 더 뛰어나며, 자폐적인 두뇌는 남성 두뇌의 극단적인 버전이라고 밝혔다. 그는 이것은 집단의 평균이며, 개인의 뇌 기능을 묘사하는 것은 아니라는 것을 분명히 하였다. 체계적으로 사고하는 데 탁월한 여성 그리고 공감능력이 뛰어난 남성은 분명히 있다. 그리고 Baron-Cohen은 성숙의 중요성을 무시하지 않았다. 그는 이러한 성차에서의 생물학적 요인들 중 특히 태아 테스토스테론을 강조하였다.

　Baron-Cohen의 연구는 그의 방법을 비판하거나 주요 실험 중 일부는 반복 측정되지 않았음을 지적하는 몇몇 신경과학자와 페미니스트를 자극하였다(Eliot, 2009; Fine, 2010a; Jordan-Young, 2010). 비평가들은 성별에 기초한 고정관념을 정당화하기 위해 생물학적 성차가 언급되는 것을 우려한다. 많은 신경과학자가 성차에 대한 유전적 또는 호르몬의 기초를 탐구하는 것은 성차를 지지하기 위한 것이 아니다. 나는 인간의 성별에 대한 생물학적 요소와 사회적·문화적 영향을 모두 포함하는 통합적 관점은 남성과 여성 모두에게 해를 끼칠 수 있는 정치적·이데올로기적 영향에 있어 조율되어야 한다고 믿는다.

　선행 연구에서 나타난 공통적 합의는 성차와 성 유형화된 행동은 유전, 호르몬, 사회화의 복잡한 상호작용에서 발생한다는 것이다(Hines, 2011). 특히 태아 테스토스테론에 많은 관심이 집중되었고, 최근에는 유전적인 요소들이 탐구되고 있다. 성 염색체 유전자들은 뇌에 직접적으로 작용하고 신경 발달에 영향을 미친다(Ngun, Ghahramani, Sahchez, Bocklandt, & Vilain, 2011). 유전학 연구는 발달 초기 단계에 있으며, 성차의 생물학적 특성에 대한 우리의 이해를 높일 것이다.

유전 대 환경에 대한 논쟁은 단순히 학문적인 것만은 아니다. 이러한 논쟁은 존재에 대한 모든 측면에서 남성과 여성에게 영향을 미치는 실제 삶에서의 함의점을 가지고 있다. 타고난 성차에 대한 주장들은 종종 현재의 상태, 전통적인 사회적 기대, 남성의 권력을 유지하는 구조를 정당화하기 위해 사용된다(Barnett & Rivers, 2011). 고정관념은 자기집착적인 현실을 만들어 성인의 진로 선택뿐 아니라 아동 발달 및 교육적 측면에서 위험하다. 아마도 성 고정관념은 커플, 특히 이성 커플들의 생활 속에서 나타난다. 우리가 아들과 딸을 키우는 방식은 이들이 장기적인 관계가 될 파트너들을 만든다. 곧 알게 되겠지만, 많은 남성은 공감을 포함하여 정서 미학에 대한 훈련 부족으로 인해 영향을 받는다. 남성과 여성 간의 몇몇 생물학적 그리고 행동학적 차이에 대해 먼저 알아보고자 한다.

테스토스테론

남성과 여성 태아들은 놀라울 정도로 비슷한 삶을 시작한다. 하지만 약 8주 후에 남자 태아의 고환에서 테스토스테론을 방출하기 시작하면서 변화가 시작된다. 태아의 테스토스테론은 남아의 흥미(거친 놀이를 포함하여)와 장난감 선호에 영향을 미치는데, 이는 외견상으로는 작은 효과이지만 궁극적으로 훨씬 큰 성차로 이어진다. 자궁 내 높은 테스토스테론의 노출은 여아가 선천성 부신 과형성(CAH)이라는 유전적 이상을 갖고 태어나는 데 영향을 미친다. 유전적으로 여성이지만 태아 테스토스테론이 풍부한 선천성 부신 과형성 여아들은 남성화되며, 여아로 키워질 때 종종 수술을 받게 된다. 이러한 여아들은 여아들만의 전형적인 활동과 장난감을 갖고 놀게 하려는 부모들의 노력과 시도에도 불구하고 전형적인 남성적 놀이를 하려고 한다(Eliot, 2009; Hines, 2011). 대부분의 선천성 부신 과형성 여성들은 이성애자이지만 그렇지 않은 여성보다 레즈비언일 가능성이 더 높다(Berenbaum & Beltz, 2011).

  남성의 경우, 테스토스테론은 리더십, 지배, 그리고 지위를 위한 노력과 상관이 있다. 높은 수준의 테스토스테론은 또한 반사회적이고, 위험한 행동, 탈억제뿐 아니라 알코올 및 약물 남용과 연관될 수 있다(Archer, 2006). 테스토스테론은 놀라운 측면에서 공격성과 관련이 있지만 대체로 높은 수준의 테스토스테론은 공격성을 일으키지 않는다. 오히려 공격성이나 경쟁과 지배의 상황이 테스토스테론의 수준을 높인다(Archer, 2006; Sapolsky, 1998). 스포츠 경기를 보고 좋아하는 팀을 응원하는 것도 테스토스테론의 수준을 높인다. 좋아하는 팀이 승리하면 테스토스테론은 더욱 더 높아진다. 남성과 여성 모두 공격적일 수 있다. 남성은 신체적으로 공격적일 가능성이 높은 반면, 여성은 사회적 배척을 통해 간접적으로 공격성을 표현하는 경향이 있다. 친밀한 관계 내에서 남성들은 신체적인 해를 심각하게 가할 가능성이 더 높지만, 여성들은 실제로 신체적인 해를 가할 가능성이 더 높다(Barnett & Rivers, 2005). 문화는 성별보다 공격성에 더 영향을 미친다. 미국의 여성들은 평균적으로 일본의 남성들보다 더 공격적이다(Barnett & Rivers, 2005).

  테스토스테론은 남성의 성욕과 관련이 있다. 여성의 리비도는 테스토스테론과 에스트로겐 모두의 영향을 받는다. 남성들의 경우, 성적인 파트너뿐 아니라 음란물과 테스토스테론의 수준 간에 연관이 있다. 실제로, 남성의 높은 수준의 테스토스테론은 불륜, 불행한 결혼생활, 이혼과 관련이 있다. 남성의 테스토스테론이 낮을수록 높은 수준의 결혼 만족도를 보인다. 그리고 육아를 할 때 부드러운 아버지가 되게 하여 아기들과 사랑스럽게 교류할 수 있는 매력적인 변화를 이끈다. 테스토스테론은 남자가 아버지가 되어 특히 아이를 돌보는 일에 적극 참여하게 되면서 떨어진다. 남성과 관련된 필리핀의 종단연구에서 높은 테스토스테론 수준을 갖고 있는 미혼 남성은 배우자가 되고 아이를 갖는 것을 몇 년 후에 하고 싶어 했다. 그러나 그들이 아버지가 되었을 때, 그들의 테스토스테론 수준은 낮아졌다. 그들이 자녀들을 적극적으로 돌볼수록 그들의 테스토스테론 수준은 낮아졌다(Gettler, McDade, Feranil, & Kuzawa, 2011). 진화적 시각에서 테스토스테론은 남성의 기능을 조절하는 것으로 보인다. 첫째, 남성들은 짝짓기를 위해 높은 테스토스테론을 필요로 하며, 테스토스테론 수치가 떨어지면서 그들의 자녀를 공동 양육할 수 있게 된다. 그리고 이런 유전자는 세대 간에 전수되어 지속적으로 진화적 생존이 가능하도록 만든다.

짐작건대, 테스토스테론 수치가 낮은 세심한 아버지들은 그들의 어린 자녀들과 공감할 수 있다. 테스토스테론(태아의 테스토스테론을 포함하여)이 공감과 부적 상관이 있다는 것은 놀라운 일이 아니다(Hines, 2010). 이는 어린 시절부터 시작된다. 태아의 테스토스테론은 생후 1년 된 영아들의 눈맞춤과 부적 관계가 있어서 이 시기에 여아들은 남아들보다 눈맞춤을 더 많이 한다(Chapman et al., 2006). 성인이 되었을 때, 테스토스테론의 투여(administration)는 공감을 감소시킨다(Hermans, Putnam, & van Honk, 2006; Zak, 2012). 사랑의 관계에서 테스토스테론의 역할은 복잡하다. 그것은 성욕, 경쟁, 공격성에 영향을 미치고 공감능력을 낮춘다. 이것은 고정된 것이 아니고, 남성이나 여성에게 있어서 안정적인 호르몬이며, 맥락과 연령에 따라 변화한다.

뇌 구조의 차이

전반적으로 남성과 여성의 뇌는 비슷하지만 약간의 차이가 있다. 그러나 그러한 차이의 대부분은 기능적 측면에서 명확하지 않다. 남성의 뇌는 약

11% 정도 더 큰데, 더 큰 뇌를 가지고 있는 것은 더 똑똑하거나 어떤 특정한 영역에서의 능력이 뛰어난 것과 관련이 없다. 남성과 여성은 같은 과제에 있어서 서로 다른 뇌의 영역을 사용하지만, 그들은 똑같이 정답을 맞추었다 (Lenroot & Giedd, 2010). 그리고 경험은 뇌를 변화시키고, 경험은 뇌의 구조를 변화시킨다. 그래서 성인들의 뇌 구조에서의 성차는 초기의 뇌 구조에서의 성차를 나타내는 것 대신에 남성과 여성의 삶의 경험을 반영한다(Berenbaum & Beltz, 2011; Kaiser, Haller, Schmitz, & Nitsch, 2009). 남성들은 더 큰 편도체 (테스토스테론 수용체가 풍부한)와 성적인 행동을 조절하는 시상하부의 영역이 여성보다 넓다. 여성들은 더 큰 해마, 많은 영역에서의 더 두꺼운 피질, 그리고 더 많은 회백질(남성들은 더 많은 백질을 가지고 있음)을 가지고 있다. 여자 아이들의 뇌는 더 일찍 성숙한다. 여자 아이들은 10세 6개월까지 뇌의 최대 양이 완성되는 반면, 남자 아이들은 14세 6개월에 뇌의 최대 양이 완성된다 (Hines, 2011). 한 동안 여성들은 언어를 사용할 때 그들의 양쪽 뇌를 모두 사용하고, 더 큰 뇌량(두 반구를 연결하는)을 가지고 있는 반면, 남성들은 뇌의 편중화가 더 크다고 여겨졌다. 이 두 가지 중 어느 것도 반복 연구가 되지 않았다.

이러한 구조상의 차이는 무엇을 의미하는가? 신경과학자들은 특정한 뇌의 영역의 활동성과 특정 기능 또는 능력 간에 1:1의 일치는 없다는 것을 조심스럽게 이야기한다. 뇌는 그것보다 더 복잡하다. 뇌의 구조와 복잡한 생리적인 과정들이 어떻게 관련되는지에 대해 명확하게 이해하지 못한다(Fine, 2010b). 특정한 인지적이거나 정서적인 과제 동안 뇌의 영역이 활성화되더라도, 이것은 그러한 기능에 대한 뇌의 영역이 전문화되어 있다는 것을 의미하지 않는다. 뇌의 영역은 종종 다양한 기능에 참여하게 된다. 더 주의해야 할 점이 있다. '남녀 간의 뇌의 성차는 섹시하다.'(Eliot, 2009, p. 10)는 점에서 학회지는 성차를 밝히는 연구물을 출판할 가능성이 더 높다. 성차를 발견하지 못한 연구는 종종 공개되지 않아 이는 '미공개된 파일'이라고 불린다. 미디어는 성차를 나타내는 연구에 뛰어 들어 종종 그 과정에서 연구가 왜곡되

는 경우가 많다. 두뇌와 행동에서의 성차를 보면서 담담한 태도를 유지해야
한다.

사회 · 정서적 강점과 약점

기능에서의 성차는 인지적인 능력보다는 사회 · 정서적인 능력에서 더 명
확하게 나타난다. 여아들은 자기 조절, 주의 조절, 그리고 충동 억제와 관련
하여 더 잘하며 일찍 성숙한다. 여아들은 생활 사건에 대해 더 잘 회상하며
비언어적인 정서적 단서를 더 잘 알아차린다. 여아와 여성들은 우울과 불안
과 같은 내재적인 증상으로 인해 더 많이 고통 받는다. 이는 여성이 정서성
이 높고 사회적으로 더 민감하여 정서적인 질병의 위험을 높이게 된다. 반
면, 남성들은 일반적으로 더 활동적이며 힘쓰기 조절에서의 어려움을 겪
는다. 남아와 남성들은 반사회적 행동, 공격성, 주의력 문제, 주의력 결핍 과
잉행동장애뿐 아니라 약물 남용과 같은 외현적 문제를 경험할 가능성이 더
높다(Eliot, 2009; Else-Quest, Hyde, Goldsmith, & Van Hulle, 2006).

놀이

가장 확실한 성차 중 하나는 아이들이 노는 방법과 관련이 있다. 사소한
것 같지만 이는 뇌가 어떻게 발달하는지, 성차가 어떻게 진화하는지에 대
한 핵심이다. 놀이는 아이들의 일이며, 그들이 도전을 숙달하고, 기술을 배
우고, 사회 세계의 미묘한 차이를 헤아릴 수 있게 도와준다. 그리고 놀이
의 세계는 아이들의 뇌가 남성이나 여성으로 만들어지게 한다. 남아들은 종
종 태어나면서부터 아동기 동안에 활동적이다. 남자 아이들은 원숭이 같은
다른 어린 영장류 처럼 거친 놀이에 참여한다. 거친 놀이와 레슬링 같은 활

발한 놀이는 종종 좋은 기분이 들고 테스토스테론에 의해 연료를 공급받는 것 같다(Hines, 2011). 남녀 모두 테스토스테론이 있지만 남성들이 훨씬 더 많다. 남아들의 신체놀이는 꼭 적대적이지 않다. 신체놀이는 우정을 만들 수 있으며, 남아들에게 사회적이고 신체적인 기술, 협력, 그리고 건강한 경쟁을 가르친다. 신체놀이를 통한 남성들 간의 유대는 시간이 지날수록 점점 더 약화되며, 이는 축구와 같은 스포츠를 보는 열정으로 변한다.

　남아들은 또한 트럭(또는 바퀴가 달린 다른 것들)을 가지고 노는 것, 블록으로 무언가를 만드는 것, 공으로 하는 놀이 종류를 좋아한다. 이러한 활동들은 남자 아이들의 선천적으로 더 활동적인 기질을 바탕으로 하며, 자궁 내에서 테스토스테론에 노출된 것에 부분적인 영향을 받는다. 남아들이 활동적인 놀이, 즉 신체적인 활동으로 바쁠 때, 여아들은 무엇을 하는가? 아마도 그녀들은 인형을 가지고 노는 것, 상상 속 가족을 만드는 것, 그리고 그들의 친구들과 함께 공감적인 대화를 하는 것에 참여할 것이다. 친밀한 대화를 하는 것은 여아들의 놀이 활동을 대표한다. 그들은 개인적인 이야기와 가십거리를 교환하면서 2~3개의 소그룹으로 모이는 경향이 있다. 반면, 남아들은 더 큰 집단으로 모이며, 위계 구조를 만들고, 경쟁적인 게임을 한다. 트럭을 가지고 놀거나 경쟁적인 스포츠에 참여하는 남아들, 그리고 인형을 가지고 놀거나 친구들과의 친밀함을 공유하는 여아들은 서로 다른 관심사, 활동, 그리고 능력에 맞는 두뇌를 발달시키고 있다. 이와 같이 구별되는 각각의 성 유형화된 활동들은 남아와 여아들에게 서로 다른 세계가 된다. 6세 전후에 이르러 두 성별은 스스로의 선택 기준에 따라 동성 또래와 놀면서 서로 분리된다(Maccoby, 1999). 그리고 이러한 집단 내에서 전형적인 성 규범은 여아보다 남아에게 더 강요된다.

　발달에 대한 백지설을 지지하는 사람들은 만약 부모와 교사가 여아와 남아를 똑같이 대한다면 성차가 없을 것이라고 주장한다. 실제로, 부모가 남아와 여아를 다르게 대한다는 증거가 있다. 아버지가 아들과 신체놀이를 더 많이 하는 반면, 어머니들은 그들의 딸과 더 많이 대화, 특히 정서에 대해서 많이 이야기한다. 아버지들은 종종 그들의 아들은 '남아' 장난감을 가지고 놀아야 한다고 확신한다(Maccoby, 2000). 그리고 확실히 교사의 기대와 고정관념은 학생들에게 성 유형화된 경험을 하게 한다. 하지만 성 고정관념의 가장 큰 시행자는 아이들 자신이다. 3세까지는 대부분의 아이가 성차를 '갖는다.' 이 기준은 다소 미숙한 수준일 수 있다. 예를 들어, 이 연령대에서 머리 길이는 남성 대 여성의 표식이다. 어린아이들은 흑백사고와 이분법적인 생각에 이끌리며, 출생부터 노출되는 가장 분명한 이분법은 성별이다. 일단 아이들은 자신이 남아인지 여아인지를 알아내면 그들이 어느 캠프에 속한지를 알아내어 자신의 성별에 맞는 곳에 들어간다(우리는 이후에 성별에 따른 이분법에 적합하지는 않지만 성별 유동성을 경험하거나 '트랜스젠더'로 확인되는 어린이 및 성인의 경험을 탐구할 것이다).

6세 전후에 이르러 같은 성끼리 어울리는 경향이 있는 또래 집단 내에서 성 규범은 엄격하게 적용된다. 만약 남아인데 여자같이 행동하거나, 여아가 말괄량이처럼 행동한다면 종종 그들의 또래에게 놀림을 당하거나 구박을 받는다. 가장 큰 성차는 성별 간의 개인차가 아니라 집단의 맥락에서 나타난다 (Maccoby, 1999). 뇌에 기반을 둔 작은 성차는 성 유형화된 문화의 영향 아래서 또래 사회화에 의해 엄청나게 확장된다(Eliot, 2009). 경험은 뇌를 변화시키기 때문에 사회화에 기반한 요인들조차도 아동의 뇌와 생물학의 일부가 된다. 신경과 사회성은 서로를 강화시켜 많은 이성 커플에서 큰 성차가 생기고 결국 큰 갈등을 안긴다.

남아와 여아의 세계는 변화하고 있다. 이제 여아들의 자신감은 말할 것도 없고, 신체와 두뇌 성장에 도움이 되는 경쟁적인 스포츠를 주로 한다. 앞으로 다룰 수학이나 언어와 같은 인지 능력에서의 성차는 변할 수 있다. 남성과 여성 간의 타고난 지능 차이는 없다. 성 차별이 여전히 존재하지만(흔히 무의식적인 수준에서) 많은 사회에서 남아와 여아들이 자신의 관심과 잠재력에 성차를 두지 않고 더 광범위하게 발전하도록 권장한다. 문제가 되는 성 차별적 규범에 도전하는 것, 예를 들어 남아들에게 공감을 느끼도록 가르치는 것과 여아들에게 적극적인 놀이를 하도록 가르치는 것이 남녀 모두에서 더 큰 역량을 키우고 만족스러운 성인관계를 촉진시키는 데 중요하다. 종종 이성 커플은 양극화와 단절로 의식적으로 혹은 무의식적으로 성 규범에 의해 몰아간다. 미래의 대인관계를 위해 우리 아이들이 정서적인 지능을 발달시키도록 가르치는 것이 필요할 것이다.

계산하기

최근의 연구결과에 따르면, 인지 능력에서 가장 안정된 성차 중 하나가 남성이 3차원 공간에서 물체를 회전하는 상상력이 더 낫다는 점이다. 이는 공학, 과학, 수학 및 기술을 포함한 교육 및 직업 선택에 큰 영향을 미친다. 남성의 재능에 대한 진화적 기원에 대해서는 많은 추측이 있다. 우리 조상들의 모습이 묘사된 그림에서 여성들이 집에서 불을 지피고 아기를 돌보는 동안 남성들은 사냥과 입체감(3차원 지각)을 연마하고 있었다. 그러나 이 시나리오는 여성들도 선사시대에 사냥을 했고, 인간 집단이 유목민일 가능성이 높으며, 모두가 생존 활동에 참여했다는 증거로 인해 반박 받아 왔다(Barnett & Rivers, 2005). 여성들을 힘없는 역할로 묶어 두는 현재성의 현상을 지지하고 정당화하기 위해서 진화론을 사용하는 것은 심각한 문제이다. 성에 따른 능력의 차이가 타고난 것에 귀인하는 것이라고 유도하는 것은 진화에 의해 내재된 능력이 형성된다고 보는 것이다. 남성과 여성은 '무엇인가'가 아니라 '남성과 여성의 두뇌가 할 수 있는 것이기 때문에 해야만 하는 것'이라고 여기는 것은 위험하다.

3차원 공간 능력으로 다시 돌아오자. 진화 과정으로 3차원 물체를 시각화하고 정신적으로 조작하는 것이 선천적인 남성의 재능이 아니라면, 왜 남성들은 이 과제에서 훨씬 더 잘했을까? 성차에 대한 연구는 몇 년 전의 중요한 연구결과로 인해 혼란에 빠졌다(Feng, Spence, & Pratt, 2007). 연구자들은 컴

퓨터에서 3차원 물체의 회전 테스트를 수행하였고, 남성과 여성에게 10시간 동안 이 과제를 연습할 수 있는 기회를 주었다. 놀랍게도 남성과 여성 모두 그 과제를 잘 해냈으며, 성 차이는 나타나지 않았다. 이 경우, 연습이 완벽함을 만들었다. 남아들은 평생 동안 3차원 공간에서 회전하는 물체를 연습해 왔다. 장난감 트럭을 가지고 놀든, 블록으로 탑을 쌓든, 공을 던지고 잡든지 아니면 가상공간에서 비디오 게임을 하든 전형적인 남아의 놀이는 남성의 뇌를 3차원 지각과 조작에 사용한다. 그러는 동안에 여아들은 전형적으로 인형을 가지고 놀면서 그들의 공감과 사회적 기술을 연마한다.

여아들이 수학을 잘 못한다는 기대는 자기암시적인 예언이 된다. '고정관념의 위협'을 포함하는 실험에서 여성이 수학에 능숙하지 않다는 (가상의) 단락을 읽은 여성 피험자들은 수학에서 성차가 없다고 읽은 여성 피험자보다 이후 수학 시험에서 더 나쁜 성적을 보였다(Barnett & Rivers, 2005). 우리의 기대는 우리의 능력과 행동을 형성한다. 그리고 그것은 우리가 어떻게 자녀를 키울지를 결정한다. 최근 한 해 동안 여아의 수학 능력을 강화하기 위한 노력이 이루어졌고, 여아들이 금융 산업에서 기술, 의학에서 과학에 이르기까지 현 경제에서 많은 고소득 직업의 핵심이라는 것을 인식했다. 수학 점수에서의 성차는 사라지고 있다. 미국의 남아와 여아들은 현재 모든 학년 레벨에서 수학을 똑같이 잘한다(Hyde & Mertz, 2009). 국제적으로, 수학에서의 통일성은 일반적으로 성평등이 더 높은 국가에서 가장 분명히 드러난다(Guiso, Monte, Sapienza, & Zingales, 2008). 기대와 신념이 수학과 같은 인지 능력에 미치는 영향은 엄청나다. 남성과 여성의 뇌는 선천적으로 수학과 관련하여 다르게 연결되어 있지 않다. 그것은 그들의 경험과 문화적 가설에 의해 형성된다. 다시 한번 우리는 뇌의 발달에 있어서 경험의 중요성을 본다.

에릭은 기술자, 그리고 리사는 유치원 교사이지만 누가 수학을 더 잘하느냐의 문제는 그들의 관계를 위협하지 않는다. 그러나 또 다른 인지 능력, 언어 유창성에서의 성차가 그들의 결혼생활을 해치는 차이를 만들었다. 리사는 말하고 싶어 안달이 나 있고, 에릭은 그녀가 정서적으로나 언어적으로 관여하려고 할 때 숨이 막힌다. 성별, 두뇌, 그리고 언어 능력과 관련된 그들의 역동을 탐구해 보자.

대화하기

내가 가장 좋아하는 만화 중 하나가 거실에 있는 커플이다. 아내가 "여보, 얘기하자."라고 하자 남편은 "또?"라고 대답한다. 그는 그녀의 대화 초대에 애를 먹고 있다는 것을 알고 있다. 여성들은 이성관계에서 불평하는 경향이 있다. 이 만화에서 남편은 그들의 관계를 개선하는 방법에 대한 토론에 '초대받는 것'을 원치 않는다. 에릭과 리사의 삶은 이 만화같지만, 재미있지는 않다. 리사는 에릭과 이야기하고 싶어 한다. 그리고 우리가 본 것처럼 감정-대화 분야는 에릭의 분야가 아니다. 그는 리사가 특히 개인적인 문제나 사회적인 문제에 관해서 말하면서 그의 주변을 맴도는 것을 알고 있다. 리사가 '대화하자.'고 초대하는 것을 에릭이 거절하는 것은 이 부부를 이혼에 이르게 한다.

그렇다면 부부들의 언어적 난관의 기원은 무엇일까? 정말로 여성들은 언어적인 재능이 더 뛰어난가? 그것은 많은 커플에게 존재하는 고정 관념이다. 남성들이 겨우 7천 단어를 사용하는 동안 여성들은 하루에 2만 단어를 사용한다는 주장은 '문화 신화'가 되었다(Mehl, Vazire, Ramirez-Esparza, Slarcher, & Pennebaker, 2007). 다른 연구에서 남성과 여성은 모두 하루에 약 16,000개의 단어를 사용하며, 개인 차이가 많다고 밝혀졌다(Mehl et al., 2007). 그러나 이러한 개인 차이는 성차로 불린다. 여성은 심리적·사회적 과정에 대해 더 많이 이야기하는 경향이 있는 반면, 남성은 스포츠, 직업, 돈과 같은 좀 더 사람과 관련이 있지 않은 주제에 대해 대화를 나눈다(Newman, Groom, Handelman, & Pennebaker, 2008). 여성은 그들의 정서적 경험을 더 정확하고 더 복잡하게 표현하는 데 더 능숙한 반면(Schulte-Ruther, Markowitsch, Shah,

Fink, & Piefke, 2008), 많은 남성은 자신의 감정을 명명하는 데 어려움을 겪는 '정상적인 남성 알레르기'에 시달리고 있다(Levant, 2003). 우리는 여전히 이 차이가 어디에서 오는가 하는 딜레마에 빠져 있다. 남아들은 스포츠 대화를 위한 두뇌를 가지고 있고, 여아들은 정서적 대화를 위한 두뇌를 가지고 있는가?

여성들은 언어 유창성 과제에서 더 나은 성과를 낸다. 이 기술은 우리가 본 것처럼, 딸들에게 더 많은 말을 하고 정서에 대해 더 많이 말하는, 여아들이 그들의 엄마와 가졌던 이전의 경험에 달려 있는 것 같다. 그러나 더 까다로운 경향이 있는 남아의 경우, 부모는 남아의 정서적 흥분이나 표현력을 억제하고 감정적인 반응을 보일 수 있다(McClure, 2000). 따라서 작은 선천적 차이는 부모에 의한 서로 다른 개입, 고정관념과 일치하는 행동, 즉 여아와 그들의 어머니 사이에 더 많은 언어적 상호작용이 있는 행동에서 나타날 수 있다. 그리고 많은 말을 들을수록 더 많은 말을 할 수 있다. 이는 '언어적 입력과 출력이 동일하다.'로 불려 왔다(Eliot, 2009, p. 70). 환경과 사회경제적 지위가 성별보다 언어 능력에 더 영향을 미친다는 것이 밝혀졌다. 그리고 당신이 누구와 어울리는지는 언어 능력에 영향을 미친다. 남학생과 여학생 모두 여학생과 시간을 보낼 때 더 말이 많다.

그래서 여아들은 남아들보다 더 일찍, 그리고 더 많이 이야기하지만 그 차이는 적다(Eliot, 2009). 더욱이, 여아들은 남아가 비디오 게임으로 더 많은 시간을 보내면서 수학과 공간 기술을 연마하지만 언어 기술에는 아무런 도움이 되지 않는 활동을 하는 것보다 더 많이 무언가를 읽는다. 그리고 차례대로 읽기는 언어 유창함을 강화시킨다. 여아들의 놀이는 그들의 언어 능력을 더욱 강화시킨다. 여아들은 인형을 가지고 놀 때나 친구들과 친밀감을 공유할 때마다 언어적 유창함을 연습한다. 우리가 반복적으로 보았듯이, 여아들은 남아들보다 특히 정서와 관계에 대해 더 많은 이야기를 한다. 이야기하는 모든 것은 여성들의 공감 능력과 관계에서의 공감적 공유에 대한 기대를 형성한다.

공감

　여자가 남자보다 더 공감적이라고 예측하는 기대는 대중적이다. 치료 장면에서 만나는 많은 커플 사이에서도 이런 차이가 특징적으로 나타난다. 그러나 과학적으로 묘사하면 좀 더 복잡하다. 이미 언급했듯이, 공감이란 다른 사람의 경험에 본능적으로 공명하는 것과 다른 사람을 좀 더 인지적으로 이해하려는 시도 모두를 포함하는 등 다양한 요인을 포함한다. 여기서 성차를 볼 수 있다. 공감 과제에서 여자들은 남자보다 신경체계와 편도체를 사용하여 다른 사람에게 더 큰 정서적 공명을 반영하고, 간혹 다른 사람의 정서 반응에 빈번하게 감정을 분출하기도 한다. 남자는 공감 과제에서 좀 더 인지적인 경향이 있어서 자기를 타인으로부터 떨어뜨려 분리하는 뇌 회로를 사용하면서 타인의 관점을 받아들이곤 한다(Cheng et al., 2008; Derntl et al., 2010; Schulte-Ruther et al., 2008). 대부분의 연구가 전체적인 공감에서 성차가 있기도 하고 없기도 하다는 상반된 결과들을 보여 주는 반면, 여자와 남자는 공감에 대해 다른 뇌의 네트워크, 다른 전략을 사용하는 것으로 나타났다. 에릭이 리사를 이해하려고 할 때조차 리사는 에릭이 여전히 이성적이고 거리를 유지한다고 느꼈다. 그렇지만 몇몇 신경영상 연구에서 밝히기를 남자의 이런 특성은 전형적인 형태라고 언급했다. 에릭이 리사를 공감적으로 이해하는 정확한 수준을 '도달한다.'로 느끼지만, 리사에게 공감이란 그녀의 여동생과 주고받았던 따뜻한 감정적 연결감이라고 느끼기 때문에 에릭과는 전혀 '도달했다.'라는 감정을 느끼지 못한다. 이처럼 커플의 양쪽 파트너가 '공감'을 이야기하고 있어도 다른 언어처럼 느껴지는 이유는 서로 다른 채널을 사용하고 있기 때문이다.

　타인이 불공정하다고 지각되는 순간, 남자들의 공감은 덜 왕성해진다. 고통 속에 힘들어 하는 사람을 바라보게 하는 연구에서 여성과 남성 둘 다 타인에 대한 신경적 공감이 발현되었다. 그러나 고통 속에 있는 사람이 앞선 과제에서 불공정한 것처럼 보였다면 고통 속에 있는 누군가를 그냥 보는 것보다는 남자의 공감 수준이 현저히 감소되었다. 고통 속에 있는 불공정한 상대에게 복수하고 싶은 욕구를 표현하듯이, 보상체계가 남자의 뇌를 불 지폈기 때문이다(Singer et al., 2006). 상담 회기 중 살펴보면 많은 남자들은 아내에게 만성적으로 부당한 비난을 받는다고 느낀다. 이런 부당하다는 감각이 관계 속에서 아내의 고통에 공감하는 것을 방해할 수 있을까? 여자의 불만과 비판은 관계적 고통으로부터 발생한다. 그러나 부당하고 매정한 비판을 들은 남자는 방어적으로 반응할 수밖에 없다.

여자는 전형적으로 자기보고식 정서 지수(EQ)에 나타난 점수만큼 더 공감적이라는 평가를 받는다(Baron-Cohen, 2003). 그러나 자기평가가 얼마나 정확할까? 몇몇 연구자는 공감에 대한 자기보고가 신뢰할 만하지 않다고 제안했다(Ickes, 2003). 그래서 공감적 정확성에 대한 질문은 커플관계에서 꽤 중요하다고 본다. 이런 공감적 정확성 기술에 대한 성차를 연구한 흥미로운 결과가 있다. 동기와 신념이 남자와 여자의 공감할 수 있는 능력을 형성하는 것으로 나타났다. 연구자들은 검사에 앞서 성차와 공감적 정확성을 무심코 부각시킨 몇몇 질문을 무작위로 했고, 여자가 남자보다 더 정확하게 공감할 것이라고 기대했으나 결과적으로 여성과 남성 모두 평등하게 공감적 정확성을 지녔다는 사실을 발견할 수 있었다. 이 시점에서 여자는 성별 기대에 따른 수행을 위해 더 동기화되었기 때문에 남자보다 더 정확한 공감을 보였다(Ickes st al., 2000). 물론 이 연구에서 도출된 결과는 공감적 정확성이 타고나는 능력이 아니라 동기에 관련된 것이라는 점을 기억해야 함을 시사한다.

많은 과학자는 동기를 북돋음으로써 남성의 공감 정확도를 높이려고 시도했다. 공감 정확도가 높은 반응을 하면 돈을 제공한 것이다. 그랬더니 남자들은 점점 더 공감적으로 정확해졌다(Klein & Hodges, 2001). 후속 연구에서는 더 재미있는 요소를 가미하였다. 검사 전에 '공감 정확도가 뛰어난 여자들은 공감적이고 민감한 남자를 더 섹시하고 욕망적으로 바라본다.'는 이야기를 듣게 하였다(Thomas & Maio, 2008). 이런 연구는 여자와 남자에게 문화적 메시지를 형성하기 위한 중요한 함의이기는 하나 그들을 이성애적 관계에 구속시킬 수 있는 한계가 있다. 남아에게 남자는 터프해야 하고 감정을 차단해야 한다고 가르침을 받는 반면에 여자는 이런 강한 남자를 좋아한다고 듣는다면 공감 기술을 발달시킬 수 있는 동기는 덜 생길 수밖에 없을 것이다. 따라서 남자에게 여자는 공감적인 남자를 좋아한다고 가르쳐야 남자들도 이런 공감 기술을 연마하고 싶어질 것이다. 우리는 과연 어떻게 아들을 키우고 정서적으로 자신감 있는 성인으로 자라나도록 하며, 큰 변화를 제공하는 사회적 메시지를 줄 수 있을까?

성인의 관계에서 정서와 공감에 대해서라면 여자가 힘든 역할을 더 많이 맡는다고 생각한다. 그러나 이런 사고는 어디서부터 시작된 걸까? 공감에 대해서 여자가 태어날 때부터 남자보다 우위인 것일까? 여자들은 얼굴 표정과 비언어적 단서를 처리하는 데 남자보다 더 능숙하고 얼굴 표정을 읽는 신경생물학적 준비도마저도 더 발달되어 있다(McClure, 2000). 얼굴 표정을 잘 읽는 여아의 작은 생물학적 우위가 사회화에 의해 더 독려될 수도 있다. 이미 많은 측면의 성차에서 반복적으로 나타난 절차이다. 그러나 호르몬도 이 과정에 꽤 중요한 역할을 한다. 다음에 설명할 두 개의 중요한 호르몬과 신경조절물질은 남자와 여자에게 다양한 방식으로 영향을 미친다. 바로 옥시토신과 바소프레신이다.

옥시토신과 바소프레신: 유대 호르몬

과학자들은 일부일처제인 작은 설치류로, 중서부에서 오랫 동안 짝지어 살고 새끼도 함께 키우는 프레리 들쥐를 선호한다. 이미 봤듯이, 이런 생물의 일부일처제에 대한 비밀은 뇌의 보상 영역에 있는 옥시토신과 바소프레신 수용기에 있다(Insel, Winslow, Wang, & Young, 1998). 옥시토신과 바소프레신은 짝 연결감과 애착을 촉진하기 때문에(인간과 쥐 모두) 프레리 들쥐의 뇌가 파트너에 대해 좋은 감정을 느끼도록 돕고 서로에게 '특별한 누군가'로 함께 부모역할을 할 수 있다. 프레리 들쥐부터 사람까지 연구자들은 옥시토신과 바소프레신을 심도 있게 연구해 왔다. 이와 같은 신경 펩티드는 피 속의 호르몬이고, 뇌의 신경전달물질이다. 인간의 사회적 행동에 이 호르몬들이 미치는 영향력은 대단하다. 남자와 여자 모두 옥시토신과 바소프레신 수용기를 가지고 있고, 유사한 점도 있지만 동시에 두 성에 다른 영향을 미치기도 한다. 일반적으로, 옥시토신은 불안 감소, 낮은 스트레스 반응, 사회성과 이완을 증진시키는 데 관여한다. 반대로, 바소프레신은 민첩성, 불안과 활동성을 증가시킨다(Heinrichs, Con Dawans, & Domes, 2009).

옥시토신은 사회적 연결과 애착의 중심에 있다. 양쪽 성에게 오르가슴을 주고, 출산을 촉진하며, 젖 분비 그리고 어머니-자녀의 애착을 관장한다. 마사지를 하는 동안에도 분출되며 공감과 관련이 있는 호르몬이다. 우리 종족이 세대 간 전수를 하도록 사회성 관련 행동을 촉진하기 때문에(즉, 성관계, 연결감, 애착, 자녀 양육), 옥시토신은 '위대한 인생의 촉매제'라고 불린다(Lee, Macbeth, Pagani, & Young, 2009). 프레리 들쥐와 인간만이 이 호르몬의 이익을 보는 것은 아니다. 좋은 엄마 역할을 하는 암컷 쥐(좋은 엄마 역할을 하는 쥐는 새끼를 계속 핥고 털을 손질해 준다.), 그리고 암컷 새끼에게서도 옥시토신이 증가하였다. 이렇게 긍정적인 양육을 받은 새끼 암컷은 다시 좋은 엄마의 역할을 할 수 있게 된다. 그리고 이렇게 핥고 털을 손질해 주는 것은 수컷 새끼의 바소프레신 증가를 가져온다(Francis, Young, Meaney, & Insel, 2002). 에스트로겐으로 조율하듯이 옥시토신 또한 전형적으로 암컷에게서 높게 나타난다(Carter, 2007). 보통 옥시토신은 세 가지 방식으로 연구된다. 혈관 속 수준 치 측정, 실험적으로 비강 내에 옥시토신 주입(뇌로 가는 길을 만들기 위해), 그리고 옥시토신 수용기의 유전자 변형을 시도하여 연구한다.

인간의 비강 내 옥시토신을 늘릴 수 있는 방법의 목록이 여기에 있다. 공감, 눈 응시, 신뢰, 관용, 애착 안정, 그리고 긍정적인 결혼관계에서의 대화이다. 동시에 옥시토신은 코르티솔 수준, 스트레스 반응성, 편도체의 활성화를 줄여 준다(Buchheim et al., 2009; Ditzen et al., 2009; Domes, Heinrichs, Michel, Berger, & Herpertz, 2007; Guastella, Mitchell, & Dadds, 2008; Kosfeld, Heinrichs, Zak, Fischbacher, & Fehr, 2005; Zak, 2012). 우리가 이미 살펴본 것처럼, 여성은 일반적으로 정서적 공감을 잘하나(공명), 비강 내 옥시토신을 넣음으로써 남자의 정서적 공감을 증가시켜 여자만큼 공감적일 수 있게 만들 수 있다. 옥시토신은 '인간의 친사회적 신경펩티드'로 불리고, 잠재적으로는 '엔파토겐'(공감을 늘려 주는 화학작용)이라 불린다(Hurlemann et al., 2010). 커플 사이에서도 비강 내 옥시토신을 증가시키면 갈등을 경험하는 동안에도 여자와 남자 모두 코르티솔 수준이 줄어들었고, 긍정적인 의사소통이 늘어났다(Ditzen et al., 2009). 여성과 남성에게서 옥시토신 수준을 자연스럽게 높이는 것은 긍정적 의사소통 행동과 빠른 상처의 치유와 관련이 있다(Gouin et al., 2010).

과학자들은 옥시토신과 바소프레신의 수용기에서 유전적으로 개인 간 차이가 있음을 발견했다. 옥시토신 수용기의 유전적 차이는 우울증, 낮은 수준의 공감 능력과 사회성, 스트레스 반응의 증가, 그리고 낙관주의, 숙달, 자아존중감과 같은 심리적 자원의 낮은 수준과 연결된다(Rodrigues, Saslow, Garcia, John, & Keltner, 2009; Saphire-Bernstein, Way, Kim, Sherman, & Taylor, 2011; Tost et al., 2010). 바소프레신 수용기의 유전자 변형은 짝 연결감, 결혼의 질, 남성의 결혼 상태와 같은 문제와 연결되어 있다(Walum et al., 2008). 대부분의 인간 행동과 심리 특성에 수많은 유전자가 관여할지라도 관계의 만족도와 관련된 개인적 변수는 어느 정도 유전적 취약성으로 설명될 수 있다.

우리가 옥시토닌에 지닌 사랑스러운 성질에 완전히 매료되지 않도록 최근 몇몇 연구에서는 옥시토신에 대한 다소 냉철한 틀어 보기를 더한다. 비강에 옥시토신을 주입한 남자들을 연구했을 때 집단 내, 집단 밖 자극의 반응에 큰 차이가 나타났다. 옥시토신은 '지역주의적 이타주의'를 증가시킨다는 것으로 판명되었고, 집단 밖보다 집단 안을 더 선호하게 만들었다. 이런 선호도에서 집단 밖의 의미는 다른 주체가 아닌 다른 인종, 다른 국가이며, 이때 자기 민족 중심주의가 나타날 수밖에 없다(De Dreu et al., 2010; De Dreu, Greer, Van Kleef, Shalvi, & Handgraaf, 2011). 그러나 옥시토신을 '더 친해집시다.'라는 신경조절물질로 치부하지 말고 맥락에 따라 이해할 필요가 있다. 옥시토신은 불행한 커플을 위한 함의도 포함한다. 커플이 사랑에 빠지면 집단 내에서 '우리'란 감각을 만들어야 하고, 파트너가 서로 보호적이 되게 만드는 '우리'란 감각(성관계, 마사지, 공감, 초기 사랑의 모든 사려 깊은 행동)은 옥시토신을 방출하게 만든다. 그러나 파트너가 심각한 상태로 마치 적이 된 것처럼 상처를 주고 받으면 서로를 '집단 밖' 구성원으로 볼 수밖에 없다. 적과 함께 사는 것은 많은 옥시토신의 방출을 증진시키지 못한다. 이런 불행한 커플은 서로를 만지지도, 공감하지도, 성관계조차도 잘 하지 않는다. 서로를 적 대하듯이 하고, 적과 친구를 구분하는 원시적인 뇌의 체계로 들어간다. 그리고 적은 방어심과 적대감을 불러올 가능성이 있다. 부부치료에서의 중요한 도전 중 하나는 커플 사이에서 어떻게 옥시토신이 다시 방출되게 할 것이냐와 그들의 우정을 키워서 '우리'라는 감각을 키울 것이냐이다.

성, 섹슈얼리티, 젠더

과학자들은 사람의 생물학적 성(sex)과 성(젠더) 구분을 분리한다(문화적으로 젠더는 남성적이냐 여성적이냐의 감각으로 구성된다). 이후 젠더 정체성(남성 또는 여성)과 성적 취향(어느 성에 끌리느냐), 그리고 젠더 역할(남자·여자의 사회적 기대에 따른 조화) 사이에 명확한 구분이 만들어진다. 우리는 보통 남성적인 것과 여성적인 것이 반대 개념이라 생각했으나 최근 그것을 보는 관점이 직각의 좌표 개념으로 바뀌었다. 남성적인 것과 여성적인 성향을 함께 가질 수 있을 뿐 아니라 남성적인 것, 여성적인 것에 대한 문화적 신념 또한 시간의 흐름에 따라 계속 변할 것이다(Hines, 2004). 젠더에 대한 문화 영향 때문에 젠더는 사실이 아니라 현상이다(Jordan-Young, 2010). 젠더란 모든 사람이 경험한 것에 의해 사회적으로 구성되어 우리의 뇌와 신체에 영향을 미치며, 이는 결국 '육체적 자기에 사회적 젠더가 혼합된 것'을 의미한다(Jordan-Young, 2010. p. 201).

성생활에 관해서는 남자, 여자의 차이가 나타난다. 남자는 여자보다 성에 관심이 많고 빈도 수 높은 자위와 성매매 혹은 포르노그래피를 활용하며 높은 수준의 리비도를 갖고 살아왔다. 남자들은 좀 더 편하게 다양한 상대와 성관계를 갖는다. 그리고 관계보다 섹스를 먼저 시작하기도 한다. 여자는 섹스를 로맨틱하게 여기는 경향성이 있고, 관계 내에서 친밀감을 갖고 섹스하는 것을 선호한다(Ngun et al., 2011; Peplau, 2003). 남자의 높은 섹스 욕구는 테스토스테론과 관련되며, 테스토스테론은 특별히 사춘기에 접어들 때 그리고 전 생애에 걸쳐 남자의 성생활에 영향을 미친다. 레즈비언 커플보다 이성애 커플이 성관계를 많이 하고, 이성애 커플보다 게이 커플이 성관계를 더 많이 한다는 연구결과가 있다(Gotta et al., 2011).

과학자들은 성적 취향의 근원을 연구했다. 동성애 비율이 남자에게서 3~6%, 그리고 여자에게서 1~4% 나타나는 것으로 측정됐다(Berenbaum & Beltz, 2011). 남자와 여자 모두 유전적으로 동성애에 대한 요인이 있는 것으로 보여 가족 유전자가 있거나 유사성(즉, 쌍둥이 둘 다 동성애라든지)이 있을 때 다른 형제, 자매나 이란성 쌍둥이보다 높은 비율로 나타났다. 여기에 관여하는 유전자는 아직 밝혀지지 않았다. 성적 취향은 물려받을 수 있다 할지언정 전적으로 유전적이라 보기는 어렵다(동성애에 대해 일란성 쌍생아가 100% 일치율을 보이지 않기 때문이다; Hyde, 2005b). 후생설(유전자의 활성 및 비활성 환경에 미치는 영향) 또한 역할을 하는 것으로 보인다. 환경에는 사회적 요인과 생물학적 요인 모두를 포함된다(Bocklandt & Vilain, 2007). 동성애자와 이성애자 사이의 뇌 영역에 차이가 존재하는지를 조사한 결과, 이성애자 남자보다 여자 및 동성애자 남자의 시상하부 영역이 상대적으로 작다고 보고되었다(Hines, 2011).

물론 남자 동성애자와 남자 이성애자의 뇌 사이에 해부학적인 차이는 크게 없지만 게이·레즈비언과 이성애 커플 사이에는 사회적인 차이가 있었다. 게이와 레즈비언 커플은 호모 공포증, 원가족의 차별이 주는 긴장감 같은 강도 있는 스트레스를 종종 경험한다. 반대로 게이와 레즈비언 커플은 이성애 커플을 방해하는 짐의 무게를 덜 경험한다. 젠더 역할에 기반한 힘의 차이로 이성애 커플이 고군분투할 동안 게이와 레즈비언 커플은 좀 더 동등한 힘의 분배를 가지는 경향이 나타났다(Gottman et al., 2003b; Green, 2012; Jonathan, 2009). 이성애 커플과 동성애 커플의 갈등 양식을 비교한 연구에서 게이와 레즈비언 커플이 이성애 커플보다 갈등을 긍정적으로 경험하고, 지배적이거나 적대적인 쟁점이 덜 생긴다고 했다. 연구자들은 이에 대해 몇 가지 요인을 지적했다. 먼저 게이와 레즈비언 커플은 동등함에 가치를 둔다. 따라서 게이와 레즈비언 커플은 불행한 관계를 떠나게 만드는 장애물이 적다고 볼 수 있다. 동성애 커플 사이에는 성 기반 지위에 차등이 없는 반면, 이성애 커플은 종종 '피 흘리는 적대감'을 갖고 마주하기 때문이다(Gottman et al., 2003b).

이런 차이는 커플 모두에게 중요한 함의를 남긴다. 이성애 여성이 남편의 성 기반 권력에 화가 날 때 혹은 이성애 남성의 아내가 남편을 하인 부리듯 하여 짜증이 날 때 이 커플들은 성 역할에 손상을 주는 영향력을 행사한다. 게이와 레즈비언 커플이 동등함에 더 많은 가치를 두는 것(이 가치로 부터 긍정적인 행동이 나온다.)은 이성애 커플에게 큰 가르침이 될 수 있고, 친밀한 관계를 어떻게 더 보편적으로 생각할지에 대한 중요한 지침이 된다. 이런 연구에서는 임상 관련 학술지에서 커플의 성 취향을 파악하는 것이 중요함을 지적했다. 따라서 '이성애 규범'(이성애자가 기준이라는 가정)은 이 분야에 도전적인 관점이 된다(Hudak & Giammattei, 2010; Silvestein & Auerbach, 1999).

동성애 커플을 연구하면서 흥미로운 성차를 발견했다. 레즈비언 커플은 정서 표현이(긍정적이든, 부정적이든) 게이 커플보다 좀 더 많았다. 남자(게이나 이성애자나)는 관계 사이에서 문제 제기를 할 때 화를 좀 더 내는 경향이 있다. 게이 남자 커플은 싸우거나 단절감을 느낀 후 치유를 최소화한다 (Gottman et al., 2003b). 레즈비언 커플은 관계 만족에서 감정이 매우 중요한 역할을 하는 반면, 게이 커플은 타당성이 중요했다(Gottman et al., 2003a). 레즈비언은 게이나 이성애 커플보다 정서적 친밀감을 강하게 느끼는 경향이 있다(Green, 2012). 그렇지만 성적 취향과 별개로 몇 개의 젠더 차이가 남자와 여자에게서 특징적으로 나타났다. 여자는 레즈비언이든 이성애자이든 친밀함에 가치를 두고 정서적인 표현을 즐겼으나, 남자는 게이이이든 이성애자이든 파트너로부터 정체성의 타당화를 찾고 싶어 하며 서로에게 화를 낼 가능성도 높았다.

우리의 문화는 성을 이분법적으로 나눴는데(남자 또는 여자; 이성애자 또는 동성애자), 이런 이분법은 많은 개인에게 적합하지 않다. 성적 개별성과 성 정체성 취향의 범주로(완전한 이성애자를 양성애자와 구분하고, 완전한 동성애자와 서로 구분하는 것) 나누는 것이 쉽고 대중적이다(Hudak & Giammattei, 2010; Hyde, 2005b; Malpas & Lev, 2011). 여자는 남자보다 양성애자의 가능성이 높다. 남자는 양성애자 남자가 있기는 하나 게이나 이성애자 둘 중에 하나로 선택하는 경향이 높다(Ngun et al., 2011). 젠더 유연성과 젠더 변화는 젠더 이분법이 맞지 않고 누군가에게 강요당해야 할 것이 결코 아니라 포용되어야 할 개념이다. 젠더 이분법적 관점은 우리가 여자와 남자의 어느 한쪽 측면을 가진 것처럼 모두에게 성적 취향을 강요할 수도 있다. "개개인 남자와 여자는 남자들, 여자들의 복제품으로 존재하는 것이 아니라 여러 성 관련 취향이 다양하고 복잡하게 모자이크처럼 연결되어 있다."(Hines, 2004, p. 35)

과학자들이 트렌스젠더와 간성화 현상(intersex phenomena)에 대해 살펴본 결과, 그들의 신체적 몸이 젠더 정체성과 일치하지 않음을 밝혔다. 이런 조건이 과거에는 의학적으로 다루어졌지만(성전환 수술 포함), 현재는 연구자와 임상가에 의해 젠더의 변화 및 간성화는 정상적인 성·젠더 스펙트럼의 일부로 인식되고 있다. 몇몇 성전환자는 육체적 성을 변화시키고 싶어 하지만 다른 이들은 좀 더 애매모호한 존재를 선호하기도 한다. 이것도 두

개의 성만 존재하다는 신념과 성을 젠더 연속체로 간주하는 것에 대한 반대 개념이다(Fausto-Sterling, 2000). 신생아의 1.7%가 염색체, 생식기, 호르몬 수준에서 성이 애매모호하게 태어나는 것으로 추정된다. 이처럼 통계적 이형성(남자냐, 여자냐)에 근거한 기준은 지속적으로 의문이 제기될 것이다(Blackless et al., 2000). 대신, 젠더만큼 성에 대해서도 좀 더 유연한 접근이 제안되고 있다. 임상가들은 젠더 관행을 따르지 않는 자녀를 둔 가족과 작업할 때, 세상이 가진 젠더 이중 잣대에서 가족을 보호해야 할 필요가 있다(Malpas, 2011).

권력과 가부장제: 젠더 고정관념

젠더 고정관념은 여성의 약점 상태를 유지하게 만드는 문제적 상황이다. 여성과 남성이 많은 부분, 두뇌, 능력, 행동의 유사점이 있음을 무시하면서 젠더의 차이에 과도하게 집중하면 이런 관점은 우리 모두에게 해롭다. 철학적으로 본질주의자들은 젠더의 고정관념이 성을 제한하여 남아와 여아의 발달을 부정적으로 제한한다고 했다(Barnett & Rivers, 2005). 내가 볼 때 젠더 차이를(생물학적, 문화적 혹은 두 부분 모두) 탐색하고 정교화하는 시도는 본질주의자가 하는 방식이 아니라 남자와 여자를 제한하는 것일 뿐이다. 여자는 수학을 못하고 남자는 공감 능력이 부족하다와 같은 고정관념은 제한적일 뿐 아니라 자기충족적 예언(self-fulfilling prophecies)이 된다. 예를 들어, 남자는 여자보다 전형적으로 사회 기술이 떨어진다는 말을 듣고 자란 경우, 남자들은 사회 감각 테스트에서 더 안 좋은 결과를 얻는다(Koenig & Eagly, 2005). 정서적 범위에서 남아나 성인 남자가 덜 유능하다고 간주할 경우, 그들은 실제로 그렇게 된다. 젠더 고정관념은 커플의 관계를 구속시킬 뿐 아니라 부정적인 영향을 미치게 된다.

젠더 차이를 당연시하는 관점은 권력 차이를 용납하는 입장으로 나타나는 데, 권력은 사람들이 어떻게 상호작용하는지에 영향을 미친다. 가부장적 문화에서 자란 남자는 좀 더 권력과 이익과 역할 부여를 누리며, 이것은 특별히 이성애자 커플에게 무의식적인 방식으로 영향을 미치게 된다(Knudson-Martin & Mahoney, 2009). 여자의 순응과 공감은 역할 기대에 대한 반응일 뿐 아니라 이성애 관계에서 더 낮은 권력의 위치를 갖는 것과 연관될 수 있다. 그러나 커플 사이의 권력은 다음 장에서 나오듯이 좀 더 복잡한 방식으로 나타난다. 아무리 남편들이 남성으로서의 권력을 꼭꼭 숨겨 둔다 해도 결혼생활 중에 친밀감 좌절을 경험한 아내가 정서적으로 문제를 다룰 때 남편들은 자신이 여성보다 훨씬 앞서 있다는 기분을 느끼기 때문이다(Fishbane, 2011, 2013). 가부장적인 권력은 여성뿐 아니라 여성을 파트너로 둔 남성까지 방해할 수 있다. 경직된 젠더 사회화와 동등하지 않은 많은 권력의 맥락에서는 친밀감이 생기기 어렵기 때문이다(Knudson-Martin, 2012; Real, 2002). 남녀 모두에게 관계 기술을 가르치는 것처럼 평등과 공동 관계 책임감을 촉진하는 것은 커플의 관계 만족에 필수적이다(Knudson-Martin, 2012).

생물사회적 관점

유전이냐 아니면 양육이냐, 생물이냐 아니면 사회 환경이냐를 운운하는 것은 결국 서로가 서로를 형성하며 불가분적, 귀납적으로 함께 얽혀 있음이 드러난다(Cacioppo & Decety, 2011). 경험은 후생 유전자적 차원에서도 뇌와 행동에 영향을 미친다. "생물학은 운명론적이 아니기 때문이다."(Berenbaum, Blakemore, & Beltz, 2011. p. 814) 뇌의 구조에서 나타나는 성별 차이는 경험에 의해 조성되며, 우리의 뇌는 계속 환경과 반응하며 변화한다. 대신 인간은 변하는 환경에 적응하고 혁신하기 위해 진화해 왔다(Eagly & Wood, 2011). 그리고 성차는 고정되거나 불변의 것이 아니다. 수학이나 공감 능력처럼 생물학적으로 다른 성이 더 발달되어 있다고 제한적으로 여겼던 기술들을 남자와 여자가 어떻게 배우는지 많은 예시들을 보아 왔다. '남자는 도전적인 것에 비해 여성은 훨씬 좋은 부모가 된다.'고 가정해 보자. 남자가 자녀 양육에 주된 책임을 갖게 되면 그들도 엄마만큼 세밀하고 능숙할 수 있다(Silverstein & Auerbach, 1999). 양육은 선천적이고 근본적인 것으로 젠더에 기반을 두고 있지 않다. '양육은 구체적 상황에서의 돌봄 행동에 의해 학습되는 것이다.'(Barnett & Rivers, 2005, p. 212)

우리의 문화가 최근에 새롭게 구성되었다 해도 남아와 여아는 여전히 다른 세상에 살며 다른 놀이를 즐긴다. 아이들이 어떻게 시간을 보내느냐는 그들의 뇌를 형성한다. 우리가 봤듯이, 여아의 놀이는 공감 기술의 발달을 촉진한다. 그러나 양쪽 성 모두 양육 잠재 능력을 갖고 출발한다. 5세 이전에 남녀 아동들은 더 어린 아동과 나이 많은 아동을 비슷한 수준으로 돌보는 능력과 흥미를 지녔다. 종단 문화적으로 남아들도 신생아와 영유아에게 반응적이다. 그러나 5세가 시작되면서 또래에 의해 부여되는 젠더 기대에 부응하면서 이런 양육 행동으로부터 방향을 트는 경향이 나타난다(Rivers & Barnett, 2011). '우리 집단'에 속하고자 하는 깊은 욕구(사회적 뇌를 형성하는 것으로 보이는 욕구)에 의해 남아와 여아는 고정관념을 일찍부터 내면화하고 그것에 적응하는 것이다.

여아들은 정서 조율을 더 잘하는 경향성을 보인다. 모든 아이가 서로의 정서 조율에 영향을 미친다. 여아와 함께 노는 여아들은(남아들이 같은 성끼리 놀면서 행동문제를 보일 위험이 증가하는 것에 비해) 더 적은 행동문제를 보인다(Berenbaum et al., 2011). 이 이야기에 담긴 도덕성은 이러하다. 너가 누구와 어울릴지에 주의하라. 자신의 정서를 잘 조율할 줄 아는 아이와 시간을 보내는 것은 아이의 안위에 이익이 될 수 있다. 정서적 조절에 덧붙여서 남아와 함께 노는 남아들은 공감을 경험할 기회가 줄어드는 것이다. 계속 이렇게 할 때 남성에게는 심각한 불이익이 될 수 있고, 종종 친밀한 관계에서도 부정적 영향을 미칠 수 있다.

남아들의 공감 발달과 양육 행동을 고무시키는 것은 다음 세대에 친밀한 관계 속에서 남성이 정서적으로 유능감을 경험할 수 있고, 좋은 부모가 되도록 창조하는 데 결정적인 역할을 한다. 우리는 남아의 양육 행동을 촉진할 수 있도록 양육해야 하는 것이다. 연구에서 보면 평등주의 가치를 지닌 가족에서 자란 남아들의 양육 행동이 증가했다. 그리고 좀 더 전통적인 가족에서 자란 자녀들의 경우, 양육 행동에서 성차가 더 크게 나타났다. 정서 지능이 높은 가정에서 자란 남아와 여아는 가족과 함께 그들의 감정을 자유롭게 주고받기 때문에 공감 검사에서 더 높은 점수를 받았다(Eliot, 2009). 남녀 아이 모두 사람의 얼굴 표정 지각 훈련을 받을 때 공감 능력이 향상되었다. 결국 공감도 충분히 훈련될 수 있음을 나타내는 결과이다. 어떻게 우리의 자녀를 키울 것이냐는 매우 중요한 주제이다. 양육 행동과 공감을 젠더로 구분하려는 시도는 자녀가 어릴 때부터 시작되지만 이는 타고나는 능력이 아니다. 이런 공감에서의 틈이 바로 에릭과 리사의 비통한 결혼생활에서 중심부를 차지한 것이다. 이 책의 후반부에서는 임상적 개입을 다루며, 그들이 관계를 전환시키기 위해 양쪽 파트너에게 있는 공감과 다른 관계적 기술을 증가시키는 구체적 기법들을 제안하고자 한다.

제2부

신경생물학적 커플상담의 실제

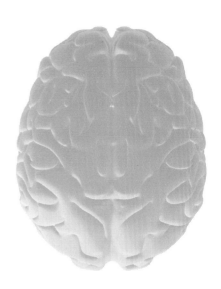

제**7**장

커플의 반응성에 대하여 작업하기

앞에 기술된 개인 및 부부에 대한 연구결과에 더하여 이제 본격적으로 상담에 대하여 살펴볼 것이다. 에릭과 리사는 이혼 직전에 나에게 찾아왔다. 그들은 부부관계에서 있었던 두려움과 상처에 대하여 말하였다. 둘 사이에 연결 고리는 없었고, 그들은 절망에 빠져 있었다. 에릭과 리사는 이 모든 것을 차분하고 정돈된 태도로 말하지만은 않을 것이 분명했다. 자기 방어적이고 감정적으로 격해진 상태는 치료자에게도 어려움이 되며, 이들의 독단적인 행동은 치료자의 능력으로는 쉽게 해결할 수 없다. 이 혼돈과 상처를 어떻게 헤쳐 나갈 수 있을까? 그들의 뇌에서 관계적인 부분을 이해할 수 있다면 이 혼돈을 조금은 질서정연하게 만들 수 있다. 또한 '신경과학으로부터의 뉴스(news from neuroscience) 시스템을 이용한다면 치료자와 내담자 모두 변화에 한 걸음 더 다가갈 수 있다.

첫 면담

첫 면담을 하기 전에 우리 모두는 준비 과정을 거쳐야 한다. 나는 공감이 가장 잘 될 만한 장소를 준비했다. 에릭과의 전화통화에서 나는 그들이 변호사 사무실을 가기 직전이라는 것을 알게 되었고, 리사는 에릭에게 진지하게 이혼을 고려하고 있다고 밝힌 상태였다. 에릭은 그동안 상담을 피해 왔다. 그에게 상담이란 여성과 감정의 영역을 의미했기 때문이다. 리사에게는 그녀의 절망과 분노를 조금은 환기할 수 있음을 말해 준다. 물론 리사도 아직은 상담에 대한 확신이 없다. 내담자들은 상담에 임하면서 치료자가 도움을 줄 수 있다는 희망과 더불어 그러지 못했을 때의 두려움과 같은 많은 감정을 가지고 온다. 둘은 모두 낯선 사람에게 자신들의 실패를 털어놓는다는 것에 대해 부끄러워하였다. 에릭과 리사는 첫 면담에서 서로 다른 이야기를 하였다. 리사는 그녀가 황무지처럼 메마른 관계를 유지하고 있고, 에릭에게 수년 동안 상담을 받자고 이야기해 왔다고 하였다. 에릭은 자신을 리사의 비난과 분노에 대한 피해자로 여기고 첫 면접에서 할 반박을 준비해 왔다. 에릭과 리사는 상담을 준비하면서 마치 내가 판사인 듯 나의 판결을 기다리는 듯했다. 누가 옳고, 누가 억울하고, 누가 바뀌어야 하는가? 누가 이길 것인가?

나는 상담을 준비하면서 에릭과 리사 모두 나에게 판결을 요구할 것을 이미 예상하였다. 따라서 나는 판사 역할을 거절하고 그들의 관계를 검토할 수 있도록 '다자에 대한 편애주의(multilateral partiality)' (Boszormenyi-Nagy & Spark, 1973)의 태도를 취했다. 나의 목표는 이 둘에게 개방적인 태도를 보이고, 그들의 요구와 희망을 듣는 것이다. 이 과정에서 부부 모두 고통과 무기력함을 느낄 수 있음을 설명하고, 그렇더라도 인내할 수 있도록 동의를 구했다. 내가 그들의 교착상태에 대한 대안을 제시할 수도 있지만 에릭과 리사 모두 내가 그들의 편에 있고 그들의 고통을 이해한다는 것을 알아야 한다.

계약

커플치료자마다 누가 고객이고, 변화를 위한 이슈가 무엇인지에 대해 생각이 다르다. 즉, 둘의 관계가 고객인지, 아니면 두 명의 개인이 고객인지에 대한 생각이 다르다. 일부 치료자들은 커플이 이혼의 과정을 밟으면 실패라고 판단하는 반면, 다른 치료자들은 이혼의 과정을 밟더라도 개인의 행복을 추구하라고 조언한다. 나의 목표는 커플이 함께 관계를 발전시켜 나갈 안전한 공간을 만드는 것이다. 나는 커플상담에서 커플 두 명이 모두 열정적인 태도를 가지고 상담에 임하거나 문제를 해결할 것을 예상하지 않는다. 에릭은 양가감정을 가진 사람이고, 이혼 절차를 피하려 한다. 리사는 이혼을 고려하고 있어서 에릭과 관계를 유지하고 싶지 않은 입장이다. 리사와 같이 마지못해 부부관계를 유지하는 사람들은 치료자가 그들의 불행한 관계를 강제로 이어 가라고 조언할까 봐 두려워한다. 나는 그럴 의도가 없음을 분명하게 밝히고, 절대 그들의 관계를 강제로 유지하거나 더욱 멀어지도록 유도하지 않을 것이라고 말하였다. 대신 나는 그들의 관계에서 무엇이 잘못되고 있는지, 있다면 그것들을 고치고자 노력할 기회를 제공하고 싶다.

첫 상담에서 주호소를 파악하고 계약을 확실하게 하는 것은 매우 중요하다. 첫 상담 이후 나는 그들에게 2회기 더 상담을 받아 볼 것을 권한 다음, 성격이나 스타일에 있어 그들이 원하는 것과 내가 어떻게 그들을 도울 수 있는지에 관해 물었다. 초기 3회기 이후 에릭과 리사는 커플상담에 임하기로 하였다. 리사는 에릭과의 부부관계를 지속하고 싶지 않은 생각을 분명히 밝혔다. 하지만 그녀는 에릭과의 문제를 해결하는 것과 그들이 어떻게 새로운 관계로 변화해 갈 수 있는지에 대해서는 긍정적이었다. 앞으로 새로운 부부관계가 형성될지는 두고 봐야 하겠지만 과거의 결혼생활은 틀림없이 사라졌다. 둘의 문제를 가지고 나는 결혼관계를 깨고 싶지 않은 에릭의 희망과 리사가 원하는 문제 해결을 모두 만족할 수 있는 목표를 정하였다.

우리는 몇 달간 주기적으로 만나서 상담하는 것에 대하여 동의하였다. 상담이 끝날 때 그들은 결혼생활을 유지해 갈 수도 있고, 이혼을 결심할 수도 있고, 혹은 결정된 것이 없는 채 상담을 더 하기로 결정할 수도 있다. 만약 그들이 이혼 절차를 밟기로 정한다면, 나는 그들의 의견을 존중하고 도울 것이다. 어떤 결정이 되었든 그들은 두 딸의 부모로서 그들의 결정과 행동이 자녀에게 큰 영향을 미칠 것을 알고 있다. 설령, 결혼관계를 지속하지 않는다고 하더라도 그들은 이전보다는 더 나은 관계를 맺는 방법에 대해 알게 될 것이다. 관계를 지속할지 말지와 같은 이분법적인 생각은 관계와 개인의 변화를 위한 기회로 변화되었다. 이제 우리는 이들의 대인관계와 심리내면의 역동에 초점을 둘 것이다.

부부간 교착상태

몇 년 전, 나는 나의 동료 Michele Scheinkman과 교착상태에 빠져 있는 부부들의 '취약성 사이클(vulnerability cycle)'을 해결하는 것에 대한 글을 썼다(Scheinkman & Fishbane, 2004). 이 장은 부부들의 반응에 대한 신경생물학을 기반으로 기술되었다. 우리는 부부의 교착상태를 부부가 반복적으로 사이클에 갇히게 된 것의 결과라고 정의하였다. 이들이 일반 부부들과 다른 점은 정서적 강도, 비합리성, 반복성이다. 교착상태는 부부와 치료자 모두 압도당하고 길을 잃는 듯한 순간이다. 이때 부부들은 압박감과 격렬함을 이기지 못하고 치료자의 반응을 무시하거나 짓밟는다. 이 순간 많은 치료자는 자신이 치료자로서의 직업을 선택한 것을 후회하고 어떻게 대처해야 하는지를 알지 못한다. 그뿐만 아니라 자녀문제가 붉어져 나올 때 자녀가 있는 치료자는 자신의 자녀와의 갈등과 맞물려 특히 불편함을 느끼곤 한다. 하지만 이러한 순간조차도 치료 기회로 생각할 수 있는데, 이 순간이 그들의 가장 깊은 고통과 정신생활에 개입할 수 있는 지름길을 열어 줄 수 있다. 그들은 부부 역동의 '지름길'에 있는데, 이는 프로이트의 꿈이 무의식에 도달하는 지름길이라고 한 것과 같은 논리이다. 반응성 사이클(reactivity cycle)을 풀어놓는 것이 부부가 변화할 수 있는 첫 번째 단계이다.

부부가 교착상태에 있을 때, 한 사람의 반응은 상대 배우자의 반응에 대한 촉매제 역할을 한다. 이때 부부는 둘 다 자신을 피해자라고 생각하는데, 치료자는 다양한 관점에서 문제를 볼 수 있도록 도와야 한다. 리사가 비난을 하면 할수록 에릭은 두려움을 느끼고 방어를 한다. 에릭이 위축될수록 리사는 보호받지 못한다고 느끼고 상처를 받으며 에릭을 비난한다. 그들 모두 안전하다고 느끼고 싶고, 사랑 받고 싶고, 연결되고 싶어 한다. 하지만 그들이 수년간 겪었던 고통으로 보아 행동으로 이어지기는 쉽지 않다. 나는 그들의 태도가 부부관계에 어떤 영향을 미치는지 알 수 있도록 도울 것이다. 그들은 둘 다 피해자임과 동시에 불행한 악순환 사이클을 만든 당사자이다. 문제를 바라보는 부부의 관점을 직선적 관점에서 순환적 관점으로 바꾸는 게 핵심이다. 상호 비난보다 관점을 바꾸는 것이 개인의 책임감, 공감, 감정이입을 증진한다. 이것은 막다른 길과 같았던 난관에 희망이 생기는 순간이다. 또한 치료자가 커플의 고통을 신경생물학 측면에서 이해한다면 둘의 관계 증진에 더욱 도움이 될 것이다.

맥락 내에서의 교착

우리는 이제 부부가 가지고 있는 교착상태가 어디서 언제부터 생겼는지를 탐색하고자 한다. 무엇 때문에 이들이 이혼이라는 단계까지 오게 되었는가? 제1장에서 볼 수 있듯이, 에릭과 리사는 그들의 사랑을 불행하게 시작하지는 않았다. 리사는 항상 명랑했고 에릭은 조용하고 차분했다. 하지만 아이가 생기면서 리사는 에릭에게 정서적 지지와 도움을 받고자 하였다. 이와 동시에 에릭은 가정을 부양해야 한다는 불안감 때문에 일에 집중하기 시작했다.

리사는 동생 캐시에게 도움을 청했고, 캐시가 리사에게 공감과 친밀감을 제공하자 부부관계는 안정되기 시작하였다. 하지만 캐시가 병으로 사망하면서 부부관계를 지탱하고 있던 버팀목이 무너졌다. 에릭은 캐시의 역할을 하지 못할뿐더러, 리사의 슬픔을 위로하지 못하였다. 따라서 서로가 더욱 대립하며 고통만 가중되는 지점까지 이르렀다.

이 부부의 예를 볼 때, 아이가 생기면서 나타난 스트레스가 가족의 죽음으로 더욱 악화되었다. 다른 부부들의 스트레스 요인에는 실직, 질병, 이사 등이 있다. 종종 부부문제는 사회적인 범위까지 나아갈 수 있는데, 이민, 가난, 인종차별, 모든 트라우마가 부부관계를 악화시키는 원인이 될 수 있다. 동성애 커플의 경우, 동성애 혐오증이나 원가족으로부터 거부당하는 것과 같은 요인이 있다. 이와 같이 상황을 악화시키는 원인은 매우 다양하다. 치료자들은 내담자들이 상담을 받으러 왔을 때 "왜 지금인가?"라는 질문을 하도록 훈련 받는다. 이 질문이 필수적인 이유는 그들이 도움이 필요하다고 느끼게 한 계기가 무엇인지를 알기 위해서이다. 추가로 부부의 괴로움을 더 다양한 시각으로 보기 위하여 우리의 탐색도 깊어져야 한다. 이에 따라 우리는 대인관계적 · 심리내적인 · 신경생물학적 교착상태에 대해 다룰 것이다.

편도체의 춤

부부들은 서로를 예측 가능한 패턴으로 자극한다. 리사는 비난하고, 에릭은 방어한다. 많은 부부치료자는 부부의 습관적인 상호작용 패턴을 '춤'이라고 표현한다. 나는 이 비유가 적절하다고 생각하는데 부부가 추는 춤은 반복된 연습으로 인해 자동적으로 서로에게 반응하기 때문이다. 이러한 상호작용의 강도는 눈에 보이는데, 한 배우자가 일상적인 이야기를 하는 중 갑자기 상대 배우자가 눈썹을 치켜 올리면 그에 대한 반응으로 이야기를 하던 배우자가 화가 날 수도 있다. 그들의 관계에 익숙하지 않은 사람으로서 나는 이 상황을 볼 때, 그들의 흥분되는 속도나 강도에 놀랐다. 하지만 그들은 서로 비언어적 몸짓으로서 한 사람이 눈썹을 치켜올리는 것은 곧 상대에 대한 선전포고임을 안다.

특정 상황에서 부부 모두 서로에게 감정적으로 반응하고, 위험을 감지하며, 결국 '편도체의 춤(dance of amygdalas)'으로 이어진다. Gottman(2011)은 이 불행한 상황을 '불멸의 4기수'로서 신경생리학적으로 접근하였다. 리사와 에릭의 경우, 리사가 비난할 때 에릭이 감정에 압도당하면서 생리적 각성(Diffuse Physiological Arousal: DPA) 단계에 들어서면 심장 박동이 1분당 100회가 넘어간다. 이러한 상태에서 에릭은 그의 생각을 정리할 수 없다. 그는 감정의 홍수를 막기에 급급해 자기를 방어함과 동시에 리사를 무시하기에 이른다. 그는 생존하기 위해 Gottman이 불행한 커플의 부정적인 습관 중 하나라고 말한 '담쌓기'를 하고 있다고 볼 수 있다. 그는 자신의 심장 박동을 낮추기 위해 할 수 있는 모든 것을 시도한 것이다. 하지만 문제는 에릭이 담쌓기를 하면 리사는 더욱 흥분하고 생리적 각성의 상태에 접어들어 심장 박동이 상승한다. 이 관계는 둘에게 고통을 줄 뿐만 아니라 장기적으로 그들의 건강을 해치는 원인이 될 수도 있다. 둘 다 자신의 생존과 보호를 위한 시도가 서로에게 고통을 줄 뿐이다.

우리는 왜 서로에게 이러한 고통을 주는 것일까? 앞서 보았듯이, 진화는 개개인의 행복에 기여하지 않는다. 진화는 종의 생존에 연관되어 있고, 편도체는 우리를 위험한 상황에서 보호한다. 우리가 다른 종보다 이성적이라고 생각하지만 우리의 뇌가 다른 파충류나 포유류의 뇌에서 진화한 상태라는 것을 알아야 한다. 우리는 배우자로부터 안전하다고 느끼지 않는 순간 자동적으로 자기방어 모드로 바뀐다.

에릭과 리사가 나의 사무실에 왔을 때 그들은 과거의 '우리' 대신 '나 대 너' 관계에 가까웠다. 우리의 편도체는 끊임없이 상대방이 아군인가, 적군인가를 평가한다. 에릭과 리사의 경우, 종종 서로가 적군이라는 답을 내린다. 처음 그들이 관계를 형성할 때에는 동맹 관계였지만 지금은 서로 적군 또는 이

방인 취급을 한다(Wile, 2002). 그들의 뇌는 의심을 품고 서로를 바라보도록 바뀌었다. 한쪽이 상대 파트너를 위해 멋진 행동을 한다고 해도 좋아지지 않는다. 예를 들어, 리사를 위해 어느 날 에릭이 꽃을 사 오면 리사의 반응은 불신과 불쾌감이다. 리사는 "당신이 그동안 나에게 준 상처가 이까짓 꽃으로 치유될 것 같아? 그렇게 간단한 일이 아니야!"라고 반응한다. 리사는 그녀의 방어를 내려놓을 수 없다. 그녀가 만약 방어를 그만둔다면 이전의 불행했던 결혼관계를 이어 가야 한다고 생각하기 때문이다. 리사는 에릭이 모든 불행의 근원이라는 생각에 사로잡혀 있고, 그에게 잠시 쉬어 갈 시간을 주기는 어려워 보인다. 에릭은 리사의 진심과 그녀가 어떤 고통을 받고 있는지를 이해하지 못한다. 에릭은 부부관계를 유지하기 위해 노력하지만, 리사는 그가 감정적으로 솔직하지 못하고 벽 뒤에 숨어 있는 듯한 느낌을 받는다. 에릭은 방법을 모를뿐더러, 본능적으로 리사의 분노와 억울함을 회피하고 있다. 이 둘은 모두 자동적인 반응과 두려움에 갇혀 있고, 둘 다 이 깊은 교착상태를 어떻게 해결해야 할지 모른다.

부부간 상호 공감의 실패는 부부 둘 다를 불행하게 만든다. 앞서 우리는 에릭이 성 역할 사회화와 가족력으로 인하여 공감 능력이 부족함을 말하였다. 그가 어린아이였을 때 어머니의 말을 듣지 않고 방으로 도망친 적이 있었다. 반면에 리사는 어려서부터 공감 능력을 강화할 일들이 많았는데, 그녀의 공감 능력은 동생과 교감하면서 우울증에 걸린 어머니와 술에 취한 아버지를 견뎌 내는 원동력이 되었다. 하지만 이제는 수년간의 실망감과 분노로 인해 에릭을 경멸의 시선으로 바라보고 있다. 경멸은 관계를 악화시키는 요소인데(Gottman, 2011), 경멸로 인해 리사의 정서적 결합 능력과 공감 능력이 퇴색되어 있다. 두 사람 모두 상대방의 입장에서 생각한다는 것은 불가능할 정도로 둘 사이가 틀어져 있다.

이 커플은 그들의 원가족이나 개인사 모두 걱정이 가득한 일이 많았다. 편도체는 안전과 위험을 주시할 때 정서적인 기억들을 유지하고 있는 뇌의 한 부분이다. 따라서 에릭과 리사가 서로에게 상처를 줄 때, 그들의 편도체는 그동안 받아 왔던 상처들을 떠올려 고통을 가중시킨다. 에릭이 리사에게 비난 받을 때, 에릭의 편도체는 그의 어머니를 상기시키고, 리사의 편도체는 그녀가 보호받지 못하고 불안정했던 그녀의 어린 시절을 떠오르게 만든다. 게다가 결혼생활 동안의 상처 또한 저장하고 있어 이 둘은 편도체의 덫에 빠졌다고도 볼 수 있다. 그들은 편도체의 피해자가 되었으며 과거의 좋지 않은 기억들로 인해 과민 반응으로까지 이어졌다.

William Faulkner가 "과거는 죽지 않았다. 애초에 과거이지도 않았다."라고 말한 것은 이러한 맥락과 같은 것이다. 뇌에 대한 설명에서 보았듯이, 편도체는 시간과 관계하여 작동하지 않는다(Badenoch, 2008). 에릭과 리사는 과거의 상처가 현재의 갈등의 원인이 되고 있다는 것을 인지하고 있지 못하다. 정서적 반응의 강도는 과거의 기억에 의해서 더 부추기고 있지만 이 모든 것은 마치 현재 일처럼 느낀다는 것이다. 나는 이 커플이 과거와 현재를 구분할 수 있도록 도와줄 것이며, 무엇이 그들의 교착상태를 악화시키고 왜 고통이 생겼는지를 알게 할 것이다(Scheinkman & Fishbane, 2004).

피해자에서 공동저자로

편도체의 영향을 받아 우리가 흥분하고 상처받을 때, 우리는 왜 그런지 그 이유를 찾는다. 인간은 항상 의미 부여를 하기 마련이다. 그저 분노만 하기엔 부족하기 때문에 우리는 줄거리를 필요로 한다. 그 이야기는 종종 자기합리화이다. 좌측 전전두엽 피질의 '해석자' 기능을 생각해 보자(Gazzaniga, 2008). 우리는 자신의 경험을 자기 자신과 남들에게 설명하려고 하는데, 그 이야기가 꾸며 낸 이야기인 경우도 다르지 않다. 이야기의 사실성과 관계없이 우리는 감정 반응에 대해 이해하고 있어야 한다. 방금 전에 있었던 일에 대한 에릭과 리사의 해석은 서로 일치하지 않는다. 에릭은 리사가 눈썹을 치켜 올리는 행동이 자신을 바보로 만드는 행동이기에 그가 방어해야만 했고,

리사는 에릭이 책임감을 회피하려는 게 분명할 때 눈썹을 치켜올렸다고 말했다.

그리고 커플은 '진짜' 무슨 일이 있었는지 힘겨루기를 하며, 결국에는 나에게 중재와 판결을 요청하며 판사 역할을 요구한다. 나는 그들에게 기억이란 주관적인 것이고 무조건 신뢰할 수 만은 없기 때문에 무엇이 '진짜'인지 모른다고 이야기한다. 우리에게 놓인 것은 두 사람의 경험과 해석뿐이다. 두 사람의 주관적인 해명과 경험으로는 확실한 판단을 할 수 없다. 나는 커플에게 '두 개의 현실'(Anderson, 1997)보다는 다양한 현실을 보기를 권한다. 나는 그들이 서로가 다름을 존중하고 서로를 대상이 아닌 주체로 생각하도록 한다. 배우자를 대상이 아닌 주체로 보는 것은 겸손해지도록 하며 관계 호기심을 자극하는 일이기도 하다. 나는 부부가 서로의 기억을 존중하고 가치 있게 생각하는 것이 성공적인 관계의 요소라고 명료하게 말한다.

나는 그들의 감정이 격해질 때 신경생물학적으로 어떠한 일이 벌어지는지를 탐색한다. 편도체의 역할에 관해 이야기하고, 위협을 느낄 때 투쟁-도피 반응을 보이는 게 지극히 정상적이라고 알려 준다. 리사가 눈썹을 치켜올리고 에릭이 방어적으로 행동할 때 두 사람 모두 위협을 느끼고, 공격을 받는다고 생각할 때 자기방어를 하는 것은 당연하다는 것을 말한다. 이는 그들의 반응을 정상화하고 그들이 덜 수치감을 느끼도록 한다. 또한 그들의 무의식적인 반응을 초월할 수 있다고도 말해 준다. 이 둘은 그들의 신경생물학적 각성에 대해 호기심을 가질 뿐만 아니라 그들이 반응하는 것에 대해 한 번 더 생각하게 된다.

이것으로 두 사람 간의 힘겨루기는 자기 임파워먼트 기회로 변화한다. 각각 한 발짝 물러서서 더 나은 판단을 하고자 한 번 더 생각한다. 부정적 반응은 서로의 힘을 빼는 요인이며, 두 사람의 관계에서 둘 다 피해자라고 생각하게 만든다. 나는 그들에게 단절과 부정적 반응 상황에서 관계를 강화하기 위한 기법들을 배울 수 있음을 알려 준다. 이제야 나는 그들의 집중을 받는다. 사람은 힘과 권력을 갈망하고 선택권을 갖기를 원한다. 그리고 나는 그들에게 선택지를 제공한다.

과거에는 자동적이었던 것이 이제는 선택사항이 되었다. 나는 부부가 고정관념이 가득한 경직된 관계에서 서로를 생각하고, 융통적이고, 선택권이 많은 관계로 발전할 수 있게 도움을 준다. 이 과정에서 파트너들은 공동의 책임감을 부여 받는다. 이제는 두 명의 피해자 대신 삶의 공동저자가 되는 과정인 것이다. 우리는 제8장과 제9장에서 관계에 자양분 주기와 개인적인 선택의 다양성을 볼 텐데, 나는 이것을 관계 임파워먼트(relational empowerment)라고 부른다. 에릭과 리사는 나의 제안을 매우 흥미 있어 하고, 이 순간에는 그들만의 감정적인 전쟁과 악순환의 사이클에서 조금은 떨어져 있을 것이다. 우리는 이제 그들의 사이클을 더 넓은 시각에서 바라볼 것이고, 어떤 요소가 그들의 관계의 춤을 긍정적으로 기폭시킬지에 초점을 둘 것이다.

취약성 사이클 도표

우리는 먼저 부부관계를 악화시키는 연속적 사건에 초점을 둘 것이다. 에릭과 리사는 비난-위축 사이클을 가지고 있다. 부부간에 형성된 사이클을 파악하는 방법은 먼저 그들에게 원만하게 이루어지지 않았던 상호작용에 관해 설명해 보라고 하는 것이다. 상호작용에 관한 이야기를 듣던 중 나는 잠깐 멈추고 상황을 천천히 전개하기를 요청했다. 그리고 각 사람의 생각, 감정, 태도에 관해 물었다. 누가 누구에게 이야기하고, 어떻게 받아들여졌는지, 그 다음에 무슨 일이 있었는지 등에 대해 나는 큰 관심을 가졌다. 상황을 늦추고 천천히 모든 걸 바라보며 부부의 관심을 유도할 뿐만 아니라 그들의 정서적 사이클을 관찰하는 데 도움을 주었다. 이것은 부부가 자동적 틀에서 벗어나 호기심을 가지고 그들의 행동을 보게 만든다. 이러한 시도는 서로가 어떻게 생각하는지를 더 깊게 볼 수 있다. 이에 따라 그들의 교착상태에 대해 조금은 덜 반응적이 되도록 하고, 그 결과 편도체가 진정되고, 전전두엽 피질이 활성화된다.

우리 셋은 하나의 팀으로서 서로의 상호작용 사이클을 비판 없이 공감하며 바라보려고 노력하고 있다. 이 과정에서 그들이 직접 사이클을 바라볼 수 있게 하기 위하여 그들의 춤을 외재화하였다(Scheinkman & Fishbane, 2004; White, 1989). 그들의 관계 방식을 외재화하는 것은 곧 그들을 임파워먼트 하는 것이며, 그렇게 되면 그들은 자신의 역동을 '거기에 있는 것'으로 바라보고 주도적으로 변화를 학습하고자 한다. 자신들의 취약성 사이클을 관찰할 때 나는 그들에게 호기심을 가지라고 이야기했고, 최대한 다양한 시각에서 보도록 권했다.

이 순간을 더 단단하게 만들기 위해 Michele Scheinkman과 내가 개발한 '취약성 사이클 도표'를 부부에게 그리게 하였는데, 이는 정신 내면과 상호작용의 역동을 이해하고 그들 관계의 춤에 대해 이해할 수 있도록 도와준다. 우리는 이 커플이 막혀 있는 가장 기본적인 장면에서 시작한다. 즉, 리사의 비난과 에릭의 위축이다. 부부치료자들이 이미 잘 알고 있듯이, 이 순환적 과정은 누구를 상담하느냐에 따라 다르다. 하지만 대부분의 사람은 상대방이 먼저 갈등을 시작했다고 주장한다. 리사는 에릭의 회피와 무시가 먼저 시작되어서 자신이 비난했다고 주장하고, 에릭은 그녀가 끊임없이 비난했기에 자기방어를 한 것뿐이라고 말했다. 양쪽 모두 한 시각에서만 바라보며 상대방이 가해자, 자신은 피해자라고 생각한다. 하지만 나는 순환적 관점으로 갈등을 바라보기를 권했고, 관점이 바뀌지 않는 한 그들의 태도 또한 바뀌지 않을 것이다. 누가 먼저 시작했는지는 주관적인 질문이다. 중요한 건 누구의 책임이냐가 아니라 누가 자기합리화를 포기하고 상황을 개선할 용기를 가지고 있느냐이다.

에릭과 리사가 갇혀 있는 스스로 강화되는 순환적 사이클을 생각하며 우리는 그들의 내적 취약함과 생존 전략, 그리고 무엇이 그들의 비난-회피의 춤을 자극하는지 생각했다. 취약성이란 우리가 관계로 가져오는 민감성과 같은 것이다. 취약성의 예로는 버림 받음에 대한 두려움, 부적절감, 무능함, 외로움, 보호 받지 못함 등이 있다. 취약성은 어린 시절의 두려움에서 오는 경우가 많은데, 현재의 관계에서 배우자로부터 두렵다고 느낄 때 기폭제 역할을 하는 경우도 있다. 생존 전략은 우리가 삶을 살아가는 신념에서 비롯된 행동들로서 우리의 생존 믿음이다(S. Kennedy, personal communication, 1992). 우리는 우리의 생존 전략을 항상 자각하는 것은 아니며, 생존 전략은 '표현 이전의 것'일 수도 있다. 이러한 생존 전략의 예로는 '책임감을 느끼고 남들을 챙기라.' '너 이외에 아무도 믿지 마라.' '남들과 어울리며 그들을 기쁘게 하라.' '필요하다면 분노로 너 자신을 알리라.' '너 자신을 보호하기 위하여 뒤로 물러나라.' 등이 있다. 생존 전략은 말 그대로 우리가 어렸을 때 우리의 생존을 도와준 전략들을 의미하는데, 주로 어린 시절의 가족의 영향이 크다. 우리의 생존 전략은 어린 시절에 습득하여 성인이 되면서 유연하게 바뀌는 그림이 가장 인상적이다. 하지만 많은 사람은 융통성이 없고 틀에 박히게 된다. 에릭과 리사는 그들의 생존 전략을 양극화하고 제한적으로 만드는 관계에 있다. 한 사람의 생존이 상대방의 안녕감 희생을 요구하고 있다.

나는 내담자들이 어떻게 성장했는지에 대한 이야기를 들을 때 그들의 취약성과 연민을 보고 그들의 생존 전략을 존중한다. 학대 경우를 제외하고 나는 거의 항상 내담자들의 생존 전략이 발달하게 된 이야기를 들으며 그들의 생존 전략을 존중한다. 에릭의 위축과 리사의 분노에 찬 비난은 그들의 가족사를 들으면 이해가 된다. 간혹 같은 가족 사이에 다른 생존 전략이나 다른 역할을 맡기도 한다. 그래서 한 가족 내에서도 장남은 공부를 잘하고 자기 할 일을 잘하는 스타가 되는가 하면, 막냇동생은 타인의 요구에 민감하고 과도한 책임을 지는 역할을 맡게 되기도 한다. 에릭과 리사의 생존 전략은 그들의 가족 내에서는 적절한 작용을 했지만, 결혼관계에는 대혼란을 주고 있다.

이제 취약성과 생존 전략이 취약성 사이클을 어떻게 형성하는지를 살펴볼 것이다. 우리가 상처를 받거나 위협을 당할 때 취약성이 나타난다. 그러면 자동적으로 생존 전략이 우리를 보호하려고 나선다. 리사의 생존 전략과 책임감은 결혼관계에서 과기능의 역할을 하고 있다. 리사가 과중한 부담을 느끼거나, 외롭거나, 보호받지 못하고 있다는 생각이 들 때 그녀의 생존 전략인 분노와 비난이 나온다. 그녀의 분노와 비난은 에릭의 부적절감과 버려지는 것에 대한 두려움이라는 취약성을 발동시킨다. 그 결과, 그의 생존 전략인 방어, 위축, 합리화 등이 자극된다. 이것은 리사로 하여금 남편으로부터 보호받지 못하고 외로움을 느끼도록 만들고 서로를 자극하여서 마치 취약성 사이클 경쟁을 하는 상황이 되는 것처럼 만든다. 각 파트너의 생존에 대한 시도와 관계 고통은 서로의 상처를 악화시키는 악순환 사이클에 빠지도록 한다([그림 7-1] 참조).

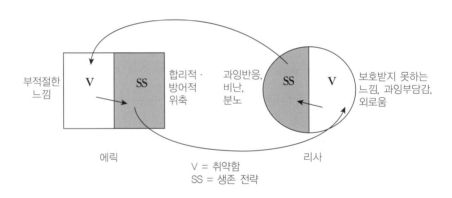

[그림 7-1] 취약성 사이클 모형

취약성 사이클 변화시키기

나는 이 부부에게 서로 연민과 동정심을 가지고 서로 간의 상호작용의 이면을 보라고 권하고 싶다. 그들은 상대방의 고통을 즐기는 사디스트들도 아니고, 차가운 심장을 가진 소시오 패스들도 아니다. 그들은 그들만의 반응성 사이클에서 길을 잃은 것뿐이다. 그들은 다시 길을 찾고, 서로를 다시 찾기 위해 개방적이고 돌봄의 눈으로 서로를 바라볼 필요가 있다. 우리가 그들의 취약성과 생존 전략을 그들의 원가족에 연결시킬 때 변화가 나타난다. 에릭이 자신의 아버지의 죽음과 어머니의 슬픔, 그리고 비난으로부터 유발되는 갈등을 회피하고 답답한 감정을 해결하는 방법으로서 위축행동을 하였다는 점을 리사가 알게 될 때 결혼생활에서 있었던 갈등들이 자신에게 상처를 주려고 한 행동이 아니라는 것을 깨닫는다. 에릭은 그저 수년 전에 취하였던 자신의 생존 본능이 자동적으로 나온 것뿐이다. 나아가 리사는 공격과 비난을 통하여 에릭과 연결되고자 하는 그녀의 노력이 오히려 에릭의 버림 받음에 대한 두려움과 취약성을 자극했다는 것을 깨달았다. 그녀는 어린 시절에 아버지가 돌아가셨을 때 슬픔에 찬 어머니가 과도하게 기대는 것에 어쩔 줄 몰라 했다는 에릭의 이야기를 동정심과 연민을 가지고 들었다.

반면에 에릭은 리사가 어린 시절부터 가장 역할을 하며 부모화된 자녀로서 가질 수밖에 없었던 책임감과 부담감에 대한 자세한 이야기를 들으며 그녀의 강점을 깨닫게 되고 새로운 존경심을 느끼게 되었다. 에릭은 리사가 원가족과 결혼생활에서 과기능할 때가 있다는 것을 안다. 아직 어린 소녀였을 때 리사가 아버지의 분노, 어머니의 무관심과 우울증을 옆에서 지켜본 사실을 알고 에릭은 미안한 마음이 앞섰다. 그는 자신의 태도가 리사의 어머니가 했던 행동과 비슷하며, 그의 행동이 리사에게 얼마나 상처가 되었는지 깨달았다. 리사가 에릭의 회피행동에 대하여 절망적일 때 에릭은 자신이 못마땅해서 그런 것이라기보다는 리사의 어린 시절의 감정이 자극되어 그렇게 행동한다는 것을 이해했다.

서로의 유년기 이야기를 듣고 어린 시절에 생존하기 위하여 어떤 노력을 했는지 살펴보면서 둘 사이에 동정심과 공감이 생겼다. 그들은 어린아이가 얼마나 취약했으며, 원가족에서 살아남기 위하여 얼마나 애썼는지를 생각하면서 상대를 보호하고 싶어 했다. 또한 그들의 생존 전략이 어떤 방식으로 결혼생활을 방해했는지까지 알게 되었다. 에릭은 자신의 회피행동이 리사를 자극하여 결혼생활을 위협한다는 것을 알게 되었고, 회피행동이 결코 도움이 되지 않는다는 것을 깨달았다. 또한 리사는 에릭으로부터 바라는 따뜻함과 정서적 친밀감을 분노를 통해서는 얻지 못한다는 것을 깨달았다. 즉, 상담을 받으면서 한 발짝 물러서서 상황을 보는 능력이 향상된 것이다. 역설적이게도, 치료자로서 내가 돌보는 태도로 내담자의 취약성을 인정하고 자신을 보호할 권리가 있음을 수용할 때 그들은 경계를 늦추고 자신의 행동이 상대방에게 미친 영향을 생각하게 되었다. 수용은 내담자로 하여금 변화를 향한 위험을 감수하도록 한다. 내담자들은 변화하는 데 있어 존중받아야 하지 절대 강요당해서는 안 된다. 나는 그들의 결혼생활에 불행을 초래한 생존 전략들을 바꾸려고 노력하는 중이다. 내담자들이 나를 자신의 편으로 인식할 때 비로소 나는 그들에게 변화를 지지하는 견고한 위치에 있을 수 있다.

나는 에릭과 리사에게 언제 그들이 생존 방식 모드로 접어드는지를 구분하라고 말했다. 그것에 대한 힌트는 보통 신체적인 각성으로, 목소리 크기, 이를 꽉 무는 것, 안면 홍조 등이 있는데, 그 순간에 나는 "당신에게 지금 무슨 일이 일어나고 있나요?" 혹은 "지금 몸이 어떻게 느껴지나요?"와 같은 질문을 했다. 나는 그들의 생리적 반응을 말하도록 격려하였고 어떤 감정인지 표현하도록 했다. 감정을 표현하는 것은 흥분을 가라앉히는 데 큰 도움이 된다. 우리의 감정을 입으로 말할 때 전전두엽 피질이 활성화되고 편도체는 진정되며 생존 전략의 의존도 또한 하락한다. 이는 행동을 관찰함으로써 행동을 바꾸는 원리이다. 그러므로 자기관찰은 반응성과 자동성의 해결책이라고 볼 수 있다.

성장 생존 전략

생존 전략은 사라지지 않고 어떠한 형태로든 우리 몸에 습관처럼 남아 있다. 하지만 이 전략은 틀에 박히거나 고정관념의 형태가 아니라 조정할 수 있고 융통적으로 바뀔 수 있다. 이에 따라 타인을 통제하는 역할을 하는 사람에게 융통성이 부여된다면 리더십 능력을 가진 조직적인 사람으로 발전될 수 있고, 남들과 잘 어울리면서 즐겁게 하는 역할을 하는 사람은 다른 사람의 욕구에 맞추면서도 자신을 적절하게 조절할 수 있다. 아울러 아주 예민한 사람은 다른 사람들의 고통을 공감하고 돌보면서 회복될 수 있는 방향으로 바뀔 수 있다.

리사가 견디기 어려워하는 에릭의 생존 전략 중 하나는 회피이다. 에릭이 어린아이였을 때 그는 자기 방 안에 그만의 도피처를 만들었다. 그의 어머니는 에릭의 회피와 닫힌 문을 존중해 주었고, 에릭은 도피처 안에서 고독을 느끼며 상처를 회복하였다. 그에게 회피는 목숨을 구해 준 것이나 다름없었다. 리사와의 결혼생활에서 문제가 있을 때 그는 똑같은 전략을 사용했다. 그는 침묵하고, 담을 쌓았으며, 문을 쾅 닫고 나가 리사를 불안하게 만들고 사라졌다. 앞에서 보았듯이, 에릭의 이러한 행동은 리사에게 고통을 주었고, 그녀의 취약성인 외로움과 버림 받는 느낌이 자극되기 시작했다. 자신의 취약성을 보호하고자 했던 행동들이 리사의 취약성을 위협한 것이다.

우리는 에릭이 리사를 방치하거나 위협하지 않는 적절한 생존 전략을 취하도록 하였다. 에릭은 휴식이 필요할 때 후퇴하고 회피하는 대신 '타임아웃' 전략을 사용하는 법을 배웠다(Gottman, 2011). 타임아웃 전략은 서로 동의하에 열기를 식히고 조금 더 생산적인 방법으로 서로를 연결해 주는 역할을 한다. 이 방법은 생리적 각성 상태를 멈추고 심장 박동을 정상 수치로 돌려 놓기 위해 최소 20분을 필요로 한다. 이 시간은 사람마다 다른데, 개개인의 정서 반응과 '정서적 시계'에서 그들이 얼마나 빨리 화가 났는지, 어떻게 화가 났고 얼마나 빨리 성공적으로 회복되는지 시간이 모두 다르기 때문이다 (Davidson, 2003; Fruzzetti, 2006). 한 연구에서는 사람마다 유전적으로 옥시토신을 수용하는 정도가 다르다고 밝혔다. 따라서 타임아웃 전략을 협상할 때 치료자는 개개인의 요구와 상태를 존중해야 한다(Rodrigues et al., 2009). 부부 중 한 사람은 더 빨리 진정되고 재연결을 원하는 반면, 상대방은 진정되는 데 더 많은 시간이 필요할 수 있기 때문이다.

에릭은 생리적 각성 상태에 있을 때 정상으로 돌아오기까지 약 한 시간 정도 걸린다. 나는 에릭이 리사에게 다시 이야기하고 싶어지기까지는 최소 한 시간이 필요하다고 리사에게 말하였다. 이것은 그가 혼자 화내고 문을 쾅 닫고 돌아서는 것과는 아주 다른 행동이다. 타임아웃 전략에 대한 협상은 둘 다 차분하고 정상적인 상태에서 이루어져야 한다. 타임아웃의 주 목표는 차분해지기 위함이다. 타임아웃 상태일 때 산책을 나가거나 화난 생각을 계속하는 것은 바람직하지 않다(Gottman, 2011). 리사는 에릭을 존중하고 나의 타임아웃 제안에 동의하였다. 이로 인해 에릭의 회피 방식에 변화가 생겼고, 커플 사이에도 감정을 조절하는 방법을 배우게 되었다. 부부 각자를 위해서, 그리고 부부관계를 위해서 취약성 사이클을 변화시키는 것은 반드시 필요하다.

에릭의 결혼생활에서 회피와 더불어 또 하나의 주된 생존 전략은 방어이다. 회피와 방어 모두 리사의 분노와 비난으로부터 자신을 보호하기 위한 것이지만 결국 두 가지 모두 에릭에게 해를 끼쳤다고 볼 수 있다. 그가 방어적일 때 에릭은 리사를 차단하는데, 그 행동은 오히려 리사에게 절망감만 줄 뿐이다. 한 회기 중 리사가 얼마나 화가 났는지에 관해 이야기를 하는 중이었는데, 그때 나는 에릭이 긴장하고 있는 것을 알아챘다. 그때 나는 에릭을 존중하는 자세로 그가 방어적으로 느끼고 있는지를 물었다. 그는 "네, 저는 지금 제 자신을 방어하고 있어요."라고 대답했다. 나는 리사가 지금 흥분 상태에서 비난하고 있고, 이 행동을 공격적이라고 생각한다면 방어적으로 변화하는 것이 당연하다고 이야기했다. 그는 내 말에 고개를 끄덕였다. 나는 에릭에게 "에릭, 혹시 실험 하나 해 볼 생각 있어요? 당신의 방패를 없애고 리사의 말을 곧이곧대로 들어보는 거예요. 방어적인 자세를 취하고 싶으면 그렇게 해도 좋아요. 그건 당신의 선택이에요."라고 말했다. 에릭은 그의 자세가 바뀔 수 있다는 사실을 이해하고 그의 태도를 그가 선택할 수 있음을 깨달았다. 이전에는 그의 방어적인 태도에 대해서 아무 선택권이 없었다. 선택권이 있다는 것은 변화에 있어서 매우 중요한 조건이다. 에릭은 상담을 통해 자신을 피해자라고 생각하기보다는 선택자로 생각하게 되었고, 따라서 선택자의 역할을 부여 받았다. 이제 그는 자신의 방어적인 태도를 조절할 수 있다. 또한 그는 리사와의 불편한 점을 혼자 감당하는 대신 그녀와 나눌 수 있게 되었다. 그는 "리사, 당신의 목소리가 너무 커서 내가 방어적으로 변하고 있어. 내가 당신의 말을 들을 수 있게 목소리를 조금만 낮춰 주겠어? 나는 이 문제를 정말 잘 해결하고 싶어."라고 말하는 법도 배웠다.

　이 부부의 상호작용의 다른 한 부분은 리사의 비난이다. 그녀의 가혹한 톤은 에릭에게 두려움을 주므로 우리는 에릭의 방어에 대해 이야기를 나눌 때 이 부분을 언급했다. 에릭이 경계를 늦추고 리사의 이야기를 듣도록 하는 동시에 리사에게는 조금 더 온화하게 말하라고 일렀다. 부부관계에서 여성이 불평자일 때가 종종 있는데, 행복한 부부들은 여성이 대체로 온화한 말투를 가진 것으로 알려져 있다(Gottman, 2011). 리사의 부드러운 말투는 에릭이 자기방어를 하지 않고 리사의 말을 경청할 수 있는 능력을 증진시킬 것이다. 리사는 내가 그녀에게 침묵을 지키라고 한 것은 아닌지 걱정했다. 그녀가 변덕스러운 아버지 밑에서 자라 왔고, 그 행동에 맞서 대응했던 점을 생각하면 나의 제안에 반박할 여지가 충분하다. 그녀는 자신이 아버지에게 맞서서 자신과 자신의 동생을 알코올 의존증 아버지로부터 보호할 수 있었기에 아무것도 하지 말라는 것은 그녀에게 생각할 수도 없는 일이다. 나는 그녀에게 절대로 침묵을 요구하지 않을 것이라고 명료하게 말하고, 에릭과 리사 둘 사이의 틈을 좁히기 위해서 돕는 것이라고 말하였다. 나는 그녀가 에릭에게 엄청난 분노를 쏟아 낼 때 에릭이 놀라기 때문에 그녀의 말을 전혀 들을 수 없다고 말했다. 최근에 리사는 에릭에게 경멸의 말을 많이 표현하였는데, 이것이야말로 불행한 결혼관계에 빠지는 이유 중 하나이다. 나는 리사가 자신의 생각을 말할 권리가 있음을 지지하는 동시에 비난, 분노, 경멸에 대한 생존 전략을 에릭과 함께 변화시켜 나가는 것을 지지했다. 그녀는 노력하겠다고 말하고는 에릭에게 조금은 부드럽게 이야기하기 시작했고 에릭은 그의 방패를 내려놓은 채 들었다. 이 순간 부부는 이전에는 몰랐던 방식으로 교류하였다. 이 한 번의 순간으로 그들의 모든 상처가 회복되지는 않을 것이다. 하지만 이 순간은 부부의 연결 가능성을 보여 주는 시작점으로 볼 수 있다.

취약성 드러내기

생존 전략에 대해 더 다가가면서 나는 내담자들에게 그들의 취약성에 관해 말하도록 하였는데, 이는 상대 배우자의 공감을 쉽게 이끌어 내는 방법이기도 하다. 우리는 다른 사람을 돌보도록 타고 났으므로 한 사람의 취약성은 우리의 돌봄 본능을 유발한다. 자신의 취약성에 관해 이야기하려면 자기방어적 반응 속의 부드러운 정서를 인지하고 있어야 한다(Johnson, 2008). 생존 전략은 매우 빠르고 자동적으로 작동되기 때문에 그에 따르는 취약성 반응을 인지하지 못할 수도 있다. 편도체는 빠르기가 빛과 같으며, 전전두엽 피질이 의식하는 것은 천천히 이루어진다. 하지만 앞서 말했던 것과 같이, '멈추고 정지하기'를 통해 생존 전략이 우리를 지배하는 것을 막을 수 있다. 이것이 익숙해지면 나중에는 '멈추고 정지하기' 자체가 자동적으로 나타날 수 있다. 리사는 분노와 비난 모드로 접어드는 것을 인지하는 법을 배웠고, 에릭은 그의 방어 본능이 그를 회피하게끔 하는 것을 인지할 수 있게 되었다. 각각 그들의 생존 전략을 자극하는 취약성을 앎으로써 상대 배우자에게 자신의 취약성을 분명히 표현할 수 있다.

예를 들어, 나는 리사에게 "에릭, 오늘 너무 외롭고 당신이 보고 싶어. 오늘밤에 같이 이야기하거나 함께 시간을 보낼 수 있을까?" 혹은 "에릭, 나 요즘 일과 집안일에 굉장히 치여 살았어. 혹시 집안일 좀 도와줄 수 있어?"라고 말하기를 권했다. 리사가 비난이나 지시적으로 말하는 대신 부드럽게 말할 때 에릭은 더욱 긍정적으로 반응했다. 리사의 이런 긍정적인 요청이 에릭을 남성으로 만들고, 에릭도 그녀가 진심으로 자신과 함께 시간을 보내고 싶어 한다는 생각에 기쁜 마음으로 답했다. 리사가 에릭을 비난할 때 나는 에릭에게 다음과 같이 말하도록 제안했다. "리사, 나는 당신 말을 듣고 싶어. 하지만 당신이 분노에 차 있고 나에게 냉혹할 때 나는 도망가고 싶은 마음밖에 안 들어. 당신이 원하는 바를 조금 더 부드럽게 얘기해 줄 수 있어?"

새로운 대화방식에서 중요한 것은 에릭이 "나는 당신의 이야기를 듣고 싶어."로 시작하는 것이다. 이것은 리사가 에릭에게 집중하고 방어를 풀 수 있도록 한다. 과거 에릭의 자동 반응이었던 "왜 나한테 항상 소리 질러?"라고 하는 것은 그녀의 화만 더욱 증폭시킬 뿐이다. 리사는 에릭이 자신과 연결되고 싶다고 느낄 때 그의 요구를 듣고 나긋하게 이야기하도록 노력할 수 있게 되었다. 이 요청은 경멸, 방어, 남을 탓하는 것과는 다른 맥락이며, '나'로 시작하는 문장은 '네가'로 시작하는 문장보다 덜 공격적이다.

나는 내담자들이 생존 전략보다는 취약성을 말하도록 격려하는 것과 더불어 생존 전략 이면에 놓여 있는 취약성을 볼 수 있도록 돕는다. 분노 이면에는 상처가 있다. 나는 내담자들이 서로 표면적으로 보이는 것 이외에 숨어 있는 상처나 취약성을 보도록 도와주려고 노력한다. 에릭과 리사가 상대방의 생존 행동을 자극하는 상처와 고통을 보게 될 때 둘 간의 역동은 달라진다. 서로의 취약성을 공감하며 부부는 서로를 보호하고, 생각이 깊어지고, 서로를 덜 탓하게 된다.

주도적인 파트너

힘을 빼고 무력하게 만드는 배우자의 반응은 매우 스트레스를 준다. 교착상태에서 통제권이 없다는 느낌과 무력함은 우울증의 증상과 비슷하다(Seligman, 1992). 이때 나는 부부들이 취약성 사이클에서 한 발자국 물러서서 그들의 상호작용 과정을 관찰하고, 그들의 욕구와 가치를 지키는 선택을 할 수 있게 도와준다. Michele Scheinkman과 나는 이 과정을 '성찰(reflexivity)에서 반영(reflectivity)까지'로 표현했다. 반영을 하는 것, 어떤 과정이 일어나는지를 인지하는 것, 선택을 하는 것 모두 전전두엽이 하는 일이다. 이들은 자동적으로 나오는 감정적인 반응을 막을 수 있고, 우리의 관계를 바꾸는 데 도움을 준다.

부부가 반영적으로 지각할 수 있게 되면 그들은 피해자가 되는 대신 상황을 주도하는 관계가 된다. 나는 내담자들에게 그들이 중요하게 생각하는 가치를 분명히 표현하라고 일러 준다. 의도적인 결혼(Doherty, 1999)은 자연스러운 것과는 다른데, 여기에는 수동성과 반응성이 연관되어 있다. 의도적으로 행동하는 경우, 우선순위와 목표에 대한 재평가가 필요하다. 반응성 모드에서 부부는 서로를 하나의 사물처럼 생각하고 나-그것(I-It)의 관계로 생각하게 된다. 그러나 사려 깊은 모드에서는 서로를 주체로 보고 나-당신(I-Thou)의 관점에서 보게 된다(Buber, 1970; Fishbane, 1998).

갈림길에서

부부는 상대방의 잘못을 지적하는 것에 빠른데, 이와 반대로 나는 부부들에게 상대방의 잘못이 아니라 무엇을 다르게 했나를 보도록 한다. 내담자들이 부부싸움에 대하여 설명할 때, 나는 그들에게 각각 그 상황에서 상호작용을 어떻게 다르게 할 수 있는지에 대한 대본을 작성해 보라고 한다. 나는 그들에게 "에릭과 리사, 당신들이 이 순간으로 돌아간다면 어떻게 행동하고 싶을까요?"라고 묻고, 이 과정을 반복적으로 거치면서 그들이 자신의 태도를 알 때까지 그들의 행동을 되짚어 본다(Atkinson, 2005). 결국 그들의 잘못된 행동을 반복하고 대본을 쓰는 것보다는 그들이 잘못된 행동을 하는 때를 알고 이전과는 다른 선택을 하게 된다. 나는 이것을 '갈림길(the fork in the road)'이라고 부른다(Scheinkman & Fishbane, 2004). 나는 말 그대로 부부에게 오래된 기억들, 즉 자동적인 행동이 가득했던 때를 하나의 길로 보고, 새롭고 태도가 변한 지금을 다른 길로 생각하라고 말한다. 그리고 그들에게 그

갈림길에서 어떠한 선택을 할 것인지 상상해 보라고 이른다.

　예를 들면, 상담이 진행되는 과정에서 리사는 가사에 대한 부담감과 에릭의 방어가 부당하다고 하였다. 에릭은 리사가 지난주에 부담감이 심했고, 그래서 자신에게 화를 냈다고 하자 리사는 에릭이 자신의 배우자 같지가 않다고 하였다. 에릭은 이전에 그랬던 것처럼 리사의 불만을 무시하고 지나갔을 수도 있었다. 하지만 그 순간 그는 상담을 받는 것에 대하여 생각하고 자동적인 행동보다는 잠깐 멈추고 생각할 시간을 가졌다. 그리고 그는 "나는 다른 길을 선택했어. 이 순간 옛 길이 다시 보이는데 그게 어디로 이어지는지 알아. 그래서 다른 새로운 길을 선택했어. 나는 내가 원하는 남자다운 남자가 되기로 했고, 그것은 리사 곁에 있는 거야."라고 말했다. 또한 그는 "나는 당신이 격한 감정에 휩싸였다는 것을 알고 있어. 내가 어떻게 당신을 도울 수 있는지 알려 주면 좋겠어."라고 했다. 이 말을 들은 리사는 그의 품에 안겼다. 에릭의 이야기를 들으면서 우리 모두는 눈물을 흘렸다. 이 순간을 바로 변화가 생기는 순간이어서, 우리는 그 순간을 축하했다. 수년간의 악순환에서 선순환으로 변화가 생긴 그 특별한 순간을 축하해야 된다고 Michael White는 말했다.

　이러한 순간에 치료자들은 가장 큰 보람을 느낀다. 내담자들이 평생 가지고 살던 습관을 바꿀 수 있는 것은 치료자의 특권이다. 취약성 사이클을 분석하고 부부간의 춤과 그들의 변화를 보는 다음 장에서는 관계 간의 권력(power)에 대해서 다룰 것이다. 나는 권력이 우리가 생각하는 것 이상으로 복잡하다고 생각한다. 제8장과 제9장에서는 부부상담에서 개인의 임파워먼트와 관계에서의 임파워먼트가 행복한 부부관계에 어떤 영향을 미치는지에 대하여 살펴볼 것이다.

제8장

관계 임파워먼트 촉진하기

에릭과 리사의 사례와 같이, 많은 부부는 힘겨루기에 휘말린다. 우리는 보통 권력에 대해 '지배하는 것(Power Over)'으로 생각하는데, 이는 자신이 원하는 대로 타인이 행동하는 것 혹은 타인에게 영향을 미치는 것을 의미한다. '지배하는 것'의 역동은 가까운 관계 안에 스며 있다. 이 '지배하는 것'의 역동은 지위의 차이에 따라 다양한 형태로 존재하는데, 부(money), 신체 차이, 학벌, 관계를 떠나는 것에 대한 선택, 파트너 사이의 갑을관계 등이 있다. 이 역동은 폭력이나 타인을 다스리고자 하는 형태를 취한다. 따라서 커플 간 신체적 폭력성이 있는 경우와 이성애자 사회에서는 남성이 더 많은 힘을 가지는 것을 당연시 여긴다. 반면에 여성은 순응적이고 타인을 돌보도록 교육 받는다. 최근 양성평등 운동이 활발함에도 불구하고, 가사 노동에 대한 여성의 부담은 아직도 다분히 남아 있다. 과거와 같이 성(gender)으로 역할을 나누는 것은 부부에게 많은 문제를 일으킬 수 있다.

에릭은 이 부부관계에서 권력이 더 많아 보인다. 그는 리사보다 체격이 크고, 남성이며, 수입도 더 많다. 하지만 그와 같이 앉아 있으면 리사가 더 권력이 많게끔 느껴진다. 그는 리사의 정서 지능(emotional intelligence)에 압도당하고 사회적 영역(social realm)을 다루는 능력에 겁을 먹는다. 그중에서도 가장 가슴 아픈 것은 그녀의 분노에 두려워한다는 것이다. 이러한 상황에서 어떻게 하면 전통적인 권력에 대한 개념과 에릭의 결혼생활에서의 무기력함을 조화시킬 수 있을까?

관계 이론가들은 친밀한 관계에서 권력에 대한 인식을 확장시켰다(Fishbane, 2010, 2011, 2013; Goodrich, 1991; Surrey, 1991). 나는 자신을 조절하고 어떻게 행동할지에 대해 정보를 가지는 능력(Power to), 그리고 권력을 파트너와 공유하고 존중과 돌봄으로 관계하는 능력(Power with)을 '관계 임파워먼트(relational empowerment)'라고 했다(Surrey, 1991). 관계 임파워먼트는 우리의 내적 세계를 자각하고 조절하며 다른 사람들과 성공적으로 상호작용할 수 있는 능력과 정서 지능 및 사회지능(social intelligence)을 포함한다(Bar-on, 2005; Goleman, 1995, 2006; Salovey, Mayer, & Caruso, 2002). 이러한 능력들이 있을 때 부부는 그들의 가치에 따라 살 수 있고, 서로의 차이를 힘겨루기나 무시하는 행동 없이 해결할 수 있다.

하지만 많은 부부는 둘 다 힘이 빠진 상태에서 상담을 받으러 온다. 그들은 자신을 조절할 수 없고, 공감적으로 교류하지 못하여 서로를 존중하지 않고, 결국엔 파괴적인 형태의 지배하기 역동에 빠져 있다. 부부상담에서 나는 관계 임파워먼트를 촉진하고 상대 배우자에 대하여 여유를 가지는 동시에 인내하도록 함으로써 한쪽 입장에만 치우치지 않으려고 노력한다.

제8장과 제9장은 자기를 조절하는 힘(Power to)과 지배하는 힘(Power over)을 중심으로 다룰 것이다. 그러나 우선 지배하는 힘(Power over) 역동과 부부관계 갈등을 둘러싼 이슈들을 다룰 것이다.

지배하는 힘

우리는 힘이 지배하는 사회에 살고 있다. 이러한 사회에서 경쟁과 개인주의는 핵심 가치가 되어서 간혹 지배와 자기방어적 행동을 하도록 요구한다. 커플들은 이러한 가치들을 내면화시키는데, '힘의 지배'는 친밀감과 관계 만족도를 악화시킨다. 행복한 부부는 서로 공평하고 평등한 상호작용을 가진다. 지배하고 지배당하는 상태에서 부부는 승자와 패자, 제로섬 정신으로 상호작용을 한다. 제로섬 게임에서는 승자와 패자가 분명하다. 테니스나 체스와 같은 게임에서는 승자와 패자가 명확히 구분된다. 많은 불행한 커플이 그들의 관계에 제로섬 방식으로 접근한다. 상담 전에 에릭은 리사가 '승리' 함으로써 에릭이 리사에게 맞추어 줄 것을 요구하면 그는 '패배'했다고 생각했다. 경쟁 사회에서 자란 에릭은 쉽게 굴복하고 싶지 않았고, 여성에게 패배했다는 사실이 그에게 굴욕감을 안겨 주었다. 리사는 좀 더 협력적인 자세를 가지고 있지만, 그녀가 에릭에게 분노와 경멸로 다가오며 에릭을 변화시키고자 했을 때 그녀 역시 힘으로 지배하고자 하는 역동을 사용하고 있었다.

갈등

에릭과 리사가 어떤 일에 서로 동의하지 못했다는 것이 문제는 아니다. 제5장에서 보았듯이 행복한 커플도 갈등은 있다. 하지만 그들은 그것을 싸움으로 진행시키지 않는다. 그들은 성경의 '요한계시록에 나오는 불멸의 4기사(비난, 방어, 경멸, 담쌓기)'를 사용하지 않는다(Gottman, 2011). 에릭과 리사의 사례에서 이들은 네 가지 모두를 보여 주고 있다. 리사는 비난과 경멸을 표현하였고, 에릭은 방어와 담쌓기를 했다. 그들은 이러한 행동을 의도적으로 하는 것은 아니다. 그저 다른 행동을 할 줄 몰랐을 뿐이다. 리사는 에릭에게 크게 실망했고, 그녀의 경멸은 오랜 기간 동안 좌절감에서 비롯된 것이었다.

에릭의 담쌓기는 그저 그렇게 해야만 했던 것이었다. 리사가 그를 비난할 때, 그는 경직되었고, 자신을 진정시키기 위해 어쩔 수 없이 담쌓기를 한 것이다. 상호 간의 부정적인 영향은 그들의 신뢰와 선의를 짓밟았다. 그들의 관계에는 대립각이 세워졌고, 상대 배우자보다는 자기 자신만을 생각하게 하였다.

반면에 행복한 커플들은 갈등을 견제할 수 있는 능력을 갖추고 있는데, 그 능력은 우정, 존중, 서로에 대한 존경심으로부터 비롯된다(Gottman, 2011). 이들은 진심으로 서로를 좋아한다. 그들이 서로에게 동의하지 않을 때, 긍정성 안에서 부정성을 견제하며 긍정적인 정서로 임한다(Gottman, 2011; Weiss, 1980). 사실, 높은 수준의 긍정적인 정서는 둘이 싸우는 경우에 나타나는 부정 정서를 완화시킨다. 풍성한 긍정적인 교류는 갈등 시 있는 단절이나 의견 충돌에 대한 쿠션 역할을 한다. 불행한 커플들은 갈등 중 생리학적으로 조절이 잘 되지 않는데, 행복한 커플들은 어떻게 자신과 상대방을 위로하고 진정시킬지를 안다. 또한 이 커플들은 갈등이 고조된 채로 머물지 않고 편안함을 곧 회복한다. 그들은 피할 수 없는 부정적 순간을 함께 조율해 가며 유대감과 신뢰감을 강화한다.

갈등으로 인해 고통스러워하는 커플들을 상담할 때 상담자의 존중하는 태도가 필요하다. 이에는 화가 났을 때 자신을 조절하는 것, 상대 배우자의 관점에 개방적인 것 등이 포함된다. 이 조건들이 충족될 때 커플 간의 차이가 비로소 대화와 탐색을 위한 기회로 바뀐다. 위험에 대한 편도체의 지속적인 경계와 더불어 갈등이 어떻게 야기되었는지가 중요하다. 대화를 부드럽고 사랑스럽게 시작하는 것은 공격이나 경멸보다 편도체 활성도가 적다. 이것은 먼저 문제를 제기하기 시작하는 여성들에게 특히 중요하다. 부드러운 시작은 배우자가 방어적으로 거리를 두지 않고 서로 간의 다름을 존중하면서 생산적인 대화를 할 수 있는 가능성을 높여 준다.

자기를 조절하는 힘

선택

자기를 조절하는 힘은 목표에 맞는 선택을 하도록 한다. 우리가 하루하루 모든 순간을 어떻게 헤쳐나갈지 생각하면서 살지 않는 것처럼 우리의 뇌는 가동적으로 작동한다. 이 작동법의 단점은 결정을 내리는 데 뇌는 충분한 정보를 얻지 못하고 직관으로만 행동한다는 것이다. 우리는 보통 우리의 직관을 믿으며 자신감을 가지는데, 그 자신감이 항상 옳은 것은 아니다 (Kahneman, 2011). 커플의 고통은 자동적 반응성(automatic reactivity)에 의해서 더 증가하는데, 상담은 이들이 사려 깊은 상호작용을 할 수 있도록 한다.

우리는 내담자들이 자신이 대하여 진 방식을 말할 때 그들이 어떻게 피해의식에 사로잡히는지 보아 왔다. 에릭은 자신을 리사의 비난에 대한 피해자라고 생각한다. 한 회기에서 에릭은 리사가 자신에게 전보다 친절해졌기 때문에 상황이 나아졌다고 말했다. 그는 자신의 행동에서는 어떠한 변화도 못 느꼈다. 리사는 모든 것이 리사 탓이며, 리사가 비난을 덜하면 상황이 좋아진다고 말하는 에릭을 보며 화가 났다. 리사도 나름대로 변화를 시도하고 노력하고 있지만, 에릭이 아무런 책임감을 느끼지 않는다는 점에 큰 분노를 일으켰다. 나는 에릭에게 "당신이 리사의 행동 변화로 상황을 긍정적으로 본다는 점은 아주 좋은 일이에요. 하지만 그런 태도가 힘을 빼앗기는 행동이에요. 당신의 안녕감이 온전히 리사의 기분에 달려 있다는 거지요. 제가 당신이라면 결혼관계에서 조금은 더 권력을 가지고 싶어 할 거예요. 리사의 기분이나 반응에 의존하는 게 아닌 자신이 상황을 개선해 가는 모습 말이에요."라고 말했다.

권력에 대한 이야기를 통해 에릭이 집중하도록 했다. 그는 그에게도 말할 권한이 주어지고 그 자신의 행동을 개선해 나간다는 생각에 호의적이었다.

이러한 개입으로 둘의 대화는 비난대화("리사의 행동이 변함으로써 모든 게 나아지고 있어.")에서 임파워먼트 담론("나도 우리의 관계를 위해 뭐라도 하고 싶어.")으로 발전하였다.

하겠다는 의지(Free Will)와 하지 않겠다는 의지(Free Won't)

우리의 태도를 선택하는 데 있어 우리는 얼마나 자유로운가? 자유의지에 대한 논쟁에 과학자들은 철학자에게 가세하였다. 토론에서 인간은 행동하기에 앞서 자신의 태도를 인지한다는 사실에 대하여 논란이 생겼다. 즉, 우리의 행동은 의식적인 의도 이전에 일어난다는 것이다(Libet, 1985). 그러나 우리는 우리의 자동적 경향성을 거부할 수 있다. 우리가 자각만 한다면 우리는 몇 천분의 1초 사이에 결정을 내릴 수 있다. 우리는 반응을 보일지 보이지 말지를 결정할 수 있다. 신경과학자들은 이것을 '하지 않겠다는 의지(free won't)'라고 명명하였다(Libet, 1985; Obhi & Haggard, 2004). 이는 어떤 것을 하겠다는 '자유의지(free will)'의 하위 부류에 속한다. 대부분의 우리의 행동은 자동적이고 무의식적인데, 의식의 과정은 우리의 이상에 맞게 충동을 조절하고 행동을 하도록 할 수 있다(Baumeister, Masicampo, & Vohs, 2011). 충분한 연습이 뒤따른다면 우리의 의식적인 목표는 자동적인 것이 된다. 그러면 우리는 자각도 하기 전에 우리의 행동을 조절할 수 있게 된다. 다른 습관들처럼, 우리의 목표에 따라 사는 것이 곧 일상적인 규칙이 되는 것이다(Bargh, Lee-Chai, Barndollar, Gollwitzer, & Trotschel, 2001; Moskowitz, Gollwitzer, Wasel, & Schaal, 1999).

자기통제와 마시멜로

개인적·사회적 규범을 어기고 싶은 충동을 억제하는 자기조절 능력은 진화를 위한 중요한 요소로 생각된다. 우리는 집단의 일부분이다. 집단 내에서 인정 받으려면 우리의 태도를 인지하고 사회적 규범에 맞게 자신을 조절할 수 있어야 한다(Heatherton, 2011). 자기조절은 전전두엽 피질, 특히 복내측 전전두피질(ventromedial prefrontal cortex)에서 담당한다. Phineas Gage는 비극적인 사고로 이 부분을 다쳤는데, 사고 이후에 그는 다른 사람들과 어울리지 못하고 충동적이며 그의 감정을 조절할 수 없게 되었다. 그는 개인적으로, 사회적으로 영혼을 잃게 된 셈이다. 이처럼 자기조절은 성공적 관계를 위해 절대적으로 필요하다.

우리는 모두 충동성(impulsivity)과 반응성(reflectivity) 사이에서 긴장감을 경험한 결과, 좀 더 반영적이며 사려 깊은 자기조절력을 가지게 된다. 심리학자들은 이 둘이 다른 시스템이라고 말하는데, 반응성 시스템은 높은 수준의 인지 능력을 필요로 하고 천천히 작동한다. 이것은 융통성을 가지도록 하고, 계획과 목표 수립에 도움을 준다. 또한 우리가 미래의 더 나은 결과를 위하여 즉각적인 보상을 원하는 마음을 억제하도록 하기도 한다. 반면에 충동성 시스템은 빠르고 경직되어 있으며 낮은 수준의 인지 능력을 필요로 하고 항상 작동하고 있다(Strack & Deutsch, 2004). 우리는 우리의 행동과 우리 자신의 많은 부분을 통제한다고 생각하지만 많은 부분에서 자동적으로 행동한다는 것을 알게 되면서 겸손해진다. 이것은 『참을 수 없는 존재의 자동성』이라는 신경과학 논문에 실려 있다(Bargh & Chartrand, 1999). 하지만 우리는 충동적으로 행동할지 말지에 대해 조금은 선택권이 있는데, 항간에서는 충동성 조절에 대하여 자기조절력 대 기질적 차이가 있다고 말한다. 이러한 차이는 유전적 이유나 삶의 경험에 따라 다르다(Hofmann, Friese, & Strack, 2009). 하지만 지금 당장의 즉각적인 만족을 참아 낼 줄 아는 능력은 안정적인 기질이라 할 수 있다. 한 실험에서 4살짜리 아이에게 마시멜로를 주고 일정 시간 동안 기다리면 두 배를 준다는 조건을 제시했을 때, 먹지 않고 기다린 아이들이 미래에 더 높은 SAT점수와 사회적 인지적 능력을 갖춘 것으로 나타났다(Metcalfe & Mischel, 1999).

의지력이라고도 불리는 자기조절력은 타인과의 안정적이고 만족스러운 애착과 높은 공감 능력, 감소된 분노, 삶의 성공 등 다수의 긍정적인 결과와 관련이 있다(Baumeister & Tierney, 2011). 자기조절력은 종종 근육과 비교가 되는데, 계속 사용하면 피곤하지만, 연습으로 인해 발달한다는 점은 비슷하다. 자기조절력은 포도당으로부터 힘을 얻으므로 저혈당 상태일 때 충동성이 증가하고 의지력은 약해진다(Baumeister & Tierney, 2011). 만성적이고 심각한 스트레스 또한 전전두엽 피질의 활동을 저하하고 편도체 활동을 촉진함으로써(Davidson & McEwen, 2012), 충동성을 높인다. 에릭과 리사의 경우, 둘 중 하나라도 수면 저하가 있거나 일에 치임으로써 스트레스가 높아졌을 때 또는 둘 사이의 갈등이 더욱 심각해졌을 때 폭발하게 된다.

반응성 계획

의지력은 즉각적인 반응보다는 장기적인 목표 설정과 항상 그 목표들을 마음에 두고 있을 때 증가한다. 상담에서 나는 커플들이 그들의 개인적인 목표 및 공동의 목표와 비전을 계속 생각하고 이를 선택할 수 있도록 돕는다. 에릭은 행복한 결혼생활이라는 보상을 계속 마음에 두고 리사의 기분이 상해 있을 때 도망치고자 하는 그의 충동성에 도전하도록 동기를 부여했다. (이것은 내가 그의 능력을 개인적인 임파워먼트로서의 자기조절력으로 구성할 때 도움이 된다.) 아울러 리사에게는 에릭과 좀 더 만족스러운 관계를 유지하기 위하여 그녀의 감정을 좀 더 잘 조절하기 위한 약속을 지키도록 했다.

파트너들은 그들의 감정적 뇌가 활성화될 때를 위하여 그들의 전전두엽 반응성 시스템(prefrontal reflective system)을 사용하는 법을 배운다. 우리는 에릭이 리사의 비난으로 흥분되었을 때 '타임아웃'사용을 선택하는 것을 보았다. 우리 셋은 모두 그들의 갈등 상황에서 에릭이 충동적으로 자리를 박차고 나갈 수 있다는 것을 알고 있다. 그의 탈출하고 싶어 하는 욕구를 존중해 커플 모두의 조건에 맞는 상위 뇌(higher brain)와 반응 시스템을 활용하는 계획을 세운 것이다. 그렇게 함으로써 에릭은 자신을 진정시킬 수 있는 시간과 여유를 가지게 되고, 리사는 타임아웃을 통하여 자신을 조절하고자 하는 에릭의 욕구를 수용할 수 있었다. 함께 만든 이 타임아웃 전략 덕분에 리사는 더 이상 자신이 버림받는 것으로 받아들이지 않게 되었다. 충동성 시스템이 어떻게 작동하는지를 이해하는 것은 더 어려운 순간들을 예상하고 이것에 대처할 수 있는 다른 전략들을 가질 수 있게 한다.

관계 상자 안의 도구들

에릭과 같이 많은 남성은 상담을 여성 혹은 제정신이 아닌 사람들을 위한 것이라고 여긴다. 이들의 상황을 더욱 악화시키는 것은 상담자가 여성인 경우 한 공간에 두 명의 여성이 있다는 것이다. 이 경우 남성은 수적으로 열세에 놓이며 두려움을 느낄 가능성이 있다. 따라서 나는 그의 막연한 감정을 좀 더 구체적이고 활동 지향적으로 표현하는 데 초점을 둔다. 나는 이를 상담실험실에서 배울 수 있는 구체적 기술들로 이루어진 '도구 상자를 위한 도구(tools for your toolbox)'라고 부른다(Fishbane, 2007, p. 408). 이 도구들은 정서적 유능감(emotional competence)과 정서 조절력(emotional regulation), 공감(empathy), 마음챙김, 말할 수 있는 능력, 그리고 경청을 포함한다. 여성뿐만 아니라 남성들도 이 '도구'들과 구체적 접근 기술을 좋아한다. 정서와 공감은 다름에도 불구하고 우리가 임파워먼트와 구체적인 전략에 집중할 때 내담자들은 덜 두려워하고 상담에 적극적으로 임한다. 내담자들에게 이 도구들을 제시하면서 나는 상담의 목표가 내담자들의 관계를 회복하고 갈등을 조정하는 데 있어 나에게 의존하기보다는 그들의 유능감을 증진하는 것임을 말한다.

정서 유능감

관계 임파워먼트에서 정서를 인지하고 조절하는 능력은 매우 중요하다. Diana Fosha(2000)의 '정서 유능감(affective competence)'에 관한 연구에서는 관계 임파워먼트가 빗나갈 소지가 다분하다고 이야기했다. 한 사람이 감정에 휩싸여 상대방의 감정을 다루지 못할 수도 있고, 감정을 다루면서 사회적으로 기능적이기는 하지만 감정에 무지할 수도 있다. 목표는 서로의 관계에서 감정을 느끼고 다루는 것이다. 에릭은 종종 감정을 느끼지 못하는 상태에서 리사가 분노에 휩싸여 있을 때 그녀는 감정을 다루지 못하면서 느끼기만 한다. 그들은 자신의 감정을 처리하면서 서로 소통하는 데 어려움이 있다. 우리는 모두 정서에 관한 '관용의 창(windows of tolerance)'을 가지고 있는데(Siegel, 1999), 어떤 사람들에게는 이 창문이 매우 좁다. 따라서 상담을 통해 상호작용하는 가운데 이들의 창문을 넓히고 서로의 감정을 효과적으로 자각하고 조절할 수 있도록 도와줄 수 있다. 그 결과, 커플들은 감정에 휩싸이지 않을 수 있다.

에릭을 포함해 많은 남성은 '정서 문해력(emotional literacy)'의 정도가 낮다(Atkinson, 2005). 남성들은 종종 자신의 감정과 타인의 감정을 단순화시킨다. 많은 남성이 알고 있는 감정은 분노밖에 없다고 해도 과언이 아니다. 우리는 에릭이 생존 전략으로서 어떻게 감정을 느끼지 않도록 학습되었는지를 보았다. 그것이 그와 리사의 관계가 불화하도록 했고, 자신의 감정을 이해하지 못하며 리사에게도 공감하지 못하도록 하였다. 앞에서 살펴본 바와 같이, 자신의 정서를 인지하고 타인의 감정에 공감하는 것은 공통적인 신경 회로이다. 에릭이 감정조율을 하지 못하는 것은 리사가 이혼을 고려하도록 하는 요인이었다.

개인마다 감정을 어떻게 탐색하고 다루는지에 따라 감정 스타일과 감정 조절 방식이 다르다. Richard Davidson은 여섯 가지 감정 스타일이 있다고 하였는데(Davidson & Begley, 2012), 관점(긍정적 혹은 부정적), 회복력(빠른지 혹은 느린지), 자기인식(자신의 감정적·신체적 경험에 집중하는지 혹은 무시하는지), 맥락에 대한 민감성(자각 혹은 비자각), 집중(집중을 하는지 혹은 못하는지), 그리고 사회적 직관(사회적 신호에 주의를 기울이는지 혹은 그렇지 않은지)이 있다. Davidson은 뇌의 어떤 부분이 앞의 방식들을 담당하는지 연구한 후 우리의 감정 스타일은 고정적이지 않고 변화한다는 사실을 알아냈다(Davidson & Begley, 2012). 마음챙김 명상과 인지행동치료와 같은 특정 기법들은 우리의 자기조절력과 안녕감을 향상시키고 감정 스타일을 변화시킨다(Davidson & McEwen, 2012).

　에릭은 자기인식에 취약한데, 이는 뇌의 섬엽과 연관되어 있다. 섬엽은 우리의 신체에 대한 정보와 상대방에 대한 기억을 저장한다. 우리는 에릭이 자신의 신체와 감정적 경험을 무시하는 것을 곧 자신을 위로하는 방법으로 삼는 것을 미루어 보아 그가 섬엽을 충분히 활용하지 않고 있음을 알 수 있다. 그는 사회적 직관에도 취약한 모습을 보이는데, 상대방의 입장에서 생각하거나 상대방의 경험을 들을 때 활성화되는 방추상회가 제 역할을 하지 않고 있음을 알 수 있다. 아스퍼거 증후군이나 자폐증을 가진 사람들은 눈맞춤을 피하기 때문에 방추상회를 충분히 사용하지 않는다. Davidson은 자폐증이 있는 사람들이 눈맞춤에 매우 불안감을 느낄 뿐만 아니라 그들의 편도체가 높은 수준으로 활성화되는 것을 발견했다. 그들은 자신을 진정시키기 위하여 시선을 다른 곳으로 돌리는 것이다. 에릭은 아스퍼거 증후군이나 자폐증을 가지고 있지 않음에도 불구하고 불안할 때 눈맞춤을 피하고 쉽게 긴장한다. 그는 특히 리사의 눈이 실망과 분노를 담고 있는 것이 두려워 리사를 바라보는 것을 더욱 힘들어 한다. 그가 눈맞춤을 회피하는 것은 리사와의 감정적 신호나 그녀와 연결되는 것을 피하는 것이나 마찬가지이다.

　리사의 회복력은 제한적이다. 그녀는 에릭과 싸운 후 감정이 회복되기까지 오랜 시간이 걸린다. 어렸을 때 리사는 여동생 캐시와 교류하며 자신을 진정시키고는 했는데, 여동생이 세상을 떠난 후 리사는 감정을 조절하는 데 어려움을 느끼고 있다. 리사는 에릭이 여동생 캐시의 역할을 대신해 줄 것을 기대했지만, 에릭은 리사의 어려움을 눈치채지 못했다. 리사의 불안감과 조절장애는 편도체의 과다 기능과 전전두엽 피질의 과소 기능이 결합하여 나타나는 현상이다. 술에 취한 아버지로부터 정서적 학대를 받았던 과거력은 리사의 뇌의 감정 회로(emotional circuitry)에 영향을 미쳤다. 어린 나이에 만성적이고 심한 스트레스를 받는 것은 시상하부 뇌하수체 부신 축(hypothalamic-pituitary-adrenalaxis)에 영향을 주고 편도체의 부피를 키우며 편도체를 진정시키는 전전두엽의 효율성을 감소시킨다(Davidson & McEwen, 2012).

감정 조절 기법

감정 조절력은 개인과 관계의 만족에 핵심적인 요인이다. 감정이 상했을 때 감정을 조절하는 것이 쉬운 것은 아니다. 나는 이것을 직접 경험했다. 어린 아이였을 때 나는 걸핏하면 화를 내고는 했다(사실 지금도 이 문제를 가지고 있어서 늘 노력 중이고, 그 결과 조금씩 나아지고 있다). 하지만 나의 부모님은 이 문제에 대해 나를 꾸짖는 대신 분노를 다룰 수 있는 가치 있는 도구인 철학적 지혜를 주셨다. 철학을 전공하신 나의 아버지는 나에게 "가장 강한 사람은 자신의 힘을 완벽히 이해하고 자신에게만 사용하지."라는 고대 로마의 스토아 철학자인 세네카의 말을 하셨다. 권력이란 곧 자신에 대한 권력인 것이다. 이 통찰은 초기 랍비의 격언인 "누가 전능자인가? 오직 자신의 본능을 넘어선 자이다."라는 말과도 같다. 이것은 '권력을 남에게 사용해야 한다.'는 공식을 뒤엎은 셈이다. 이것은 다른 사람을 지배하는 권력 대신에 자신을 지배하는 권력으로 정의되는 것이다.

나는 남편이 정리해 두지 않은 신발에 걸려 넘어져 울화가 치밀어 올랐을 때 죽도록 분노를 표출했던 적이 있다. 내가 분노하기도 전에 나의 편도체가 작동한 것이다. 나의 독선적인 분노 이후 나는 후회하면서 남편과 다시 연결될 필요를 느꼈다. 내가 표출한 분노는 자기조절, 체면, 존중 등 모든 면에

서 나의 가치와는 어긋난다. 이뿐만 아니라 내가 사랑하는 남자에게 상처를
주기도 한다. 자신을 조절하는 힘은 분노로 인해 생긴 피해들을 회복하고 나
자신이 더 나은 사람이 되도록 도와준다. 나는 가끔 분노를 표출하기 바로
직전에 다른 선택을 하는데, 이는 나에게는 갈림길과도 같다. 내가 폭발하기
직전 나는 '이 사람은 내가 사랑하는 사람이야. 내가 화낸다고 해서 무엇을
얻지?'라는 생각을 되뇌인다. 그러고는 몇 번의 심호흡 이후 나의 감정을 조
절할 수 있게 되고, 내가 진정되고 협력할 수 있게 될 때 얘기하게 된다. 이
러한 과정이 나의 가치와 맞게 상황을 해결하고 내가 나 자신과의 싸움에서
승리했다고 느끼는 순간이다. 이것이 곧 관계 임파워먼트의 순간이다.

　나는 가끔 전전두엽 피질을 활성화하고 편도체를 진정시키는 방법을 이용
해 자기조절을 한다. 이는 본능과 행동 사이에 공간을 줌으로써 본능적으로
행동하는 것을 막고 의식적인 생각을 한 후에 행동하도록 한다. 나는 커플들
에게 감정 반응에 직면하여 전전두엽의 사려 깊음을 촉진하는 기법들을 알
려 준다. 그 중 한 가지는 제3장에서 언급했는데, 분노에 대한 재평가로서 분
노를 다른 관점에서 바라보고 다시 한 번 생각하는 것이다. 재평가는 커플
의 가치와 관계가 있을 때 가장 효과적이다. 사랑하는 사람에 대하여 책임감
있는 사람이 되고자 하는 목표는 갈등이 있을 때 큰 도움이 된다. 또 한 가
지 감정 조절을 하는 기법은 감정을 입으로 말하는 것이다. 감정을 입 밖으
로 말하면 전전두엽 피질이 활성화되면서 감정이 가라앉는다(Creswell et al.,
2007). 상담 중에 나는 우리를 진정시키는 전전두엽 피질의 효과에 대하여
설명하곤 한다. 내담자들은 그들의 전전두엽 피질이 그들을 도와서 자신이
충동성의 피해자가 되지 않을 수 있다는 사실에 호기심을 가진다.

　나는 종종 감정 조절을 위해 이미지를 사용한다. 나는 커플들에게 누가 기
분이 상하고 편도체를 진정시키는 데 힘든지 물어보고, 전전두엽 피질이 활
성화되어 그들의 감정이 진정되었을 때를 상상하라고 시킨다. 내담자들은
이 기법이 자신의 감정을 조절하도록 하는 특별한 도구를 제공함으로써 효
과적이라고 생각하고 그것을 덜 부끄럽게 생각한다. 이 방법은 분노 문제

를 안고 있는 사람들에게 특히 중요한데, 그들이 "저는 분노하기 때문에 나쁜 사람입니다."라고 말하는 대신 "제 편도체가 과기능하고 있고, 저는 어떻게 이를 진정시킬지 알고 있습니다."의 방법으로 말하는 게 효과적이다. 이 방법은 개인의 반응을 외재화하는 과정의 하나이며(Goleman, 1995) 문제행동을 외재화하는 것은 문제행동을 잘 다스릴 수 있는 힘을 강화한다(White, 1989). 편도체를 진정시키는 전전두엽 피질의 이미지 기법은 신경교육(neuroeducation)과 같은데, 내담자들은 그들의 뇌가 행동에 어떤 영향을 미치는지에 대해 배우는 것을 유익하게 생각한다(Fishbane, 2008). 신경과학에 대한 긴 강의를 진행하는 대신, 신경교육을 통해 그들의 내적 세계를 이해하게 촉진한다. 그들의 정서적 경험들이 정상화됨에 따라, 커플들은 그들의 반응에 수치심을 덜 느낀다.

내가 이미지를 이용하는 기법 중 또 다른 하나는 내면가족체계치료(internal family systems therapy; Schwartz, 1994)에서 나온 것인데, 커플들에게 자신이 취약한 점이 많은 어린 아이였을 때 인자한 부모가 달래고 진정시키던 장면을 상상해 보라고 이른다. 자기 자신의 내면을 돌본다는 것은 분노 상황에서 자기 자신을 조절하는 것을 의미한다(Siegel & Hartzell, 2003). 리사와 에릭 모두 갈등이 있을 때 실망과 관계 단절이라는 자신의 생존 전략으로 빠지지 않게 자신을 위로하는 기법을 배워야 한다. 리사가 효과적으로 생각하는 기법 중 하나는 깊은 복식 호흡인데, 그녀가 불안해할 때 복식 호흡을 함으로써 부교감 신경계를 활성화하고 교감 신경계의 흥분을 가라앉힐 수 있게 된다.

보통 내담자들의 경험을 듣다 보면 때때로 상담실이 무너져 내린다는 느낌을 받는다. 여기 하나의 짤막한 글을 소개하고자 한다. 아내 제인은 남편의 욱하는 성질에 대해 불평했다. 남편 제이크는 폭력적인 사람은 아니지만 그가 불같이 화를 내는 것은 그녀를 꽤 괴롭게 했다. 나는 그가 화내는 모습을 본 적은 없지만 그녀의 이야기를 믿었다. 그러던 어느 날 상담 도중 제이크가 갑자기 매우 크게 화를 냈다. 그는 일어서서 고래고래 고함을 질렀다.

그는 체구가 큰 편은 아니었지만 격분한 상태여서 무척 무서웠다. 그의 편도체가 그의 두뇌를 장악하였고, 그의 분노로 인해 내 편도체 또한 활성화되어 겁을 먹었다. 나는 나와 제인이 신체적으로 위험에 처했다고는 생각하지 않았지만 정신적으로는 그의 폭발적인 분노로 두려움을 느꼈다. 그래서 나는 심호흡과 동시에 내 자신과 짧은 대화를 하면서 나의 전전두엽 피질을 활성화시켰다. 나는 그가 정말로 고통스럽지만 그것을 알아들을 수 있게 말하는 방법을 모른다고 생각했다. 나는 용기를 내어 말했다. "제이크, 지금 너무나도 고통스럽군요. 나는 당신이 하고자 하는 말을 듣고 싶어요. 하지만 당신이 고함만 친다면 제인과 나는 알아들을 수 없을 뿐 아니라 너무나도 겁이 나요. 그러니 앉아서 당신이 하고 싶은 말을 천천히 들려 주세요."

　제이크는 나의 말을 듣고 자리에 앉아 흐느끼면서 아내에게 다가가지 못하는 고통을 표현하였다. 제인은 그가 화를 내는 동안 그의 위협적인 태도에 멍하니 앉아 창밖만 쳐다보고 있었다. 그가 자신의 괴로움에 대해 한결 약하게 표현하자 그녀는 천천히 방으로 시선을 돌렸다. 나는 이 상호작용에서 나타나는 부정적인 결과를 설명하였고, 자신의 이야기를 들어 주기 원하는 그의 바람을 수용하였다. 우리는 제이크가 분노 발작의 전조 증상을 인지하며 스스로 분노를 조절하는 기법을 배울 수 있도록 집중하였다. 그는 분노가 치밀어 오르기 전에 그의 몸이 동요되기 시작하는 과정(이를 악물기, 빠른 심장 박동)을 알아차렸다. 우리는 그가 그 시점에서 할 수 있는 진정하며 숨쉬기, 산책하기와 같은 일들을 연습했고, 결국 그는 제인이 알아들을 수 있는 방법으로 그의 걱정을 나눌 수 있게 되었다. 나는 또한 제인이 남편의 행동에 불편함을 느낄 때마다 전처럼 멍하니 밖을 쳐다보지 않고 그에게 말할 수 있도록 도움을 주었다. 결혼생활 내내 있어 왔던 그녀의 이혼 선언은 그의 광적인 분노에 기름을 붓는 격이 되었기에 우리는 그녀가 제이크를 거부하지 않고 스스로를 방어할 수 있는 방법에 대해 함께 탐색했다. 두 사람 모두 이 과정을 통하여 그들의 생존 전략에 도전하는 방법을 배우게 되었다.

마음챙김

마음챙김은 판단하지 않고 현재 이 순간의 경험에 집중하는 것으로, 최근 상담방식의 주류로 떠오르고 있다. 마음챙김 명상은 호흡, 사고의 인식, 느낌 혹은 감각에 집중하는 것으로 시작해서 그러한 것들이 오고 가는 것을 지켜보고 다시 호흡으로 돌아간다. 마음챙김 명상의 효과는 매우 인상적이다. 그것은 불안, 우울, 감정의 반응성을 감소시키며 회복력, 긍정적인 관점, 면역 기능, 인지 유연성을 증가시킨다(Davidson & Begley, 2012; Davidson & McEwen, 2012; Davis & Hayes, 2011).

커플들에게 있어서 마음챙김은 파트너가 진정하는 데 도움을 주고 서로 더 솔직하게 마음을 열도록 도와준다. 진실한 모습으로 보다 더 마음을 쓰며 행동하는 것은 우리가 최상의 관계적 자아가 되게 해 주며 관계 만족감에 커다란 영향을 준다(Atkinson, 출판 중; Barnes et al., 2007; Burpee & Langer, 2005; Chambers et al., 2009). 마음챙김 훈련은 심지어 고민이 없는 커플들에게조차 그들의 관계와 각자의 행복을 증진하는 데 도움을 준다(Carson, Carson, Gil, & Baucom, 2004). 나는 파트너들에게 '관계 마음챙김'을 개발시켜 주는 마음챙김 렌즈를 끼고 서로를 바라볼 것을 권한다(Fruzzetti & Iverson, 2006). 이것은 적극적인 듣기, 판단 없이 인식하기, 그리고 배려하며 말하고 듣기를 포함한다. 이러한 소통은 커플 간의 부정적 반응과 비판을 줄여 준다. 향상된 자기조절 능력과 상대방에 대한 솔직함은 내가 Marsha Linehan의 '현명한 마음'에서 영감을 얻어 칭하게 된 현명한 관계 마음(wise relational mind)을 촉진한다(Salsman & Linehan, 2006).

나는 커플들이 마음챙김 명상과 요가 과정을 시도해 보길 권하는데 마음챙김을 촉진해 주는 간단한 경험적 연습을 제안한다. 내담자가 편히 앉아 눈을 감고 자신의 호흡에 집중하게 한다. 그런 다음 그들에게 다가오는 어떤 감각이나 감정이나 생각을 인지하게 하고, 그러한 것들이 오고 가는 것을 지켜보게 한다. 일반적으로 명상 기법을 사용할 때 여름 오후 냇가에 편안하게 앉아 물결을 따라 떠내려가는 잎사귀들을 바라보는 것을 상상하라고 말한다. 만약 생각이 떠오르게 되면 잠시 머물러 냇가에 떠내려가는 잎사귀를 보며 다시 호흡에 집중하다가 되돌아올 것이다. 내담자들은 이런 상상에 긍정적으로 공감한다. 이것은 그들을 편안하게 하고 자신의 생각이나 걱정에 지배당할 필요가 없다는 느낌을 선사한다. 나는 그 어떤 것보다 마음챙김 연습이 명상으로 자신을 진정시키기 위해 노력했던 내담자에게 효과적이었던 것을 보아 왔다.

관계에서 자기주장하기

감정을 관리하는 것 외에도 사회적 영역에서 유능하게 상호작용할 수 있는 능력을 갖추는 것은 필요한 일이다. 이것은 파트너가 알아들을 수 있는 방식으로 자신의 필요와 감정을 표현하는 능력도 포함한다. 나는 이것을 '관계에서 자기주장하기'라고 부른다(Fishbane, 2001). 이것은 목소리를 내는 것인데, 파트너의 필요를 존중하고 관계에 대한 영향을 생각하는 것이다. 많은 사람은 자신의 목소리를 내는 법을 모른 채 화를 내며 폭발한다. 예를 들면, 사라는 제이슨과 잘 지내기 위해 늘 그의 말에 따른다. 그녀는 폭발 지점에 도달할 때까지 목소리 내어 이야기하는 것을 주저했다. 그러다 그녀는 폭발했고 제이슨의 엄청난 비난을 받았다. 제이슨은 당연히 사라의 갑작스런 태도변화에 충격을 받았다. 그는 그녀가 조울증이나 혹은 월경 전 증후군이 아닐까 생각했다. 사라는 늘 침묵했지만 실제 일어난 일은 그녀가 끓는점에 도달했을 때에만 자신의 목소리를 낸다는 사실을 확인하는 것이었다. 제이슨은 그녀의 폭발에 위험을 느끼고 방어적인 태도를 취하였다(혹은 그녀의 '히스테리'라고 말하며 무시하기도 했다). 사실 그녀는 화가 날 때까지 그에게 맞서는 방법을 몰랐다. 그녀의 원가족 내에서 배운 소녀로서의 모습은 모두에게 친절하고 남의 의견에 따르는 것이어서 그녀는 격분하게 될 때까지 그녀 자신의 요구사항을 말해 본 경험이 없었다. 나는 그녀가 조금 진정되었을 때 관계에서 자기주장하기를 연습시켰고, 제이슨은 그녀가 목소리를 낼 수 있도록 격려하며 도움을 주었다. 그는 그녀에게 관계에서 자기주장하기의 기회를 선사했으며, 조금씩 그녀의 '히스테리컬한' 분노는 사라지게 되었다.

관계에서 자기주장하기는 복잡한 기술이다. 이것은 자기조절과 연관되어 있으며, 자신과 파트너의 감정을 읽고 요점을 분명히 말할 수 있을 정도로 차분하게 이야기를 하면서 상대방에 대한 존중을 유지하는 것이다. 이런 소통의 기술은 결혼 만족감과 깊은 관련이 있다(Mirgain & Cordova, 2007). 리사와 에릭은 두 사람 모두 관계에서 자기주장하기 방식을 알지 못했다. 리사는 가족 모두의 감정적인 요구를 받아야만 했고 어머니의 우울증과 아버지의 학대 한가운데서 여동생과 자신을 지키기 위해 애써야 했다. 원가족 내에서 자신의 주장을 말하거나 가족이 이를 받아들이는 일은 거의 없었다. 10대 사춘기 아이처럼 그녀는 부모에게 화를 내며 자신의 입장을 제대로 표현하는 법을 배우지 못했다. 에릭은 아버지가 돌아가신 후 어머니가 자신의 욕구를 분명히 표현하는 데 도움을 주지 못함으로써 관계에 있어서 목소리를 낼 수 있는 능력을 키우지 못했다. 리사는 관계 속에서 목소리를 가지고 있었으나 사실상 그녀의 화를 에릭에게 뿜어내는 것이 고작이었다. 그러나 이것은 관계에서 자기주장하기가 아니다. 그녀는 에릭의 감정을 고려하지 않고 잔인하게 비난했다. 그녀는 단지 폭발해 버릴 뿐이다. 에릭은 후폭풍이 두려워 리사에게 목소리를 내지 못했다. 양쪽 파트너가 관계에서 자기주장하기를 연습하면서 각자 처한 어려움을 표현하고, 이 필수적인 관계적 도구를 위해 필요한 기술을 배웠다. 그들이 정중하게 말하는 법을 알게 되고, 상대방에게 귀 기울이게 되면서 둘 다 후퇴하지 않게 되었다(Wile, 2002). 양쪽 모두 관계의 공간 안에 머물면서 정중하게 그들의 차이점을 해결하게 되었다.

제로섬 상태에 갇힌 내담자들에게는 오직 두 가지의 선택권만이 주어진다. 바로 지배하느냐, 지배를 받느냐이다. 데이브는 수년 동안 그의 파트너 짐의 의견에 따르며 잘 지내기 위해 노력했다. 그러던 어느 날, 데이브는 "이제 더 이상 착해 빠진 좋은 남자(Mr. Nice Guy)는 없어!"라고 했다. 그는 고집스러워졌으며, 때때로 짐에게 군림하려고 하였다. 그들의 관계는 심각하게 악화되었으며, 결국 이들은 상담실을 찾게 되었다. 그들의 이야기를 듣고 나서 나는 다음과 같이 설명했다. "데이브, 당신에게는 오직 두 가지 선택권만이 있어요. 당신이 지배당하거나 또는 당신이 군림하는 거예요. 하지만 둘 중 그 어느 것도 당신과는 맞지 않아요. 선택 1번, 다른 사람들에게 당하고도 가만히 있는 사람이 되는 것은 분명 당신에게 힘든 일이에요. 선택 2번, 지배하기는 당신의 파트너에게 너무 많은 스트레스를 주어 그가 당신을 떠날 생각을 하게 만들어요. 만약 제3의 선택 사항이 있다면 어떨까요? 선택 3번은 당신이 짐에게 정중하게 하고 싶은 말을 하는 동시에 짐도 자신의 주장을 할 수 있도록 하는 겁니다. 그러면 당신이 지배하려고 하지 않아도 짐이 당신의 말을 듣는 것을 경험하게 될 겁니다." 데이브는 관심을 보이며 선택 3번을 시도해 보기로 결정했다. 선택 3번은 본질적으로 관계에서 자기주장하기이다. 그는 이것이 양쪽 파트너에게 관계 내에서 존중받고 있다는 느낌을 주는 대안이란 것을 즉시 경험하게 되었다.

공감 능력 키우기

공감은 관계 임파워먼트의 핵심 기술이다. 우리가 지켜본 바와 같이, 에릭에 대한 리사의 주된 불만은 공감에 관하여 그가 지독한 음치와도 같다는 것이다. 에릭은 그 의견에 동의했는데, 그것은 그의 능력치를 벗어나는 것이며 공감은 단지 여자들의 일이라고 설명했다. 에릭은 자신의 감정 또는 다른 사람의 감정과 마주칠 때 매우 당황한다. 우리는 여성이 평균적으로 남성보다 훨씬 더 공감 능력이 뛰어나다는 연구결과에 대해 주목할 필요가 있다(Baron-Cohen, 2003). 여성은 더 많은 옥시토신을 갖고 있는데, 그것은 에스트로겐에 의해 영향을 받으며, 공감과 관련되어 있다. 남성에게 비강 내 옥시토신을 투여하면 그들의 감정 공감은 여성들만큼이나 올라간다(Hurlemann et al., 2010). 비강 내 옥시토신은 커플의 긍정적 소통을 증가시키고 갈등을 겪을 때 코르티솔을 감소시킨다(Ditzen et al, 2009).

그러나 공감은 단지 여성의 선천적인 권리만은 아니며, 또한 비강 내 옥시토신만으로 증가되는 것은 아니다. 그것은 학습되는 기술이다. 우리가 보아온 것처럼, 남성이나 여성 모두에게 정확한 공감 능력은 동기부여를 향상시킨다. 나는 상담실에서 에릭에게 이 기술을 가르쳐 도와주려고 했다. 공감을 기술(도구상자 안에 있는 도구)로써 설명하고, 그것을 구체적인 행동으로 표현하면서 에릭이 용기를 가지도록 도왔다. 그의 처음 시도는 어색하고 어리숙했다. 그의 좌뇌가 인지적 공감을 쏟아 내는 것을 볼 수 있었다. '만약 지금 이 순간 내가 리사라면 어떻게 느껴질까?' 리사는 어색하게 애쓰는 에릭의 노력을 보며 낯설어 했다. 그녀에게 공감이란 어렵지 않다. 그녀는 왜 에릭이 이렇게 고군분투하는지 이해하는 것이 어려웠다. 과거 그녀의 생각은 에릭이 그녀에게 맞추기 위해 노력하지 않았다는 것이다. 나는 그가 그 기술을 배운 적이 없다는 것을 설명했다. 남성으로서 그리고 어머니의 아들로서 그는 배울 기회가 없었다. 나는 리사가 에릭의 노력을 무시하지 않고 보다 더 지지해 주도록 리사와 같이 노력했다. 결국 충분한 연습으로 에릭은 보다 더 유기적이고 자연스런 방식으로 공감을 이해하게 될 것이다. 다른 기술과 마찬가지로, 초기 시도는 어색하지만 시간이 지나면 보다 더 유연하게 무의식적으로 사용하게 될 것이다.

나는 에릭에게 자신의 신체 감각에 집중할 것을 요구했다. 이것은 그에게 있어서 새로운 것이며, 언급한 바와 같이 공감의 두뇌 회로의 주요 부분인 대뇌피질과 관련이 있다. 우리는 숨쉬기와 그의 몸에 생기는 일에 자연스럽게 반응하며 마음챙김 명상을 했다. 점차 에릭은 자신의 감정과 그에 따르는 몸의 상태를 느끼기 시작했다. 그는 시험 삼아 그것에 이름을 붙이고, 그럼으로써 그것들이 그에게 덜 압도적으로 느껴지도록 도왔다. 이것은 또한 그가 리사의 감정을 인식할 수 있도록 도와주었다. 그는 감정과 공감에 대한 언어가 유창해질 것이다.

몸을 움직이며 듣는 방법은 공감의 측면에서 엄청난 차이를 만든다. 우리 몸의 자세와 얼굴 표정은 우리가 느끼고 인지하는 것에 영향을 준다. 치아 사이에 펜을 물고 '스마일'이라고 말하는 실험이 피험자들에게 만화를 더 웃긴 것으로 평가하도록 만든다는 것을 기억하라. 에릭이 앉아 있는 모습은 리사와의 공감을 증진시키기도 하고 방해하기도 한다. 그녀가 자신의 감정을 말할 때 그는 뻣뻣하게 굳은 채로 손을 내려놓고 무의식적으로 입을 꾹 다물고 있다. 그는 갑자기 닥칠 공격을 예상하는 중이다. 나는 그에게 턱을 편안하게 풀고 그의 손을 편 채 허벅지 위에 올리는 수용적인 자세를 권했다. 이러한 공감 자세는 리사에게 열린 마음을 느끼게 한다. 그가 손을 폄으로써 그의 가슴과 마음도 열린다. 나는 아내의 얘기를 들을 준비를 할 때 천천히 깊은 호흡을 하라고 그에게 주문했다. 에릭이 전보다 수용적으로 바뀐 걸 알게 된 리사는 남편에게 보다 더 부드러운 목소리로 말했다. 그녀와 나는 그가 더 잘 알아듣도록 하기 위해 보다 더 부드럽게 말하기를 권했다. 또한 지금 용기 내어 연습하기를 격려했다.

　호기심은 공감의 열쇠이다. 에릭이 손을 펴고 마음을 연 채로 앉으면 그는 진짜로 리사의 경험이 궁금해지기 시작한다. 과거 그는 리사와 소통이 되지 않았지만 지금 에릭은 부드러워졌고, 보다 더 열린 상태이다. Gottman과 Gottman(2008)은 이것을 'What's this Curiosity(이게 뭐야 호기심)'라고 부르는데, 그것은 우리가 위협을 느낄 때 보이는 전형적이고 방어적인 반응인 "도대체 이게 뭐야?"와 대조되는 것이다. "이게 뭐야?"는 어린이들의 자연스런 호기심이다. 이것은 종종 성인이 되면서 우리의 판단, 기대, 그리고 실망이 쌓이며 약화된다. 에릭은 리사의 얘기를 들을 때 두려움을 느낀 "도대체 이게 뭐야?" 반응에서 "이게 뭐야?" 반응으로 새롭게 바뀐다.

　에릭만이 공감 작업이 필요한 것은 아니다. 리사는 감정조율에 타고났다. 하지만 그녀는 에릭과의 관계에서 감정적으로 어려움을 겪는다. 그녀가 수년 간 보인 경멸과 분노는 그녀의 호기심과 개방성을 차단했다. 그녀는 그녀의 남편을 판단하는 데 너무 바빠서 그를 공감하는 눈으로 바라볼 수 없었다. 이것은 에릭에게 큰 손실이다. 그들이 처음 만났을 때 그의 어머니와 사뭇 다른 리사의 친절함과 배려는 그가 그녀에게 매료되었던 부분이다. 이것은 리사에게도 손실이다. 왜냐하면 그녀는 더 이상 자신의 이러한 가치 있는 점을 그들의 관계에 끌어들이지 못하기 때문이다. 실제로 이것은 그녀가 이혼을 고려한 이유 중 하나이다. 그녀는 결혼생활 과정에서 변한 자신의 모습이 싫었다. 리사와 함께 나는 인지적인 공감에 초점을 맞췄다. 에릭에 대한 관점을 공감과 조율의 기술을 배우기 위해 열심히 노력하는 한 남자로 바라보게끔 도왔다. 리사는 그가 감정적인 공감에 음치일 것이라 예상했던 것과 다르게 학습 초반 과정 중 공감에 대해 좌충우돌 시도하는 것을 목격했다. 그가 공감하기 위해 노력할 때 도움을 줄 수 있는 재구성 혹은 재평가는 그녀가 마음을 보다 더 열도록 도와준다.

한 파트너가 말하고 있는 동안 상대 파트너는 반박할 것을 생각하느라 바빠서 공감은 창밖으로 도망간다. 이러한 일을 막기 위해 나는 화자-청자 기법(Speaker-Listener technique)을 사용한다. 부부치료자들 사이에서 잘 쓰이고 있는 이 방식은 부부가 논쟁에서 대화로 옮겨가도록 돕는 데 유용하다. 파트너는 화자와 청자를 차례로 맡는다. 화자는 3분 동안 침묵하고 비대립적인 어조로 말한다. 청자는 반론이나 답변을 준비하지 않고 듣는다. 그리고 화자가 말한 것을 요약한다. 화자는 화자가 말하고자 한 요점을 청자가 이해했다고 느낄 때까지 그 요약을 수락하거나 수정한다. 그런 다음 역할을 전환한다. 내가 이 방법을 커플들과 함께했을 때 방 안의 분위기는 극적으로 변했다. 이 방법은 비난과 공격·방어 사이클을 바로잡고 두 파트너가 공감을 기르는 방식으로 말하고 듣도록 도왔다.

나는 또한 역할극을 사용하여 각각 파트너가 잠시나마 상대방이 되어 보도록 시도했다. 나는 그들이 입장을 바꾸어 상대방의 자리에 앉아 파트너가 된 것처럼 느끼도록 요청했다. 또는 상대방의 역할이 되어 일상적으로 반복되던 괴로운 장면을 연출해 보라고 권했다. 나는 이것이 그들의 상황을 조롱하고 희화하는 것이 아님을 분명히 밝혔다. 이것은 상대방의 입장이 되기 위한 시도이며, 자신의 몸으로 그 경험을 느끼도록 하려는 의도이다. 파트너의 입장이 되려고 진실되게 노력하고 자신의 몸 안에서 경험되는 것을 느끼라. 이 역할극 연습은 '안쪽에서 바깥쪽으로' 파트너 간의 공감을 향상시킨다 (Siegel & Hartzell, 2003). 동성애 커플인 제니퍼(주 자녀 양육자)가 하루 종일 아이들과 지낸 후에 글로리아(주 소득자)가 직장에서 집으로 돌아왔을 때 이들이 어떻게 서로에게 인사할지에 대해 그들은 반복적으로 다투었다. 글로리아는 제니퍼와 아이들에게서 다정한 인사를 받기를 원했다. 하지만 그녀를 위한 시간은 없고, 산만하고 지친 파트너와 난장판이 된 집을 마주할 뿐이었다. 글로리아는 제니퍼와 지저분한 집을 비난했고, 그들은 분노하여 양극으로 치닫게 되었다. 제니퍼는 집에서 아이들과 있는 일이 얼마나 힘든지 글로리아는 전혀 짐작조차 못한다고 생각했다. 제니퍼는 글로리아가 집에 오면 사랑하는 마음으로 그녀를 안아 주고 아이들을 잠시 돌봐 주며 자신에게 저녁식사 전에 잠깐 동안의 시간을 갖게 해 주기를 기대했다. 나는 그들에게 역할극을 제시하고 이를 실시하였다. 그것은 단지 말 그대로 상대방의 입장에 있어 봄으로써 하루의 끝에 각자가 얼마나 고갈된 상태이며, 서로가 얼마나 서로의 보살핌에 의지하는지를 알아차리게 해 주었다.

그 연습은 커플의 상호 간 공감을 증가시켰다. 그래서 그들은 양쪽의 필요를 해결할 수 있는 새로운 저녁인사를 고안할 수 있게 되었다. 글로리아는 운전을 하며 사업상 전화를 받거나, 그녀를 불안하게 하는 뉴스를 듣기 보다는 좋아하는 음악을 들으면서 긴장을 푸는 시간으로 퇴근시간을 이용하기로 결심했다. 그녀는 현관 문턱을 넘기 전에 몇 번의 심호흡을 한 후 파트너에 대한 사랑과 관심을 표현하기 위해 마음을 다잡았다. 제니퍼는 현관 입구에 글로리아가 도착하면 하던 일을 내려놓고 문 앞에 있는 그녀에게 인사하기 위해 나갔다. 이러한 작은 변화들은 서로를 소중히 여기게 하는 '사랑의 문턱 리추얼'을 만들게 했다.

관계 속에서 공감을 저해하는 여러 가지 방식이 있다. 경직됨, 오만함, 그리고 신체적, 감정적 방어 자세는 공감을 가로 막는다. 마음을 열고 호기심을 갖는 것은 서로에게 맞추기 위한 노력이다. 나는 내담자들에게 방어하지 않고 마음을 여는 것이 그들의 관계와 개인의 행복을 향상시킨다고 말한다. 전전두엽 피질은 공감적 과정에서의 열쇠이다. 우리는 타인의 경험을 느끼고 자신의 개인적 고민에 빠지지 않기 위해 인지 유연성과 감정 조절이 필요하다(Light et al., 2009). 따라서 경직되거나 타인의 고통에 의해 압도당하는 것은 공감을 방해한다. 죄책감 또한 공감을 어렵게 한다. 어떤 사람이 언젠가 내게 말하기를 "만약 내가 나의 아내를 나쁘다고 여긴다면 그것은 내가 나쁘단 걸 의미하지요. 왜냐하면 내가 그녀에게 고통을 주었기 때문이에요." 이 남자는 자신이 그의 파트너를 나쁘게 여긴다는 것을 허용할 수가 없었다. 왜냐하면 그는 그것을 자책으로 결부시켰기 때문이었다. 우리는 다음 장에서 건강한 죄책감의 역동에 대해 살펴볼 것이며, 그때 관계 내 상처와 치료에 대해 논의할 것이다.

제6장에서 살펴보았듯이 젠더 훈련은 남성과 여성 양쪽 모두의 공감을 방해한다. 남자아이들은 감정의 세계와 동떨어져서 또래에 의해 사회화되는 반면에, 여자아이들은 전형적으로 그들의 친구와 감정을 공유하는 데 많은 시간을 쏟는다. 이성애자 커플에서 파트너들은 이러한 젠더 유산(gender legacies)을 관계에 가져오며, 종종 해로운 결과를 초래한다. 여성은 그녀가 동성 친구들과 공유해 온 친밀한 감정적 대화를 남성에게 기대한다. 아내가 감정적 친밀감으로 남편을 압박할 때, 그 남편은 에릭처럼 공감하는 데 자신이 없어서 말문이 막히거나 남성의 관계적 두려움 때문에 마비되어 버린다(Bergman, 1996).

어떤 여성들은 너무 타인에게 빠져서 공감이 위험하게 느껴지게까지 한다. 한 내담자는 그녀의 남편이나 애들이 집에 있으면 그녀 자신이 느끼는 것을 알아차릴 수가 없게 되었다. 그녀는 전적으로 타인에게 맞춰져 있어서 그 과정에서 자신을 놓치고 말았다. 주기적으로 그녀는 과도한 공감으로 인해 탈진하고 분개함으로 폭발하곤 했다. 상담에서 우리는 그녀가 자신의 경계를 더 명확히 하도록 시도했고, 그로 인해 그녀는 자기 자신을 잘 지켜 가족이 있어도 자신의 마음의 소리에 귀 기울일 수 있게 되었다. 그리고 그녀의 남편은 관계 속에서 그녀의 경험과 목소리를 위한 자리를 만들어야 한다는 걸 알게 되었으며, 결혼생활에서 나타나는 자기중심적인 면이 감소하게 되었다. 공감은 경계가 잘 지켜지고 관계 내에서 공평하게 균형을 이룰 때 안전하다. 그렇지 않으면 그것은 극도의 탈진과 괴로움으로 치달을 수 있다. 타인과 상호작용하면서 자기 자신을 지키는 법을 아는 것은 건강한 관계에 꼭 필요하다. 내가 끝내는 지점과 네가 시작하는 지점을 아는 것은 우리를 형성하기 위해 필요한 것이다. 우리는 제4장에서 공감하는 동안 타인과 자신을 차별화하는 뇌의 기저를 살펴보았다. 제10장에서는 경계선에 대해 보다 더 깊이 살펴볼 것이다.

제9장에서는 커플이 서로와 그들의 관계를 보살피는 데 도움을 주는 것을 살펴보려고 한다. 우리는 함께하는 힘의 기술에 초점을 둘 것이며, 그것은 파트너들이 그들의 관계를 더욱 깊게 하고, 신뢰를 쌓아 갈등 후 회복할 수 있도록 도와줄 것이다. 힘을 공유하면서 '우리'가 되는 능력은 중요하다.

제**9**장

관계 양육하기

커플치료 개입 방식에서 가장 단기적인 방식 중 하나는 베트남식 불교 승려 틱낫한으로부터 시작되었다고 한다. 우리 모두는 내면에 사랑과 연민의 씨앗뿐 아니라 분노와 후회의 씨도 갖고 있다고 그는 언급했다. 결국은 우리가 물을 주고 가꾸는 씨앗들이 풍성하게 자라난다는 것이다. 한은 우리에게 사랑과 연민의 씨앗에 물을 주어야 한다고 권면했다. 우리의 파트너와 함께 부정적인 씨앗보다 사랑과 연민의 씨앗에 '선택적인 물 주기'를 하는 것이다. 틱낫한은 다음의 예화로 이를 설명했다(Hanh, 2001). 어느 날 그가 선택적인 물주기에 대한 강연을 하고 있었는데, 청중 가운데 한 부부가 있었다. 강연 동안, 아내는 울고 있었다. 강연이 끝난 후 틱낫한은 남편에게 말했다. "당신의 꽃이 물을 필요로 하네요." 남편은 이 말뜻을 이해했고 달라져서 집으로 되돌아갔다. 아내의 긍정적인 성향을 양육하는 것의 중요성을 깨달았고, 그는 이를 이해하여 전진할 수 있었다. 커플의 경험이 전환된 것이다.

　　명백하게 이 남자는 현명한 승려의 말에 개방적이었고, 변화를 준비하며 아내와 더 성장하고 고마워할 태세를 갖춘 것이다. 이 이야기는 단순하지만 심오한 하나의 문장이 변화를 유발했음을 보여 준다. 치료자로서 이런 마술 같은 종류의 경험을 하는 것이 쉬운 일은 아니다. 변화는 보통 느리고 복잡한 절차를 필요로 하기 때문이다. 그러나 틱낫한 철학의 강한 메시지와 이런 예화는 관계적 성찰이 어떻게 커플의 삶을 껴안고 변형시킬 수 있는지를 잘 보여 준다. 이 장에서 우리는 상호적인 보살핌이 커플과 개인의 웰빙을 증진시키는 방법을 탐색하도록 도울 것이다. 커플이 어떻게 그들의 관계를 함께 양육할 수 있고, 상호 보완성과 연민을 개발하고, 또 상처의 과정을 표현하고 복원할 수 있는지를 보여 준다. 타인과 서로 관계를 보살필 수 있는 것은 자신을 보살필 줄 아는 것만큼이나 중요하다. 불행한 커플들은 서로의 상처를 돌보는 경향성이 적고 후회는 많았다. 슬픔을 돌보는 대신 관계를 양육하도록 파트너를 돕는 것이야말로 상호작용을 변형시키도록 돕는 중요한 열쇠가 된다.

함께하는 힘

　　홀로서기(Power to)가 최고의 자기에 집중하는 것이라면 '함께하기(Power With)'는 두 개인이 사랑과 안전, 덕망 있는 삶을 함께 창조하는 것을 의미한다. 함께하기는 힘의 관점에서 본다면 파트너끼리 평등성, 상호성 그리고 존중을 경작하고, 관계를 위해 팀으로 일하고, 안전한 애착과 신뢰를 발달시키는 것을 의미한다. 함께하기는 파트너 모두의 복지를 촉진할 수 있는 헌신이다(Surrey, 1991). 이런 관점은 반응성, 자기보호, 힘겨루기를 이끄는 문화적 · 신경생물학적 힘에 대응할 수 있게 돕는다. '나 대 너'란 싸움을 '우리'란 단어에 양보할 때 경쟁적 마음 체계는 '친사회적' 또는 '친관계적' 마음 체계에 양보할 뿐 아니라(Baumeister, Masicampo, & Vohs, 2011), 대인관계적 역동이 형성될 수 있다. 나는 커플이 '함께하기' 가치의 세계로 들어오게끔 돕는다. '함께하기'는 초기 교제에 핵심적이었으나 종종 수년간의 상처로 사라져 간다. 함께하기 마음 체계는 파트너끼리 관계 자체를 원하고 서로를 양육하고자 하는 바람을 추구할 수 있도록 돕는 역할을 한다.

평등, 공정, 존중

제5장에서 살펴봤듯이, 공정한 파트너와의 동등한 관계는 더 높은 만족감을 제공한다. 그러나 많은 이성애자 커플 사이에서 자녀를 돌보고 사사로운 집안일을 하고 가족의 일상을 점검하는 등 관계 유지를 돕는 더 '어렵고 힘든 일'을 감당하는 쪽은 여전히 여성이다. 많은 여성이 이런 상황에 대해 만성적인 분노를 느낀다. 남편이 도움이 되고자 집안일에 동등하게 참여한다 할지라도 가족과 집을 위해 즉각적으로 처리해야 하는 목록들을 만들고 살피는 것은 여전히 아내의 몫이다. 이 부분이 임상 실제에서 많은 이성애 커플의 여성들에게서 가장 흔하게 나타나는 불만 중 하나이기도 하다. 우리는 관계에서의 공정함의 균형을 평가하곤 한다(Boszormenyi-Nagy & Krasner, 1986). 누군가 파트너에게 과기능 역할을 하게 할 경우, 억울함의 무게를 한쪽이 짊어질 수 있다. 여기서 리사의 불평 일부분을 공유하고자 한다. 그녀는 관계에서 공정하지 않은 배분의 몫을 감당하고 있다고 느꼈다. 문제는 리사가 남편 에릭에게 이 부분을 말하려고 다가갈 때 분노와 경멸이 가득한 목소리로 말을 했다는 점이다. 에릭이 이런 목소리 톤을 들을 때 리사가 하고 싶어 하는 이야기를 제대로 알아들을 리 없다. 에릭을 매우 방어적으로 만들 뿐이었다. 치료자인 나는 리사에게 경멸을 걷어 내고 그녀의 필요를 좀 더 명확하게 말하라고 권했다. 그 과정에서 에릭의 보호 감각과 좋은 남자가 되고 싶은 욕구를 일깨운 것은 에릭이 좀 더 개방적이고 협동적인 태도로 리사의 어려움을 바라볼 수 있게 도왔다고 생각한다. 또한 에릭이 리사를 '돕기'보다는 함께 일할 '목록'을 작성하고 공유할 수 있는 방식을 탐색했다. 집안

일과 관계를 위한 공동의 책임감을 짊어지게 하는 것은 이 커플에게 중요한 전환점이 되었다.

　존중은 관계의 웰빙에 중요하지만 반응적인 순간이 확대될 때 아예 사라지기도 한다. 또한 존중은 파트너가 '투쟁하는 실체(dueling realities)'[1] (Anderson, 1997)에 사로잡힐 때 침식될 수 있다. 나는 커플이 다각도의 실체를 붙들 수 있도록 초청하고 양쪽 파트너의 경험, '두 개의 관점'을 접목할 수 있도록 (Love & Stosny, 2007) 여지를 주기도 한다. 커플은 종종 자신의 상호작용을 기술하면서 '진짜 무슨 일이 일어났는지'를 놓고 싸우곤 한다. 치료자인 나는 우리 중 어느 누구도 무엇이 '진짜' 일어났는지를 아무도 알 수 없다고 말해 준다. 우리 모두는 주관적인 기억을 가지고 있고, 기억은 신뢰하지 못할 것으로 정평이 나 있기 때문이다. 중요한 것은 각자 파트너가 무엇을 경험하느냐이고, 둘 다 존중은 받았느냐이다. 에릭과 리사는 관계에서 어떤 일이 일어났는지 말하기를 원했다. 존중 또한 자신의 정체성을 확고히 하는 데 포함된다. 서로의 정체성을 위해 여유 공간을 갖고 기관에 대한 감각(sense of agency)[2]을 갖는 것은 연결감을 키우는 것만큼 중요하다. 연결을 위한 누군가의 노력(예를 들어, 리사)이 다른 이의 정체성(예를 들어, 에릭)을 위협하는 것처럼 느껴질 수 있음이 사례에서 나타난다(Greenberg & Goldman, 2008). 양쪽 파트너의 실체와 정체성을 조정하는 방법을 찾는 것은 커플치료에서 중요한 열쇠가 된다.

---

1) Anderson(1997)이 언급한 '투쟁하는 실체(dueling realities)'는 자신의 관점을 정당화하고 보호하고자 노력하는 거대한 양의 에너지이며(p. 91), 지배적인 이야기에 따른 의미를 재명명하려는 시도이기도 하다.
2) 기관에 대한 감각은 인간의 자의식의 중심적 측면이며, 자신의 경험의 대리인으로 행동이 나타나는 인지적 상태를 의미한다.

팀으로 작업하기: 우리

나와 너(I and Thou)

나는 대학생 때 철학자 Martin Buber(1970)의 영향을 깊게 받았다. 그의 시집인 『나와 너(I and Thou)』는 낭만적인 나의 20대 심장에 말을 걸어 왔다. 40년이 지난 지금도 여전히 오늘의 나에게 영향을 준다. Buber는 친밀한 관계에서의 대화의 도전과 가능성에 사로잡혔다. 그가 말하기를 우리는 종종 '객체'로 서로 연결되어 있고, 관계 방식을 '나-그것'이라고 불렀다. 그렇지 않으면 우리는 상대를 독립적인 주체로 보며 '나-너' 방식을 연결할 것이다. "누군가에게 서로 '너'라고 진심을 다해 말할 수 있는 사람만이 서로에게 '우리'를 말할 수 있다."(Buber, 1965, pp. 39-40) Buber가 말한 '우리'는 관계에서 서로를 위해 공간을 만드는 두 명의 '나'로 구성된다. 그리고 왜곡 없이 서로를 '너'로 보고자 한다.

장기적인 관계에서 '우리'와 '나'의 복수는 진화한다. 22세 때 나는 결혼했고, 남편과 40년 넘게 살았다. 나는 나의 결혼식 때만 해도 내가 성숙한 성인이라 믿었다. 지금 그때를 돌아보니 나의 전두엽은 온전히 수초로 뒤덮이지 못했다. (성숙도는 약 25세 즈음에 성취된다는 사실을 기억하라.) 나의 뇌 발달은 남편과 함께 진행 중이었고, 서로 연결되어 온 것이다. 나는 때때로 내가 혼자 살았더라면 나는 누가 될 수 있었을까 궁금해하곤 한다. 나는 같은 선택, 같은 성향을 가질 수 있었을까? 어디서 '나'로 끝나고 '우리'로 시작할까? 20대 중반부터 우리는 함께 성장했기 때문에 이건 꽤 애매모호하다. 우리는 인생을 함께 만들어 왔고, 자녀들을 키우며 하나의 존재처럼 느끼면서 오랫동안 내러티브를 공유해 왔다. 우리는 종종 서로의 생각을 알아서 서로의 문장을 연결하여 마무리하기도 한다. 사랑하는 커플에 대한 이런 경험을 측정하였다. 서로가 자기경험에 포함된 것처럼 사랑은 자기의 확장으로 묘사된다(Aron & Aron, 1996; Cacioppo, Grafton, & Bianchi-Demicheli, 2012). 사랑하는 사람들끼리는 서로의 의도를 빠르게 이해하는 데 아마도 거울신경체계를 사용하기 때문인 것 같다(Ortigue & Bianchi-Demicheli, 2008; Ortigue, Patel, Bianchi-Demicheli, & Grafton, 2010).

물론 사랑하는 사람들끼리 하나가 되는 경험을 하는 동안에도 각자의 자기는 사라지지 않는다. '우리'와 '나'의 주장 사이의 연결에는 긴장이 있다. 서로 다른 입맛을 확인하고 활기찬 토론을 하는 갈등의 순간에 남편과 나는 서로의 차이를 우연히 만나게 된다. 우리는 하나가 아닌 것이다. 나의 개별적 독특함은 종종 흥분과 즐거운 대화의 원천이 된다. 반대로 비연결감을 이끌 수도 있다. 우리는 둘 다 자기주장을 좋아하고, 열정적인 사람이어서 동시에 충돌할 수 있다. 그러나 우리가 충돌할 때 존경의 마음을 갖고 서로의 차이를 마음에 붙들려고 애를 써 왔다. Buber(1965, p. 69)가 말하기를 "진실한 대화란 존재 사이의 확정적인 차이를 수용하는 것을 의미한다." 파트너를 너로 보는 것은 장기적인 사랑과 대화를 위해 필수적이다.

인생 후반에 결혼하는 커플, 혼자 살거나 이혼, 사별했을 경우, 함께 커 가는 젊은 커플과는 다르게 '우리'를 만들어 가는 도전이 존재한다. 전적으로 개인을 함께 형성하는 파트너는 각각의 '나'를 잘 구성해 가면서, '우리'를 함께 구성하는 데 필요한 유연성을 갖는 것이 꽤 어렵다는 것을 발견한다. Papernow(2013)는 한 사람에게 아침의 건강한 시리얼이 그 파트너에게는 딱딱한 종이를 씹는 기분일 수 있다며 재혼 가족에 대해 언급했다. 다른 두 개인이 함께 인생을 형성해 가고자 하는 시도를 할 때 공유된 의식과 대화 방식을 갖는 것은 여분의 참을성을 필요로 하기 때문이다.

불행한 커플들은 몇 살부터 관계를 시작했는지에 상관없이 파트너의 '다름'이 실망의 원천이 된다. 리사는 자신의 좌절과 고통의 렌즈로 에릭을 바라보았다. 그리고 에릭은 두려움과 방어의 거름망으로 리사를 바라보았다. 그들은 수년 동안 '나-그것'의 방식으로 서로를 객관화시켜 왔다. 그리고 서로의 응시로 함께 위축되어 왔다. 비난·경멸 그리고 방어·방해의 만성적 경험은 서로의 마음에 타격을 입힌다. 그들의 로맨스는 찢기고 발리는 것이다. 그러나 나는 상담 과정에서 그들 사이에 연결감이 남아 있음을 느꼈다. 그리고 관계 초기의 경험과 어떻게 사랑에 빠졌는지에 대해 묻자 눈에서의 광채를 보았고, 서로 부드러워지는 것을 느꼈다. '우리'라는 연결감이 다시 빛나는 것이다. 이는 긍정적인 조짐의 신호이다. 커플이 '좋은 시간'에 접속할 때 초기의 로맨스가 떠오르면서 몸의 이완을 경험하고 얼굴이 빛나게 되고, 이때 우리는 커플치료에서 연결감을 만드는 양육을 지속적으로 만들어 갈 수 있다. 에릭과 리사는 그런 경험을 일단 겪었기에 상담 과정에서 서로를 돕는 에너지로 끌어올릴 수 있었다. 양쪽 개인을 위한 공간을 만들 수 있는 '우리'라는 감각을 가질 수 있게 도왔다.

장기간의 '우리'라는 사랑은 시간의 흐름 속에서 변하고 관계의 질도 진화한다. 그때 커플은 자신의 욕구를 다시 고려해 보고 새롭게 하려고 한다. (몇몇 커플이 의식을 축하하는 '서약의 갱신'에 깊은 의미를 둔다.) 그러나 자녀를 키우는 커플은 빈 둥지 경험자들보다 꽤 다른 경험과 기대를 할 것이다. 에릭과 리사의 '우리'라는 감각은 캐시가 죽었을 때 철저하게 묻혀 버렸다. 변화는 위기를 빠르게 촉발하지만 커플의 연결감 진화는 오랜 시간에 걸쳐 자연적인 과정으로 펼쳐진다. 이 둘은 관계를 양육하면서 개인의 특성을 존중하고 새로운 가능성을 위한 여지를 만들었다.

공동저작

상담 초기에 리사와 에릭에게 물었다. "만약에 당신들이 관계의 건축가이고 공동저자라고 친다면 어떨까요? 어떻게 되어야 서로의 마음에 들까요?" 그들은 둘 다 결혼에서 좀 더 존중하고 감사하기를 원한다고 언급했다. 에릭은 리사와 좀 더 연결되어 정서적으로 지지해 줄 수 있기를 원한다고 했고, 리사가 자신에게 적대적이지도 경멸적이지도 않는 태도를 보여 주면 좋겠다고 했다. 리사는 에릭이 거칠다고 말하면서 자신의 완고한 태도는 욕구가 충족되지 못할 것 같은 두려움에서 비롯되는 것이라고 보고했다. 그녀는 외롭고 고립감을 느꼈으며, 그녀에 대한 에릭의 돌봄과 염려를 간절히 원하고 있었다. 과제로 '관계 지향 서약서(relational purpose statement)'를 작성하도록 요청했다(Bergman & Surrey, 2004). 각자 결혼이 어땠으면 좋겠는지 쓰고 다음 회기에 그 내용을 비교해 보는 것이다. 그들의 서약서는 꽤 비슷했다. 둘 다 서로 사랑하는 활기찬 관계를 원했고 끝나지 않는 싸움과 상호 질책을 멈추기를 원했다. 그들이 팀으로 '우리'를 적극적으로 만들었기에 이런 연습은 파트너를 함께 참여하게 도왔다. 공동저작에 대한 시각을 갖는 것은 필수적이다. 커플의 공유된 지향성과 목적성을 드러내는 구체적인 행동과 기술을 알게 됨으로써 서로의 행동을 조정할 수 있기 때문이다. 이 과정에서 커플은 의도된 관계를 만들기 시작한다(Doherty, 1999).

관계의 책임성

'우리'를 양육하면서 커플은 '합류된 관점' '커플 관찰 자아'(Wile, 2002)를 갖게 되고, 서로의 관계에 대한 관점을 공유하게 된다. 제7장에서 살폈듯이, 취약성 사이클 도표를 그리면 '함께 무심코 만들어 낸 춤'을 함께 바라보게 된다. 이런 과정은 합류 책임감을 촉진한다. 치료자인 나의 개입은 많은 경우 커플의 관계적 책임을 촉진하는 쪽으로 향한다. 예를 들어, 내담자가 자신의 배우자에게 하는 말이나 행동의 영향력을 생각해 보도록 격려한다. 서로에게 미치는 행동의 영향력을 생각하고 관계적 책임감의 용량을 포함하는 것이 진정한 자율성이라고 언급되어 왔기 때문이다(Boszormenyi-Nagy & Krasner, 1986).

우정과 신뢰

John Gottman의 행복한 커플을 다시 살펴보자. 결론은 이렇다. 그들은 서로 좋아한다! 그들은 서로를 신뢰하고 지지하고 부정성이 드러나거나 화나는 순간에도 서로에게 조율한다(Gottman, 2011). 이러한 행운의 파트너는 강한 우정을 가진다. 그들을 서로를 힘차게 양육한다. 서로를 존중하고 상호작용 안에서 긍정성을 만들어 낸다. 서로에게 향하며 불행한 순간보다 관계 안에서의 긍정성에 집중한다. 나를 포함한 많은 커플치료자는 이 연구결과를 수용하고 불행한 커플들에게 행복한 커플이 어떻게 행동하는지 가르치려 했다. 그러나 질문 하나가 나를 계속 괴롭혔다. 과연 우정과 존중을 가르칠 수 있을까? 만약에 이것이 부재한 상황에서 좋아하고 사랑하는 감정이 키워질 수 있을까? 이것은 커플 치료자 및 연구자들에게 중요한 질문이다. 지금 나는 나의 질문에 대한 나만의 답을 갖고 있다. 우리는 서로를 좋아하지 않는 불행한 파트너들을 난데없이 친구로 만들지 못한다. 다만 우리가 할 수 있는 것은 스트레스를 받는 커플이 더 사랑하고 긍정적인 관계를 만드는 기술과 행동을 배울 수 있도록 도울 뿐이다. 관계적 습관은 중요하다. 제5장에서 보았듯이, 개개인과 상호적 특성은 관계 만족성에 영향을 미친다. 정서적 및 관계적 지능은 결혼의 행복을 보장할 수 없음에도 불구하고, 정서적 및 관계적 지능이 부족하다면 관계의 고통에 지대한 영향을 미치게 된다.

돌봄

보호적인 욕구

이미 알듯이, 인간은 투쟁-도피 반응에 의해서만 행동하지 않는다. 길들여지고 친구가 되는 것에 의해서도 동기화된다(Taylor, 2002). 또는 '보호적인 욕구'(Fishbane, 2001)에 의해 동기화되는데, 우리는 우리 것을 보호하도록 관여하기 때문이다. 자기보호적이고 이기적인 경향성은 많은 연구자에 의해 탐구되어 왔다. 그러나 우리는 이타적이기도 해서 뇌 과학자들이 언급하듯이 우리는 사회적인 본능과 사회적인 뇌를 내재적으로 지니고 있다. Jonathan Haidt(2012)는 제안하기를, 인간이 '탈집단성'을 가지고 있어서 이기적이 되기도 하지만 집단 내에서는 다른 이들을 돌보게 된다고 말했다. 비강 내 옥시토신을 넣는 것도 친사회성과 이타심을 증대시킨다. 바깥 집단에서 보는 사람들을 대상으로 하는 것이 아니라 우리 집단 안에 있는 사람들에 대한 것이다(DeDreu et al., 2010). 집단 내·집단 밖 구분은 우리가 우리 자신을 향한 사랑으로 보호하는 것처럼 우리의 적으로 정의 내린다는 것이 얼마나 잔인한지도 설명해 준다.

파트너가 한 때 최고의 친구였으나 서로를 오랫동안 적으로 대하는 것만큼 고통스러운 것도 없다. 많은 커플에게 외도는 수년이 지나도 서로에게 상처가 되는 슬픈 단계이다. 에릭과 리사는 처음 상담에 왔을 때 서로에게 조심스러웠고 상호작용과 행동은 유순하지만 꽤 변덕스러워 보였는데, 이것은 나쁜 의도 혹은 불신의 증거로 보였다. 안전과 위험을 감지하는 편도체는 서로의 위험을 재빠르게 감지한다. 지속되는 다각도의 상처가 자율적인 지각을 채우고 상호 반응성을 유발하게 된다. 그러나 상담실에서의 상담 과정은 에릭과 리사가 서로를 향한 보호의식을 불러일으켰고, 좀 더 동조적인 내러티브를 끌어낼 수 있었다. 부정성의 사이클 방향을 바로잡을 수 있는 중요한 과정이 된 것이다.

연민 경작하기

공감은 다른 사람이 느끼는 감정이 수반된다. 공감적 염려 또는 연민은 그보다 더 나아갈 수도 있다. 그들의 아픔과 고통을 줄이기 위해 다른 사람을 돕기를 원하게 된다. 달라이 라마가 2012년 템플턴 상을 수상할 때 한 연설에서 연민은 한 수준에서 고통을 느끼는 자식에게 반응하기 위한 포유동물의 생물학적 본능이라고 했다. 우리는 공감적 염려로 서로 엮여 있다. 우리 주변의 사람을 돌보기 위한 본능은 자식을 넘어 파트너와 친구까지 확장되며 태고부터 시작되었다. 어린 아이들은 자발적으로 낯선 사람들을 도우려 한다(Tomasello, 2009). 최근 연구가 보여 주듯이, 들쥐도 이런 질적인 친사회적 돌봄을 보여 주었다. 연구에서 한 들쥐가 바깥에서만 열 수 있는 투명 상자에 갇히게 되었다. 자유롭게 움직일 수 있었던 친구 들쥐는 감금된 친구를 보며 굉장한 불안을 보였다. 자유로운 쥐는 결국 어떻게 문을 여는지 알아낸 후 열었고, 두 친구 들쥐는 즐겁게 시간을 보내며 마치 축하하듯이 춤을 추었다(온라인에서 볼 수 있는 영상을 보면 그 과정이 꽤 드라마틱하다). 자유로운 쥐는 초콜릿의 유혹조차 무시하고 갇힌 친구를 구출하기 위해 집중하였고, 결국 맛있는 초콜릿은 나눠 먹었다(Bartal, Decety, & Mason, 2011).

연민이 자연적이고 본능적이라 해도 달라이 라마에 따르면 내면의 순환을 넘어 개발하도록 노력해야 한다고 말했다. 고대 불승의 연민과 사랑, 친절 명상의 훈련은 다른 사람에 대한 사랑하는 마음을 증가시켰다. 한 가지 방법은 명상을 하거나 누군가의 행복을 빌고 누군가를 위해 연민을 갖는 것이고("적대감과 고뇌와 괴로움으로부터 자유로워진다면 행복해질 수 있을까요?"), 이는 가까운 친구나 파트너에게 중립적인 사람, 적, 모든 지각이 있는 존재를 위해 가능하다. 이런 연습은 긍정적인 정서를 늘리고 부정적인 정서를 줄이는 데 도움이 되고 공감을 증가시킨다. 연민, 마음챙김 같은 것은 명상 훈련을 통해 배울 수 있는 기술이다(Davidson & McEwen, 2012; Lutz, Brefczynski-Lewis, Johnstone, & Davidson, 2008).

커플에게 연민을 갖도록 하는 것은 특별히 중요하다. 연민은 섬세하고 복잡한 현상이다. 우리는 기본 생물학적으로 연결되어 있기 때문에 연민은 사랑을 시작하는 초반에 쉽게 나타난다. 에릭과 리사도 초기에는 서로의 욕구에 굉장히 조율적이었고, 누군가가 화가 나거나 고통 가운에 있을 때 염려를 표현하곤 하였다. 우리가 위협을 느낄 때 연민은 사라질 수 있다. 에릭과 리사 사이의 연민을 불 지피기 위해 나는 적극적으로 작업했다. 양 커플에게 보여 준 나의 연민 어린 입장은 커플에게 롤 모델로 작용했을 것이다. 내가 한 파트너가 상담하는 모습을 다른 파트너가 보도록 했기 때문이다. 나의 공감-이 순간에 집중할 때 오는 긍정적인 결과-이 서로의 파트너를 향해 움직인 것이다. 제7장에서 보았듯이, 에릭과 리사가 생존 전략 대신 취약성을 이야기하기 시작하면서 방어기제는 약해지고 대신에 상호 연민이 증가하였다.

돌봄 행동과 돌봄 구하기

사랑하는 커플관계의 특권 중 하나는 서로에게 '안전한 안식처'를 제공한다는 점이다(Bowlby, 1977). 안정 애착 정서를 조율하도록 돕는다(Coan, 2010). 폭풍에 가까운 우리 인생 가운데서 서로에게 쉼터가 되어 준다. 주된 스트레스원은 외부에서 우리 삶에 도달한다. 예를 들면, 직업 상실, 가족의 죽음, 가난 등 그런 몇 가지에 의해 생긴다. 스트레스원은 우리가 다치거나 아플 때 우리의 몸 안에서부터 생긴다. 고통스러운 순간에 꽤 괜찮은 사람으로 사는 것은 일시적인 상태이고, 우리의 대부분은 심각한 마음의 고통이 심각한 질병으로 이어진다는 것을 잘 알고 있다. 파트너와 배우자를 위해 지지적인 것은 이런 발견에서 큰 차이를 만들 수 있고, 고통을 맞이할 때 정서적 탄력성도 회복할 수 있다(Slatcher, 2010). 내부에서 공격이 있든 없든 간에 인생의 도전을 직면하는 경우, 이 과정을 참을 만한 것으로 만들 수 있게 돕는다.

돌봄을 구하고 돌봄을 받는 것 모두 건강한 커플관계에 필수적이다(Greenberg & Goldman, 2008). 때때로 파트너가 도움과 지지를 요구할 때 이렇게 주고받는 것은 외현적으로 드러난다. 어떤 순간에 파트너는 상대방의 요구를 직감하고 미리 돌봄을 제공하기도 한다. 사랑하는 파트너의 현존감은 심리안정에 효과가 있고, 위협과 불안 감각을 줄여 준다. 사실 3장에서 보았듯이, 정서 조율은 내적인 과정만이 아니어서 상호 정서 조율이 좋은 관계의 질적 요인이 되고, 사회적 동물로서의 기본 위치와 기초선을 제공할 수 있다. 이런 관점에서 다른 사람을 믿고자 다가가는 것은 일단 우리가 첫 판에 화나지 않도록 돕고 자기조율 욕구를 줄일 수 있다(Beckes & Coan, 2011).

우리가 화났을 때 애착 대상에게 우리의 정서 조절을 위탁한다면 우리가 진정될 수 있게 애착 대상이 도와준다(Coan, 2010). 좋은 관계란 자기조절과 상호 조율 사이에 순환적 과정이 있음을 의미한다. 순환적 과정은 만족감을 주고, 다른 이와의 안전한 관계를 증가시켜 줄 뿐 아니라 이런 안전한 관계가 다시 우리의 정서를 조절하게 돕는다. 이것은 자기돌봄과 상호 돌봄의 선한 순환이라 볼 수 있다. 그러나 다른 사람, 애착 대상에게 물리적으로 접근하는 것이 늘 안전하고 위로가 되는 건 아니다. 만약 우리가 혼자이고 의지할 수 있는 게 나 자신뿐이어서 스스로 감정을 조절할 필요가 있다면 신진대사의 소모를 필요로 하는 전두엽의 절차가 필수적이 된다(Beckes & Coan, 2011). 자기조절과 상호 간 위로는 건강하고 친밀한 관계에 있어서 중요한 측면이다. 그렇지만 양 극단적으로 오로지 자기조절에만 의지하거나 파트너의 위로만 전적으로 구한다면 그것은 관계뿐 아니라 개인적 웰빙에도 부정적 영향을 미친다.

관용과 감사

우리가 서로 관용적일 때 우리 뇌의 보상 센터는 활성화된다(Moll et al., 2006). 좋은 일을 함으로써 좋은 기분을 느끼는 것이다. 관용의 작고 일상적 행동-친절, 보살핌, 존중, 용서를 위한 의지를 포함하여 결혼은 만족도와 관련이 깊다(Dew & Wilcox, 2011). 파트너가 긍정적인 상호작용을 만들고 서로에게 향할 때 우정은 활성화되고 자기관심사에만 집중하기보다 친사회적이되며 너그럽게 사는 방식을 채택하게 된다.

감사는 관용의 자매 같은 정서이며, 행복한 커플에게서 많이 나타난다. 불행한 커플은 고마워할 기회를 놓치고 황금 순간을 간과하는 반면 행복한 커플은 파트너가 배우자의 긍정적 행동을 쉽게 알아차린다. 감사는 파트너가 서로를 소중히 여기게 하고 부정적인 것은 최소화하는 반면, 다른 사람의 긍정적 성향을 깨닫는다(Gottman, 2011). 연구자들은 감사의 연습('불만' 일기 대신 감사 일기를 쓰는 것)이 부정적 정서를 낮추고 긍정적 정서와 낙관주의를 증가시키며, 잠도 잘 자고 사회적 연결감을 증진시켜서 다른 사람에게 사회적 지지까지 제공할 수 있도록 이끈다고 했다(Emmons & McCoullough, 2003).

치료에서 만난 많은 커플은 자신들의 관계적 불만 사항에 대부분 집중되어 있고, 축복의 영역은 간과한다. 그렇지만 축복에 집중하는 것을 배우면 (문제를 부인하지 않거나 학대적 행동을 하지 않는다면) 변환될 수 있다. Martin Seligman, 긍정 심리학자와 그의 동료들은 약물치료를 포함한 일반적인 치료 방법보다 더 효과적인 우울증 치료 방법이 긍정적인 정서를 유발하는 것으로 보았기에 '축복 일기'를 계속 쓰는 것 같은 '긍정심리학'을 개발하였다 (Seligman, 2011; Seligman, Reshid, & Parks, 2006). 임상장면에서 만난 커플에게 그들의 관계가 좀 덜 부정성으로 가도록 내가 돕고 있었을 때, 어느 날 커플이 멋진 아이디어를 들고 왔다. 그것은 '축복의 항아리'였다. 그들의 긍정적인 순간을 더 바라보려 했고, 하나가 나타나면 곧바로 노트에 적어 그것을 항아리에 비축하였다. 이 항아리는 그들의 감사를 상징화하며 관계에서 긍정적인 영역을 끌어안을 준비가 되었음을 나타낸다. 부정성의 순간 동안에도 항아리를 바라보면 서로 더 사랑하고자 헌신한 부분을 떠올리게 될 것이고 감사를 찾을 기회가 되는 것이다.

그들 삶에서 긍정성을 찾고자 도울 때 나는 가족과 친구 관계에 적용하는 나의 원칙을 공유하곤 한다. '최선을 다하고 나머지는 남기라.' 모든 관계는 우리에게 좌절을 안겨 준다. 많은 사람은 그들 주변의 것을 악화시킨다. 예를 들어, 엄마, 자매, 친구, 배우자와 더불어 잘된 것보다 잘못된 것에 집중한다. 사랑하는 사람의 한계를 받아들이고 축복을 느끼는 것은 우리 삶의 부정성과 불평에 집중하는 경향성을 해독할 수 있게 한다.

그러나 무엇을 수용하고 무엇을 반대할지를 어떻게 알 수 있는가? 우리 관계를 변화시키려 할 때와 파트너와의 문제를 나타내려 할 때를 어떻게 알며, 친절함으로 상대방을 수용해야 할 때를 어떻게 아는가? 확실히 모든 행동이 수용되고 승인되는 것은 아니다. 우리 관계 속에서 학대적이거나 괴롭히는 행동을 허용해서는 안 되고 스스로 보호할 필요가 있다. 많은 경우, 한 손에는 건강한 자기보호와 제한 설정을, 다른 손에는 끊임없는 트집과 비난을 두게 되면 그 사이의 경계선은 점점 흐릿해진다. 그래서 익명의 '알코올 중독자의 평정 기도문'에서 지혜를 빌려 왔고, 다시 커플의 평정 기도문 버전을 만들어 보았다.

> '내가 이 관계에서 나와 배우자가 성장할 수 있는 도전을 할 수 있도록 변할 수 있는 용기를 허락하소서. 나의 파트너와 나 자신의 한계를 변화시킬 수 없음을 수용하는 관용을, 영혼을 내게 허락하소서. 그리고 내가 변화시킬 수 있는 것과 서로에 대해 수용할 필요가 있는 것 사이의 차이를 아는 지혜를 내게 허락하소서.'

변화시킬 수 없는 것을 받아들이는 것은(우리의 가치를 위협하지 않고 학대적이지 않다는 가정 하에) 감사가 충만해지기 위해 필수적이다. 오랜 관계 속에 있었던 많은 사람이 파트너의 한계를 깨달았다. 누군가는 마음을 졸이고, 다른 누군가는 침착하게 받아들인다. 수용은 우리의 파트너가 완벽하지 않다는 것을 깨닫는 것이고, 아마도 완벽한 파트너를 꿈꿨던 환상에 대한 상실을 애도하는 것일 수도 있다. (우리 모두 완벽하지 않다는 것을 받아들이는 것이 도움이 되며, 우리의 파트너가 심각하게 상황을 받아들이지 않기를 소망한다.) 수용은 감수와는 다르며, 더 쓴 맛을 지닌 것이라 볼 수 있다(Lessing과의 사적인 대화, 2011).

에릭과 리사가 나를 만나러 왔을 때 그들의 결혼생활에는 공급의 부족이 나타나고 있다고 확신할 수 있었다. 리사가 그를 변화시키려고 할 때 에릭은 거절감을 느꼈고, 정체성이 무시당한다고 느꼈다. 리사는 에릭의 행동을 보지 않았고 당연시 여겼다. 확신에 대한 욕구는 신경증적인 것이 아니다. 우리는 모두 사랑의 미러링을 원하기 때문이다. 그러나 그들의 반응 방식은 서로에게 거절감을 주었다. 감사와 수용은 이 커플이 서로의 행동을 당연시 여기지 않도록 도왔고, 관계에서의 긍정성을 주목하게끔 도왔다.

옥시토신과 도파민이 흐르도록 하라: 열정과 연결감

파트너 간의 돌봄은 추상적인 과정이 아니다. 신체적 접촉과 사랑을 나누는 것이다. 섹스, 마사지, 포옹, 그리고 공감 같은 옥시토신이 방출되는 상호작용을 통해서 연결감을 키우는 것은 커플의 웰빙에 중요한 역할을 한다. 섹스를 덜 하거나 전혀 접촉하지 않는 많은 커플을 수년 동안 만나 보았다. 그들을 진정시키는 마술 같은 힘과 연결감, 옥시토신의 부재를 경험하게 되면 룸 메이트로 남는다. 에릭과 리사는 한때 혈기 왕성한 섹스 파트너였으나 관계가 악화되면서 최근 몇 년간 섹스 사막에서 살기도 했다. 여자는 섹스를 위한 분위기 조성을 위해 정서적으로 연결감을 느낄 필요가 있는 반면, 남자는 섹스를 통해서 연결감을 구하고 표현하는 경향이 있는 것처럼 젠더의 특성에 따라 두 가지 형태의 연결감에 옥시토신이 중요한 역할을 한다는 점이 흥미롭다. 옥시토신은 둘 다에게 연료 제공의 역할을 하고, 둘로부터 방출된다. 치료 동안 한 번은 내가 에릭과 리사와 작업하면서 약간의 신경생물이론을 교육하였고, 오르가슴과 공감에 옥시토신이 어떤 역할을 하는지 설명했다. 에릭은 흥미로워했다. 다음 회기에 보고하길 에릭은 그 주간에 리사에게 좀 더 공감했었다고 말했다. 그런 상호작용 노력 후 즐거운 톤으로 물었다고 했다. "리사, 그래서 옥시토신은 나오는 거야?" 빗대어 하는 말에 둘 다 웃고 말았다. 뇌 과학이 그런 즐겁고 에로틱한 상황에 사용되었다는 점이 나도 기뻤다!

일단 감정의 쓰레기를 치워 버린 후 섹스에 대한 열정을 불러일으키는 것은 이 커플에게 어렵지 않았다. 그들은 서로를 여전히 매력적으로 느꼈고, 신체적 연결감을 되찾는데 흥미를 갖고 있었다. 그러나 많은 커플이 좋은 관계를 갖고 있다 해도 성적인 욕망과 활동은 유의미하게 줄어드는 경우를 보았다. 물론 몇몇은 정상적인 생물학적 절차에서 나타나고 다른 동물에서도 나타나는 현상이다. 일명 '쿨리지 효과(Coolidge effect)'라고 부르는데, 쿨리지 대통령과 그의 아내에 대한 일화를 따라 만든 용어이다. 그들이 닭 농가를 방문하고 있을 때의 일화이다. 수탉이 구애하는 행동을 굉장히 빈번하게 하는 것을 알게 된 쿨리지 여사가 남편에게도 이 사실을 알려 주라고 가이드에게 요청했다. 그러자 쿨리지 대통령이 수탉이 같은 암탉과 매번 짝짓기를 하는지 농부에게 묻자 "아니요, 모두 다른 암탉이지요."라고 대답했다. "쿨리지 여사에게 그걸 좀 얘기해 주세요."라며 쿨리지 대통령이 재담을 했다고 한다(Young & Alexander, 2012, p. 224). 이 재밌는 이야기는 인간이나 동물이 장기적인 관계를 가질 때 성적인 관심이 줄어들 수 밖에 없다는 슬픈 사실을 담고 있다. 그러나 지겹게 물린 남성 동물의 경기장에 다른 여성을 데려간다면(지루하고 비반응적인 남편에게 새롭고 매력적인 여인을 데려간다면) 갑작스레 흥미의 폭발이 일어날 수 있다. 열정적인 사랑의 신경화학물질인 도파민이 나올 것이기 때문이다. 도파민은 참신함에 의해 증가한다(Young & Alexander, 2012). 이런 참신함은 오랜 기간의 결혼생활에서는 대부분 짧게 제공된다. 이런 딜레마는 커플 치료자가 파트너끼리 사랑의 참신함을 가져오고 재미를 가미시켜 양념을 쳐야 한다고 제안하게끔 만든다(Perel, 2006).

애착

제4장에서 보았듯이, 전 생애를 통해 안전 애착의 욕구는 지속된다. 많은 커플의 어려움은 애착 이슈를 반영한다. 에릭과 리사의 괴로움의 춤에서도 에릭이 회피적 애착이라면 그녀는 불안한 애착이다. 그들의 애착 스타일은 모두 원가족에서 형성되었다. 리사가 에릭으로부터 버림 받았다고 느낄 때, 강렬한 정서도 그를 귀찮게 찾았다. 분노가 곁들여진 불안에 에릭은 압도되곤 하였다. 그는 반응을 하지 않고 고독에서 위안을 찾았다. 그러나 그의 철수는 리사가 더욱 버림 받았다는 감각을 악화시켰다. 제7장에서 보이는 취약성 사이클이다. 불안-회피 춤으로 보이는 그들의 것은 더 깊은 차원이 덧붙여진다. 그들이 관계에서 더 안정감을 느낄 수 있도록 돕기 위한 방법에

집중해야 했다.

에릭 같은 회피적인 파트너는 정서를 피하려고 노력하는 갈등 동안에 신체적으로 꽤 각성된다. 불안은 파트너들이 더 나은 방법을 찾지 못하게 한다. 그들의 부교감 신경 체계는 스트레스 맥락에서 작동하지 못해서 화나는 순간을 벗어나기가 더 어려워진다(Mikulincer & Shaver, 2008). 이것은 리사의 경험을 묘사한다. 갈등을 경험하는 동안 파트너 둘 다 신체적으로, 정서적으로 불규칙적이 된다. 에릭과 리사의 불안정한 애착 스타일은 정신건강에 부정적인 영향을 미친다. 반대로, 안정 애착은 관계적 지지를 주고받을 수 있을 뿐 아니라 스스로 진정시키는 능력과 관계가 있다. 애착이 안정적인 사람은 건설적인 방식으로 타인의 지지를 구하고, 원만한 대처 기술을 가지며, 스트레스에 덜 영향을 받는다. 그리고 불안정한 사람들보다 긍정성을 더 많이 찾으려고 한다. 그들은 결국 더 나은 돌봄 제공자가 되는 것이다. 파트너의 요구에 좀 더 민감해지고, 파트너의 괴로움에 반응하는 것을 실패하거나 파트너를 침범하지 않을 수 있다. 안정성은 개방성과 호기심과 연결되며, 이것은 서로의 차이를 참을 수 있게 돕고, 파트너에게 공감하며 협력하도록 돕는다. 결과적으로 안전 애착을 하고 있는 사람은 분노를 무기력함의 신호로 보기보다는 관계 증진을 위한 기회로 보고 보정할 수 있는 기회로 여긴다 (Davila & Kashy, 2009; Mikulincer & Shaver, 2008).

좋든 나쁘든 친밀한 관계는 '혼합된 생리학'에 관여한다(Sbarra & Hazan, 2008). 파트너는 서로 신경생물학으로 이익이 되거나 혹은 손해가 되는 방식으로 상호 조절한다(Johnson, 2008; Sbarra & Hazan, 2008; Solomon & Tatkin, 2011). 안전한 사랑의 관계는 옥시토신이 코르티솔을 낮추는 것처럼 우리의 각성을 조절하도록 돕는다. 옥시토신과 자생적으로 생기는 아편은 파트너를 사랑하는 웰빙 감각이 생기도록 기여한다(Sbarra & Hazan, 2008). 불행한 관계에서는 에릭과 리사가 그랬던 것처럼 혼합된 생리학이 큰 혼란을 야기한다. 에릭은 리사를 차단하면서 과도하게 자기조절에 의존했다. 리사도 에릭이 제공해 줄 수 없는 조절에 과도하게 의존했다(Diamond & Aspinwall,

2003; Solomon & Tatkin, 2011). 이런 맞지 않는 조합은 양쪽 모두에게 비극이다. 이 커플에게 더 안전한 애착을 촉진하는 것은 자기조절과 상호 조절을 위한 전략을 수반해야한다.

'안전한 안식처'에 덧붙여 안전한 사랑의 관계는 '안전한 기초'를 제공하고, 자신감을 갖고 세상으로 나갈 수 있게 돕고 자율성을 개발시켜 주며 새로운 가능성을 탐색하게 돕는다(Bowlby, 1977). 사랑하는 관계에서의 안전한 기반은 '의존성 역설'을 반영한다(Feeney & Van Vleet, 2010). 사랑하는 사람에게 의존하는 것은 자율성의 기능을 증진시켜 준다. 대중적인 문화에서는 성인기의 의존을 병리로 간주하지만 누군가에 의존할 사람이 있다는 것은 우리가 좀 더 개방적이고 모험을 즐기는 사람이 되도록 돕는다고 밝혔다.

안정 애착과 관련된 여러 개의 목록을 갖고 있지만 실제로 안정 애착이 없다고 한다면 나는 어떤 방식으로 그것을 얻을 수 있을까? 원가족 경험이 불안정한 애착 스타일을 갖게 한다면 커플 치료자는 에릭과 리사가 어떻게 서로에게 안정감을 갖도록 도울 수 있을까? 희소식은 불안정한 애착이 인생 전반에 걸친 저주는 아니라는 점이다. 불안정한 커플이 좀 더 안정적이고 연결될 수 있도록 돕는 구체적인 치료 접근들이 있다. 부부정서중심치료(Emotionally Focused Therapy: EFT)는 친밀한 관계에서의 애착 역동에 집중하며 어떻게 그들이 빗나가고 어떻게 치료 장면에서 커플과 작업할지 보여 준다(Greenberg & Goldman, 2008; Johnson, 2004). EFT는 연구 기반의 치료로 커플이 서로 다시 연결되도록 돕는 데 효과적이다.

Johnson(2004, 2008)은 애착의 춤이 제7장에서 언급한 것처럼 취약성 사이클과 흡사하다고 기술했다(Scheinkman & Fishbane, 2004). 에릭과 리사 같은 추적자-도망자 커플 사이클에서 보이는 많은 문제적 행동은 활성화될 필요가 있는 파트너의 애착 결과라고 언급했다. 여기에 그녀의 가슴 아픈 묘사가 있다. "대부분의 커플은 정서적 단절에 항의하기 위한 항의를 한다. 모든 괴로움 아래에는 파트너가 서로에게 질문하고 싶은 것이 숨어 있다. '당신은 내가 믿고 의지할 수 있는 사람인가요?' '나를 위해 거기에 있어 줄 수 있나요?' '내가 당신에게 중요한가요?' 분노, 비난, 요구는 사랑을 위한 절규이며 가슴을 휘젓기 위한 아우성이고 안전한 연결감을 재건설하고 정서적으로 파트너를 끌어오기 위한 몸부림이다."(Johnson, 2008. p. 30)

　　EFT 작업은 불안 · 회피 애착의 커플 춤을 변형시킨다. 문제 행동에 연료를 제공하는 부드러운 애착 욕구를 서로에게 분명하게 표현할 수 있도록 치료자는 지도해야 한다. Johnson은 이런 욕구를 일차적 정서라고 불렀다(취약성이라고 부르는 것과 흡사하다). 이차적 정서는 애착 불편감을 다루려고 노력하는 방식이다(생존 전략이라고 부른다). 리사의 추구 아래에는 과하게 짊어진 감정과 버려질 것 같은 취약한 감정이 담겨 있다. 그녀의 분노, 비난, 경멸은 애착 시위 행동이며, 에릭의 주의집중을 얻기 위한 시도라 보인다. 그러나 이런 과정은 역효과를 만들어 리사로부터 멀리 도망가고 싶어 했던 에릭이 성난 비난을 마주할 수밖에 없었다. 에릭의 철수 아래에는 버려질 것 같은 두려움과 부적절한 취약성이 드러난다. 이것은 일차적 정서이다. 이차적 정서는 생존 전략으로, 방어와 철수를 의미한다.

　　모든 방어적인 행동 아래 연결을 깊게 갈망하는 마음이 있다는 것을 커플이 볼 수 있도록 도왔다. 이런 새로운 시각은 그들로 하여금 더욱 가까워지게 만들었다. 취약성 사이클에 있는 파트너 둘을 서로 격려하여 화가 나거나 위축된 성인 뒤에는 취약한 어린아이가 있음을 서로 보도록 하였다. 제7장에서 이미 보았고 다른 장에서도 깊게 다룰 것이지만 애착이 불안정한 원가족 경험에 연결되어 있다는 것을 경험하는 것은 커플의 공감을 증진시킨다. 각자의 생존 전략이 진화되는 큰 맥락을 이해하는 것과 한 번이라도 파트너의 취약한 어린아이를 그려 보는 것은 에릭과 리사 사이의 공감과 보호 본능을 상호적으로 촉진시키는 역할을 한다.

상처와 치유

신뢰는 사랑하는 관계의 기반이다. 그러나 신뢰는 종종 불행하다고 느끼는 친밀한 관계를 방해한다. 이런 방해는 지독하여서 개인의 안전이나 관계의 생존을 위협하기도 한다. 의학적 위기 상황 같은 극도의 취약성 시기에 함께 있어 줄 수 없거나 외도, 폭력 같은 것이 여기에 포함되기도 한다. 다른 방해는 더 작거나 더 교묘하다. 그러나 작은 방해가 오랜 시간 계속 되면 관계에 부식을 일으킨다. '상호작용 실패'(Buber, 1973)로 파트너가 더 이상 친구도 아니고 다루기 어려운 적과 같다는 신호를 느낄 때 커플은 서로 위협감을 느낀다.

상처와 단절감은 필연적이다. 결국 행복한 커플과 불행한 커플을 구별하는 것은 괴로운 순간이 사실상 치유할 수 있는 자신들의 여력과 관련되어 있음을 아는 것이다. 행복한 커플은 치유하려는 시도를 자주 할 뿐 아니라 서로 주고받고 보정해 나간다. 이런 운 좋은 커플은 우선적으로 서로를 치유하는 것에 몰두하고, 파트너가 언제 상처 받았는지 알고, 재연결감을 위해서 어떤 시도를 해야 하는지 재빠르게 알아차린다(Gottman, 2011). 커플이 이런 순간을 서로에 대해 배우기 위한 치유의 시간으로 활용한다면 관계에 꽤 유용할 수 있다(Jordan, 2010). 이런 관점에서 치유는 파열에 필요한 재생만을 의미하지 않고 새로운 하나의 기회가 된다. 마치 많은 아이가 좌절과 치유의 순간에서 회복력을 배우는 것과 같다(DiCorcia & Tronick, 2011). 그래서 커플들은 상호작용의 실패로부터 자신감도 얻고, 이해도 얻는 것이다. 그러나 이것은 전적으로 이 순간을 어떻게 바라보느냐에 따라 달라진다. 함께하기의 마음을 붙들고 갈등의 필연성을 이해하면, 파트너는 상호작용 실패도 성장의 경험으로 활용할 수 있다.

행복한 커플들은 협동적인 사고방식을 가진 반면, 불행한 커플들은 신뢰도가 낮고 자기보호에만 집중한다(Gottman, 2011). 에릭과 리사도 수년간 양

극단화되면서 그들 사이의 부족한 신뢰로 상처 입게 되었다. 분노 그리고 단절의 순간은 파트너 간에 자기보호적인 행동들을 하게끔 만든다. 관계 초기에는 사랑으로 서로를 돌보다가 결국 어떻게 '모든 인간은 자기 자신을 위해 존재한다.'는 입장으로 옮겨 가는지를 언급했다. 이로 인한 피해에 대해 논의해 보자. 그들은 자신의 관계가 열정적이고 신뢰가 있고 사랑하는 공간으로부터 만성적으로 실망하고 위협하는 환경으로 옮겨 간 관계에 대한 슬픔을 표현하였다. 자신들의 관계에 유감을 표현하는 순간, 리사와 에릭은 경쟁적이고 자기보호적인 행동을 외재화해 보았다. 이런 과정은 양쪽 파트너에게 그들 자신의 춤을 좀 더 격려 받고 적극적으로 나갈 수 있게 돕는다 (Scheinkman & Fishbane, 2004; White, 1989).

나는 리사와 에릭이 호기심과 돌봄의 자세로 차이를 마주하도록 격려했다. 결국 그들은 더 나은 이해를 갖고 되돌아왔고, 그들의 상호작용 실패로부터 더 성장할 수 있다는 기대감마저 발전시켰다. 오리엔테이션을 통해 그들에게 힘을 다시 부어 주는 것은 파트너의 욕구를 배려하고 존중할 수 있게 도왔다. 그들은 갈등은 대화와 성장을 위한 기회로 보았고, 작은 균열은 서로에게 다가가 재연결을 시도할 수 있는 순간으로 여겼다.

균열은 치유할 필요가 있다. 상처에 대한 상호 이해가 없으면 상처는 곪아 터진다. Sue Johnson과 그의 동료들은 '애착 손상'이 수십 년 전에 발생했을지라도 여전히 그들에게 저주처럼 따라올 수 있다는 것을 커플들이 이해하도록 그 중요성을 강조해야 한다고 했다(Johnson et al., 2001). 이런 종류의 과정에 대한 이해는 커플 사이에서 용서를 촉진할 수 있기 때문이다. 파트너가 상처에 대한 역할과 책임을 지려할 때에는 특별히 오랜 상처를 진정시킬 수 있는 긴 여정을 가겠노라고 선언하는 것으로 들리기 때문이다(Makinen & Johnson, 2006). 그리고 파트너의 괴로움과 상처를 치유하는 데 스스로 조율하려는 이런 태도와 순간들을 통해 신뢰는 증가될 수밖에 없다(Gottman, 2011).

죄책감과 수치심

우리 치료자들은 종종 어린 시절부터 내재화되어 온 독성 있는 수치심과 죄책감을 내담자들이 극복하도록 돕는 데 많은 에너지를 소모한다. 몇몇 학자들은 수치심이 책임감을 숨기고 피하도록 돕는 반면, 죄책감은 공감과 치유를 향하게 하는 더 적응적인 정서라고 말했다(Tangney, Stuewig, Mashek, 2007). 나는 수치심과 죄책감 모두 건강한 정량이라면 우리가 사회 세상으로 향할 수 있게 돕는다고 생각한다. 수치심과 죄책감은 우리가 사회 조직의 기준에 맞게 살도록 돕는다. 그들의 회피적인 감정은 다른 사람에게 해를 끼치는 정도로 영향을 미치지 않고, 사회적 기준을 위법하지 않는 선택을 하도록 돕는다. 이런 도덕적 정서는 나쁜 평가를 받아왔다. 부부치료에서 치유 작업을 할 때, 특히 건강한 수치심과 독성적인 수치심, 죄책감 사이를 구분하는 방법은 중요한 열쇠가 된다.

Martin Buber(1957)는 건강한 죄책감과 신경증적인 죄책감 사이를 구별하였다. 신경증적인 죄책감은 내면의 포악한 비판을 촉발하는 실수를 받아들일 때 생기는 것으로, 우리가 무가치한 인간으로 느껴지게 한다. 반대로, 건강한 죄책감은 우리의 양심이며 스스로 잘못한 것에 대해 강하게 침몰하는 감정을 통해 잘못된 것과 바른 것을 구분할 수 있게 한다. 마틴 부버는 말하길 심리치료자들은 모든 죄책감에 반대하며 내담자들이 죄책감을 떨쳐내도록 돕고 싶어 노력한다고 했다. 그러나 그는 이것이 실수라고 언급했다. 죄책감 없이는 도덕적 나침반을 잃게 되고, 다른 사람에게 우리의 행동이 어떤 영향을 미치는지에 대한 근심은 하지 않게 된다. 이런 도전은 건강한 죄책감을 건강하지 않은 죄책감으로부터 분리하도록 돕는다. 가혹한 내면의 목소리가 촉발되지 않고 오히려 우리의 양심에 귀 기울이는 것을 배워야 한다.

많은 내담자는 모든 죄책감에 알레르기 반응을 보이고, 건강한 양심과 신경증적인 자기비판 사이의 차이를 어떻게 구분할지 모른다. 그래서 그들은 그런 감정 모두를 회피한다. 이것은 커플 사이의 비난 게임을 부추긴다.

죄책감을 붙들고 있으려는 것이 아니라 파트너가 비난을 서로 주고받는 것이다. 나는 내담자와 함께 우리가 다른 사람을 해하려 한다는 사실을 알게끔 하고 가슴 저미는 감정을 건강한 죄책감으로 재명명하여서 스스로 영광스럽게 생각하도록 하였다. 이것은 우리가 소시오패스가 아니라 서로를 신경 쓰고 있다는 신호이기 때문이다. 대신, 소시오패스는 적절하게 작동하는 공감 회로가 결핍되어 있어서 다른 사람의 고통을 느끼지 못한다. 건강한 죄책감은 다른 사람들에게 고통을 유발할 때 내가 고통을 느끼는 것이고, 이는 관계적 손상을 고치고 책임감을 갖도록 유도한다. 에릭과 리사는 그들이 서로를 돌보고 있는 신호로 죄책감을 인식하면서 그들이 서로 불편함을 참는 연습을 하였다. 죄책감의 고통은 관계적 치유를 위한 열쇠로 재명명될 수 있다.

수치심은 죄책감보다 더 안 좋은 평판을 갖고 있다. 많은 치료자는 죄책감이 건강할 수 있으나 수치심이 건강할 수 있다는 가능성은 아예 배제한다. 죄책감이 구체적으로 나쁜 행동과 연결되는 반면, 수치심은 전체적으로 자기(self)를 반영한다. 그럴지라도 결혼관계에서의 용서에 대한 최근 연구에서는 외도 같은 신뢰 위반이 일어났을 때 관계 치유에 건강한 수치심이 중요한 역할을 한다고 언급했다. 커플을 대상으로 하는 EFT연구자들은 성공적인 치유를 위해서 상처 입은 자의 수치심과 개인적 괴로움이 중요하다고 언급했다(Meneses & Greenberg, 2011). 파트너에게 상처 준 부분을 감지하는 능력은 자신의 수치심을 표현하게 돕고, 용서를 구하는 순간은 기쁨이 되어 결국 그들의 관계를 치유하도록 돕는다. 이런 깊은 수치심, 회한, 그리고 책임감은 상처 입은 자의 정체성 변화에 영향을 준다. 이런 관찰은 대인관계의 상해 맥락을 다루는 회한과 속죄의 주제에 관한 유태인의 윤리 책과 흡사하다. 랍비가 말하길, 범법자는 배신을 불러오는 유혹에 노출될 때 전적으로 테슈우바(teshuva: 회개, 반환, 변형)를 추구하게 되고, 수치심과 죄책감이 녹아 있는 깊은 수준의 테슈우바 과정을 거쳤기 때문에 그 사람은 더 이상 같은 사람이 아니라고 했다. 이런 견해로 볼 때 대인관계 신뢰를 위반하는 수치심은 범법자가 자기에 대한 심오한 변화를 촉발할 수도 있음을 의미한다.

사과와 용서

사과는 중요한 치유 기술이다. 내가 어린 소녀였을 때, 나와 엄마는 모두 다혈질이었다(우린 둘 다 빨간 머리였다!). 우리는 서로 폭발한 후 각자 방으로 들어가 회복을 위한 휴식을 가졌다. 몇 분 후 서로 사과하기 위해 나갔다가 침실 밖 복도에서 서로를 맞닥뜨리곤 했다. 나의 가족은 엄청난 칭송으로 사과할 줄 아는 나의 능력을 높이 샀다. 나는 사과하는 것에 대한 압박을 전혀 느끼지 않는다. 오히려 사과를 매우 감사히 여겼다. 나의 부모가 관계 속에서 서로 잘 보수하는 모습을 본 것 또한 나에게 영감을 주었다. 사과는 우리 가족에게 긍정적인 기술일 뿐 결코 나빠지는 신호가 아니다.

그렇지만 나의 많은 내담자에게 사과는 부정적이고 심지어 독성이 함축된 의미일 때도 있다. 어린 시절에 사과를 강요받아서 건강하지 않은 수치심으로 그 과정이 잘못 물들여졌고 성인이 된 관계 경험에서도 치유 능력을 좌절시켰다. 한 커플은 자신의 결혼관계에서 치유 방해가 종종 일어난다고 했다. 싸우고 난 후 아내 마리아가 사과하기 위해 남편 제이미에게 다가갔다. 그러나 제이미는 사과할 수 없었고, 비난 모드에 계속 갇혀 있었다. 이것은 마리아를 극도로 화나게 했다. 상담 회기에서 나는 제이미에게 물었다. "혹시 이런 것이 익숙한가요? 친밀한 사람이 당신에게 와서 진정으로 사과하고 싶어 하는데 당신은 전혀 그럴 수 없는 이런 상황이요?" 제이미는 어린 시절의 경험을 이야기하면서 눈물을 흘렸다. 어린 시절에 남동생과 싸웠을 때 아버지는 언제나 제이미를 혼냈고, 사과를 하도록 강요했다고 했다. 제이미가 그것을 거부하면 아버지는 그를 때렸다. 어린 시절의 제이미가 지금까지 지속되어 온 것이다. 사과하지 않는 행동은 독성 있는 어린 시절의 환경에서 유일하게 그가 지켰던 힘이라고 볼 수 있다. 마리아는 시아버지가 성질이 사나웠던 것을 알고 있었지만 사과에 대한 처벌 일화는 처음 들었다. 이런 트라우마틱한 이야기를 듣고 나서 그녀는 남편에게 공감을 느꼈고 보호해 주고 싶었다. 이런 상호작용은 커플의 교착상태를 완전히 전환시켜 준다. 마리아는 사과를 강요하지 않았고, 남편의 취약성을 마음에 새겼다. 그래서 제이미는 마리아에게 다른 치유의 형태를 실험적으로 하면서 그녀에게 다가서려는 신호를 보내곤 했다. 표면적인 사과도 깊은 치유가 되는 반면, 커플관계에서 치유가 되는 다른 많은 방법도 있다. 포옹이나 유머 또는 다른 간접적 방식으로 사랑과 회환을 보여 주는 것이다(Gottman, 2011). 제이미는 다른 많은 대체적 치유 행동을 선보였다. 과거로부터 현재를 분리하도록 돕기로 한 것이다. 결론적으로 제이미는 사과에 대해 덜 압도되었고, 아내에게는 사과가 권한과 관용의 형태로 나타난다는 사실을 이해하게 되었다. 이런 치유 과정이 그녀를 어떻게 진정시키는지 보았고, 둘 관계를 안전하게 만드는 방법도 알게 되었다. 이 즈음에서 제이미는 더 이상 어린 시절의 겁먹은 남자 아동이 아니라 더 성숙한 성인 남자가 된 것이다.

사과의 다른 측면은 용서이다. 용서는 용서하는 자에게 긍정적 측면이 많음을 이미 연구들에서 지적했다. 결론부터 말하면 만성적 분노와 불만을 계속 갖는 것은 건강에 해롭다. 화를 계속 남겨 두면 혈압이 오른다. 용서하지 않고 복수하려고 하면 결국 양쪽 모두 피해를 본다. 유명한 명언을 보면, '적에게 복수를 하려면 두 개의 무덤을 먼저 파라.'라는 말이 있다. 무덤 하나는 적이고, 다른 하나는 당신을 위한 것이다. 심리학 서적에서는 용서를 개인내적인 것으로 묘사한다. 용서하는 자만이 책임을 갖게 되면, 범법자의 역할이 덜 강조된다. 그러나 범법자가 보상하도록 기다리는 것은 상처 받은 자를 의존적이고 힘없는 역할에 빠지도록 제안하는 것이다. 그리고 일방적인 용서에 가치를 두는 이런 문구들은 종교적 신념에서 따온 것이다.

이런 용서에 대한 개인적인 견해에는 제니스 아브라함 스프링[Janis Abrahms Spring(2004)]에 의해 고안된 양가적이고 관계적인 관점이 포함된다. 그녀의 이상적인 방식에 의하면, 범법자가 순수한 용서를 이끄는 치유의 역할을 적극적으로 해야 한다. 이 모델에서의 책임은 일차적으로 상처를 입힌자에게 있고 회환과 치유의 이슈를 표현해야만 한다는 것이다. 만약 범법자가 치유의 의지도 없고 능력도 없다면(예를 들어, 죽었다면) 상처를 입은 자는 여전히 대안이 있으므로 영원히 피해자 의식과 분노에 닫혀 살 필요는 없다. '싸구려 용서'의 대안은 용서가 좋다는 신념과 압박 때문에 하는 것으로, 치유도 없는 그저 빠르기만 한 용서를 스프링이 추천한 것은 결코 아니다. 싸구려 용서는 두려움에 의해 나올 수 있거나 화해하고 싶은 강렬한 욕망 때문일 수 있다. 예를 들어, 학대 받은 여자가 있다고 상상해 보자. 학대 행위자를 행동 변화에 대한 요구 없이 내버려 둔다면 미래에 똑같은 위험이 그녀에게 발생할지 모른다. 이는 불만을 품고 만성적으로 용서하지 않는 입장과 비슷한 심각성을 띄는 것이라고 스프링은 언급했다. 불만을 품은 자는 건강과 행복을 위협 받게 된다. 양쪽 입장을 고려한 보수를 통한 진심 어린 용서가 가능하지 않다면 스프링은 4번째 대안을 제안했다. 그것은 '수용'이다. 상처 받은 이가 불만과 화를 흘러가게 하고, 행위자의 한계를 수용하면서 완전한 보수와 진심 어린 용서가 가능하지 않음을 이해하도록 하는 것이다. 그러나 상처 입은 자들이 수용만으로 그들의 인생을 잘 살 수 있고 영원히 화에 갇혀 살지 않을 수 있음을 의미하지는 않는다. 이런 관계는 지속될 수도 아닐 수도 있고, 꼭 수용이 잘못을 용납한다는 의미는 아니다. 그저 화의 무게를 내려놓는다는 의미일 뿐이다.

대부분의 커플의 경우, 명백한 피해자와 가해자가 있지 않다. 폭력이나 다른 학대, 심각한 배신의 경우에는 피해자, 가해자가 확실하게 있다. 그러나 종종 파트너들은 서로 상처를 주고받는다. 이런 경우, 치유, 사과, 그리고 용서는 상호적인 절차 과정이다. 자신의 실수를 인정하고 사과하며 용서를 구하는 것은 꽤 용기 있는 일이다. 부부치료 과정에서 나는 이런 기술을 강조하며 관계적인 권한의 일부로 용서를 시도한다. 우리 중 어느 누구도 완벽하지 않다. 그래서 실수를 받아들이고 파트너에게 다가가는 것은 부부의 기능에 필수적일 수 있다.

몇몇 내담자는 사과하거나 죄책감을 느끼는 것만큼 용서에 알레르기 반응을 보인다. 파트너를 용서하지 않는 것은 더 큰 침해를 이끌 수 있는 분노를 품는 두려움을 나타내는 것일 수 있다. 몇 사례에서는 현실적인 두려움이 나타난다. 이미 말했듯이 안정감은 커플관계에서 극도로 중요하다. 학대나 착취의 위험이 있다면 집중적으로 이 부분을 다뤄야 한다. 특별히 폭력의 위험이 존재한다면 관계가 꼭 유지되어야 할 필요는 없다. 그러나 비폭력적인 관계를 유지하는 파트너들이 갖는 용서에 대한 두려움은 자신 있게 소리 내어 말하거나 유지하는 능력의 부족함, 즉 자신감 부족과 깊은 관련이 있다. 이런 맥락에서 분노는 그들을 더 강하게 만들 수 있다. 이러한 직업은 자신을 위험에 빠뜨리는 것이 아니라 치유가 될 수 있는 과정이다.

몇몇 사례에서 생존 전략이 원가족 경험에 근거하여 커플관계에서의 용서를 방해하곤 한다. 예를 들어, 리사는 그녀의 부모님, 특히 아버지에게 오랜 세월 동안 분노를 품고 있었다. 리사에게 아버지를 용서하는 것은 그의 학대적인 행동을 용납한다는 의미이다. 아버지에 대한 입장처럼 리사는 용서하지 않는 것을 받아들였다. 이는 후에 에릭에 대한 태도에도 일반화되어 최근 몇 년간 결혼생활에서의 모든 고통이 야기된 것이다. 이런 상황에서 부모와 리사의 관계에서 미해결된 과제를 언급하는 것은 부부관계를 치유하고 회복할 수 있도록 돕는 데 필수적이다. 이 책에서 언급한 다른 많은 이슈들처럼 원가족에서 비롯된 낡고 미해결된 정서적 이슈들은 치유와 용서의 과정을 다루는 현재 시점의 커플들을 사로잡기도 한다. 다음 장에서는 양쪽 파트너가 부모를 새로운 시각으로 바라보도록 돕는 '세대 간' 이슈를 다루고, 또한 원가족 역동이 현재 부부의 기능에 영향을 미친다는 내용도 다루고자 한다.

제**10**장
///////////////

세대 간 상처 치유하기

에 릭과 리사는 그들의 관계를 전환하기 위해 열심히 노력해 왔다. 그
들은 관계에 더 집중하고 유연해지고 관대해져 갔다. 그러나 치료를
받으면서 아동기의 상처가 우연히 드러나게 되었고, 현재 부부관계의 상호
작용에서 감정이 드러나게 되었다. 우리는 부부들의 정서적 뇌에서 배우자
의 분노가 과거 기억에 의해 어떻게 생겨나는지를 보았다. 본 장에서는 부부
간의 편도체 반응의 세대 간 근원으로 이들의 관계에 부정적으로 영향을 미
치는 원가족을 어떻게 다루는지에 대해 탐색하고자 한다.

요술 질문

부부가 난관에 부딪힐 때, 나는 각자에게 "현재 당신을 힘들게 하는 것이
익숙한 것인가요? 혹시 당신의 삶에서 이전에도 비슷한 감정을 느낀 적이 있

나요?"라고 질문한다. 종종 그들은 "내가 어렸을 때 가족에게 느꼈던 것과 상
당히 비슷해요."라고 대답한다. 나는 이 질문을 '요술 질문'이라고 부른다. 왜
냐하면 이것은 우리에게 부부의 취약성 고리 안을 깊게 통찰할 수 있게 하는
문을 열어 주기 때문이다. 이때 그 문을 따라 들어가면 내담자의 원가족 관
계로 초점을 맞추도록 이끌어 준다. 부모와 미해결된 갈등은 부부간 행동에
부정적인 영향을 미치지만, 세대 간 역동의 탐색을 통해 부부의 행복을 향상
시킬 수 있다.

여기서 리사와 에릭이 어떻게 변화했는지를 제시하겠다. 그들의 핵심적
교착상태는 그들이 강렬한 정서적 전환의 중심에 있다는 것이다. 리사는 에
릭이 아무것도 하지 않는 것에 매우 화가 났고, 에릭은 그녀의 분노에 방어
적인 태도를 보이며, 그녀를 피하고 싶어 한다. 나는 각자에게 요술질문을
던졌다. 에릭에게 먼저 시작했다. "에릭, 당신이 사랑하는 누군가가 당신에
게 화를 내고 비난하는 이런 일이 당신에게 익숙한가요?" 에릭의 첫 대답은
"네! 리사는 10년간 나에게 이렇게 해 왔어요."였으며, 그의 대답은 결혼관
계에서 그가 피해자가 되어 왔다는 것을 반영한다. 나는 이어서, "당신은 리
사가 당신에게 실망한 것 때문에 진심으로 상처를 받아 왔군요. 그녀는 때로
거칠게 당신을 대해 왔군요. 그런데, 당신이 더 어렸을 때 아마 아동기 때에
도 이런 비슷한 감정을 느꼈던 적이 있나요?"라고 물었다. 에릭은 얼굴을 붉
히더니 이내 목소리에 힘이 빠졌다. "나는 아버지가 돌아가신 후에 엄마와
함께 있을 때 항상 이런 기분을 느꼈어요. 어머니는 계속해서 나를 비난하고
통제했지요. 난 리사가 하는 것 같이 어머니의 요구를 맞출 수 없었어요. 난
어머니에게 실망을 주었어요." 우리는 모두 이 순간을 수용한다. 에릭은 어
린 시절의 고통의 문을 열어 리사와 나에게 살짝 그 안을 보도록 한다. 그 안
의 고통이 분명하게 보였다. 리사는 에릭의 슬픔을 수용하고자 나에게 합류
했다. 그녀는 자신이 에릭을 비난하거나 경멸할 때 어떻게 그의 과거의 상처
를 무심결에 자극했는지에 대해 깨달았다. 그녀는 에릭과의 상호작용을 새
로운 눈으로 바라보고 그녀가 에릭에게 분노를 표출했을 때의 결과를 깨달

기 시작했다. 그녀는 어린 소년 릭키(에릭의 어린 시절의 별명이었으며, 연애 기간 동안 리사가 불렀던 에릭의 애칭이다.)에 대한 연민을 느꼈다.

　이제 리사의 차례가 되어 질문했다. "리사, 당신은 어때요? 몇 분 전 에릭과 함께 있을 때 느꼈던 감정들이 당신에게 익숙한 느낌이 드나요? 당신이 사랑했고, 필요로 했던 사람이 이제는 어디서도 찾을 수 없다고 느껴지고 당신 혼자 남겨졌다는 느낌이 드나요?" 리사가 울기 시작했는데, 그녀의 어머니가 늘 우울해 있었고 오후에는 대부분 침대에서만 지냈으며, 리사와 그녀의 여동생을 내버려 두었던 것을 떠올렸다. 그녀는 어머니가 집에 안 계셨을 때 가족 내에서 모두를 돌보기 위해 노력해 온 것에 대한 부담과 술 취한 아버지의 폭력을 어머니가 막아 주지 않아서 그를 곧바로 맞닥뜨렸던 공포에 대해 말했다. 에릭은 이러한 이야기를 이전에 들었을 때에는 전혀 지금처럼 받아들이지 않았다. 그는 방어막을 내려놓고 리사의 아버지의 학대와 어머니의 방임으로 인한 고통을 본다. 그는 그의 회피가 리사가 가진 어머니로 인한 과거의 상처를 어떻게 반복시켰는지 깨달았다. 어린 리사를 지켜 주려는 감정으로 에릭은 다가와 그녀의 팔을 어루만졌다. 그녀는 에릭이 위로해 주는 것을 허락했다. 이것은 연결과 돌봄의 놀라운 순간이다. 그들은 결혼의 역동이 어떻게 어린 시절의 오래된 상처를 활성화시키는지를 보여 준다. 이 순간에 서로 간의 질책은 어디에서도 발견되지 않았다. 부부간에 공감하고 서로를 안아 주면서 옥시토신이 넘쳐났다.

　부부간의 안정과 연결 시스템은 이들의 상호작용에 빠르게 관여한다. 무엇이 상처의 순간에 서로에게 공감의 기회가 되었는가? 요술 질문은 배우자의 현재의 취약성과 어린 시절의 경험을 연결한다. 그들의 상호작용 고리와 개인적 역사 간의 연결은 서로에게 더 큰 연민을 가지고 그들의 교착상태를 바라보도록 한다. 세대 간 연결은 배우자의 행동의 근원을 동정을 가지고 탐색하면서 그들이 수치감에서 벗어나는 것에 도움을 준다. 비난과 망신을 주던 행동은 서로에 대한 이해와 지지로 바뀌었다.

　요술 질문을 할 때 중요한 것은 존중하는 억양과 순수한 호기심, 나의 질문을 통해 반응보다는 연민을 끌어내기이다. 치료사의 질문이 그들을 추궁하기보다는 그들의 경험을 반영하는 데 초대된다는 느낌을 주는 것이다. 요술 질문에 대답을 하는 과정은 배우자가 고통스런 순간에 대한 전두엽 사고를 하여 상위 뇌를 활성화하도록 한다. 우리의 작업은 부부가 원가족 쟁점을 알아차리도록 하면서 과거로부터 현재를 분리(Scheinkman & Fishbane, 2004)하는 데 도움을 준다.

어린 시절의 상처 속에서 살아가기

에릭과 리사의 원가족과의 관계 및 그들의 과거를 살펴본 것에 의하면, 에릭과 리사는 둘 다 그들의 부모에 대해 어린 시절의 분노감으로 그들을 보는 좁은 시각을 가지고 있다. 리사는 대학 진학 후로는 거의 부모님을 만나지 않았다. 대학 시절 당시 그녀의 치료사는 리사의 아버지가 술에 취해서 그녀에게 하는 폭언이 그녀에게 큰 상처를 주기에 부모님과 거리 두기를 제안하였다. 그때부터 리사는 부모님과 형식적인 관계는 유지하였으나, 직접적으로 만나는 일은 거의 하지 않았다. 몇 년 전 그녀의 아버지가 술을 끊었고, 그것을 유지하면서 그의 하나 밖에 남지 않은 딸과 관계를 회복하기를 원함에도 불구하고 리사는 여전히 아버지에 대한 두려움 때문에 그와 거리를 두고 있다. 그녀는 어머니와는 가끔 만나지만 어머니가 아버지의 학대로부터 리사와 캐시를 지키지 못하였다는 것에 대한 분노를 여전히 가지고 있다. 리사가 그녀의 부모를 바라보는 시각은 여전히 어리고, 무력하고, 분노에 차 있는 어린 시절에 머물러 있다. 리사는 그녀의 부모님은 해로운 존재로, 그녀 자신은 작고 힘이 없는 존재로 보는 '어린 시절의 상처 속'(Fishbane, 2005, p. 547)에 살고 있었다. 그녀가 보호 받지 못하고, 부모의 역할을 대신 한 아이였으며, 원가족 내에서 과도한 책임감을 져야 했던 것에 대한 분노는 그녀가 결혼생활 중에 과중한 부담을 지거나 보호 받지 못한다고 느낄 때면 에릭에 대한 화를 커지게 만들었다.

반면, 에릭은 그들 부부 간 긴장의 원인 중 하나인 그의 어머니 노마와 정기적인 관계를 맺고 있으며, 그가 젊었을 때 어머니와 밀착되어 있었듯 지금도 그녀와 유사한 관계를 가지고 있다. 그는 어머니에게 순응적이며, 관계를 잘 유지하려고는 하나 그의 진정한 감정은 어떤 것도 어머니와 나누지 않는다. 그는 가능한 한 어머니와 직접적으로 만나는 것은 피하며, 리사에게 그의 어머니를 만나고 대하는 것을 떠넘겼다. 그는 결혼생활 초기에 리사가 어머니를 상대하는 역할을 맡도록 설득하였다. 어머니가 집에 전화를 하면 에릭은 리사에게 대신 전화를 받아 달라고 요청하였다. 그의 어머니와의 관계에서 생존전략은 '숙이고 엎드리는 것'이었다. 지나치게 책임감이 강한 리사는 그에게 순응하고 시어머니에 대한 부담을 받아 주었지만 에릭이 그의 어머니를 속이는 것에 대해서는 분노하였다. 여성들은 가족관계 내에서 '가족을 챙기는' 역할을 하는 경향이 있다(Fingerman, 2002). 많은 며느리가 남편의 가족과 관련된 일을 대신하고 관리하나, 대부분은 리사가 그랬던 것처럼 그것을 원망한다. 리사의 지나친 역할 수행은 에릭이 좀 더 성숙한 태도로 어머니를 대할 수 있는 기회를 회피하게 해 주었다.

어린 시절의 상처 속에 사는 것이 몇몇에게는 그들의 원가족에게 지나치게 의존하는 것으로 나타나며, 그 외 다른 사람들에게는 원가족과 거리를 두고 그들을 원망하는 것으로 나타난다. 많은 성인은 그들의 어머니나 아버지가 자신이 필요로 하고 원하는 모습의 양육자가 되기를 '갈망한다'. 부모에 대한 분노는 종종 성인 자녀가 이러한 바람을 여전히 갖고 있음을 반영한다. 어린 아이들은 그들의 부모로부터 반영과 공감조율을 필요로 한다(Kohut & Wolf, 1978; Schore, 2003). (그들이 이러한 애정적인 반영을 받지 못하고 성인이 되었을 때 '되갚아 주기'를 할 것이고, 그들은 부모를 분노와 비난 혹은 두려움의 왜곡된 시각으로 바라보게 될 것이다.)

어린 시절의 상처 속에 사는 것은 배우자 간의 반응을 만든다. 리사의 부모님이 자신을 지켜 주지 않았던 것에 대해 느끼는 분노는 그녀가 가정 내에서 지나친 역할로 인한 부담을 느낄 때마다 에릭에 대한 분노로 전이된다. 에릭이 가진 그의 어머니에 대한 두려움과 회피는 리사에 대한 방어와 철회에 영향을 주어 에릭은 두 여성을 대할 때면 '숙이고 엎드리는' 태도를 취한다. 이러한 정서적인 반응 및 행동들은 그들의 결혼생활을 실패로 만드는 자동적이고 무의식적인 반응들을 만들어 냈다. 그들은 둘 다 그들 과거의 피해자이다. 그들이 가진 습관의 기저를 이루는 신경적 반응들은 그들을 방해해 왔다. 앞서 보아 왔듯이, 우리의 작업은 자동 편도체 반응과 반대되는 전두엽의 사려 깊음을 활성화시키는 것을 통해 부부 모두의 새로운 신경 통로를 생성시킴으로써 새로운 관점과 행동을 격려하는 것이다.

어린 시절의 상처에서 벗어나기

나는 내담자들이 '어린 시절의 상처에서 벗어나서'(Fishbane, 2005, p. 547) 그들의 부모님에 대한 관점을 발전시키는 것을 격려한다. 리사와 에릭은 둘 다 부모에 대한 관점이 여전히 과거에 머물러 있다. 리사의 아버지는 술을 끊은 지 몇 년 되었고, 폭발하듯 감정을 표현하지 않으며, 그녀의 어머니는 상담과 약물치료의 도움으로 더 이상 우울해하지 않는다. 그러나 리사는 여전히 그녀의 아버지를 무섭고, 비이성적인 술 취한 괴물로 보며, 어머니는 수동적이고 연약한 여자로 생각한다. 에릭의 경우, 여전히 그의 어머니가 그를 못마땅해 하는 것을 두려워한다. 그는 아직도 어머니가 자신을 통제하려 할 것이 두려워 어머니를 회피한다. 그러나 그가 가진 어머니의 행동에 대한 관점은 과거에 머물러 있다. 노마는 부드러워졌고, 에릭의 아버지가 돌아가셨을 때보다 덜 불안해하고, 덜 통제적이다. 에릭은 그의 아버지에 대한 추억이 적다. 그는 아버지에 대한 어렴풋한 기억만이 있을 뿐이며, 아버지의 존재보다는 부재의 기억이 더 많다. 에릭은 아버지의 죽음에 관해 절대로 슬퍼하지 않았으며, 오히려 아버지의 죽음을 생각하는 것이 그를 깊은 슬픔의 구덩이에 갇히게 할 것 같아 두려워한다. 이러한 것들에 대한 그의 회피는 리사가 그녀의 동생인 캐시의 병치레와 죽음에 대해 위로를 받고 싶어 할 때 그로 하여금 적절한 위로의 반응을 하지 못하게 하였다. 그는 리사와 직접적으로 상실에 대해 이야기하는 것을 두려워하였고, 대신에 그녀의 기분을 나아지게 하고자 그녀의 주의를 다른 곳으로 돌리려고 시도하였다. 그리고 우리가 보았듯이 이러한 전략은 역효과를 낳아 리사는 그녀가 가장 힘들 때 에릭이 그녀를 지지해 주지 못함으로 인해 그로부터 버림 받았다는 느낌을 갖게 되었다. 이것이 리사를 이혼의 위기에 빠뜨린 관계에서의 상처였다.

세대 간 가족치료자는 내담자들이 그들의 원가족 부모님을 성인 자아로 바라보며, 부모님을 괴물이나 거인이 아닌 실존하는 사람으로 볼 수 있도록 돕는다(Framo, 1981). 이 점에 있어서 나는 부모-성인 자녀 관계의 계층적 관점을 세대적 관점으로 변화시킬 수 있도록 격려한다(Fishbane, 2001, 2005). 계층적 관점은 부모-성인 자녀 관계에서 지배하는 힘의 역동을 유지시킨다. 반면에, 세대적 관점에서는 그들의 부모 역시 한때 자녀였다는 점과 취약하지만 그들의 원가족 환경 내에서 그들이 나름대로 구축했던 생존 전략을 함께 고려할 수 있다. 내가 이 주제에 대해 가장 좋아하는 인용구 중 하나는 마이클 커(Michael Kerr)의 "당신의 어머니를 당신의 할머니의 딸이라고 생각하고, 어머니를 그대로 이해하려고 해 보세요."(Kerr와의 사적인 대화, 2003)이다. 이러한 관점은 성인 자녀가 그들의 부모에 대해 갖고 있는 두려움과 반응을 호기심과 연민으로 바꾸어 준다. 부모도 그들 나름의 투쟁과 도전을 가진 인간으로 여겨진다. 세대적 관점은 내담자가 그들 스스로의 위치를 세대 간 사슬 내에서 지각할 수 있도록 유도한다. 아마 성인 자녀 역시 부모로서 실수하고, 또 그들의 자녀로부터 언젠가는 이해 받기를 바랄 것이다. 부모가 되는 것만큼 겸손한 것은 없다. 그리고 많은 내담자에게 자녀를 갖는 것은 그들의 원가족 부모가 불완전하게 부모 역할을 했더라도, 내담자들을 양육하면서 한 일의 위대함에 눈을 뜨게 한다.

부모을 성인의 관점으로 보는 기술적 용어는 '성숙한 효도'('filial'이라는 단어는 라틴어의 아들 혹은 자녀를 뜻하는 filius에서 유래되었다.)이다. 연구에 의하면 성숙한 효도는 일반적으로 30세 이전에는 성취되지 않는다(Fingerman, 2002). 25세가 될 때까지 전전두엽 피질이 완전히 연결되지 않다는 점에서 이러한 연구결과는 매혹적이다. 이에 의하면, 성숙한 세대적 관점을 이루기 위해서는 뇌의 성숙이 필요하다. 그러나 많은 성인 내담자는 중년이 되거나 혹은 그 이후까지도 어린 시절의 상처 속에 살면서 그들의 부모에 관해 미성숙한 관점을 보인다. 어린 시절의 상처에서 벗어나고 성숙한 효도를 갖추는 것은 종종 상담에서 중요한 초점이 된다. 문화적 특성은 성숙한 효도를 방해할 수 있다. 우리나라와 같이 부모를 탓하는 문화권의 경우, 많은 성인은 그들의 유년 시절에 생성된 부모를 보는 시각에 대해 절대 의문을 갖거나 고치려 하지 않는다. 성숙한 효도의 가치를 유지하는 것은 세대 간 관계에서 성인이 더욱 성찰하고 사려가 필요하며, 그것은 새로운 신경과 관계적 가능성을 가능하게 한다.

성숙한 효도의 일부는 좀 더 어른스러운 방식으로 부모와 관련된 책임을 지는 것이다. 그러나 리사와 같이 책임감이 과하고, 원가족에서 부모 역할을 했던 내담자에게는 이것이 위협적으로 느껴질 수 있다. 리사의 초기 반응은 다음과 같았다. "그동안 거기에 있어 왔고, 그렇게 해 왔어요. 나의 부모님과의 관계에서의 책임감을 짊어지는 것은 이제 끝이에요. 이제는 그들 차례예요." 나는 그녀가 이제는 부모가 나서서 그녀를 보살펴 주었으면 하는 자녀로서의 소원을 가지고 있다는 것을 느꼈다. 하지만 이러한 태도는 리사의 부모님이 그녀가 필요로 하는 부모가 될 수 있게 하는 것에 도움이 되지 않으며, 리사를 여전히 아이로 남게 한다. 나는 리사에게 그녀가 관계에서 그녀 부모의 책임감까지 다 질 필요는 없으나 상호작용에서 그녀 자신의 부분은 책임질 수 있어야 한다고 답한다. 그녀는 딸로서 더 힘을 가질 수 있게 될 것이며, 덜 두려워하고 방어적인 태도로 부모와 상호작용하는 것을 선택할 수 있다. 이것은 그녀가 학대를 참아야 하거나 과기능을 하는 양육자가 되어야 한다는 것을 의미하지는 않는다. 하지만 그것은 그녀 자신이 효도를 선택하는 것에 대해 신중한 책임을 수반한다. 리사는 그녀에게 선택할 수 있는 권리를 주는 말을 선호한다. 그녀의 부모와 관계하는 것에 대해 그녀가 선택권을 갖는다는 말은 그녀에게 호소력이 있었다. 에릭의 경우, 그는 그의 어머니와 함께 성인의 역할을 하는 것을 상상하는 것에 어려움을 겪었다. 에릭이 어머니와의 관계에서 보다 성숙한 방식을 고려함에 있어 아들로서 권한을 갖는 것은 그로 하여금 위협적으로 느껴지면서 동시에 흥미롭게 느껴지기도 한다.

어린 시절의 상처에서 벗어나면, 성인 자녀는 부모가 완벽한 감정조율과 돌봄을 제공하기를 바라는 소망을 떨쳐버린다. 우리가 스스로를 조절하고 위로하는 것을 포함해서 자신을 돌볼 수 있을 때, 우리는 부모의 불완전함을 견딜 수 있다. 우리의 생존은 그들이 우리가 바라고 필요한 부모가 되는 것에 달려 있지 않다. 그러나 자신의 안위를 책임지는 것은 힘들 수 있다. 우리가 봐 왔듯이, 에릭과 리사는 과거의 정서적 어려움과 고군분투해왔다. 이제는 상담을 통해 자신의 정서를 다루는 더 나은 기법을 배움으로써 그들은 그들의 부모님이 '더 나은' 부모가 되는 것에 대해 덜 집착하게 될 것이다.

세대 간 충성심

이반 보조르메니-내기(Ivan Boszormenyi-Nagy)는 가족치료 분야의 선구자였다. 그의 맥락적 접근은 여러 세대를 통해 내려오는 것과 충성심을 강조하였는데, 이는 가족 내 '신뢰성의 원천'이라 할 수 있다. 이 이론에 따르면, 우리는 모두 원가족에 대한 충성심을 가지고 있으며, 우리가 어릴 때 부모님이 돌보아 주신 그 모든 것들로 인해 부모님께 효도의 빚을 지고 있다(여기서 효도라는 단어가 제시된다). 부모가 완벽하지 않더라도 우리는 이러한 빚을 지고 있으며, 나이 드신 부모님에 대한 충성의 표현을 통해 이 빚을 갚는다(Boszormenyi-Nagy & Spark, 1973). 이는 부모님의 모든 기분을 만족시키는 것을 의미하는 것이 아니며, 오히려 분노와 희생의 부담을 내려놓고 그들을 존중하는 방식으로 함께 참여하는 것을 의미한다.

만약 우리가 이러한 효심의 빚을 갚지 않고, 대신 부모에 대한 분노와 그들과의 관계의 차단에 빠져 있게 된다면 우리는 '눈에 보이지 않는 충성심'에 갇히게 될지도 모른다(Boszormenyi-Nagy & Spark, 1973). 맥락 이론에 따르면, 만약 우리가 부모님에게 건설적인 방식으로 충성심을 표현하는 방법을 찾지 못한다면 우리는 눈에 보이지 않는 충성을 통해 그렇게 할 것이며, 우리의 삶의 다른 부분에서 부모와의 관계에서 갖는 문제적인 측면을 무심코 반복할 것이다. 예를 들면, 어린 시절에 아버지가 자신에게 주의를 기울이지 않고 신경 쓰지 않았다는 것에 대한 분노에 휩싸여 있는 여자는 자신의 아들에게 애정을 주고 친밀한 관계를 맺었다. 이로 아들이 어릴 때에는 어머니와 사이가 가깝다는 것에 행복하였으나 청소년기가 되면 정상적인 발달 과정상 아들은 어머니보다 또래와 가까워지게 된다. 이때 그의 어머니는 그러한 아들의 행동에 몹시 화가 나며, 아들이 자신과 거리 두는 것에 대해 자신의 아버지로부터 느꼈던 것과 유사한 배신감을 느낀다. 그녀는 아들을 통해 아버지로부터 받은 상처를 치료하고자 하였으나, 결국 아들에게서도 상처를 받게 된다. 이처럼 '앙심을 품은 행동의 반복'을 통해 '피해자는 가해자가 된다.'(Boszormenyi-Nagy & Ulrich, 1981, p. 167) 상처를 입은 사람은 손해를 보상받으려 하지만 이는 종종 적절하지 않은 곳에서 시도된다. 아버지에 대한 분노를 가지고 있던 이 여성은 아들이 사춘기 때 자신에게 멀어진 것으로 인해 분노하여 아들에게 상처를 주었다.

만약 우리가 어린 시절의 상처를 치유하지 않고 부모님과 건설적인 방법으로 관계를 맺으려 하지 않는다면, 이처럼 우리 자신 혹은 타인에게 파괴적인 행동을 취하게 될 수도 있다. 우리는 우리의 배우자나 자녀에게 현실적이지 않은 기대를 하여 부담을 주거나 직장생활에 방해를 받을 수 있다. 과거의 상처에 대한 손해를 보상받으려 하는 '파괴적 권리'(Boszormenyi-Nagy & Krasner, 1986)는 우리의 현재 관계에 상처를 줄 수 있다. 우리 스스로의 필요와 약속을 지키면서 부모에게 건설적으로 충성할 수 있는 방법을 찾는 것은 쉽지 않은 일이다. 건강한 충성심은 부모가 원하는 것이면 무엇이든 하거나 학대를 참는 것을 의미하지는 않는다. 그러나 이는 부모의 한계를 받아들이고 그들의 장점을 높이 평가하고 좀 더 성숙한 자세를 취하는 것을 의미한다. 부모님의 생애를 이해하는 것은 성인 자녀의 용서를 촉진할 수 있다.

에릭과 리사는 모두 그들의 부모에 대한 비난과 분노의 짐을 지고 있었으며, 그것은 그들의 부부관계에 상처를 주고 있었다. 리사는 아버지에 대한 일종의 보이지 않는 충성심으로 때때로 아버지처럼 비열해졌다. 그리고 리사가 느낀 캐시의 죽음으로 인한 슬픔에 관한 에릭의 무능함 역시 보이지 않는 충성심으로 볼 수 있다. 에릭은 그의 어머니의 슬픔을 부인하고 감정을 묻어 버리려고 했기 때문이다. 부부 모두 원가족으로부터의 해결되지 못한 것들을 답습하는 것에 빠져 있었다. 부모를 좀 더 현실적으로 보고, 성숙한 책임감을 갖고, 분노와 피해의 짐을 내려놓는 것은 원가족과의 관계뿐만 아니라 결혼생활도 향상시킬 수 있다.

내담자들의 초기의 가족 상처에 대한 이야기를 들을 때, 솔직히 치료사로서 내담자들을 그들의 부모로부터 보호하고 싶은 마음이 들기도 한다. 그러나 내기는 치료사가 내담자와 편을 맺고 그들의 원가족 부모와 맞서는 것의 위험성에 대해 이야기하였다. 몇몇 치료사들은 그들 스스로를 부모 대신으로 보고 내담자들이 어린 시절에 받지 못했던 공감과 관심을 주고 회기 중에 내담자들의 부모를 비난하기도 한다. 그러나 이는 내담자가 치료사와 부모에 대한 충성심 사이에 머무르게 한다. 또한 치료사가 제시하는 변화 방향으로 나아가지 않으려 하는 '저항'이 발생할 수도 있다. 맥락적 관점에서 우리는 비록 내담자들이 치료 중에 부모에게 분노할 때조차도 내담자의 원가족에 대한 충성심을 존중하는 것이 필요하다. '다각적 지지'(Boszormeny-Nagy & Spark, 1973)의 자세를 가지고 치료사는 초반에는 내담자인 성인 자녀의 회복에 초점을 맞췄더라도 그들의 부모에 대해서도 고려를 해야 한다. 리사가 대학 때 만났던 사람과 같이 몇몇 치료사는 부모와 관계를 끊는 것을 제안하기도 했다. 이것이 그때의 리사에게는 고통을 줄여 주었겠지만, 동시에 리사가 보이지 않는 충성심에 갇혀 있게 하였다. 우리의 내담자들의 치유를 돕는 것에는 그들의 부모님과 더 성숙한 관계를 형성하도록 하는 것이 포함되어 있다.

분화

또 다른 저명한 세대 간 치료자인 머레이 보웬(Murray Bowen)은 성인들이 그들의 원가족으로부터 분화될 필요가 있음을 제안하였다. 내가 분화와 관련된 인용구 중 가장 좋아하는 것은 "분화는 가족 구성원 개개인과 개인적이고, 진실한 정서적 관계를 발전시키고, 누가 누구인가에 관계없이 중요한 정서 문제에 대해 자신의 개인적인 견해를 차분하고 비반응적으로 진술할 수 있을 정도로 반복적이고 기능적이지 않은 감정 패턴에서 자신의 역할을 변화시키는 것으로 이루어진다. 이는 당신의 부모를 '부적절한 부모'가 아니라 인격체로 보는 것과 존경과 관대함으로 그들과 관계 맺는 것을 배우는 것을 포함한다."(McGoldrick & Carter, 2001, p. 239)이다. 건강한 자율과 상호 연결 사이에 균형을 잡는 것이 이 공식의 핵심이다. 관계를 맺고 있는 동안 진실하게 대하는 것은 분화의 핵심이다. 보웬은 관계 맺는 것보다 자율성을 지나치게 강조했다는 비판을 받아 왔으나, 최근 멕골드릭(McGoldrick)과 카터(Carter)는 분화에서 둘 간의 균형을 잡는 것을 제시하였다.

경계: 울타리 세우기 연습

건강한 경계는 타인과 안전한 관계를 형성함에 있어 필요하다. 몇몇 내담자는 빈약한 세대 간 경계를 가지고 부모님의 의견이나 기분에 침식되어 있다. 또 다른 내담자들은 그들의 부모를 접근하지 못하게 하고자 큰 방어벽

을 세우고 있다. 에릭과 리사 역시 이러한 거대한 벽을 세워 왔다. 그러나 그
들의 벽은 그들로 하여금 대가를 치루게 하여 에릭은 그가 어머니에게 했던
것과 똑같은 방식으로 리사를 거부하였다. 그의 방어벽은 리사가 정서적 거
리감을 느끼게 하였다. 캐시가 죽었을 때 리사를 격려하려는 그의 서투른 시
도는 그의 아버지가 돌아가셨을 때 그의 어머니의 슬픔과 그 자신의 슬픔에
맞서기 위해 세웠던 벽으로 인한 것이었으며, 이러한 경계들은 그의 결혼생
활을 위협해 왔다. 리사가 그녀의 부모에 대항해서 세웠던 방어벽은 그녀가
어렸을 때 보호받지 못하였던 것에 대한 분노로 이루어져 있었다. 그녀가 초
반에 에릭에게 끌렸던 이유는 그가 자신을 보호할 것이고 그녀의 아버지처
럼 학대하지도, 그녀의 어머니처럼 거리를 두지도 않을 것이라고 느꼈기 때
문이다. 에릭이 리사의 비난에서 안전하지 못하다고 느껴 거리감이 생겼을
때, 이것은 리사에게 '처음으로 다시 되돌아간 듯한' 것이었다. 그녀의 부모
님을 보던 눈으로 에릭를 보게 된 그녀는 에릭에게 더 이상 애정을 느끼지
못했으며, 그녀의 남편에 대한 실망으로 인해 그녀는 에릭에게도 벽을 세우
게 되었다.

　로버트 프로스트(Robert Frost)가 경계에 대해 시적으로 표현한 것이 있다.
"좋은 울타리는 좋은 이웃을 만든다." 사실 프로스트는 이를 반어적으로 표
현했다. 원문은 '무언가 담을 사랑하지 않는 것이 있어'이나, 나는 좋은 울타
리 이미지에 적절한 관계적 지혜가 있다고 생각한다. 나는 내담자들이 건강
한 경계를 형성하도록 돕기 위해 '울타리 세우기 연습'(Fishbane, 2005)을 제
시했다. 이 연습에 대한 생각은 내가 안나라는 여성과 회기를 진행하던 중에
떠올랐다. 그녀는 그녀의 엄마 베티의 불안과 우울한 기분에 과한 반응을 보
였던 내담자이다. 엄마가 당황해할 때마다 성인 자녀인 안나의 기분 역시 가
라앉았으며, 이것은 다시 분노가 되었다. 안나는 그녀가 어린아이였을 때 어
머니의 정서적으로 민감하지 않은 것에 대한 분노를 가지고 있었다. 그녀의
어머니인 베티는 자기중심적인 불안으로 인해 어린 딸에게 적절한 민감성을
보이지 못했다. 성인이 되어서도 안나는 유년 시절의 상처 속에서 살고 있었

으며, 여전히 어렸을 때의 상처를 치유하고 있었다. 그녀는 어머니의 불안한 모습에 반응해 왔으며, 보이지 않는 충성심에 사로잡혀 있었다. 그녀의 어머니처럼 그녀 역시 불안과 기분 변화에 시달려 왔다. 두 사람이 어떤 유전적 성향으로 인해 기분 조절에서 어려움을 보일 수도 있지만, 안나의 기분 변화도 일종의 숨겨진 끈, 눈에 보이지 않는 어머니에 대한 충성심의 영향을 받은 것일 수 있다. 안나가 베티의 불안에 대해 가졌던 경멸감은 그녀가 불안해졌을 때 그녀 스스로에 대한 자기판단이 되었다.

이 내담자가 그녀의 어머니와의 더 건강한 경계를 개발할 수 있도록 돕기 위해 나는 울타리 세우기 운동을 제안했다. 나는 "당신의 어머니를 당신의 이웃이라고 생각해 보세요. 당신의 땅과 그 사이에는 울타리가 있습니다. 이것은 높은 장벽이 아니라 누구의 땅인지를 표시하는 정도이면서 당신이 이웃의 마당을 넘겨다볼 수 있을 정도의 하얀색 울타리에 더 가까워요. 이제 당신의 이웃이 정원 가꾸는 일에 많은 실수를 한다고 칩시다. 이웃은 해바라기를 그늘에 심고, 잔디는 볕이 잘 드는 곳에 심었어요. 당신은 이웃에게 조금의 충고를 해 주는 것을 선택할 수도 있지요. 그러나 이웃이 그것을 수용하든지, 안 하든지 그녀의 정원이 풍성해지든지, 그렇지 않든지 당신은 여전히 당신의 울타리 안쪽에 있는 당신의 정원을 즐길 수 있어요. 당신은 당신 이웃의 정원이 완벽하지 않더라도 아름다운 꽃들이 피는 정원과 함께 여름을 즐길 수 있어요. 만일 이웃이 덩굴 옻나무를 심어서 그것이 당신의 정원으로 침범한다면 당신은 스스로를 지킬 필요가 있어요. 그렇지 않으면 당신은 이웃이 정원을 잘 가꾸지 못하더라도 당신의 정원을 가꾸면서 즐거움을 누릴 수 있어요."라고 이야기했다.

안나는 그녀가 소중한 삶의 에너지를 그녀가 통제할 수 없는 어머니의 기분에 조바심 내며 허비해 왔다는 것을 깨달았으며, 그녀는 그녀 자신의 기분을 표현하고 그녀 자신의 안위를 증진시킬 수 있었다. 이후 회기에 그녀는 최근에 베티가 화를 냈을 때에 대해 이야기하였다. "나는 우리 엄마가 행복하지 않은 상태였기 때문에 그녀를 그녀의 울타리 안쪽에 두고 동요하지 않앉어요. 나는 그녀를 그냥 둘 수 있었고, 나 스스로는 침착할 수 있었죠." 이 일은 그녀의 어머니와의 관계와 그녀 스스로의 자기통제 모두에서의 변화점이 되었다. 그녀가 베티의 감정에 덜 책임감을 가지게 되면서 그녀에게 덜 반응적이게 되었고, 안나는 그녀의 어머니를 더 관대한 방식으로 대할 수 있게 되었다. 한편, 베티는 몇 년 동안 딸에게 비난을 받고 거부를 당한다는 느낌을 받았고, 그것은 베티의 불안 수준을 높일 뿐이었다. 그러나 그녀가 딸의 새로운 침착함과 수용을 경험하면서 관계에서 더 편안해질 수 있었고, 안나를 대할 때 덜 불안해할 수 있게 되었다. 역설적으로 어머니를 바꾸려는 것을 멈추는 것을 통해 안나는 그녀의 어머니가 변화하는 것을 보게 되었다. 안나의 스스로 정서를 조절할 수 있는 능력이 그녀의 변화의 중요한 열쇠였다. 그녀의 정서에 대해 스스로를 판단하는 것 대신 더 수용적으로 바라보게 되었다. 성인이 된 딸은 더 이상 보이지 않는 충성심으로 인해 눌리지 않고 그녀의 정서적인 삶을 더 유능하게 이끌어 갈 수 있게 되었다.

'좋은 울타리는 좋은 이웃을 만든다.'는 말에서의 관계적 지혜는 바로 건강한 경계가 우리로 하여금 안전하게 타인과 관계하도록 한다는 것이다. 이러한 관점에서 보는 경계는 타인이 필요할 때 바깥으로 내보내는 것뿐만 아니라 안전하게 허용하는 것과 책임감 있는 관계를 형성하는 것까지도 포함한다. 우리 쪽의 울타리 안에서 안전함을 느낄 때 우리는 더 책임감을 가질 수 있고 다른 사람에게도 더 공감할 수 있다. 벽 뒤에 부모님과 함께 웅크리고 있는 내담자들에게 나는 이렇게 말한다. "이 벽은 당신의 것입니다. 누구도 이것을 당신으로부터 빼앗을 수는 없어요. 당신 부모님을 볼 수 있고, 또 그들의 경험이 궁금할 때 확인하기 위해 벽에 창을 낼 수도 있겠죠. 그 창은 당신이 여닫을 수 있는 것입니다. 그것은 당신이 선택할 수 있어요. 혹은 당신이 필요할 때면 열고 나갈 수도 있고, 잠그고 들어갈 수도 있는 문을 만들 수도 있어요. 이런 것들은 당신이 결정하는 것입니다." 내담자들은 이러한 제안을 통해 힘을 얻고 그들의 부모와 관계 맺는 것에 더 격려를 받는다. 만약 부모가 현재까지도 위험하거나 학대적이면 내담자들은 그들 자신과 그들의 가족을 보호하는 것을 우선시해야 한다. 그러나 대부분의 부모는 위험하지 않거나 변화해서 더 이상 성인 자녀에게 위험이 되지 않는다. 부모를 성인의 관점으로 바라보고 안정적인 세대 간 경계를 유지하는 것은 부부관계에 도움이 될 수 있다.

부모와의 관계 업데이트

어린 시절의 상처에서 벗어나고 건강한 경계를 형성하는 것에 더해 내담자들은 때로 부모와의 최근 관계를 새롭게 하기로 결정한다. 성인 자녀와 부모는 모두 예전의 정보에 기반한 서로에 대한 가정을 가진다. 가족 생애의 어느 단계에서는 적절했던(혹은 적절하지 않았던) 권리와 역할은 자녀와 부모의 연령에 따라 재고되고 다시 협상되어야 한다. 그러나 성인 자녀는 중년기에도 여전히 청소년기에 하던 싸움을 계속하고 있을 수도 있으며, 부모들은 여전히 예전 역할에 머물러 있을 수 있다. 그들의 어린 자녀의 생활 습관을 잡아 주는 역할을 하며 오랜 세월을 보냈던 부모들에게 나이가 먹었다고 그 역할을 포기하게 하는 것은 쉽지 않다. 개인적으로 나의 경우에 나의 성인 자녀들이 내리는 결정에 대해 '우리는 의견을 제시할 권리를 가지지 못한다.'는 것을 깨닫는 것은 좀 충격적이었다. 우리도 그래서는 안 된다. 그것은 자녀들의 삶이고 그들의 결정이다. 자녀들이 가장 필요로 하지 않는 것은(요청하지 않은) 부모의 충고나 비판이다(우리 아들의 경우에는 내가 선을 넘게 되면 피드백을 주는 것을 잘하며, 나는 아이들이 그것을 예의 바르게 표현함에 고마움을 느낀다). 나의 시어머니 만트라는 "네 마음은 열어 두되, 입은 닫아 두렴."이라고 말씀하셨는데, 참 지혜로운 말씀이었다.

세대 간 관계에 대한 연구는 나의 시어머니의 충고를 지지한다. 반면, 성인 자녀에게는 부모의 개방적인 마음이 필요하다. 부모로부터 수용을 받고자 하는 열망은 삶을 통해 지속된다. 그들이 어린 시절의 상처에서 벗어날 때에도 건강한 성인 자녀는 여전히 그들의 부모가 곁에 있다는 것을 알기를 원한다. 반면에 아이들이 성인이 되어 재정적으로, 정서적으로 독립을 할 때에는 힘의 균형이 자주 바뀐다. 그 성인 자녀에게는 부모와 완전히 단절하는 것은 말할 것도 없고, 조부모와 손자 사이의 접촉을 억제할 수도 있는 힘이 있다. 성인 자녀는 만약 그들이 부모로부터 사랑과 지지를 받는다고 느끼지 않는다면 잡아당겨 보복할지도 모른다. 성인 자녀의 부모는 그들의 P와 Q를 신경 써야 할 필요가 있다. 많은 사람은 그들이 성인 자녀, 시댁, 처가, 손자녀와 함께 가는 삶을 항해할 때 달걀껍데기 위를 걷는 것 같다고 느낀다(Isay, 2008).

성인 자녀는 부모와의 접촉을 미루는 것과 같이 권력을 휘두를 수 있는 능력이 있으나 종종 그렇게 하는 것에 대한 대가를 치른다. 에릭과 리사의 삶에서 이것이 어떻게 작동하는지 보았다. 양쪽 배우자는 그들의 부모에게서 받은 과거의 상처를 치유하고, 부모가 접근하지 못하게 하기 위해 지배하는 힘 행동에 의지했다. 에릭의 어머니 노마는 에릭이 무시하는 것을 느꼈다. 그가 거리를 두자 그녀는 깊은 슬픔을 느꼈으며, 밀어낸다는 느낌은 오직 노마와 그녀의 아들, 며느리와의 팽팽한 관계에서만 증가한다. 노마는 함께하고자 하는 열망을 갖고 리사에게 아이들을 양육하는 데 충고를 하기위해 전화해서 이야기하는 것이다. 에릭이 바쁘다며 어머니를 피한 이후로 리사는 이러한 침범에 친절하게 대응하지 않아 두 여성은 입씨름을 하게 되었다. 리사는 에릭에게 시어머니의 참견하는 방식에 대해 불평했다. 에릭은 싸움에서 벗어나고 싶어 했고, 리사에게 그것을 내버려 두고는 그의 어머니에게 잘 대해 달라고 촉구했다. 그의 어머니와의 갈등을 피하려는 필사적인 시도는 리사와의 갈등을 만들었다. 그녀는 시어머니를 대해야 하는 부담으로 들끓었고, 그녀를 대신해서 시어머니에게 맞서지 못하는 에릭에게 몹시 화가 났다. 에릭이 어머니와 가진 구식의 관계 역동은 리사와의 관계에 손상을 주었다.

유사하게, 리사의 원가족과의 미해결된 과제 역시 그녀의 결혼생활에 부정적으로 영향을 미쳐 왔다. 리사의 부모, 리처드와 루이스는 딸이 그들을 무시한다고 느끼고 있었지만 손녀딸들을 매우 보고 싶어 했다. 특히 리사의 동생, 캐시의 죽음 이후에 그들은 절대적으로 리사와의 관계를 회복하기를 원했다. 그러나 리사는 부모님과의 접촉을 경계하였고, 부모님에 대한 구태의연한 견해를 가지고 있었으며, 회복의 가능성을 보지 않았다. 리사는 여전히 부모가 힘을 가지려고 한다고 보고, 부모에 대한 자신의 위치를 장악함으로써 강하게 대응했다. 그녀는 부모가 변화하고 있다는 사실을 놓치고 있었다. 우리가 봐 온 것처럼, 그녀의 아버지는 그의 수십 년 동안의 음주 상태를 심각하게 받아들이고, 그의 이전의 행동에 대해 리사에게 보상하려고 노력하고 있었고, 그녀의 어머니는 치료와 약물 덕택에 몇 년 동안 우울증을 앓지 않았다.

리사가 가진 부모에 대한 분노는 에릭에 대한 반응으로 나타났다. 상담에서 그녀는 에릭을 경멸할 때, 그녀가 그녀의 아버지처럼 행동한다는 것을 깨닫기 시작했다. 그녀는 그 사실을 알고 괴로워하였으며, 그녀의 아버지가 자신에게 상처를 준 것처럼 자신이 에릭에게 상처를 주고 있다는 것을 이해했다. 우리는 보이지 않는 충성심에 대한 생각을 논의했다. 그녀는 부모에 대한 그녀의 경직되고 분노에 차 있는 관점이 그녀의 결혼생활을 답답하게 묶어 두고, 그녀의 가치관이나 이해타산과 맞지 않게 행동하는 것을 보게 되었다. 그녀는 자신의 생존 전략과 그녀의 부모가 자신을 통제하려는 실제 관계에서 자신을 성장시키는 것이 그녀에게 권한을 줄 수 있다는 생각에 흥미를 가졌다. 나는 그녀가 부모에 대한 것이든, 에릭에 대한 것이든 분노에 대한 대안은 침묵이 아니라 더 성공적인 방식으로 표현하고 듣는 것이라는 것을 분명히 했다. 과거에 그녀는 부모의 관계 회복에 대한 제안을 무시하였지만 지금은 그들이 함께 그들의 관계를 다룰 수 있는지를 보고자 했다. 리사는 자신의 부모와 '사랑 업데이트하기'를 위한 준비를 위해 나와 작업을 하고 있다.

사랑 업데이트

사랑 업데이트가 아닌 것부터 살펴보자면, 성인 자녀가 부모에게 불만을 털어놓는 시간은 그들에게 비난을 퍼부을 수 있는 기회가 아니다. 많은 내담자는 그들의 부모가 어떻게 그들에게 상처를 주었는지에 대한 감각에 의해 강화되었고, 그들의 부모와 이러한 통찰력을 '공유'하기로 결정했다. 그러나 잘 진행되지 않는다. 사실, 부모를 외면하는 것은 어린 시절의 상처에서부터 온다. 부모는 그들의 성인이 된 자녀가 치료를 통해 부모를 비난하게 되면서 '통찰력'을 키울 때 위협을 느끼는 경향이 있다. 결국, 내담자가 가진 부모에 대한 분노가 아직도 들끓을 때 세대 간 대화를 개시하는 것은 도움이 되지 않는다. 우리는 이 업데이트에서 편도체 주도의 비난 퍼붓기를 하지 않는다. 대신 우리는 세대 간에 안정된 대화를 하도록 작업한다. 우리는 업데이트를 시도하기 전에 내담자가 어린 시절의 상처에서 벗어나고 부모를 실존하는 사람으로서 더 연민을 갖고 바라보도록 한다(이것은 다자간 편들기의 '사랑' 부분이다). 분노가 약해지고 내담자가 부모를 새로운 관점으로 바라보는 것이 준비되면 우리는 사랑 업데이트에 대한 계획을 할 수 있다.

리사의 업데이트

리사는 그녀의 부모와의 관계를 업데이트하기 위해 첫 시도를 했다(에릭은 어머니와 대화할 것을 두려워하기 때문에 리사가 길잡이가 되는 것에 대해 만족스러워 한다). 나는 그녀가 부모님과 스스로 대화할 수 있도록 지도하거나 치료 회기에 부모를 초대하는 것을 제안했다. 그녀는 그녀 스스로 시도하는 것은 안전하다고 느끼지 않아서 부모를 치료에 초대했다. 에릭은 이 만남에 참석하지 않을 것이다. 나는 성인 자녀와 부모가 만나는 것이 더욱 생산적이라는 것을 발견했다. 그녀의 부모를 초대하기 전에 리사와 나는 어떻게 그녀가 부모와 대화할 것인지를 미리 연습했다. 나는 "나는 엄마, 아빠를 사랑해요. 나는 엄마, 아빠가 나를 사랑한다는 것을 알아요. 하지만 우리의 관계는 틀어져 왔어요."라고 말할 것을 제안했다. 내가 계속해서 이어가기도 전에 리사는 '사랑'이라는 단어에 목이 메는 것을 느꼈다. 그래서 우리는 그녀의 부모를 초대하여 그들의 관계를 반영하고 개선하도록 재구성했다. 그녀는 부모에게 "엄마, 아빠와 나는 최근에 거의 연락을 하지 않는 무정한 관계를 가져왔어요. 캐시가 죽었을 때, 우리는 각자 애도했어요. 우리 사이에 큰 거리감이 있었죠. 나는 우리가 변할 수 있을 거라고 생각하고 싶어요. 나는 나의 치료자와 만나도록 당신들을 초대하고 싶었고, 우리는 이 문제를 의논할 수 있고 우리의 관계가 좋아질 수 있을 거라고 생각해요. 나는 지금 인생에서 힘든 시간을 보내고 있고, 특히 캐시의 죽음 이후에 그랬어요. 부모님의 도움이 필요해요." 리사의 부모는 초대에 응했다. 그들은 몇 년간 리사와 함께하는 이러한 순간을 바라고 있었지만 그녀가 친 벽으로 인해 차단된 느낌을 받았다. 그들은 특별히 리사가 과거에는 전혀 한 적이 없던 도움을 요청한 것에 놀랐다. 리처드와 루이스는 만남에 쉽게 동의했다.

리사가 진술한 부모의 이야기로 나는 크고 분노한 남성과 허약하고 애처로운 여성이 상담실 안으로 걸어 들어올 것을 예상했다. 하지만 나는 자신의 음주로 인한 행동에 대한 슬픔과 겸허함으로 얼룩져 나이가 든 연약한 아버지를 보았다. 또 나는 더 나아지기로 결심한 나이 든 여성을 보았다. 부모 모두 딸과의 균열을 치유하기를 원하는 것이 확실했다. 리사가 말한 것과 부모가 다르게 보이는 것이 내담자가 그녀의 어린 시절의 트라우마를 꾸며 이야기했다는 것을 의미하지는 않는다. 오히려 그들 관계의 경직된 본성 때문에 그녀는 원가족과 살았던 시절 이후에 부모의 변화와 그들의 여정을 관찰해 오지 않았던 것으로 볼 수 있다.

리사의 부모는 나의 상담실에 들어왔을 때 그들에 대한 비난이 빗발칠 거라고 예상했다. 그들은 과거의 실수에 대한 죄책감을 느끼고 나의 발 앞에 딸의 문제를 놓을 것이라고 생각했다. 나는 그것이 나의 의도가 아니라고 분명히 밝힌다. "리처드와 루이스 씨, 만나게 돼서 반가워요. 두 분이 리사의 상담을 돕고 부모님과 딸과의 관계를 새롭게 보려고 와 주신 것에 감사합니다. 저는 부모님이 오늘 오기로 한 것이 리사에게 큰 의미가 있다는 걸 압니다." 리사의 부모는 안도의 한숨을 내쉬더니 자신들이 딸에게 도움이 될 수도 있다는 말을 듣고 기뻐했다. 우리가 함께 고통스런 세대 간 쟁점을 다루게 된다면, 초기부터 안전함을 만들어야만 했다. 나의 상담실이 부부에게 부끄러움과 비난이 없는 곳인 것처럼 원가족 상담에서도 그러하다. 나는 이 노부부에게 다자 간 편애들기를 확대하여 그들의 건강한 삶에도 관심을 가지고 있다는 것을 분명히 했다. 나는 이미 리사에게 이것에 대해 설명했고, 그래서 그녀는 내가 그녀의 부모에게 접근하는 것에 대해 배신감을 느끼지 않았다. 나는 어떠한 세대 간 치유가 발생될 것이고, 모두가 안전함을 느껴야만 한다는 것을 명백히 했다. 리사는 내가 그녀의 부모에게 공감하는 것이 그녀에 대한 나의 배려나 그녀의 어린 시절의 이야기가 사실이라는 나의 신념을 약화시키는 것이 아니라는 것을 이해한다. 세대 간 치유는 제로섬 게임[1]이 아니다.

우리는 가족의 균열에 대한 대화를 시작했다. 리사의 아버지는 그의 알코올 의존과 학대를 한 시절 동안에 두 딸 모두에게 상처를 주었다는 것을 인정했다. 그는 자신의 과거 행동에 대해 깊이 뉘우치고 있으며, 캐시가 죽기 전에 그녀에게 사과할 수 있었다는 것을 밝혔다. 리사는 아버지와 여동생 간의 치유 대화에 대해 들으며 눈물을 닦기 시작했다. 그녀의 부모는 그녀를 위로하기 위해 머뭇거리더니 다가갔다. 처음에 리사는 움츠러들었지만, 부모님의 위로를 받아들였다. 이것은 캐시의 죽음 이후에 부모가 그녀를 처음으로 위로한 것이다. 리사는 부모 앞에서 흐느꼈고, 그녀의 부모도 울었다. 가족이 처음으로 슬픔을 공유한 것이다.

---

1) 게임 이론에서 참가자 각각의 이득과 손실의 합이 제로가 되는 게임

리처드는 리사에게 그녀가 어릴 때 자신이 통제가 안 되었다는 것을 인정하고 정서적인 사과를 했다. 그는 리사에게 성급한 용서를 강요하지 않는다고 했다. 그녀는 아버지의 사과를 받아들이기 위해 시간이 필요하다. 그는 리사에게 리사의 어린 시절에 자신이 술에 취해서 언어적 학대를 한 것에 대해 어떤 상처를 받았는지에 대해 이야기해 주기를 요청했다. 루이스는 리사의 학대가 계속 일어나도록 내버려 둔 자신의 역할에 대해 탐색해 왔고, 자신이 딸을 보호하는 데 수동적이고 실패한 것에 대해 사과했다. 루이스는 최근에 그녀가 남편에게 도전하고 그녀의 마음을 말하는 것을 배우게 되었다고 확신했다. 부모 모두 리사를 초대해서 그녀의 어린 시절 트라우마에 대해 이야기를 했다. 그들은 그녀의 고통을 공유하겠다고 제안했다. 그녀는 어안이 벙벙해 했다. 그녀는 공감적인 증인과 어린 시절의 괴물을 화해시키는 데 어려움을 겪었다. 그녀는 부모님께 저항하기 위해 세운 벽과 몇 년 동안 그녀가 가진 분노와 비난으로 고군분투했다.

처음에 리사는 그녀의 부모와 함께 '시작하기'를 두려워했다. 그러나 나는 그녀가 부모에게 고통을 이야기하는 것을 친절하게 도왔고, 그녀는 부모가 방어적이거나 비열하지 않다는 것을 발견했다. 그녀는 그녀의 고통이 부모의 시각으로 반영된다는 것을 알게 되었다. 이것은 가족 안에서 변형되는 순간이다. 성인 자녀인 딸은 자신이 평생 동안 갈망을 반영한 것을 받아들였다. 그녀는 처음으로 자신의 부모를 느꼈다. 그녀는 스스로 그것을 받아들였다. 그녀는 깊게 숨을 들이쉬고는 그녀가 불안하고, 공포스럽고, 버림 받았던 지난날의 감정을 여러 가지 방식으로 말하기 시작했다. 그녀의 부모는 그녀의 이야기를 들으면서 고통에 움찔하며 놀랐다. 그리고 가끔 그들은 방어적이 되기도 한다. 그러나 그들은 스스로 수용적인 태도로 돌아가도록 바로잡고, 그녀가 계속하도록 격려했다. 이것은 듣기에 고통스런 이야기였다. 그러나 그들은 듣기 위해 왔고, 그들은 그녀의 괴로움을 수용하기 위해 최선을 다했다. 그들의 사과는 리사에게 전달되었다. 그녀가 아이였을 때, 그녀의 부모는 그들의 잘못된 행동에 대한 죄책감과 책임감을 인정할 수 없었다. 지금 이들이 가진 책임감은 완전하게 리사를 위한 새로운 것이다.

우리의 만남에서 리사와 함께한 나의 준비로 나는 그녀에게 부모의 삶의 여정의 견지에서 그들을 생각하고 다세대적 관점으로 보도록 격려했다. 리사는 부모에게 그들의 어린 시절의 경험에 대해 이야기해 달라고 요청한다. 리처드는 그의 아버지에게 받았던 신체적 학대에 대해 이야기했다. 그 후 그는 화가 났을 때 아이들에게 절대로 손을 대지 않겠다고 맹세했다. 그는 맹세를 지켰다. 그의 언어적 학대는 결코 신체적으로 이어지지 않았다. 그러나 그는 어린 시절의 상처에서 비롯되었고 술로 더 증가되었던 수치심과 분노로 인해 딸들에 대한 분노에 찬 행동을 취함으로써 그는 정말로 학대적인 아버지가 되었다. 루이스는 그녀의 부모가 어떻게 다투었고 어떻게 부모가 자신을 그들 편으로 끌어들였는지 이야기했다. 그녀는 그녀 자신을 보호하고자 갈등에 대해 공포를 가지고 피하게 되었다. 그녀는 남편이 딸들에게 소리를 지를 때 자신의 귀를 막았고, 그녀의 침대로 숨었다. 그녀는 갈등을 견딜 수 없었고, 다툼 가운데 놓일 수 없었다. 그녀는 남편을 맞서는 것이 두려웠다. 리사의 부모는 그들의 어린 시절의 트라우마를 이야기하는 것을 통해 그들의 행동을 변명하지 않는다. 이러한 이야기는 리처드와 루이스의 과거 행동을 정당화하는 것이 아니라 오히려 맥락화한다. 이를 통해 리사는 부모의 투쟁에 대한 더욱 연민적인 관점을 만들기 시작했다.

이 가족은 절대 캐시의 죽음을 함께 슬퍼하지 못했다. 부모와 자매는 각자의 방식대로 상실에 집중했다. 가족 안에서의 균열 때문에 그들은 친구와 가족과 함께하는 위로의 추도식이나 기회를 갖지 못했다. 죽음에 대해 함께한 의식이 없었다는 것은 가족 모두를 힘들게 했고, 애도는 다루어지지 못했다. 나는 그들이 캐시의 죽음의 영향에 대해 이야기하도록 격려했다. 리사는 여동생이 가진 지독한 운명으로부터 그녀를 보호할 수 없었기 때문에 느꼈던 좌절감을 이야기했다. 캐시를 보호하는 것이 그녀의 평생의 임무였다. 그녀는 이 세상에서 가장 안전하다고 느끼는 사람인 가장 친한 친구를 잃은 것에 대해 이야기했다. 리처드와 루이스는 리사가 캐시를 보호하고자 했던 것은 부모가 가정을 안전한 장소로 느끼도록 만들지 못한 것의 영향을 받았었다라는 것을 알게 된다. 그들은 캐시의 죽음에 대한 비통함과 그녀의 삶에 원인이 된 고통에 대한 책임을 전달했다. 부모와 딸은 함께 캐시의 상실뿐 아니라 이 가족의 오래된 수많은 상처와 슬픔을 애도했다.

그러고 나서 우리는 부모-성인 자녀 관계가 앞으로 어떻게 변할 수 있는지를 보여 주었다. 리사는 그녀가 천천히 변화하고자 한다는 것을 확신했다. 그녀의 부모는 리사가 속도를 조절할 것이라는 것에 동의했다. 그들은 삶 속에서 리사, 에릭, 손자녀들을 진심으로 원하지만 그들에게 딸이 안전함을 느끼도록 돕는 것이 가장 우선시되어야 했다는 것에 가장 동의한다. 리사는 부모와 연락을 언제, 어떻게 할지 생각해 보겠다고 말했다. 우리는 리사가 앞으로 그녀의 부모님에 대한 걱정이나 좌절감을 불러일으킬 수 있는 방식들을 논의했다. 그녀는 과거에 그녀의 주된 수단은 거리를 두게 만드는 분노였기 때문에 이것이 어려울 것이라고 언급했다. 그러나 그녀는 노력하기로 약속했다.

이 회기는 리사와 그녀의 부모의 모든 것을 변화시키지는 않았다. 그러나 이것은 시작이다. 리사와 나는 부모와 그녀 간의 과거의 상처와 억울함에 대한 그녀의 감정을 다루는 것을 지속했다. 나는 그녀가 그들과 관계적인 주장을 하고 정중하게 말하도록 지도했다. 그녀는 그녀의 부모가 어떻게 그녀의 삶에 점진적으로, 그리고 안전하게 들어오도록 초대할지에 대해 고심했다. 리사는 지금 그녀의 부모에 대한 분노한 피해자라고 느끼는 것이 줄어들었고, 부모를 세대 간 대화의 성인 파트너로서 점차 느끼게 되었다. 우리는 또한 리사가 부모와 다시 만날 때 자신을 잃는 것에 대한 두려움에서 오는 경계에 개입했다. 우리는 이 과정의 각 단계를 실험처럼 구조화했다. 리사가 그녀의 부모님과 관계를 맺는 것이 어떤 느낌인지 보고, 필요에 따라 한계를 정했다. 사랑 업데이트하기는 진행 중인 점진적인 작업이고, 일회성 상담으로 이루어지는 것이 아니다.

에릭의 업데이트

에릭은 리사와 그녀의 부모 사이의 업데이트 회기에 보조를 맞추고 있다. 그는 아내가 보여 준 용기와 리처드와 루이스의 사과에 대한 리사의 영향에 감명을 받았다. 에릭은 자신의 부모와 함께 자신의 것을 가질 수 있는 아내의 성장하는 능력에 감탄했다. 그는 그의 어머니, 노마와의 생존 메커니즘인 '피하기'를 실감해 왔다. 이는 리사에게 시어머니에 대한 무거운 짐을 들도록 내버려 두게 되어 피해를 주고 있다. 이것은 자주 부부간에 갈등의 근원이 된다. 에릭은 또한 리사에게도 처참한 결과를 내는 동일한 방어적인 생존 전략을 사용하는 것을 실감했다. 그래서 에릭은 아직도 겁먹은 반면, 자신의 어머니와 사랑 업데이트하기에 대한 고려를 받아들이게 된 것이다.

에릭은 상담실에 어머니와 함께 오는 대신, 그녀와 점심을 먹으면서 대화를 하기로 결심했다. 그는 중립적인 환경이 그에게 덜 위협적일 것이라고 생각했다. 나는 리사가 부모와 했던 상담에 대해 제안했다. 에릭은 리사보다 사랑 업데이트하기의 '사랑' 부분에 대해 더 편안해했다. 그는 어머니를 사랑하고, 그녀를 덜 두려워하기를 바라고 있다. 그는 노마를 점심에 초대했다. 처음에 그녀는 흥분했다. 에릭은 어머니에게 말하는 것을 연습했다. "어머니, 저는 어머니를 사랑해요, 저는 어머니가 저를 사랑한다는 것을 알아요. 전 우리 관계가 더 좋아질 수 있다고 생각해요. 전 어머니와 이것을 같이하고 싶어요. 저는 어머니의 도움이 필요하답니다. 저는 상담 중이고, 아버지의 죽음과 관련한 오래된 쟁점으로 힘들어하고 있어요. 저는 우리 삶에서 그 당시 어머니의 생각을 듣고 싶어요. 그건 제 스스로의 감정을 분류하는 데 도움이 될 거예요." 그가 이렇게 말할 때 노마는 거의 의자에서 떨어질 뻔 했다. 에릭은 최근 그녀에게 거의 말을 건적이 없었다. 결코 그녀에게 사랑한다고 말한 적이 없었고, 그의 감정에 대해서도 확실하게 말한 적이 없었다. 그녀는 "물론이야, 에릭. 나는 너를 도울 수 있어. 나도 널 사랑한다. 나에게 이런 기회를 줘서 고마워."라고 말했다.

그리고 둘은 이러한 대화를 시작했다. 처음에는 둘 다 자신의 감정에 대해 유창하게 표현하지 못하기 때문에 중단되기도 했다. 개별상담과 12단계 상담을 받았던 리사의 부모와 달리, 노마는 이러한 대화가 새로웠다. 그녀는 종종 방어적이 되었고, 에릭이 그 문제에 대해 그녀를 비난하는 듯한 느낌을 받았다. 그러나 그녀는 대화를 유지하려고 노력했다. 그녀의 모성애는 에릭의 고통을 알게 되자 활성화되었고, 그녀는 그를 보호하고 지지하기를 원했다. 그의 억양이 비난적이지 않고 초대하는 (우리는 사랑 업데이트하기를 위한 준비로 억양을 연습했다.) 것이 도움이 되었다. 에릭은 아버지가 돌아가셨을 때 어머니가 주체하지 못하는 것처럼 보였기 때문에 그의 감정을 어떻게 묻어 버렸는지에 대해 이야기했다. 노마는 이것에 대해 전혀 몰랐고, 그녀는 그가 무엇을 말하는지를 이해하려고 애를 썼다. 그녀는 지금 그녀 자신의 슬픔이 아들의 고통에 대해 눈을 멀게 했다는 것을 깨달았다. 대화 이후, 에릭은 그가 어렸을 때 어머니가 자신을 비난할 때면 자신이 어머니에게 실망을 준다고 느꼈다고 말했다. 노마는 당황했다. 그녀는 한 번이라도 아들을 거절하려는 의도를 갖지 않았다. 그녀는 에릭의 아버지가 사망했을 때를 공유하고, 그녀가 그의 조기 사망을 막지 못한 것에 대해 죄책감을 느꼈다. 그녀는 이러한 죄책감이 에릭에 대한 과보호와 과도한 통제를 만든 것인지 궁금해했다. 그녀는 또한 원가족에서의 비난의 역사에 대해 반영했다. 노마의 책임감에 대한 능력과 에릭의 고통을 듣는 것이 새롭게 느껴지면서 치유의 문이 열렸다.

노마는 에릭에게 그의 아버지의 사망에 대한 경험을 물었다. 에릭은 흐느꼈다. 그는 몇십 년 동안 그 슬픔의 거대함을 두려워하여 슬픔을 피해 왔다. 그에게는 효율적으로 이러한 감정을 맞닥뜨리는 기술이 없었다. 그는 아직도 어머니와 아버지의 상실에 대해 이야기하는 기회를 갖고자 갈망했다. 두 사람은 그들의 삶에 생긴 차이의 구멍에 대한 대화를 시작했다. 노마는 에릭의 감정을 위한 공간을 만들고 에릭과 논의하면서 관계적인 공간을 넘어서지 않으려고 했다. 에릭은 그의 아버지를 알지 못하는 고통과 단지 어렴풋한 기억만을 말했는데, 그가 요청해서 노마는 약간의 기억을 메워 주기 시작했다. 그녀는 에릭에게 그가 어렸을 때의 아버지에 대한 이야기와 아들이 태어났을 때 아버지가 얼마나 흥분했는지를 말해 주었다. 그는 아기인 에릭에게 홀딱 빠졌고, 에릭이 커감에 따라 그의 발달적 성취를 즐기곤 했다. 에릭은 이러한 이야기에 감사함을 느꼈고, 그의 삶에서 아버지에 대한 극심한 상실감을 느꼈다. 또한 그는 아버지가 빨리 돌아가신 것에 대해 슬픔을 느꼈다. 에릭은 눈물을 참을 수 없었다. 에릭과 노마는 함께 울었다. 에릭은 이제 더이상 혼자가 아니고 더 이상 아버지를 잃은 슬픔을 억지로 참는 어린 소년이아니다. 그녀는 마침내 수년 동안 그녀의 아들에게 주기를 원했던 모성을 제공할 수 있게 되었다.

과거에 대한 이 카타르시스적인 슬픔의 순간 이후, 에릭과 노마는 그들의현재 관계에 대해 이야기를 시작했다. 에릭은 리사를 통해서가 아닌 어머니와 더 직접적으로 상호작용할 수 있기를 원한다고 말했다. 그는 노마에게 추후에 그가 노마에게 우려를 표현할 것에 대해 수용할 수 있는지 물어보았다. 노마는 즉시 동의했다. 에릭은 자신이 그렇게 하면 그녀가 그의 죄책감을 불러일으키거나 그를 비난할 것을 두려워한다고 했다. 그녀는 의도적으로 그렇게 하지 않겠다고 말했다. 에릭은 (우리가 연습한 대로) 계속 "그래서 엄마, 나는 이 일에 엄마의 도움이 필요해요. 나는 엄마에게 직접 말하는 것이 익숙하지 않아요. 만약 제가 엄마를 비판적으로 느낀다면 엄마한테 얘기해도될까요? 제가 어떻게 하면 되는지를 배우는 것을 도와줄 수 있을까요?" 여기서 에릭은 그의 어머니를 초대하여 그들의 관계를 좀 더 개방적이고 정직한것으로 업데이트하려고 했다. 그는 이를 비난이나 비판 없이 하고 있다. 그는 어머니에게 도움을 청하고 있는데, 이것은 어머니로 하여금 아들의 삶에서 그녀가 중요하다고 느끼게 했다. 그는 그녀를 초대하면서 피하는 것보다는 더 큰 목소리를 낼 수 있는 공간이 있는 새로운 관계를 같이 만들려고 했다. 그는 이것을 정중하게 그리고 비난 없이 표현하였기 때문에 노마는 합류하였다. 그들은 리사를 그들 관계의 중간에 두지 않는 것을 포함하여 경계와 새로운 관계의 방법에 대해 논의했다.

에릭과 리사 모두에게 사랑의 업데이트(loving update)는 일회성의 마법의 순간이 아니라, 그것은 새로운 세대 간 대화의 시작이다. 부모와 성인 자녀가 스트레스나 피로를 겪을 때, 새로운 관계 방식에 전념하더라도 그들은 예전의 방식으로 되돌아갈 수 있다. 오래된 신경 경로(neural pathways)와 습관은 쉽게 재활성화될 수 있다. 이러한 반전을 다루기 위한 메커니즘의 구축은 처음 시작할 때부터 중요하다. 세대 간의 '재교육 회기(Refresher session)'는 나의 사무실 안이나 '그 밖'에서 필요할지도 모른다. 나는 내담자들의 부모가 경로를 벗어날 때 그들의 '새로운 거래'를 부모에게 일깨워 주고, 사랑스럽고 정중한 태도에 다시 초점을 맞추는 것을 상기시켜 주는 것을 격려한다.

시너지: 세대 간, 개인, 그리고 부부의 변환

세대 간 변환의 순간은 부부에게 중요한 영향을 미친다. 부부 모두는 현재 그들의 상호작용에 영향을 미치는 과거로부터의 짐(burdens from the past)을 지니고 있다. 부모와의 관계가 업데이트되고, 현재가 더 이상 과거에 의해 지배되지 않기 때문에 부부의 관계 또한 종종 개선된다. 세대 간 회복(intergenerational repair)을 알리는 매우 중요한 요인, 즉 존중, 논리적 주장을 하는 것, 그리고 피해자의 역할을 포기하는 것 등은 부부 기능의 향상에 중요하다. 에릭과 리사 둘 다 부모님과 함께 그들 자신의 생존 전략을 수정하고 있다. 에릭은 그의 어머니를 직접적으로 참여시키는 것과 어머니와 함께 자신의 것을 갖는 것을 배우고 있다. 이것은 그가 리사를 대하는 방식에 영향을 미친다. 리사는 부모로부터 위로를 받을 수 있도록 하면서 부모에 대한 원망을 풀고 있다. 그 과정에서 평생 짊어진 과중한 책임과 그에 따른 분노를 어느 정도 해소할 수 있다. 이러한 변화들은 그녀가 에릭을 대하는 방식에 영향을 미친다. 그가 아들이자 남편으로서 책임감 있고, 반응적이 될수록 그녀는 더 부드럽고 매력적이 된다. 세대 간 수준에서의 변화와 개인과 부부 간 수준 상에서의 변화 사이에는 중대한 시너지가 있다. 새로운 관점과 습관이 잡혀 감에 따라 이러한 모든 맥락에서 행동의 기초가 되는 오래된 신경 경로가 다시 연결될 가능성이 있다.

주의사항과 한계

모든 내담자가 에릭과 리사의 사례에서처럼 세대 간 치유의 경이로움을 경험하는 것은 아니다. 이 과정이 복잡해지거나 문제가 될 수 있는 다양한 경우가 있다. 한 가지 경우는 부부 그 자신들과 관련이 있다. 에릭과 리사는 상담에서 어린 시절의 상처를 탐색하면서 서로에게 매우 지지적이었다. 과거에 경험했던 부부 각각의 어려움을 듣는 것은 상대방으로부터의 공감을 불러일으킨다. 그러나 어떤 배우자는 이런 종류의 공감적 지지를 할 수 없다. 그들이 배우자의 고통스러운 어린 시절의 경험을 듣고 나면 그들은 이러한 정보를 미래에 무기로서 사용할 수 있다. 그들은 화가 나는 순간에 "네가 엄마한테 화가 났기 때문에 네가 나를 공격하고 있다는 것을 알잖아!"라고 말할 것이다. 나는 배우자의 원가족 쟁점을 탐색하면서 부부들과 기본 규칙을 세운다. 배우자의 어린 시절의 취약점을 목격하는 것은 특권이며, 이 작업에서는 안전이 제일 중요하다. 세대 간 상처의 발견은 부부 싸움의 연료로서 이용되면 안 된다. 만약 부부들이 이러한 규칙을 따를 수 없다면, 나는 별도로 개별 회기에서 원가족 작업을 실시한다. 나는 또한 부부가 그들의 목표와 의제에 직면하게 하고, 그들의 관계를 개선하려고 하는지 아니면 단순히 서로의 전쟁을 위해 더 많은 무기를 얻으려고 하는지의 여부를 결정하도록 한다.

세대 간 치유에 대한 또 다른 제약은 원가족 부모와 관련이 있다. 그들이 죽은 후에는 분명히 그 관계에 대한 애정 어린 업데이트는 더 이상 할 수 없다. 그러나 성묘와 살아 있는 친척이나 친구들을 통한 원가족 탐색은 성인이 된 자녀에게 부모에 대한 다른 관점을 줄 수 있다. 반대로 부모가 살아 있더라도 성인 자녀와의 관계 변환을 위한 동반자가 될 수 없을 수도 있다. 비록 드물기는 하지만 일부 부모님은 자녀와 단절되어 아무리 성인 자녀가 성숙한 방식으로 그들과 관계를 재형성하려 하여도 부모들이 회복에 관심이 없는 경우도 있다. 또 다른 부모들은 여전히 위험하거나 학대적이기에, 성인 자녀들이 그러한 부모와 대화를 시작하려고 하는 것이 안전하지 않을 것이다. 여전히 다른 부모들은 기꺼이 관계 회복에 참여할 수도 있지만, 성인 자녀로부터의 비난을 견디지 못하고, 자신의 방어를 낮출 수 없으며, 정체된 세대 간의 관계를 치유하는 데 아무런 관심을 보이지 않을 수도 있다. 자녀의 성숙이 부모의 개방성이나 성숙을 보장하지는 않는다.

　이와 같은 이유로 부모와의 애정의 업데이트 또는 회복을 할 수 없는 경우에도 성인 자녀가 원망이나 두려움의 부담에서 벗어나는 어린 시절의 상처에서 벗어나는 것이 여전히 가능하다. 현재의 관계가 바뀌지 않더라도 세대적으로 부모를 바라보고 그들의 삶의 여정을 이해하면, 성인 자녀의 관점을 바꿀 수 있다. 부모가 과거에 야기했을지도 모르는 고통에 대해 책임을 질 수 있고 사과할 수 있을 때 용서를 하게 된다. 그러나 이러한 관계 내의 용서 과정이 없이도 성인 자녀는 분노나 두려움을 넘어 부모에 관한 일종의 수용에 도달할 수 있다(Spring, 2004). 부모와 대화할 수 있는지의 여부와 상관없이 세대 간의 역동관계에 대한 성인 자녀의 변환은 종종 부부관계에 긍정적 활력을 불어넣는다. 마틴 부버(Martin Buber)가 지적한 것처럼 타인에게 '당신(Thou)'이라고 말하는 '나(I)'는 '그 것(It)'이라고 말하는 '나(I)'와는 다르다. 원가족 부모를 실존하는 대상인 '당신(Thou)'으로 보는 것은, 부부간에도 서로를 실존하는 '당신(Thou)'으로 관계 맺도록 촉진할 수 있다(Fishbane, 1998).

결론

고백하건대 나는 변화를 싫어한다. 정확하게 표현하면 압박감을 좋아하지 않으며, 그것이 예상 밖의 변화라면 더욱 반갑지 않다. 나도 에릭처럼 내 함선의 선장이 되어 항로 계획을 세우고 싶었다. 결혼, 자녀, 대학원 진학, 그리고 이 책의 집필은 모두 나의 선택이었다. 나는 이런 결정을 내렸고, 이와 같은 결정으로 인해 큰 기쁨을 느꼈다. 이런 결심에는 도전과 함께 가끔 역경이 동반되는 것도 사실이다. 그러나 그것은 모두 나의 목적을 향하는 길에 있는 것이다. 모든 경우에 변화란 성장, 모험, 그리고 새로운 가능성이 펼쳐짐을 의미한다. 힘든 노동은 결심에 따른 것이고, 나는 그것을 수용했다. 애석하게도 나는 항상 내 함선의 주인은 아니었다. 나는 불자(불교신자) 동료들에게 수용의 기술을 배우려 노력 중이다. 반갑지 않은 변화에 대해서도 자애로움을 갖고 잘 받아들이려고 애쓰는 중이며, 노화되고 있는 나의 뇌가 좀 더 유연하고 지혜롭게 되어 가길 바라고 있다.

명상을 통해 평안과 성숙됨을 느끼고 있는 나에게 남편이 다가와서 내게 도움이 되는 것을 제안하고 싶다고 하였다. 남편은 내가 변화하길 원하는데, 나는 어떻게 해야 할까? 내가 정말 마음의 중심을 잃지 않았고 우리 부부가 가깝고 서로를 사랑한다면, 나는 남편의 제안을 고려할 것이다. 그러나 최근 스트레스가 많거나 남편과 불화가 있다면, 발끈해서 남편을 쏘아붙일 것이다. 이렇게 되면 당연히 상황이 잘 풀릴 수가 없다. 우리는 앞 장에서 이런 순간에 편도체가 어떻게 모든 것을 가르고 분노에 불을 붙이는지 보았다. (나는 옳고 남편은 틀리다는 이유에 대한 좋은 사례를 해설과 함께 제시했다.) 남편이 나를 변화시키려고 할 때 나는 왜 그렇게 반응적이 되었던가? (내가 남편을 변화시키려 했을 때도 마찬가지이다.) 좀 더 광범위하게 내담자들은 왜 변화에 대해 위협적으로 느끼는가? 무엇이 개인적, 관계적 변화를 촉진하거나 방해하는가? 치료자는 부부의 성장과 상담 성과의 유지를 위해 어떻게 도울 수 있는가? 이 마지막 장에서는 이런 질문들에 대해 다루어 보도록 하겠다.

변화와 불변의 춤

내담자는 변화를 위해 상담에 온다. 그럼에도 불구하고 그들은 상담 과정에 대해 불안해하고 치료자의 혼신의 노력에 저항한다. 나는 '저항'이란 치료자가 내담자를 너무 밀어붙였거나 내담자의 생존 전략을 짓밟은 신호라고 생각한다. 나의 스승인 Olga Silverstein은 안정과 변화의 역동에 대해 예리한 안목을 가지고 있었다(Keeney & Siverstein, 1986). Olga는 내담자가 세상을 살아 나가기 위해 안정된 입장에 매달릴 수밖에 없다는 것을 내가 볼 수 있도록 가르쳤다. Michele Scheinkman과 나는 그것을 '내담자의 익숙한 존재 방식 또는 생존 전략'이라고 명명하였다. 내담자를 돕기 위해서 치료자는 스스로의 변화와 변화 속도를 선택할 내담자의 권리, 그리고 안정을 유지할 내담자의 권리를 존중해 주어야 한다.

앞서 보았듯이 안정과 변화의 역동은 우리 뇌에 각인되어 있다. 우리는 습관의 존재로서 인간의 신경회로는 습관의 유지를 반영한다. 우리는 익숙하고 알려진 것에 편안함을 느끼는데, 이것이 바로 우리의 안전지대(comfort zone)이다. 더 나아가 인간의 뇌는 항상 과거로부터 미래를 알고자 한다. 경험을 바탕으로 익숙한 것을 찾으며 기대를 부과한다. 그래서 우리는 세상을 있는 그대로 보지 않고 구성하는 것이다. "우리는 뇌로 보는 것이지 눈으로 보는 것이 아니다."(Bach-y-Rita, Doidge에서 인용, 2007, p. 15) 우리가 보는 것은 우리가 보길 기대하는 것에 의해 만들어진다. 그리고 우리가 기대하는 것은 과거의 경험에 의해 만들어진다.

다행히도 인간은 습관이나 과거에 갇힌 수감자로 운명이 결정되어 있는 존재가 아니며, 적응과 창의성의 존재이기도 하다. 수렵과 생존의 방법을 한 가지밖에 몰라 결국 멸종하고만 네안데르탈인(원시 인류)과 달리 호모사피엔스(바로 우리)는 생존했고, 변화하는 환경에 적응할 수 있었기에 다른 여러 환경에서도 번창할 수 있었다. 인간의 진화적 우위는 바로 적응력에 있다(최근 연구에 따르면, 우리 안에 네안데르탈인의 DNA가 조금 포함되어 있는 것으로 밝혀졌다. 이 놀라운 발견이 시사하는 바는 분명하지 않지만, 명백한 것은 네안데르탈인과 호모사피엔스 간의 이종교배가 있었다는 사실이다).

그래서 변화에 대한 양가감정은 (좋기도 하고 싫기도 한 것, 배우고 성장하고 탐색하는 것을 좋아하지만 나에게 부과되는 변화는 싫은) 뇌가 익숙한 것을 좋아할 뿐만 아니라 적응의 능력을 따라가고 있다는 데 있다. 변화에 저항하거나 익숙하고 편안한 것을 받아들이는 것은 '잘못된 것'이 아니다. 그러나 (상담에 오는 부부들의 경우처럼) 익숙한 것이 관계적 어려움을 초래할 때에는 자신의 안전지대(comfort zone)를 벗어난 성장이 필요할 수 있다. 상담에서 내담자가 변화에 대한 자신의 양가감정과 싸우는 것을 조력하는 것은 도전이다. 에릭과 리사와 같은 부부가 상대를 통제하거나 개선하려고 노력할 때 그 과정은 격렬하다. 핵심은 양쪽 배우자가 (상대가 아닌) 자신의 변화를 주도할 수 있도록 돕는 것이다. 상담에서 에릭은 리사의 아젠다 대상이 아니라, 자기 자신의 성장을 위한 아젠다의 주체가 되기 위해 노력하였다. 그리고 리사는 에릭을 개선하는 데 초점을 두는 대신, 커플 춤(couple dance)에서의 자신의 역할을 보게 되었다.

변화에 대한 동기

좋은 관계는 아닐지라도 어느 정도 안정된 부부관계를 유지하며 지내던 부부에게 어떤 일이 발생하면서 더 이상 안정된 관계 유지가 어려워질 때가 있다. "왜 하필 지금이지?"라는 질문은 부부상담의 시작을 이해하는 데 중요하다. 우리는 리사가 여동생의 죽음 후 갑자기 결혼생활을 견딜 수 없게 되었던 것을 보았다. 남편(에릭)에 대한 만성적인 욕구 좌절이 있었지만, 리사는 동생의 지지로 그간 그럭저럭 삶을 지탱할 수 있었다. 캐시의 죽음은 부부가 위기에 빠지게 된 촉발점이 되었다. 에릭은 리사를 잃게 될지도 모른다는 위기의식을 느꼈고, 드디어 부부상담에 오게 된 것이다. 그러나 에릭은 치료자가 아내와 힘을 합쳐 그에게 변화를 강요할까 봐 불안하고 두려웠다.

내가 좋아하는 전구에 대한 농담이 있다. "전구(내담자)를 바꾸기 위해 몇 명의 치료자가 필요할까? 한 명이면 충분하지만, 전구가 자동으로(스스로) 교체(변화)되는 것을 치료자는 더 원한다." 치료자가 내담자를 '변화'시키는 것이 아니다. 내담자가 개인의 변화와 관계의 변화를 선택할 수 있도록 안전한 공간을 만드는 것이 나의 목적이다. 내담자가 치료자에 의해 '변화되는' 것을 두려워하는 것은 당연하다. 에릭이 '리사가 에릭을 변화시켰다.'는 문장의 직접적 대상이 되는 것을 원치 않았던 것처럼, 어떤 배우자도 치료자의 변화 의제(agenda)의 대상이 되고 싶어 하지 않는다. 상담에서 치료자가 권력의 우위를 차지하지 않아야 하는 것은 필수적이다. 상담이 힘겨루기가 되거나 치료자가 내담자를 너무 밀어붙이게 되면, 상담은 내담자가 변화를 감수하기에 안전하지 않은 상황이 된다. 상담 작업은 치료자와 내담자가 함께 목표와 의제를 구축하며 협력적이고 투명해야 한다.

상담실을 방문하는 모든 내담자가 높은 상담 동기를 가지고 오는 것은 아니다. Prochaska와 Norcross(2001)는 다음과 같은 변화의 6단계를 제시했다.

① 사전고려단계: 문제에 대한 인식이 없음
② 고찰단계: 문제는 인식하지만 변화에 대한 결심은 없음
③ 준비단계: 변화를 생각함
④ 실행단계: 변화를 위해 작업함
⑤ 유지단계: 재발을 예방하기 위해 작업함
⑥ 종료단계: 변화 과정의 완료 및 재발의 가능성 낮음

부부상담을 시작할 때 남편과 아내의 변화단계는 다를 수 있다. 에릭과 리사가 몇 년 전에 나를 찾아왔을 때, 리사는 실행단계에 있었지만 에릭은 사전고려단계에 있었다. 리사의 이혼 위협(위협이거나 조정이 아니었음)은 에릭이 고찰단계로 옮겨 가도록 밀어붙였고, 에릭은 결혼관계를 살리기 위해 상담을 해야 한다는 것은 알고 있었으나 여전히 상담에 대해 불안해했다.

동기는 의미 있는 변화의 핵심이다. 에릭의 초기 동기는 두려움에 근거한 것으로, 그는 결혼생활을 잃고 싶지 않았다. 힘든 상담 작업을 위해서는 긍정적인 동기와 헌신이 요구되므로 (나를 포함한) 어떤 치료자들은 '이해타산에 호소'함으로써 내담자를 동기화하려고 애쓴다(Atkinson, 2005, p. 165). 나는 부부에게 상대를 존중하는 정서적으로 지혜로운 전략을 채택한다면 각자가 원하는 것을 더 많이 얻게 될 것이라고 제안한다. 유사한 방식으로 나는 내담자의 권력욕에도 호소한다. 부부는 종종 서로가(상대가) 변화되기를 기대하며 교착상태에 빠져 상담에 온다. 나는 부부간의 힘겨루기에서 양쪽 다 힘을 잃게 될 것이라고 지적하며, 그들에게 관계적 임파워먼트(관계강화) 기술을 가르친다. 앞서 제8장과 제9장에서 보았듯이, 이런 기술을 연마하는 것이 상담의 주요 초점이다. 배우자들은 자신의 행동을 변화시킴으로써 관계적으로 보다 성공적이며 상대방에 의해 덜 좌지우지된다는 것을 알게 된다.

내담자 자신의 가치가 변화의 동기를 촉진하기도 한다. 부부가 본인의 핵심 가치를 분명히 드러냄으로써 본인이 바라는 것이 부부관계에서 실현되기 어렵다는 것이 명확해지기도 한다. 우리는 앞서 리사와 에릭이 '관계적 목적 진술'(Bergman & Surrey, 2004)을 작성함으로써 관계의 욕구를 규명하는 데 얼마나 도움이 되는지 살펴보았다. 부부가 관계의 비전을 구체적인 행동으로 옮길 때, 치료자는 배우자의 목표에 맞게 특정 개입을 달리 할 수 있다.

나는 부부에게 서로를 변화시키려 하기보다 자기 자신을 변화시키라고 격려한다. 많은 부부가 상대방이 달라지기를 기대하며 상담을 시작한다. 앞에서 살펴본 기법들을 이용해 나는 내담자가 관계에 대한 자기책임과 공동책임을 모두 중요시하는 조망을 가지도록 돕는다. 이것이 아마도 부부상담에서 가장 중요한 전환일 것이다. 이것으로부터 다른 모든 변화 과정이 흘러간다. 새로운 관점은 배우자가 피해의식의 구속으로부터 벗어나 함께 공유된 목표에 초점을 두게 함으로써 부부를 자유롭게 해 준다.

거인 훈련

내담자가 마음을 굳게 먹고 관계 개선을 위해 적극적으로 노력하는 순간에도 변화는 위협으로 다가올 수 있다. 변화에 대한 불안은 상담 과정을 통해 일어나므로 나는 수련생과 내담자들을 위해 '거인 훈련'이라는 연습을 고안해 냈다. 다음은 내가 수련생들과 워크숍에서 사용하는 거인 훈련의 방식이다.

"스스로가 변화하길 원하는 혹은 가까운 사람이 당신에게 변화하길 원하는 당신 자신의 특성에 대해 생각해 보세요. 헤어스타일 같은 것 말고, 당신에 관한 중요한 자질에 대해 생각해 보세요. 그런데 거인이 당신에게 다가와서 다짜고짜 그 자질을 빼앗아 통에 넣고 자물쇠를 채워 버렸다고

상상해 보세요. 그 특성은 이제 티끌만큼도 남아 있지 않습니다. 어떻게 느
껴지세요?"

나는 집단훈련이나 워크숍에서 참석자들에게 "만일 거인이 당신의 한 부
분을 빼앗아 간다면 어떻게 느끼겠냐?"고 묻고는 간단한 대답을 공유하도
록 했다(빼앗긴 부분은 사적인 것이므로 그 부분이 무엇인지에 대해서는 집단 · 워
크숍에서 묻지 않겠다). 이 질문에 대해 어떤 사람은 안도하기도 하고 가벼워
졌다거나 행복하다고 말하는 경우도 있지만, 전형적인 답변은 상실감, 혼란,
어지러움, 놀람 등 부정적인 반응들이다. 긍정적으로 답하는 사람들은 보통
이미지화한 자질을 떠나보낼 준비가 되어 있으므로 거인에게 위협감을 느끼
지 않는다. 그러나 대다수의 사람은 자신의 정체성의 핵심인 자질을 (거인에
게) 빼앗기는 것에 대해 매우 불행해한다. 강압적인 아젠다는 내담자에게 치
료자를 거인처럼 보이게 할 수 있다고 훈련생들에게 이야기한다. 이것은 선
택의 문제이다. 만일 내담자가 자신의 한 부분을 떠나보내거나 바꿀 결심이
서 있고 자신의 성장 속도에 책임을 질 수 있다면 힘이 있다고 느낄 것이다.
그러나 내담자가 변화를 강요받는다고 느낀다면 저항할 것이다.

약간 다른 방식으로 상담에서도 거인 훈련을 사용할 수 있다. 리사가 자
신의 분노를 다스리기 위해 싸울 때 내가 거인 훈련을 사용한 방식을 살펴보
자. 제10장에서 보았듯이 리사는 에릭에게 비열하고 경멸하는 태도를 보이
는 것이 역효과를 가져온다는 것을 알게 되었고, 보이지 않는 충성심이라고
할 수 있는 자신과 아버지의 비열함 간의 연결도 자각하게 되었다. 그럼에
도 리사는 여전히 자신의 분노에 매달려 있었다. 그래서 나는 이렇게 이야기
했다. "리사, 잠시 나와 함께 상상훈련을 해 보는 것이 좋겠어요. 눈을 감고,
거인이 다가와서 당신의 분노를 티끌만큼도 남겨 놓지 않고 앗아 갔다고 상
상해 보세요. 어떻게 느껴지세요?" 리사는 자신의 분노를 완전하게 잃어버
린다는 생각을 하면 공포스럽다고 대답했다. 분노가 없다면 자신이 취약하
고 작게 느껴진다고 했다. 그녀는 "분노가 없다면 나 자신이 보잘 것 없이 줄

어들 것 같고, 나를 방어할 방법이 없을 것 같아요."라고 했다. 이 답변에서 우리는 분노가 리사 자신을 안전하게 지키는 데 얼마나 중요한 역할을 하는지 알 수 있다. 나는 리사가 분노를 포기하지 못하는 것에 대해 존중을 표현했다. 그리고 리사에게 거인은 존재하지 않으며, 리사 스스로 분노의 타이밍과 변화의 정도를 결정할 수 있다고 말해 주었다. 그녀는 안도의 한숨을 쉬었고, 이 대화를 통해 분노가 리사의 삶에서 보호적 기능이 있음이 명백해졌다. 그리고 우리는 리사가 스스로 설 수 있는 다른 방법들을 탐색하였다(물론 다시 부를 때까지 분노는 한동안 따로 넣어 둔다).

거인 훈련은 문제행동의 보호적 기능을 규명해 주는 것과 더불어 상담에서 자신의 어떤 부분을 포기하도록 강요받을지도 모른다는 내담자의 두려움을 잘 보여 준다. 이것은 누가 변화를 선택하는지, 또 우리가 어떻게 이 작업을 안전하게 감당할 수 있을지에 대한 대화를 시작하게 해 준다. 나의 목표는 각 개인 혹은 커플 합동 과정에서 내담자를 강하게 만들어 주는 것이다. 이런 면에서 나는 '신경교육(neuroeducation)'이 도움이 된다는 사실을 발견하였다. 신경가소성(neuroplasticity)은 개인과 관계 변화의 핵심이며, 최근 과학자들은 뇌가 어떻게 변화되는지에 대해 더 잘 이해하게 되었다. 다음에 우리는 이 흥미로운 연구에 대해 좀 더 살펴볼 것이다.

신경가소성 키우기

인간의 신경가소성(neuroplasticity)이 노년까지 가능하다는 것은 치료자와 내담자 모두에게 굉장한 뉴스이다. 실제로 연구자들은 심리치료가 뇌를 변화시킨다는 것을 발견하였다(Etkin, Pittenger, Polan, & Kandel, 2005). 신경가소성은 시냅스(synapse) 및 시냅스 생성(synaptogenesis)을 강화하거나 성장시키는 능력, 신경생성(neurogenesis), 수초 생성(myelinogenesis) 등을 포함하는데, 여기서 수초가 신경의 축삭(axon) 주변에 둘러싸여 신경세포(neuron)

의 소통과 효율성을 촉진한다. 신경조직 발생은 특히 학습과 기억의 영역인 인간의 해마에서 규명되었다(Eriksson et al., 1998). 우리는 전 생애를 통해 학습할 수 있다. 그러나 불안이나 우울과 관련 있는 만성 스트레스는 신경가소성 및 그것에 의존하는 정신적 기능을 감소시킨다. 우리의 정서적 삶의 질은 우리를 생각하고 학습할 수 있게 해 주는 뇌의 프로세스에 영향을 미친다.

　뇌 가소성이 항상 좋은 것만은 아니다. 신경가소성은 우리를 발전하고 성장하도록 해 주지만 다른 한편 문제를 일으키는 과잉 학습된 습관에도 기여한다. 우리가 반복해서 하는 것은 그것이 무엇이든 우리의 신경 구조를 변화시킨다. "역설적이게도 우리의 뇌를 변화시키고 유연한 행동을 가능하게 해 주는 신경가소성의 성질이 역시 경직된 행동을 초래할 수 있다. 우리의 신경가소성은 '정신적 유연성'과 '정신적 경직성'을 모두 일으킬 수 있다."(Doidge, 2007, pp. 242-243) 신경가소성은 좋거나 나쁜 것이 아니라 그 자체로 우리로 하여금 적응하게 하거나 이전 상태를 고수하게 만드는 우리 뇌의 특징이다. 그러나 우리는 우리의 삶의 방식과 습관에 대해 어떤 입장을 가지고 변화할 것인가에 대한 선택권을 가지고 있다. 신경가소성의 연구자인 Michael Merzenich는 도덕적 과정과 신경생물학적 과정 간의 상호작용에 대해 다음과 같이 기술하였다. "매 순간 우리는 마음이 작동하는 방식을 선택하고 조각하며, 진정한 의미에서 다음 순간에 어떤 존재가 될 것인지 선택하며, 이러한 선택들이 우리의 물질적 자아에 물리적 형태로 세공되어 남는다."(Merzenich in Begley, 2007, p. 159)

　신경가소성은 변화에 대한 우리의 태도에 의해 키워지거나 제한된다. 앞서 논의하였듯이, Carol Dweck(2006)은 두 갈래의 변화의 방향을 규명하였는데, 첫 번째는 고정된 마음가짐이고, 두 번째는 성장의 마음가짐이다. 고정된 마음가짐을 생각할 때 떠오르는 것은 뽀빠이 만화의 대사인 "나는 나다(I yam what I yam)."이다. 이는 에릭이 상담에 오기 전에 취했던 입장으로, 그는 분노에 차서 "나는 변하지 않았어요. 리사가 변했어요. 나는 여전히 리사가 결혼했던 동일한 사람이에요"라고 말했다. 이는 리사가 변했고, 결혼관계를 망친 장본인이 그녀라는 것을 시사한다. 장 폴 사르트르[1]에 대해 언급한 철학자가 주목하였듯, 고착된 마음가짐은 구속이 될 수 있다. 사르트르에 따르면, "인간은 마치 우리가 아무것도 아니고 지금 있는 그대로이며, 영원히 변치 않는 운명의 존재로 한계를 지녔다고 생각함으로써 정체성이라는 위안을 얻기 위해 무궁무진한 변화 가능성을 부인하는 성향을 가지고 있다. 개인은 마치 자신이 모든 역량을 다한 것처럼 행세한다. 이 입장은 가능성을 부인함으로써 스스로 한계의 구속을 만든다고 본다."(Kateb, 2005, p. 47) 그러나 우리는 변화를 반대하는 사고방식에 갇혀 있을 필요가 없다. Dweck의 연구는 고정된 마음가짐이 성장의 마음가짐으로 변화될 수 있으며, 성장의 마음가짐이 관계에 대해 덜 판단적이며 더 학습지향적 접근으로 이끌 수 있다는 것을 보여 주었다. Dweck은 사고방식에 대한 아는 것만으로도 성장을 위한 선택을 할 수 있다는 데 주목했다. 내담자로 하여금 성장의 사고방식을 받아들이도록 돕는 것이 상담 초기에는 도전이 될 수 있다.

신경가소성을 촉진하는 것은 무엇인가? 초보자를 위한 건강과 가소성의 중요한 요인은 신체훈련이다. 신체훈련은 기분을 개선하고, 인지적 융통성과 기억력을 증진하며, 자기조절을 촉진한다(편도체를 조율하는 전두엽 피질 포함). 신체와 뇌 수준에서의 신체훈련은 뇌로 가는 혈액과 산소를 증가시키고, 심혈관 및 면역 체계 기능을 강화하며, 염증을 감소시킨다. 신체훈련은 신경생성과 뇌가 유도하는 신경영양성 요인(Brain-Derived Neurotrophic Factor: BDNF)의 분비를 촉진하는데, 이것은 뇌를 위한 '기적의 물질(Miracle-Gro)'로 불린다(Ratey, 2008). 인간이 움직이고 걷는 종으로 진화했기 때문에 움직임은 뇌 기능과 학습에 필수적이라고 과학자들은 주장한다. 더 나아가 신체훈련은 나이가 들수록 신경을 보호하고 불가피한 인지적 저하를 상쇄시킨다. "훈련은 뇌가 퇴행하는 것을 예방해 줄 뿐만 아니라 노화와 관련된 세포의 쇠퇴를 역전시키기도 한다."(Ratey, 2008, p. 227) 나는 내담자들에게 뇌 건강과 유

---

1) 역자주: 장 폴 사르트르(Jean-Paul Sartre)는 프랑스의 소설가·철학자(1905~1980)이다. 1964년 노벨문학상 수상자였으나 수상을 거부하였다(출처: https://endic.naver.com).

연성을 촉진하기 위해 매일 신체훈련을 하도록 격려한다. 심지어 걷기와 같은 적당한 훈련도 신체와 정신을 위해 이로운 효과를 낸다.

신경가소성의 또 다른 핵심 요인은 주의집중이다. Michael Merzenich는 아기들에게는 모든 것이 새롭기 때문에 주의를 관장하는 뇌 깊은 곳에 자리한 핵 기저부(nucleus basalis)가 항상 켜져 있다는 점에 주목했다. 그러나 성인은 학습을 위해서 핵 기저부를 켜고 주의를 집중해야 한다(Merzenich in Doidge, 2007). 핵 기저부는 학습을 위한 핵심 화학물질인 아세틸콜린(acetylcholine)[2]을 분비한다. 자동조종장치 상태일 때에는 우리는 주의를 집중하지 않으며, 아세틸콜린을 분비하지도 않고, 신경가소성을 육성하지도 않는다. 정신을 차리고 의도적으로 집중하는 것은 성인 학습과 성장에 필수적으로, "여러모로 주의집중은 가소성으로 가는 관문이다."(Davidson, Begley, 2007, p. 160에서 재인용)

새로운 것에 직면했을 때 놀라는 것 역시 뇌의 영역 중 핵 기저부를 각성시키고 활성화시킨다(Doidge, 2007). 치료자에게 '놀랄 준비'는 필수적이라는 Martin Buber의 신념이 생각난다(Friedman, 1965). 이것은 부부관계에서도 중요하다. 부부가 서로를 대상화하여 '나-그것(I-It)' 모드로 상호작용할 때 그들의 뇌는 새로운 것을 입력하지 못한 채 자동조종장치 상태에 있다. 나는 배우자들이 새로운 방식으로 주의를 집중하면서 서로를 '나-당신(I-Thou)' 렌즈로 바라보도록 돕는다. 오래된 관계에서 개방성과 놀라움을 가져오는 것은 어려운 일이지만, 이는 뇌 건강과 관계적 건강을 위해 필수적이다. 앞서 보았듯이, 참신함은 도파민을 분비시키며 장기적 열정을 키우는 데 중요하다.

마지막으로, 만일 신경가소성을 키우고 나이가 들어서도 뇌를 예리하게 유지하고 싶다면 새로운 것을 배울 필요가 있다. 항상 하던 것을 수행하는 것은 뇌를 자극하지 못한다. 성인이 되면 익숙한 것을 하고 싶은 유혹이 강해진다. 우리는

2) 역자주: 아세틸콜린(acetylcholine)은 혈압을 떨어뜨리는 것과 관련된 신경전달물질이다.

나이가 들면서 신경세포(뉴런)를 잃게 되는데, 스스로 새로운 학습에 계속 도전하지 않는다면 우리의 신경 생명은 내리막길을 걷게 된다. 신경세포들이 잘 연결되도록 유지하고 새로운 신경세포와의 새로운 연결을 구축하고자 한다면 우리는 인지적 역량 개발을 추진할 필요가 있다. 대신에 Merzenich는 "나이가 들면서 심화학습에 게을러지면 가소성을 조절하고 규제하고 통제하는 뇌의 시스템이 약해진다."라고 하였다(Doidge, 2007, p. 85). 연구 활동과 이 책을 집필하는 것은 나 자신의 인지적 역량을 키워 주고, 나의 사고와 기억을 예리하게 해 준다. 신경가소성-활성화를 위한 나의 다음 계획은 남편을 아직 설득시키지는 못했지만 남편과 사교춤을 배우는 것이다!

관계 가소성 키우기

우리는 이 책을 통해 다수의 개입과 변화 사건에 대해 논의했다. 부부가 관계 가소성을 개발하기 위해 유연한 뇌를 사용할 수 있도록 하는 변화 과정의 개요를 살펴보자. 부부가 유대를 강화하고 서로의 레퍼토리의 유연성을 증진할 수 있도록 하려면 어떻게 도와야 할까? 주요 목표는 부부가 그들의 상호과정과 자신의 내면 과정에 대해 '초월(get meta)'하도록 돕는 것이다. 한 발자국 물러나 자신들의 반응성과 자동적인 생존 전략을 바라봄으로써 부부는 강해진다. 배우자가 사려 깊은 관점에서 자신의 정서적 반응을 고려할 때 전두엽 영역이 활성화된다.

상담의 첫 변화 중 하나는 부부가 관계에 대해 직선적 관점에서 순환적 관점으로 전환될 수 있도록 돕는 것이다. 심지어 부부가 어려움을 호소하는 첫 회기에서 우리는 각 배우자가 무심코 하는 행동이 상대 배우자를 악화시키는 역동임을 알게 된다. 순환적 관점은 부부가 비난게임에 도전하도록 돕는다. 비난은 피해자 내러티브에서 우세하다. 순환적 관점을 가지면 부부가 비난 모드로 진입하는 때를 규명하는 것이 더 쉬워진다. 그 시점에서 부부는 비난을 떠나보

낼 수 있다(Scheinkman & Fishbane, 2004). Carol Dweck은 자신의 관계에서의 비난게임의 일화를 다음과 같이 이야기했다. "고정된 사고방식을 물려받았기 때문에 관계에서 뭔가 꼬이면 여전히 나를 방어하고 상대를 비난하고 싶은 충동이 강하게 생긴다. '내 잘못이 아니야.'라는 안 좋은 습관을 고치기 위해 남편과 나는 '모리스'라는 이름의 상상 속 인물을 만들었다. 내가 누군가를 비난하려고 할 때 우리는 불쌍한 모리스를 들먹이며 잘못을 그에게 떠넘긴다."(Dweck, 2006, p. 157) 모리스를 들먹이며 그에게 비난을 떠넘기는 것은 배우자들이 비난 본능으로부터 한 발자국 뒤로 물러날 수 있도록 돕는 익살스러운 개입이다. 이런 개입은 비난을 외재화함으로써 부부가 함께 자신들의 삶에 미치는 비난의 영향에 대해 탐색할 수 있도록 해 준다.

순환적 관점을 취하고 비난을 외재화함으로서 부부는 한 팀이 되어 함께 자신들의 관계를 들여다볼 수 있게 된다. 이것은 중요한 변화이다. Dan Wile(1981, 2002, 2012)은 이 과정에 대한 용어를 만들었는데, 부부가 '논쟁에서 벗어나(above the fray)' '합동 플랫폼(joint platform)'을 창조하여 '자아를 관찰하는 커플(couple observing ego)'로 발전하게 된다고 하였다. 취약성 사이클 도표(Vulnerability Cycle Diagram)은 커플로 하여금 본인들의 불행한 춤과 그것에 기름을 끼얹은 개인적 · 대인관계적 역동을 규명할 수 있게 돕는다. 한 팀이라는 관점을 가지면 커플은 관계의 공동 저자가 되기 때문에 고통스러운 순간들을 성장을 위한 기회로 만들 수 있다.

자동적 반응성보다 선택의 역량이 강해지면 부부는 양쪽 다 잘 지낼 수 있게 된다. 배우자의 편도체가 우세해져서 한쪽 배우자나 양쪽 배우자가 감정이 격해지면 치료자는 부부상담의 많은 시간을 (보고나 실연을 통해) 커플의 반응성의 순간을 해체하는 데 쓴다. 이런 상황에서 사려 깊음, 정서 규제, 공감 등을 보여 줌으로써 커플이 한 발자국 뒤로 물러나 자신들의 반응과 상호작용을 '다시 한 번 바라보기' 할 수 있도록 한다. 배우자들은 잠시 멈춰 언제 자신의 생존 전략을 사용해야 하는지, 그리고 어떻게 그것을 유연하게 사용해야 하는지 선택하는 것을 배운다.

새로운 행동의 어색함

변화가 순조로운 경우는 거의 없다. 처음에는 새로 배운 행동이 어색하게 느껴지거나 그렇게 보일 수 있다. 에릭이 상담 초기에 공감 시도를 했을 때, 우리는 그것이 얼마나 딱딱하고 인위적이었는지 보았다. 내담자는 자신이나 배우자의 새로운 행동이 자연스럽지 않고 '진심에서' 우러나는 것 같지 않기 때문에 신뢰할 수 없다는 말을 종종 한다. 그럴 때마다 나는 뭔가 새로운 것을 배우는 것(예를 들어, 자전거 타기)이 처음에는 진짜 어색하다고 답한다. 새로운 행동이 자연스럽게 되려면 연습밖에 없다. 시간과 노력을 쏟다 보면 새로운 행동이 '새로운 표준(new normal)'이 된다. 새로운 행동은 뇌의 새 회로를 보여 주는 것이며, 사용하면 할수록 좀 더 빨라지고 효율적이 된다.

'새로운 표준'으로 이끄는 변화의 과정은 복잡하다. 공감을 얻기 위해, 또 정서적 기복과 분노를 다루기 위해 에릭과 리사는 새로운 습관을 발전시켜야 했다. 연구자들은 '습관의 공식'이란 무의식적 무능성에서 의식적 무능성, 의식적 유능성 및 무의식적 유능성으로 진행되는 과정이라고 하였다 (Gawande, 2011). 우리는 이 변화 공식에 대해 다음과 같이 풀어 쓸 수 있다. (Prochaska의 Norcross의 변화단계와 중복된다는 점을 주목하라.)

① 문제가 있는지 모른다: 무의식적 무능성
② 문제가 있는 것은 알지만, 그것을 어떻게 해결해야 할지 모른다: 의식적 무능성
③ 변화를 위한 새로운 기법을 배운다: 의식적 유능성
④ 새로운 행동이 쉽게 나오고, 그것에 대해 생각할 필요가 없다: 무의식적 유능성

아직 자연스럽지 않은 새로운 기법을 배울 때 부부는 의식적 유능성 단계

에 있다. 그들은 해야 할 것을 생각하기 위해 고의적으로 전두엽 피질을 사용한다. 새 기술을 반복해서 연습할 때 무의식적으로 더욱 유능해진다. 즉, 새로운 행동이 보다 자연스럽게 나오게 된다.

이것은 '자동성'과 '선택' 간의 상호작용에 대한 새로운 해법이 된다. 부부의 자동적 반응 때문에 이들은 어려움에 빠진다. 이 책에 기술된 많은 부분이 전두엽 피질에 의해 작동하는 사려 깊은 선택을 키우는 것에 대한 내용이다. 그러나 새로운 행동이 (관계 맺음에 마음챙김 접근을 포함한) '새로운 표준'이 되면, 이제 그것은 자동적이며 전두엽 기능에 덜 의존하게 된다. 정서적으로 똑똑한 행동이 자동적으로 나오도록 만드는 것이 목표이다. 새로운 행동을 배우게 되면 의식적으로 이전 행동과 다른 선택을 해야 한다. 그러나 일단 '새로운 표준'이 강해지고 사려 깊은 전략을 쉽게 사용할 수 있게 되면, 우리는 평정을 유지하기 위해 열심히 노력하지 않아도 된다. 우리의 편도체는 위협을 느낄 때 여전히 활성화되겠지만, 마음챙김적 접근(mindful approach)이 몸에 배게 되면 우리는 좀 더 빨리 회복될 것이며 사려 깊게 반응할 것이다.

새로운 표준이 자리 잡고 자연스럽게 행동으로 나오려면 얼마나 오래 걸릴까? 아마 오래 걸릴 것이다. 운동이나 음악, 또는 다른 분야의 챔피언의 경우, 특정 기술을 발전시키기 위해 약 10,000시간의 '의도적 연습'이 요구된다(Ericsson, Prietula, & Cokely, 2007). 리사나 에릭이 관계적 챔피언이 되길 기대하는 것은 아니므로 서로에 대한 관계적 유능함이면 충분하다. 그러나 새로운 기술이 제2의 본성이 되기 전까지 관계적 유능성은 많은 연습을 필요로 한다. Angela Duckworth와 동료들은 '담력(grit)'이라는 흥미로운 연구에서 다양한 맥락에서 성공에 필요한 열정과 헌신에 대해 탐구했다(Duckworth, Peterson, Matthews, & Kelly, 2007). 담력(grit)은 결단력과 끈기를 포함한다. 부부가 그들의 상호작용을 변화시키기 위해 노력할 때, 담력과 관계적 헌신은 변화의 어려운 시기에 도움이 된다. 이것은 부부가 함께하면서 무궁무진 '그것에 몰두'해야 함을 의미하는 것은 아니며, 특히 학대적이거나 정서적 활력이 죽은 관계에서는 지속적 투자가 가치가 없을지도 모른다. 그러나 찢어지고 해졌을지라도 사랑의 유대가 여전히 남아 있는 부부에게 있어서는 새로운 기술을 배우고 관계를 돌보고자 노력하려는 결정은 변화를 만들 수 있다.

변화의 유지: 연습

부부상담의 즐거움 중 하나는 부부가 새로운 방식으로 자신들의 역동을 바라보며 "아하(Aha)"하며 깨닫는 순간을 갖기 때문이다. 상담실에서 일어난 새로운 통찰이나 변화의 순간이 장기적 변화로 연결될 수도 있지만 그렇지 않을 수도 있다. 어떻게 하면 오랫동안 변화가 유지될 수 있느냐는 질문은 모든 상담의 핵심이다. 옛 습관은 재활성화될 준비가 되어 있기 때문에 오랜 시간에 걸쳐 부부의 살아 있는 경험 속에서 새로운 습관이 지배적인 것이 되도록 지속적으로 강화해 주어야 한다. 새로운 습관을 만들어 내고 이를 유지시키기 위해서는 과잉 학습이 중요하다(Goleman, 1995).

중풍환자에 대한 뛰어난 연구에서는 신경생물학적 변화 과정에 대한 통찰을 제공한다. 최근까지 중풍 재활에 대한 지배적 지식은 중풍 발병 후 환자가 신체 치료를 할 수 있는 시간이 제한되어 있고, 그 시간이 지나면 더 이상의 개선을 기대할 수 없다는 것이었다. 그러나 Ed Taub의 연구는 중풍으로 여러 해(어떤 경우는 수십 년)가 경과한 사지 장애 환자가 극적으로 개선된 결과를 보여 줌으로써 중풍 재활의 세계를 완전히 바꾸어 놓았다. Taub의 제약 유도 운동 치료(constraint-induced movement therapy)는 중풍으로 불편한 팔을 이용하는 많은 시간의 집중훈련을 포함한다. 이러한 '집중훈련'으로 (Taub, Doidge, 2007에서 재인용) 환자들은 종종 팔을 어느 정도 사용할 수 있을 만큼 회복되는데, 이는 환자의 불편한 신체의 개선에 맞춘 '사용 의존적 뇌의 재조직화'에 따른 것이다(Taub et al., 2006).

　이 흥미로운 발견을 부부의 변화에 적용하려면 어떻게 해야 할까? Brent Atkinson(2005)은 이 질문을 심층적으로 짚었다. 그는 매주 방문하는 상담만으로는 뇌를 새로운 습관으로 재설계하기에 충분하지 않다고 보았고, 한 주 내내 상담실 밖에서의 '반복적 훈련'이 변화를 정착시키기 위해 필수적이라고 보았다. Atkinson은 내담자에게 관계가 힘들어질 때면 녹음(그는 스마트폰의 녹음 앱을 사용했다.)한 것을 집에서 들어 보도록 하였다. 녹음은 내담자를 진정시키는 치료자의 목소리와 함께 새로운 관계적 습관을 상기시키는 훈련을 포함하고 있다. 그는 부부에게 자신만의 내면의 정서 상태에 대한 '매일의 의식 작업'을 연습하고, 반응성을 초래하는 촉발 요인을 규명하라고 격려하였다. Atkinson은 내담자를 와인전문가에 빗대어 '내적 경험의 전문가가 되도록' 격려하였다(p. 58). Atkinson은 모든 반복적 훈련의 핵심은 새로운 신념과 행동이 자동적인 것이 되도록 하는 것이라고 했다.

　뇌와 행동의 지속적 변화에 대한 이야기의 교훈은 '연습, 연습, 또 연습'이다. Richard Davidson의 연구에 따르면, 대부분의 수도자는 10,000시간 이상의 명상 경험을 가지고 있다(여기서 마술의 숫자가 다시 나온다; Begley, 2007). Davidson은 일주일에 한 번 상담을 받거나 명상을 하는 것은 위대한 음악가나 운동선수나 불교 수도승의 반복적 연습에 비하면 아무것도 아니라고 하였다. 새로운 기술을 익히고 변화를 유지하기 위해 반복과 연습은 필수적이다. 그리고 이 모든 연습이 수초화(myelination)를 증가시킨다. "훈련하고 연습하라. 그러면 수초는 계속 연결되어 이어져 나온다."(Siegel, 2010b, p. 219) 10,000시간 수준의 훈련은 부부에게 높은 기준이다. 그러나 관계 변화를 원하는 부부가 알아야 할 교훈은 '변화란 사랑처럼 노력을 요한다.'라는 것이다. 장기적인 결과는 새로운 행동에 대한 장기간의 집중적 연습을 요구한다. 이 메시지는 '빨리빨리' 변화에 대한 문화적 기대나 단기 처치에 대한 관리 보호의 압력과는 상반되는 것이다. 속도와 간결성을 추구하는 지향에도 불구하고, 시간이 걸리는 초점과 연습은 우리 뇌와 관계적 습관을 재형성하기 위해 불가피한 것으로 보인다.

늙은 개와 얼룩말

늙은 개(그리고 사람)도 새로운 요령을 배울 수 있는 것으로 나타났다. 인생 후기에도 인간은 뇌와 행동을 변화시킬 수 있다. 그럼에도 불구하고 근본적으로 변화할 수 있을까라는 질문은 남는다. 얼룩말이 줄무늬를 바꿀 수 있을까? 사람들이 상담을 통해 완전히 변화된다고는 생각하지 않는다. (전 생애에 걸친 유전적 소인과 후천적 변화에 대해 말하려는 것은 아니지만) 부부는 여러 해에 걸친 습관적 행동, 사고, 정서 등에 의해 형성된 뇌를 가졌기 때문에 수많은 역사와 신경회로를 (부부)관계에 가져온다. 우리의 과거는 우리의 미래를 만든다. 그러나 우리는 과거에 갇힌 수감자가 아니며, 상담의 많은 부분이 과거의 구속으로부터 내담자를 자유롭게 하여 선택과 유연성을 개선하도록 설계되어 있다.

리사는 결코 느긋하거나 수동적인 배우자가 되지 않을 것이며, 에릭도 우수한 정서 지능을 갖게 되기는 어려울 것이다. 그럼에도 불구하고 함께 노력하는 과정에서 각 배우자는 자기각성과 유연성을 갖게 될 것이다. 이제 그들은 서로에게 반응적이 되는 순간에 자신의 편도체가 커지는 것을 알 수 있다. 그들은 이런 순간에 한걸음 뒤로 물러나 시간을 갖고 진정하면서 전두엽 피질이 제어할 수 있도록 하는 기법의 사용을 배웠다. 직선적 비난에 구속되지 않고 각자가 관계 문제에 기여하는 방식을 볼 수 있게 되었다. 이 부부는 '상위(meta)' 관점을 취함으로써 자신들의 과정을 볼 수 있는 '합동 플랫폼(joint platform)' (Wile, 1981)을 개발하였다. 상담을 통해 내담자의 근본적 기질이나 성품이 변화되지는 않는다. 변화되는 것은 그들의 태도와 정서적 대처 기술이다.

에릭과 리사 같은 부부가 미래에 지치거나 아프거나 스트레스를 받게 되면 그들은 예전 습관으로 돌아갈 수 있다. 최근의 연구는 과거의 습관(그리고 이에 따르는 뇌 회로)이 새로운 습관에 의해 대체된 후에도 완전히 사라지는 것이 아님을 시사하고 있다(Smith, Virkud, Deisseroth, & Graybiel, 2012). 과거의 반응과 행동은 우리가 취약해지면 다시 나타날 수 있다. 나는 이런 경우를 예상하고 그럴 때 부부가 다룰 수 있는 도구를 제공한다. 이런 문제가 생긴다고 해서 상담 성과가 사라지는 것은 아니다. 오히려 상담에서 노력했던 것을 기억해 보고, 상담을 통해 연습했던 기술과 도구를 사용할 수 있는 기회를 가질 수 있다.

변화는 단순하거나 쉽지 않다. 관계 변화는 비틀거리고, 실수하고, 상처를 주고받고, 희망컨대 그 과정에서 학습하는 것을 포함한다. 우리는 생존 전략을 '성장시키고' 정서적, 관계적으로 똑똑해지면서 발전하고 발돋움할 수 있다. 그러나 우리가 다른 사람이 되는 것은 아니다. 얼룩말의 줄무늬가 사라지는 것은 아니듯, 우리의 생물학적 요인과 경험에 의해 변화할 수 있는 정도에는 한계가 정해져 있다.

우리는 얼룩말처럼 포유류이다. 다른 포유류와 마찬가지로 자기보호적 본능은 우리를 어려움에 빠지게 하거나 관계를 망치게 할 수 있다. 그러나 우리는 단순한 포유류가 아니다. 인간이 다른 포유류와 다른 이유는 학습하고, 성장하고, 사려 깊은 선택을 할 수 있는 능력을 가지고 있기 때문이다. 인간의 상위 뇌는 우리 자신의 습관과 관계적 레퍼토리를 수정할 수 있으며, 우리가 어떻게 살고 싶은지에 대해 결정할 수 있도록 해 준다.

여정

부부가 상담에 오면 나는 만남에 앞서 그들이 여정에 서 있다는 것을 안다. 부부는 여러 달이나 여러 해 또는 수십 년을 함께 보냈고, 과거에 다른 치료자를 만났을 수도 있다. 그리고 우리의 상담이 완료된 후에도 그들은 여정을 계속할 것이다. 우리의 삶은 한동안 교차한다. 만약 상담이 생산적이라면 그들은 상담의 일부를 그들의 미래에 가져갈 것이다. 가끔 내담자들은

'집으로 가져간' 상담 작업과 그들의 삶 속에서 치료자가 존재하는 방식에 대해 언급한다. 어떤 부부는 소금그릇에 내 이름을 붙여 저녁식사 시간 동안에 소금그릇이 부부를 지켜본다고 했는데, 이는 부부가 관계를 위해 계속 노력하겠다는 결심을 굳히는 것을 보여 준다. 내가 내담자의 인생에서 붙박이가 되려는 것은 아니다. 부부가 나의 노력과 그들이 만들고 있는 성취를 내면화한 것의 중요성에 감사한다.

부부가 상담에서 구축한 '우리'는 장기적 관점에서 볼 때 절대 흔들림 없는 상태에 있다고 할 수 없다. 관계에서 지속적인 사랑이나 절대적 안정감이란 말은 없다(Mitchell, 2003). 미래에 부부는 진화하거나 또는 현재로서는 상상할 수 없는 새로운 도전에 직면할지도 모른다. 때로 이것은 반갑고 새로운 가능성과 발견일 수도 있지만, 혼란과 갈등으로 이끌 수도 있다. 이상적으로는 부부가 계속되는 변화나 어려움에 대처하기 위해 상담에서 배운 방법을 사용할 수 있을 것이다. 미래에 위기나 심각한 스트레스를 경험하게 되면 부부는 다시 상담 받는 것을 선택할 수도 있다. 나는 상담을 마칠 때 우리가 '종결'하는 것이 아니라는 점을 분명히 한다. 언젠가 그들이 상담 받기를 원하면 상담실 문은 열려 있다고 말한다. 상담에 돌아오길 원하든, 원하지 않든 부부는 시간이 흐르면서 어려움을 잘 마주할 수 있다. '우리'에 대한 탄력적이고 개방적인 접근은 부부로 하여금 그들의 여정에서 새로운 도전에 인내하고 포용할 수 있도록 해 준다.

희망: 변화에 대한 현실적 · 낙관적 관점

신경가소성에 대한 우리의 역량, 그리고 동반된 행동적 변화는 관계 변화를 추구하는 부부에게 희망의 영감을 준다. 우리의 자동적이며 몸에 밴 상호작용 유형 때문에 관계적 타성에 젖게 되는데, 이것은 뇌가 익숙하고 습관적인 것을 선호하기 때문이다. 그러나 전두엽의 역량 덕분에 우리는 한 걸음 물러나 관찰하고 갈림길에서 다른 길을 선택할 수 있다. 이것은 쉽지 않지만 가능하다. 나는 부부상담에서 이와 같은 현실적·낙관적 입장을 취한다. 나는 희망을 가지고 상담 초기에 변화에 대해 비관적인 내담자에게 나의 희망을 빌려 준다. 부부가 자신들의 개인적 습관을 변화시키고 관계를 재형성할 때, 우리는 신경가소성의 경이로움과 뇌의 작동 방식에 대한 지식에 근거해 희망을 가지고 임상작업을 한다. 이 변화의 여정에 부부와 동반하는 것은 영광이다.

참고문헌

Acevedo, B. P., & Aron, A. (2009). Does a long-term relationship kill romantic love? *Review of General Psychology, 13,* 59-65.

Ames, D. L., & Fiske, S. T. (2010). Cultural neuroscience. *Asian Journal of Social Psychology, 13,* 72-82.

Anderson, H. (1997). *Conversation, language and possibilities: A postmodern approach to therapy.* New York, NY: Basic Books.

Archer, J. (2006). Testosterone and human aggression: An evaluation of the challenge hypothesis. *Neuroscience and Biobehavioral Reviews, 30,* 319-345.

Aron, A., Fisher, H., Mashek, D. J., Strong, G., Li, H., & Brown, L. L. (2005). Reward, motivation, and emotion systems associated with early-stage intense romantic love. *Journal of Neurophysiology, 94,* 327-337.

Aron, E. N., & Aron, A. (1996). Love and the expansion of the self: The state of the model. *Personal Relationships, 3,* 45-58.

Atkinson, B. (in press). Mindfulness training and the cultivation of satisfying, secure couple relationships. *Couple & Family Psychology: Research & Practice.*

Atkinson, B. (2005). *Emotional intelligence in couples therapy: Advances in neurobiology and the science of intimate relationships.* New York, NY: Norton.

Aue, T., Lavelle, L. A., & Cacioppo, J. T. (2009). Great expectations: What can fMRI research tell us about psychological phenomena? *International Journal of Psychophysiology, 73,* 10-16.

Badenoch, B. (2008). *Being a brain-wise therapist: A practical guide to interpersonal neurobiology.* New York, NY: Norton.

Barash, D. P., & Lipton, J. E. (2001). *The myth of monogamy: Fidelity and infidelity in animals and people.* New York, NY: Henry Holt.

Bargh, J. A., & Chartrand, T. L. (1999). The unbearable automaticity of being. *American Psychologist, 54,* 462-479.

Bargh, J. A., Lee-Chai, A., Barndollar, K., Gollwitzer, P. M., & Trotschel, R. (2001). The automated will: Nonsconscious activation and pursuit of behavioral goals. *Journal of Personality and Social Psychology, 81,* 1014-1027.

Barnes, S., Brown, K. W., Krusemark, E., Campbell, W. K., & Rogge, R. D. (2007). The role of mindfulness in romantic relationship satisfaction and responses to relationship stress. *Journal of Marital and Family Therapy, 33,* 482-500.

Barnett, R., & Rivers, C. (2005). *Same difference: How gender myths are hurting our relationships, our children, and our jobs.* New York, NY: Basic Books.

Barnett, R., & Rivers, C. (2011). No blank slates. *Women's Review of Books, 28,* 23-25.

Bar-On, R. (2005). The Bar-On model of Emotional-Social Intelligence (ESI). *Psicothema, 17,* 13-25.

Baron-Cohen, S. (2003). *The essential difference: Male and female brains and the truth about autism.* New York, NY: Basic Books.

Bartal, I. B.A., Decety, J., & Mason, P. (2011). Empathy and pro-social behavior in rats. *Science, 334,* 1427-1430.

Bartels, A., & Zeki, S. (2000). The neural basis of romantic love. *NeuroReport, 11,* 3829-3834.

Bartels, A., & Zeki, S. (2004). The neural correlates of maternal and romantic love. *NeuroImage, 21,* 1155-1166.

Baumeister, R. F., Masicampo, E. J., & Vohs, K. D. (2011). Do conscious thoughts cause behavior? *Annual Review of Psychology, 62,* 331-361.

Baumeister, R. F., & Tierney, J. (2011). *Willpower: Rediscovering the greatest human strength.* New York, NY: Penguin.

Bechara, A., & Naqvi, N. (2004). Listening to your heart: Interoceptive awareness as a gateway to feeling. *Nature Neuroscience, 7,* 102-3.

Beckes, L., & Coan, J. A. (2011). Social baseline theory: The role of social proximity in emotion and economy of action. *Social and Personality Psychology Compass, 5,* 976-988.

Begley, S. (2007). *Train your mind, change your brain*. New York, NY: Ballantine.

Berenbaum, S. A., & Beltz, A. M. (2011). Sexual differentiation of human behavior: Effects of prenatal and pubertal organizational hormones. *Frontiers in Neuroendocrinology, 32,* 183-200.

Berenbaum, S. A., Blakemore, J. E. O., & Beltz, A. M. (2011). A role for biology in gender-related behavior. *Sex Roles, 64,* 804-825.

Bergman, S. J. (1996). Male relational dread. *Psychiatric Annals, 26,* 24-28.

Bergman, S. J., & Surrey, J. L. (2004). Couple therapy: A relational approach. In J. V. Jordan, M. Walker, & L. M. Hartling (Eds.), *The complexity of connection: Writings from the Stone Center's Jean Baker Miller Training Institute* (pp. 167-193). New York, NY: Guilford Press.

Blackless, M., Charuvastra, A., Derryck, A., Fausto-Sterling, A., Lauzanne, K., & Lee, E. (2000). How sexually dimorphic are we? Review and synthesis. *American Journal of Human Biology, 12,* 151-166.

Bocklandt, S., & Vilain, E. (2007). Sex differences in brain and behavior: Hormones versus genes. *Advances in Genetics, 59,* 245-266.

Boszormenyi-Nagy, I., & Krasner, B. (1986). *Between give and take: A clinical guide to contextual therapy*. New York, NY: Brunner/Mazel.

Boszormenyi-Nagy, I., & Spark, G. (1973). *Invisible loyalties: Reciprocity in intergenerational family therapy*. New York, NY: Harper & Row.

Boszormenyi-Nagy, I., & Ulrich, D. (1981). Contextual family therapy. In A. S. Gurman & D. P. Kniskern (Eds.), *Handbook of family therapy* (pp. 159-186). New York, NY: Brunner/Mazel.

Bowen, M. (1978). *Family therapy in clinical practice*. New York, NY: Aronson.

Bowlby, J. (1977). The making and breaking of affectional bonds: Aetiology and psychopathology in the light of attachment theory. *British Journal of Psychiatry, 130,* 201-210.

Bradbury, T. N., Fincham, F. D., & Beach, S. R. H. (2000). Research on the nature and determinants of marital satisfaction: A decade in review. *Journal of Marriage and the Family, 62,* 964-980.

Brown, S., & Shapiro, F. (2006). EMDR in the treatment of borderline personality disorder. *Clinical Case Studies, 5,* 403-420.

Buber, M. (1957). Guilt and guilt feelings. *Psychiatry, 20,* 114-129.

Buber, M. (1965). *The knowledge of man*. New York: Harper & Row.

Buber, M. (1970). *I and thou* (W. Kaufman, Trans.). New York: Scribner's.

(Original work published 1921)

Buber, M. (1973). *Meetings*. LaSalle, IL: Open Court Publishing Co. (Original work published 1963)

Buchheim, A., Heinrichs, M., George, C., Pokorny, D,. Koops, E., Henningsen, P., ... Gundel, H. (2009). Oxytocin enhances the experience of attachment security. *Psychoneuroendocrinology, 34,* 1417-1422.

Bufkin, J. L., & Luttrell, V. R. (2005). Neuroimaging studies of aggressive and violent behavior: Current findings and implications for criminology and criminal justice. *Trauma, Violence, and Abuse, 6,* 176-191.

Burpee, L. C., & Langer, E. J. (2005). Mindfulness and marital satisfaction. *Journal of Adult Development, 12,* 43-51.

Buss, D. M. (1998). The psychology of human mate selection: Exploring the complexity of the strategic repertoire. In C. B. Crawford & D. L. Krebs (Eds.), *Handbook of evolutionary psychology: Ideas, issues, and applications* (pp. 405-430). Mahwah, NJ: Erlbaum.

Butler, E. A., Lee, T. L., & Gross, J. J. (2007). Emotion regulation and culture: Are the social consequences of emotion suppression culture-specific? *Emotion, 7,* 30-48.

Cacioppo, J. T., & Decety, J. (2011). Social neuroscience: Challenges and opportunities in the study of complex behavior. *Annals of the New York Academy of Sciences, 1224,* 162-173.

Cacioppo, J. T., Hawkley, L. C., Kalil, A., Hughes, M. E., Waite, L., & Thisted, R. A. (2008). Happiness and the invisible threads of social connection: The Chicago Health, Aging, and Social Relations Study. In M. Eid & R. J. Larsen (Eds.), *The science of subjective well-being* (pp. 195-219). New York: Guilford Press.

Cacioppo, J. T., & Patrick, W. (2008). *Loneliness: Human nature and the need for social connection.* New York, NY: Norton.

Cacioppo, S., Grafton, S. T., & Bianchi-Demicheli, F. (2012). The speed of passionate love, as a subliminal prime: A high-density electrical neuroimaging study. *NeuroQuantology, 10,* 715-724.

Carson, J. W., Carson, K. M., Gil, K. M., & Baucom, D. H. (2004). Mindfulness-based relationship enhancement. *Behavior Therapy, 35,* 471-494.

Carter, C. S. (2002). Neuroendocrine perspectives on social attachment and love. In J. T. Cacioppo, G. G. Berntson, R. Adolphs, C. S. Carter, R. J. Davidson, M. K. McClintock, ... S. E. Taylor (Eds.), *Foundations in social neuroscience* (pp. 853–890). Cambridge, MA: MIT Press.

Carter, C. S. (2007). Sex differences in oxytocin and vasopressin: Implications for autism spectrum disorders? *Behavioural Brain Research, 176,* 170–186.

Chambers, R., Gullone, E., & Allen, N. B. (2009). Mindful emotion regulation: An integrative review. *Clinical Psychology Review, 29,* 560–572.

Chapman, E., Baron-Cohen, S., Auyeung, B., Knickmeyer, R., Taylor, K., & Hackett, G. (2006). Fetal testosterone and empathy: Evidence from the Empathy Quotient (EQ) and the "Reading the Mind in the Eyes" test. *Social Neuroscience 1,* 135–148.

Cheng, Y., Lee, P.L., Yang, C.Y., Lin, C.P., Hung, D., & Decety, J. (2008). Gender differences in the mu rhythm of the human mirror-neuron system. *PLoS One, 3,* 1–7.

Cherlin, A. J. (2004). The deinstitutionalization of American marriage. *Journal of Marriage and Family, 66,* 848–861.

Cherlin, A. J. (2009). *The marriage-go-round: The state of marriage and the family in America today.* New York, NY: Knopf.

Coan, J. A. (2010). Adult attachment and the brain. *Journal of Social and Personal Relationships, 27,* 210–217.

Coan, J. A., Schaefer, H. S., & Davidson, R. J. (2006). Lending a hand: Social regulation of the neural response to threat. *Psychological Science, 17,* 1032–1039.

Collins, N. L., Ford, M. B., & Guichard, A. C., Kane, H. S., & Feeney, B. C. (2010). Responding to need in intimate relationships: Social support and caregiving processes in couples. In M. Mikulincer & P. R. Shaver (Eds.), *Prosocial motives, emotions, and behavior: The better angels of our nature* (pp. 367–389). Washington, DC: American Psychological Association Press.

Coontz, S. (2006a). *Marriage, a history: How love conquered marriage.* New York, NY: Penguin.

Coontz, S. (2006b). The origins of modern divorce. *Family Process, 46,* 7–16.

Coontz, S. (2009). Sharing the load. *Center for American Progress.* Retrieved from http://www.americanprogress.org/wp-content/uploads/issues/2009/10/pdf/awn/chapters/marriage.pdf

Cordova, J. V., Gee, C. B., & Warren, L. Z. (2005). Emotional skillfulness in marriage: Intimacy as a mediator of the relationship between emotional skillfulness and marital satisfaction. *Journal of Social and Clinical*

Psychology, 24, 218-235.

Cozolino, L. (2002). *The neuroscience of psychotherapy: Building and rebuilding the human brain.* New York, NY: Norton.

Cozolino, L. (2006). *The neuroscience of human relationships: Attachment and the developing social brain.* New York, NY: Norton.

Craig, A. D. (2009). How do you feel—now? The anterior insula and human awareness. *Nature Reviews Neuroscience, 10,* 59-70.

Creswell, J. D., Way, B. M., Eisenberger, N. I., & Lieberman, M. D. (2007). Neural correlates of dispositional mindfulness during affect labeling. *Psychosomatic Medicine, 69,* 560-565.

Damasio, A. (1994). *Descartes' error: Emotion, reason, and the human brain.* New York, NY: Penguin.

Damasio, A. (2010). *Self comes to mind: Constructing the conscious brain.* New York, NY: Pantheon.

Davidson, R. J. (2000). Affective style, psychopathology, and resilience: Brain mechanisms and plasticity. *American Psychologist, 55,* 1196-1214.

Davidson, R. J. (2003). Seven sins in the study of emotion: Correctives from affective neuroscience. *Brain and Cognition, 52,* 129-132.

Davidson, R. J., & Begley, S. (2012). *The emotional life of your brain.* New York, NY: Hudson Street Press/Penguin.

Davidson, R. J., & McEwen, B. S. (2012). Social influences on neuroplasticity: Stress and interventions to promote well-being. *Nature Neuroscience, 15,* 689-695.

Davidson, R. J., Fox, A., & Kalin, N. H. (2007). Neural bases of emotion regulation in nonhuman primates and humans. In J. J. Gross (Ed.). *Handbook of emotion regulation* (pp. 47-68). New York, NY: Guilford Press.

Davidson, R. J., Kabat-Zinn, J., Schumacher, J., Rosenkranz, M., Muller, D., Santorelli, S. F., ... Sheridan, J. F. (2003). Alterations in brain and immune function produced by mindfulness meditation. *Psychosomatic Medicine, 65,* 564-570.

Davila, J., & Kashy, D. A. (2009). Secure base processes in couples: Daily associations between support experiences and attachment security. *Journal of Family Psychology, 23,* 76-88.

Davis, D. M., & Hayes, J. A. (2011). What are the benefits of mindfulness? A practice review of psychotherapy-related research. *Psychotherapy, 48,* 198-

208.

Decety, J., & Jackson, P. L. (2004). The functional neuroarchitecture of human empathy. *Behavioral and Cognitive Neuroscience Reviews, 3,* 71-100.

De Dreu, C. K. W., Greer, L. L., Handgraaf, M. J. J., Shalvi, S, Van Kleef, G. A., Baas, M., ... Feith, S. W. W. (2010). The neuropeptide oxytocin regulates parochial altruism in intergroup conflict among humans. *Science, 328,* 1408-1411.

De Dreu, C. K. W., Greer, L. L., Van Kleef, G. A., Shalvi, S., & Handgraaf, M. J. J. (2011). Oxytocin promotes human ethnocentrism. *Proceedings of the National Academy of Sciences USA, 108,* 1262-1266.

Del Guidice, M., Booth, T., & Irwing, P. (2012). The distance between Mars and Venus: Measuring global sex differences in personality. *PLoS One, 7*(1), e29265.

Derntl, B., Finkelmeyer, A., Eickhoff, S., Kellermann, T., Falkenberg, D. I., Schneider, F., & Habel, U. (2010). Multidimensional assessment of empathic abilities: Neural correlates and gender differences. *Psychoneuroendocrinology, 35,* 67-82.

Dew, J., & Wilcox, W. B. (2011). Give and you shall receive? Generosity, sacrifice, and marital quality. *National Marriage Project Working Paper No. 11-1.* Retrieved from http://papers.ssrn.com/sol3/papers.cfm?abstract_id=1970016

deWaal, F. (2008). Putting the altruism back into altruism: The evolution of empathy. *Annual Review of Psychology, 59,* 279-300.

Diamond, L. M., & Aspinwall, L. G. (2003). Emotion regulation across the life span: An integrative perspective emphasizing self-regulation, positive affect, and dyadic processes. *Motivation and Emotion, 27,* 125-156.

DiCorcia, J. A., & Tronick, E. (2011). Quotidian resilience: Exploring mechanisms that drive resilience from a perspective of everyday stress and coping. *Neuroscience and Biobehavioral Reviews, 35,* 1593-1602.

Ditzen, B., Schaer, M., Gabriel, B., Bodenmann, G., Ehlert, U., & Heinrichs, M. (2009). Intranasal oxytocin increases positive communication and reduces cortisol levels during couple conflict. *Biological Psychiatry, 65,* 728-731.

Doherty, W. J. (1999). *The intentional family: Simple rituals to strengthen family ties.* New York, NY: William Morrow.

Doidge, N. (2007). *The brain that changes itself.* New York, NY: Viking.

Domes, G., Heinrichs, M., Michel, A., Berger, C., & Herpertz, S. C. (2007).

Oxytocin improves "mind-reading" in humans. *Biological Psychiatry, 61,* 731–733.

Donnellan, M. B., Conger, R. D., & Bryant, C. M. (2004). The Big Five and enduring marriages. *Journal of Research in Personality, 38,* 481–504.

Duckworth, A. L., Peterson, C., Matthews, M. D., & Kelly, D. R. (2007). Grit: Perseverance and passion for long-term goals. *Journal of Personality and Social Psychology, 92,* 1087–1101.

Dweck, C. S. (2006). *Mindset: The new psychology of success.* New York, NY: Ballantine.

Eagly, A. H., & Wood, W. (2011). Feminism and the evolution of sex differences and similarities. *Sex Roles, 64,* 758–767.

Eisenberg, N. (2010). Empathy-related responding: Links with self-regulation, moral judgment, and moral behavior. In M. Mikulincer & P. R. Shaver (Eds.), *Prosocial motives, emotions, and behavior: The better angels of our nature* (pp. 129–148). Washington, DC: American Psychological Association.

Eisenberger, N. I., & Lieberman, M. D. (2004). Why rejection hurts: A common neural alarm system for physical and social pain. *Trends in Cognitive Sciences, 8,* 294–300.

Eisenberger, N. I., Taylor, S. E., Gable, S. L., Hilmert, C. J., & Lieberman, M. D. (2007). Neural pathways link social support to attenuated neuroendocrine stress responses. *Neuroimage, 35,* 1601–1612.

Ekman, P. (2003). *Emotions revealed.* New York, NY: Henry Holt.

Eliot, L. (2009). *Pink brain, blue brain: How small differences grow into troublesome gaps—and what we can do about it.* New York, NY: Houghton Mifflin Harcourt.

Else-Quest, N. M., Hyde, J. S., Goldsmith, H. H., & Van Hulle, C. A. (2006). Gender differences in temperament: A meta-analysis. *Psychological Bulletin, 132,* 33–72.

Emmon, R. A., & McCullough, M. E. (2003). Counting blessings versus burdens: An experimental investigation of gratitude and subjective well-being in daily life. *Journal of Personality and Social Psychology, 84,* 377–389.

Epel, E. S., Blackburn, E. H., Lin, J., Dhabhar, F. S., Adler, N. E., Morrow, J. D., & Cawthon, R. M. (2004). Accelerated telomere shortening in response to life stress. *Proceedings of the National Academy of Sciences USA, 101,* 17312–17315.

Epel, E. S., Lin, J., Wilhelm, F. H., Wolkowitz, O. M., Cawthon, R., Adler, N. E., ... Blackburn, E. H. (2006). Cell aging in relation to stress arousal and cardiovascular disease risk factors. *Psychoneuroendocrinology, 31,* 277-287.

Ericsson, K. A., Prietula, M. J., & Cokely, E. T. (2007). The making of an expert. *Harvard Business Review, July-August,* 115-121.

Eriksson, P. S., Perfilieva, E., Bjork-Eriksson, T., Alborn, A.M., Nordborg, C., Peterson, D. A., & Gage, F. H. (1998). Neurogenesis in the adult human hippocampus. *Nature Medicine, 4,* 1313-1317.

Etkin, A., Pittenger, C., Polan, H. J., & Kandel, E. R. (2005). Toward a neurobiology of psychotherapy: Basic science and clinical applications. *Journal of Neuropsychiatry and Clinical Neuroscience, 17,* 145-158.

Fausto-Sterling, A. (2000). The five sexes, revisited. *Sciences, 40,* 18-23.

Feeney, B. C., & Van Vleet, M. (2010). Growing through attachment: The interplay of attachment and exploration in adulthood. *Journal of Social and Personal Relationships, 27,* 226-234.

Feng, J., Spence, I., & Pratt, J. (2007). Playing an action video game reduces gender differences in spatial cognition. *Psychological Science, 18,* 850-855.

Fields, R. D. (2009). *The other brain.* New York, NY: Simon & Schuster.

Fincham, F. D., & Beach, S. R. H. (2010). Marriage in the new millennium: A decade in review. *Journal of Marriage and Family, 72,* 630-649.

Fine, C. (2010a). *Delusions of gender: How our minds, society, and neurosexism create difference.* New York, NY: Norton.

Fine, C. (2010b). From scanner to sound bite: Issues in interpreting and reporting sex differences in the brain. *Current Directions in Psychological Science, 19,* 280-283.

Fingerman, K. (2002). *Mothers and their adult daughters.* New York, NY: Prometheus.

Fishbane, M. D. (1998). I, thou, and we: A dialogical approach to couple therapy. *Journal of Marital and Family Therapy, 24,* 41-58.

Fishbane, M. D. (2001). Relational narratives of the self. *Family Process, 40,* 273-291.

Fishbane, M. D. (2005). Differentiation and dialogue in intergenerational relationships. In J. Lebow (Ed.), *Handbook of clinical family therapy* (pp. 543-568). Hoboken, NJ: Wiley.

Fishbane, M. D. (2007). Wired to connect: Neuroscience, relationships, and therapy. *Family Process, 46,* 395-412.

Fishbane, M. D. (2008). "News from neuroscience": Applications to couple therapy. In M. E. Edwards (Ed.), *Neuroscience and family therapy: Integrations and applications* (pp. 20-28). Washington, DC: American Family Therapy Academy.

Fishbane, M. D. (2010). Relational empowerment in couple therapy: An integrative approach. In A. S. Gurman (Ed.), *Clinical casebook of couple therapy* (pp. 208-231). New York: Guilford Press.

Fishbane, M. D. (2011). Facilitating relational empowerment in couple therapy. *Family Process, 50,* 337-352.

Fishbane, M. D. (2013). A neurobiological-relational approach to couple therapy. In J. V. Jordan & J. Carlson (Eds.), *Creating connection: A relational-cultural approach with couples* (pp. 166-185). New York, NY: Routledge.

Fisher, H. (2004). *Why we love: The nature and chemistry of romantic love.* New York, NY: Henry Holt.

Fisher, H. E., Aron, A., & Brown, L. L. (2006). Romantic love: A mammalian brain system for mate choice. *Philosophical Transactions of the Royal Society B, 361,* 2173-2186.

Fitness, J. (2001). Emotional intelligence and intimate relationships. In J. Ciarrochi, J. P. Forgas, & J. D. Mayer (Eds.), *Emotional intelligence in everyday life: A scientific inquiry* (pp. 98-112). New York, NY: Psychology Press.

Fomby, P., & Cherlin, A. J. (2007). Family instability and child well-being. *American Sociological Review, 72,* 181-204.

Fosha, D. (2000). *The transforming power of affect: A model for accelerated change.* New York, NY: Basic Books.

Fowers, B. (2001). The limits of a technical concept of a good marriage: Exploring the role of virtue in communication skills. *Journal of Marital and Family Therapy, 27,* 327-340.

Framo, J. (1981). The integration of marital therapy with sessions with family of origin. In A. S. Gurman & D. P. Kniskern (Eds.), *Handbook of family therapy* (pp. 133-157). New York, NY: Brunner/Mazel.

Francis, D. D., Young, L. J., Meaney, M. J., & Insel, T. R. (2002). Naturally occurring differences in maternal care are associated with the expression of oxytocin and vasopressin (V1a) receptors: Gender differences. *Journal of Neuroendocrinology, 14,* 349-353.

Friedman, M. (1965). Introductory essay. In M. Buber, *The knowledge of man* (pp. 11-58). New York, NY: Harper & Row.

Friedman, M. (1985). *The healing dialogue in psychotherapy.* New York, NY: Jason Aronson.

Fruzzetti, A. E. (2006). *The high-conflict couple: A dialectical-behavior therapy guide to finding peace, intimacy and validation.* Oakland, CA: New Harbinger.

Fruzzetti, A. E., & Iverson, K. M. (2006). Intervening with couples and families to treat emotion dysregulation and psychopathology. In D. K. Snyder, J. A. Simpson, & J. N. Hughes (Eds.), *Emotion regulation in couples and families: Pathways to dysfunction and health* (pp. 249-267). Washington, DC: American Psychological Association.

Funk, C. M., & Gazzaniga, M. S. (2009). The functional brain architecture of human morality. *Current Opinion in Neurobiology, 19,* 678-681.

Gallese, V. (2009). Mirror neurons, embodied simulation, and the neural basis of social identification. *Psychoanalytic Dialogues, 19,* 519-536.

Gawande, A. (2011, October 3). Personal best: Annals of medicine. *The New Yorker,* 44-53.

Gazzaniga, M. S. (2008). *Human: The science behind what makes us unique.* New York, NY: HarperCollins.

Gazzaniga, M. S. (2010). *Does moral action depend on reasoning?* Retrieved from the John Templeton Foundation Web site http://www.templeton.org/reason/

Gettler, L. T., McDade, T. W., Feranil, A. B., & Kuzawa, C. W. (2011). Longitudinal evidence that fatherhood decreases testosterone in human males. *Proceedings of the National Academy of Sciences USA, 108,* 16194-16199.

Goleman, D. (1995). *Emotional intelligence.* New York, NY: Bantam Books.

Goleman, D. (2006). *Social intelligence: The new science of human relationships.* New York, NY: Bantam Books.

Goodrich, T. J. (1991). Women, power and family therapy: What's wrong with this picture? In T. J. Goodrich (Ed.), *Women and power: Perspectives for family therapy* (pp. 3-35). New York, NY: Norton.

Gotta, G., Green, R.J., Rothblum, E., Solomon, S., Balsam, K., & Schwartz, P. (2011). Heterosexual, lesbian, and gay male relationships: A comparison of couples in 1975 and 2000. *Family Process, 50,* 353-376.

Gottman, J. M. (2011). *The science of trust: Emotional attunement for couples*. New York: Norton.

Gottman, J. M., & Driver, J. L. (2005). Dysfunctional marital conflict and everyday marital interaction. *Journal of Divorce and Remarriage, 43,* 63-77.

Gottman, J. M., & Gottman, J. S. (2008). Gottman method couple therapy. In A. S. Gurman (Ed.), *Clinical handbook of couple therapy* (4th ed., pp. 138-164). New York, NY: Guilford Press.

Gottman, J. M., & Levenson, R. W. (1992). Marital processes predictive of later dissolution: Behavior, physiology, and health. *Journal of Personality and Social Psychology, 63,* 221-233.

Gottman, J. M., Levenson, R. W., Gross, J., Frederickson, B. L., McCoy, K., Rosenthal, L., ... Yoshimoto, D. (2003a). Correlates of gay and lesbian couples' relationship satisfaction and relationship dissolution. *Journal of Homosexuality, 45,* 23-43.

Gottman, J. M., Levenson, R. W., Swanson, C., Swanson, K., Tyson, R., & Yoshimoto, D. (2003b). Observing gay, lesbian and heterosexual couples' relationships: Mathematical modeling of couple interaction. *Journal of Homosexuality, 45,* 65-91.

Gouin, J.P., Carter, C. S., Pournajafi-Nazarloo, H., Glaser, R., Malarkey, W. B., Loving, T. J., ... Kiecolt-Glaser, J. K. (2010). Marital behavior, oxytocin, vasopressin, and wound healing. *Psychoneuroendocrinology, 35,* 1082-1090.

Graham, J. E,. Christian, L. M., & Kiecolt-Glaser, J. K. (2006). Marriage, health, and immune function. In S. R. H. Beach, M. Z. Wamboldt, N. J. Kaslow, R. E. Heyman, M. B. First, L. G. Underwood, & D. Reiss (Eds.), *Relational processes and DSM-V: Neuroscience, assessment, prevention, and treatment* (pp. 61-76). Arlington, VA: American Psychiatric Association.

Gray, J. (1992). *Men are from Mars, women are from Venus*. New York, NY: HarperCollins.

Green, R.J. (2012). Gay and lesbian family life: Risk, resilience, and rising expectations. In F. Walsh (Ed.), *Normal family processes: Growing diversity and complexity* (4th ed., pp. 172-195). New York, NY: Guilford Press.

Greenberg, L. S., & Goldman, R. (2008). *Emotion-focused therapy with couples: The dynamics of emotion, love, and power*. Washington, DC: American Psychological Association.

Gross, J. J. (2002). Emotion regulation: Affective, cognitive, and social consequences. *Psychophysiology, 39,* 281-291.

Gross, J. J. (Ed.). (2007). *Handbook of emotion regulation.* New York, NY: Guilford Press.

Guastella, A. J., Mitchell, P. B., & Dadds, M. R. (2008). Oxytocin increases gaze to the eye region of human faces. *Biological Psychiatry, 63,* 3-5.

Guiso, L., Monte, F., Sapienza, P., & Zingales, L. (2008). Culture, gender and math. *Science, 320,* 1164-1165.

Hackman, D. A., & Farah, M. J. (2009). Socioeconomic status and the developing brain. *Trends in Cognitive Sciences, 13,* 65-73.

Haidt, J. (2012). *The righteous mind: Why good people are divided by politics and religion.* New York, NY: Pantheon.

Hanh, T. N. (2001). *Anger: Wisdom for cooling the flames.* New York, NY: Penguin Putnam.

Hatfield, E., Cacioppo, J. T., & Rapson, R. L. (1993). Emotional contagion. *Current Directions in Psychological Science, 2,* 96-99.

Hatfield, E., Pillemer, J. T., O'Brien, M. U., & Le, Y.C. L. (2008). The endurance of love: Passionate and companionate love in newlywed and long-term marriages. *Interpersona, 2,* 35-64.

Hazan, C., & Shaver, P. (1987). Romantic love conceptualized as an attachment process. *Journal of Personality and Social Psychology, 52,* 511-524.

Heatherton, T. F. (2011). Neuroscience of self and self-regulation. *Annual Review of Psychology, 62,* 363-390.

Heinrichs, M., von Dawans, B., & Domes, G. (2009). Oxytocin, vasopressin, and human social behavior. *Frontiers in Neuroendocrinology, 30,* 548-557.

Hermans, E. J., Putnam, P., & van Honk, J. (2006). Testosterone administration reduces empathetic behavior: A facial mimicry study. *Psychoneuroendocrinology, 31,* 859-866.

Hermes, G. L., Delgado, B., Tretiakova, M., Cavigelli, S. A., Krausz, T., Conzen, S. D., & McClintock, M. K. (2009). Social isolation dysregulates endocrine and behavioral stress while increasing malignant burden of spontaneous mammary tumors. *Proceedings of the National Academy of Sciences USA, 106,* 22393-22398.

Herwig, U., Kaffenberger, T., Jancke, L., & Bruhl, A. B. (2010). Self-related awareness and emotion regulation. *NeuroImage, 50,* 734-741.

Hines, M. (2004). *Brain gender.* New York, NY: Oxford University Press.

Hines, M. (2010). Sex-related variation in human behavior and the brain. *Trends in Cognitive Sciences, 14,* 448-456.

Hines, M. (2011). Gender development and the human brain. *Annual Review of Neuroscience, 34,* 69-88.

Hofmann, W., Friese, M., & Strack, F. (2009). Impulse and self-control from a dual-systems perspective. *Perspectives on Psychological Science, 4,* 162-176.

Hudak, J., & Giammattei, S. V. (2010). Doing family: Decentering heteronormativity in "marriage" and "family" therapy. In J. Ariel, P. Hernandez-Wolfe, & S. M. Stearns (Eds.), *Expanding our social justice practices: Advances in theory and training* (pp. 49-58). Washington, DC: American Family Therapy Academy.

Hurlemann, R., Patin, A., Onur, O. A., Cohen, M. X., Baumgartner, T., Metzler, S., ... Kendrick, K. M. (2010). Oxytocin enhances amygdala-dependent, socially reinforced learning and emotional empathy in humans. *The Journal of Neuroscience, 30,* 4999-5007.

Hyde, J. S. (2005a). The gender similarities hypothesis. *American Psychologist, 60,* 581-592.

Hyde, J. S. (2005b). The genetics of sexual orientation. In J. S. Hyde (Ed.), *Biological substrates of human sexuality* (pp. 9-20). Washington, DC: American Psychological Association.

Hyde, J. S., & Mertz, J. E. (2009). Gender, culture, and mathematics performance. *Proceedings of the National Academy of Sciences USA, 106,* 8801-8807.

Iacoboni, M. (2008). *Mirroring people: The science of how we connect with others.* New York, NY: Farrar, Straus & Giroux.

Ickes, W. (2003). *Everyday mind reading: Understanding what other people think and feel.* Amherst, NY: Prometheus.

Ickes, W., Gesn, P. R., & Graham, T. (2000). Gender differences in empathic accuracy: Differential ability or differential motivation? *Personal Relationships, 7,* 95-109.

Insel, T. R., Winslow, J. T., Wang, Z., & Young, L. J. (1998). Oxytocin, vasopression, and the neuroendocrine basis of pair bond formation. *Advances in Experimental Medicine and Biology, 449,* 215-224.

Isay, J. (2008). *Walking on eggshells: Navigating the delicate relationship between adult children and parents*. New York, NY: Anchor.

James, W. (1884). What is an emotion? *Mind, 9*, 188–205.

Jackson, D. C., Mueller, C. J., Dolski, I., Dalton, K. M., Nitschke, J. B., Urry, H. L., … Davidson, R. J. (2003). Now you feel it, now you don't: Frontal brain electrical asymmetry and individual differences in emotion regulation. *Psychological Science, 14*, 612–617.

Johnson, S. (2008). *Hold me tight: Seven conversations for a lifetime of love.* New York, NY: Little, Brown & Co.

Johnson, S. M. (2004). *The practice of emotionally focused couple therapy: Creating connection* (2nd ed.). New York, NY: Brunner–Routledge.

Johnson, S. M., Makinen, J. A., & Millikin, J. W. (2001). Attachment injuries in couple relationships: A new perspective on impasses in couple therapy. *Journal of Marital and Family Therapy, 27*, 145–155.

Jonathan, N. (2009). Carrying equal weight: Relational responsibility and attunement among same–sex couples. In C. Knudson–Martin & A. R. Mahoney (Eds.), *Couples, gender, and power: Creating change in intimate relationships* (pp. 79–103). New York, NY: Springer.

Jordan, J. V. (2004). Relational resilience. In J. V. Jordan, M. Walker, & L. M. Hartling (Eds.), *The complexity of connection* (pp. 28–46). New York, NY: Guilford Press.

Jordan, J. V. (2010). *Relational-cultural therapy.* Washington, DC: American Psychological Association.

Jordan, J. V., Kaplan, A. G., Miller, J. B., Stiver, I. P., & Surrey, J. L. (1991). *Women's growth in connection: Writings from the Stone Center.* New York, NY: Guilford Press.

Jordan–Young, R. M. (2010). *Brain storm: The flaws in the science of sex differences*. Cambridge, MA: Harvard University Press.

Kahneman, D. (2011). *Thinking, fast, and slow*. New York, NY: Farrar, Straus & Giroux.

Kaiser, A., Haller, S., Schmitz, S., & Nitsch, C. (2009). On sex/gender related similarities and differences in fMRI language research. *Brain Research Reviews, 61*, 49–56.

Kandel, E. R. (2006). *In search of memory: The emergence of a new science of mind*. New York, NY: Norton.

Kane, H. S., Jaremka, L. M., Guichard, A. C., Ford, M. B., Collins, N. L., &

Feeney, B. C. (2007). Feeling supported and feeling satisfied: How one partner's attachment style predicts the other partner's relationship experiences. *Journal of Social and Personal Relationships, 24,* 535-555.

Karney, B. R., & Bradbury, T. N. (2005). Contextual influences on marriage: Implications for policy and intervention. *Current Directions in Psychological Science, 14,* 171-174.

Kateb, G. (2005). The idea of individual infinitude. *The Hedgehog Review, 7,* 42-54.

Keeney, B. P., & Silverstein, O. (1986). *The therapeutic voice of Olga Silverstein.* New York, NY: Guilford Press.

Keltner, D. (2009). *Born to be good: The science of a meaningful life.* New York, NY: Norton.

Kiecolt-Glaser, J. K., Bane, C., Glaser, R., & Malarkey, W. B. (2003). Love, marriage and divorce: Newlyweds' stress hormones foreshadow relationship changes. *Journal of Consulting and Clinical Psychology, 71,* 176-188.

Kiecolt-Glaser, J. K., & Glaser, R. (2010). Psychological stress, telomeres, and telomerase. *Brain, Behavior, and Immunity, 24,* 529-530.

Kiecolt-Glaser, J. K., Gouin, J.P., & Hantsoo, L. (2010). Close relationships, inflammation, and health. *Neuroscience and Biobehavioral Reviews, 35,* 33-38.

Kiecolt-Glaser, J. K., McGuire, L., Robles, T. F., & Glaser, R. (2002). Emotions, morbidity, and mortality: New perspectives from psychoneuroimmunology. *Annual Review of Psychology, 53,* 83-107.

Kiecolt-Glaser, J. K., Preacher, K. J., MacCallum, R. C., Atkinson, C., Malarkey, W. B., & Glaser, R. (2003). Chronic stress and age-related increases in the proinflammatory cytokine IL-6. *Proceedings of the National Academy of Sciences USA, 100,* 9090-9095.

Kim, J. J., & Diamond, D. M. (2002). The stressed hippocampus, synaptic plasticity and lost memories. *Nature Reviews Neuroscience, 3,* 453-462.

Klein, K. J. K., & Hodges, S. D. (2001). Gender differences, motivation, and empathic accuracy: When it pays to understand. *Personality and Social Psychology Bulletin, 27,* 720-730.

Knudson-Martin, C. (2012). Changing gender norms in families and society: Toward equality and complexities. In F. Walsh (Ed.), *Normal family processes* (4th ed., pp. 324-346). New York, NY: Guilford Press.

Knudson-Martin, C., & Mahoney, A. R. (Eds.). (2009). *Couples, gender and power: Creating change in intimate relationships*. New York, NY: Springer.

Koenig, A. M., & Eagly, A. H. (2005). Stereotype threat in men on a test of social sensitivity. *Sex Roles, 52*, 489-496.

Kohut, H., & Wolf, E. S. (1978). The disorders of the self and their treatment: An outline. *International Journal of Psychoanalysis, 59*, 413-425.

Konrath, S. H., O'Brien, E. H., & Hsing, C. (2010). Changes in dispositional empathy in American college students over time: A meta-analysis. *Personality and Social Psychology Review, 15*, 180-198.

Kosfeld, M., Heinrichs, M., Zak, P. J., Fischbacher, U., & Fehr, E. (2005). Oxytocin increases trust in humans. *Nature, 435*, 673-676.

Lapidot-Lefler, N., & Barak, A. (2012). Effects of anonymity, invisibility, and lack of eye-contact on toxic online disinhibition. *Computers in Human Behavior, 28*, 434-443.

Lebow, J. L., Chambers, A. L., Christensen, A., & Johnson, S. M. (2011). Research on the treatment of couple distress. *Journal of Marital and Family Therapy, 38*, 145-168.

LeDoux, J. (1996). *The emotional brain: The mysterious underpinnings of emotional life*. New York, NY: Simon & Schuster.

Lee, H.J., Macbeth, A. H., Pagani, J. H., & Young, W. S. (2009). Oxytocin: The great facilitator of life. *Progress in Neurobiology, 88*, 127-151.

Lenroot, R. K., & Giedd, J. N. (2010). Sex differences in the adolescent brain. *Brain and Cognition, 72*, 46-55.

Levant, R. F. (2003). Treating male alexithymia. In L. B. Silverstein & T. J. Goodrich (Eds.), *Feminist family therapy: Empowerment in social context* (pp. 177-188). Washington, DC: American Psychological Association.

Levenson, R. W., & Gottman, J. M. (1985). Physiological and affective predictors of change in relationship satisfaction. *Journal of Personality and Social Psychology, 49*, 85-94.

Lewis, T., Amini, F., & Lannon, R. (2000). *A general theory of love*. New York: Random House.

Libet, B. (1985). Unconscious cerebral initiative and the role of conscious will in voluntary action. *Behavioral and Brain Sciences, 8*, 529-566.

Light, S. N., Coan, J. A., Zahn-Waxler, C., Frye, C., Goldsmith, H. H., & Davidson, R. J. (2009). Empathy is associated with dynamic change in prefrontal brain electrical activity during positive emotion in children. *Child Development, 80,* 1210-1231.

Lillard, L. E., & Waite, L. J. (1995). Til death do us part: Marital disruption and mortality. *American Journal of Sociology, 100,* 1131-1156.

Lopes, P. N., Salovey, P., Cote, S., & Beers, M. (2005). Emotion regulation abilities and the quality of social interaction. *Emotion, 5,* 113-118.

Love, P., & Stosny, S. (2007). *How to improve your marriage without talking about it.* New York, NY: Doubleday.

Lutz, A., Brefczynski-Lewis, J., Johnstone, T., & Davidson, R. J. (2008). Regulation of the neural circuitry of emotion by compassion meditation: Effects of meditative expertise. *PLoS One, 3,* 1-10.

Lyubomirsky, S,. Sheldon, K. M., & Schkade, D. (2005). Pursuing happiness: The architecture of sustainable change. *Review of General Psychology, 9,* 111-131.

Maccoby, E. E. (1999). *The two sexes: Growing up apart, coming together.* Cambridge, MA: Harvard University Press.

Maccoby, E. E. (2000). Perspectives on gender development. *International Journal of Behavioral Development, 24,* 398-406.

Mahoney, A. R., & Knudson-Martin, C. (2009). Gender equality in intimate relationships. In C. Knudson-Martin & A. R. Mahoney (Eds.), *Couples, gender and power: Creating change in intimate relationships* (pp. 3-16). New York, NY: Springer.

Makinen, J. A., & Johnson, S. M. (2006). Resolving attachment injuries in couples using emotionally focused therapy: Steps toward forgiveness and reconciliation. *Journal of Consulting and Clinical Psychology, 74,* 1055-1064.

Malpas, J. (2011). Between pink and blue: A multi-dimensional family approach to gender nonconforming children and their families. *Family Process, 50,* 453-470.

Malpas, J., & Lev, A. I. (Eds.). (2011). *At the edge: Exploring gender and sexuality in couples and families.* Washington, DC: American Family Therapy Academy.

Markman, H. J., Rhoades, G. K., Stanley, S. M., Ragan, E. P., & Whitton, S. W. (2010). The premarital communication roots of marital distress and divorce: The first five years of marriage. *Journal of Family Psychology, 24,* 289-298.

Master, S. L., Eisenberger, N. I., Taylor, S. E., Naliboff, B. D., Shirinyan, D., & Lieberman, M. D. (2009). A picture's worth: Partner photographs reduce experimentally induced pain. *Psychological Science, 20,* 1316-1318.

Mauss, I. B., & Butler, E. A. (2010). Cultural context moderates the relationship between emotion control values and cardiovascular challenge versus threat responses. *Biological Psychology, 84,* 521-530.

McClure, E. B. (2000). A meta-analytic review of sex differences in facial expression processing and their development in infants, children, and adolescents. *Psychological Bulletin, 126,* 424-453.

McEwen, B. S. (2006). Protective and damaging effects of stress mediators: Central role of the brain. *Dialogues in Clinical Neuroscience, 8,* 367-381.

McGoldrick, M., & Carter, B. (2001). Advances in coaching: Family therapy with one person. *Journal of Marital and Family Therapy, 27,* 281-300.

Mehl, M. R., Vazire, S., Ramirez-Esparza, N., Slatcher, R. B., & Pennebaker, J. W. (2007). Are women really more talkative than men? *Science, 317,* 82.

Meneses, C. W., & Greenberg, L. S. (2011). The construction of a model of the process of couples' forgiveness in emotion-focused therapy for couples. *Journal of Marital and Family Therapy, 37,* 491-502.

Metcalfe, J., & Mischel, W. (1999). A hot/cool-system analysis of delay of gratification: Dynamics of willpower. *Psychological Review, 106,* 3-19.

Kikulincer, M., & Shaver, P. R. (2008). Adult attachment and affect regulation. In J. Cassidy & P. R. Shaver (Eds.), *Handbook of attachment: Theory, research, and clinical applications* (2nd ed., pp. 503-531). New York, NY: Guilford Press.

Mirgain, S. A., & Cordova, J. V. (2007). Emotion skills and marital health: The association between observed and self-reported emotion skills, intimacy, and marital satisfaction. *Journal of Social and Clinical Psychology, 26,* 983-1009.

Mitchell, S. (2003). *Can love last? The fate of romance over time.* New York, NY: Norton.

Moll, J., Krueger, F., Zahn, R., Pardini, M., de Oliveira-Souza, R., & Grafman, J. (2006). Human fronto-mesolimbic networks guide decisions about charitable donation. *Proceedings of the National Academy of Sciences USA, 103,* 15623-15628.

Moskowitz, G. B., Gollwitzer, P. M., Wasel, W., & Schaal, B. (1999). Preconscious control of stereotype activation through chronic egalitarian goals. *Journal of Personality and Social Psychology, 77,* 167–184.

Newman, M. L., Groom, C. J., Handerlman, L. D., & Pennebaker, J. W. (2008). Gender differences in language use: An analysis of 14,000 text samples. *Discourse Processes, 45,* 211–236.

Ngun, T. C., Ghahramani, N., Sanchez, F. J., Bocklandt, S., & Vilain, E. (2011). The genetics of sex differences in brain and behavior. *Frontiers in Neuroendocrinology, 32,* 227–246.

Niedenthal, P. M. (2007). Embodying emotion. *Science, 316,* 1002–1005.

Obhi, S. S., & Haggard, P. (2004). Free will and free won't. *American Scientist, 92,* 358–365.

Ochsner, K. N., & Gross, J. J. (2005). The cognitive control of emotion. *Trends in Cognitive Sciences, 9,* 242–249.

Olsson, A., & Ohman, A. (2009). The affective neuroscience of emotion: Automatic activation, interoception, and emotion regulation. In G. G. Berntson & J. T. Cacioppo (Eds.), *Handbook of neuroscience for the behavioral sciences* (pp. 731–744). Hoboken, NJ: Wiley.

Oppenheimer, M. (2011, June 30). Married, with infidelities. *The New York Times Magazine.* Retrieved from http://www.nytimes.com/2011/07/03/magazine/infidelity-will-keep-us-together.html?pagewanted=all&_r=0

Ortigue, S., & Bicanchi-Demicheli, F. (2008). Why is your spouse so predictable? Connecting mirror neurons and self-expansion model of love. *Medical Hypotheses, 71,* 941–944.

Ortigue, S., Patel, N., Bianchi-Demicheli, F,. & Grafton, S. T. (2010). Implicit priming of embodied cognition on human motor intention understanding in dyads in love. *Journal of Social and Personal Relationships, 27,* 1001–1015.

Panksepp, J. (1998). *Affective neuroscience: The foundations of human and animal emotions.* New York, NY: Oxford University Press.

Panksepp, J., & Biven, L. (2012). *The archaeology of mind: Neuroevolutionary origins of human emotions.* New York, NY: Norton.

Papernow, P. L. (2013). *Surviving and thriving in stepfamily relationships: What works and what doesn't.* New York, NY: Routledge.

Peplau, L. A. (2003). Human sexuality: How do men and women differ? *Current Directions in Psychological Science, 12,* 37–40.

Perel, E. (2006). *Mating in captivity: Reconciling the erotic and the domestic.*

New York, NY: Harper.

Perry, B. D. (2001). The neurodevelopmental impact of violence in childhood. In D. Schetky & E. P. Benedek (Eds.), *Textbook of child and adolescent forensic psychiatry* (pp. 221–238). Washington, DC: American Psychiatric Press.

Perry, B. D. (2002). Childhood experience and the expression of genetic potential: What childhood neglect tells us about nature and nurture. *Brain and Mind, 3,* 79–100.

Porges, S. W. (2007). The polyvagal perspective. *Biological Psychology, 74,* 116–143.

Prochaska, J. O., & Norcross, J. C. (2001). Stages of change. *Psychotherapy, 38,* 443–448.

Proulx, C. M., Helms, H. M., & Buehler, C. (2007). Marital quality and personal well-being: A meta-analysis. *Journal of Marriage and Family, 69,* 576–593.

Ratey, J. J. (2008). *Spark: The revolutionary new science of exercise and the brain.* New York, NY: Little, Brown & Co.

Real, T. (2002). The awful truth: Most men are just not raise to be intimate. *Psychotherapy Networker.* Retrieved from the HighBeam.com Web site, http://www.highbeam.com/doc/1P3-671587671.html

Reblin, M., & Uchino, B. N. (2008). Social and emotional support and its implication for health. *Current Opinion in Psychiatry, 21,* 201–205.

Reczek, C., & Umberson, D. (2012). Gender, health behavior, and intimate relationships: Lesbian, gay, and straight contexts. *Social Science and Medicine, 74,* 1783–1790.

Reis, H. T., & Aron, A. (2008). Love: What is it, why does it matter, and how does it operate? *Perspectives on Psychological Science, 3,* 80–86.

Rivers, C., & Barnett, R. C. (2011). *The truth about girls and boys: Changing toxic stereotypes about our children.* New York, NY: Columbia University Press.

Robles, T. F., & Kiecolt-Glaser, J. K. (2003). The physiology of marriage: Pathways to health. *Physiology and Behavior, 79,* 409–416.

Rodrigues, S. M., Saslow, L. R, Garcia, N., John, O. P., & Keltner, D. (2009). Oxytocin receptor genetic variation relates to empathy and stress reactivity in humans. *Proceedings of the National Academy of Sciences USA, 106,* 21437–21441.

Roser, M., & Gazzaniga, M. S. (2004). Automatic brains—interpretive minds. *Current Directions in Psychological Science, 13,* 56-59.

Salovey, P., Mayer, J. D., & Caruso, D. (2002). The positive psychology of emotional intelligence. In C. R. Snyder & S. J. Lopez (Eds.), *The Oxford handbook of positive psychology* (pp. 159-157). New York, NY: Oxford University Press.

Salsman, N. L., & Linehan, M. M. (2006). Dialectical-behavioral therapy for borderline personality disorder. *Primary Psychiatry, 13,* 51-58.

Saphire-Bernstein, S., Way, B. M., Kim, H. S., Sherman, D. K., & Taylor, S. E. (2011). Oxytocin receptor gene (OXTR) is related to psychological resources. *Proceedings of the National Academy of Sciences USA, 108,* 15118-15122.

Sapolsky, R. M. (1998). *The trouble with testosterone and other essays on the biology of the human predicament.* New York, NY: Simon & Schuster.

Sapolsky, R. M. (2004). *Why zebras don't get ulcers* (3rd ed.). New York, NY: Henry Holt.

Sbarra, D. A., & Hazan, C. (2008). Coregulation, dysregulation, and self-regulation: An integrative analysis and empirical agenda for understanding adult attachment, separation, loss, and recovery. *Personality and Social Psychology Review, 12,* 141-167.

Scheinkman, M. (2005). Beyond the trauma of betrayal: Reconsidering affairs in couples therapy. *Family Process, 44,* 227-244.

Scheinkman, M., & Fishbane, M. D. (2004). The vulnerability cycle: Working with impasses in couple therapy. *Family Process, 43,* 279-299.

Schore, A. N. (2003). *Affect regulation and the repair of the self.* New York, NY: Norton.

Schore, A. N. (2009a, August 8). *The paradigm shift: The right brain and the relational unconscious.* Plenary Address, American Psychological Association, Toronto, Ontario.

Schore, A. N. (2009b). Right-brain affect regulation. In D. Fosha, D. J. Siegel, & M. F. Solomon (Eds.), *The healing power of emotion: Affective neuroscience, development and clinical practice* (pp. 112-144). New York, NY: Norton.

Schulte-Ruther, M., Markowitsch, H. J., Shah, N. J., Fink, G. R., & Piefke, M. (2008). Gender differences in brain networks supporting empathy. *NeuroImage, 42,* 393-403.

Schultz, M. S., Cowan, C. P., & Cowan, P. A. (2006). Promoting healthy beginnings:

A randomized controlled trial of a preventive intervention to preserve marital quality during the transition to parenthood. *Journal of Consulting and Clinical Psychology, 74,* 20–31.

Schwartz, R. C. (1994). *Internal family systems therapy.* New York, NY: Guilford Press.

Schwenkreis, P., Tom, S. E., & Ragert, P., Pleger, B., Tegenthoff, M., & Dinse, H. R. (2007). Assessment of sensorimotor cortical representation asymmetries and motor skills in violin players. *European Journal of Neuroscience, 26,* 3291–3302.

Seider, B. H., Hirschberger, G., Nelson, K. L., & Levenson, R. W. (2009). We can work it out: Age differences in relational pronouns, physiology, and behavior in marital conflict. *Psychology and Aging, 24,* 604–613.

Seligman, M. E. P. (1992). *Helplessness: On depression, development, and death.* New York, NY: Freeman.

Seligman, M. E. P. (2011). *Flourish: A visionary new understanding of happiness and well-being.* New York, NY: Free Press.

Seligman, M. E. P., Rashid, T., & Parks, A. C. (2006). Positive psychotherapy. *American Psychologist, 61,* 774–788.

Shallcross, A. J., Troy, A. S., Boland, M., & Mauss, I. B. (2010). Let it be: Accepting negative emotional experiences predicts decreased negative affect and depressive symptoms. *Behavior Research and Therapy, 48,* 921–929.

Siegel, D. J. (1999). *The developing mind: How relationships and the brain interact to shape who we are.* New York, NY: Guilford Press.

Siegel, D. J. (2007). *The mindful brain: Reflection and attunement in the cultivation of well-being.* New York, NY: Norton.

Siegel, D. J. (2010a). *Mindsight: The new science of personal transformation.* New York, NY: Bantam.

Siegel, D. J. (2010b). *The mindful therapist.* New York, NY: Norton.

Siegel, D. J. (2012). *The developing mind: How relationships and the brain interact to shape who we are* (2nd ed.). New York, NY: Guilford Press.

Siegel, D. J., & Hartzell, M. (2003). *Parenting from the inside out.* New York, NY: Penguin.

Silverstein, L. B., & Auerbach, C. F. (1999). Deconstructing the essential father. *American Psychologist, 54,* 397–407.

Simmons, R. A., Gordon, P. C., & Chambless, D. L. (2005). Pronouns in marital interaction: What do "you" and "I" say about marital health? *Psychological Science, 16,* 932–936.

Singer, T., Seymour, B., O'Doherty, J. P., Stephan, K. E., Dolan, R. J., & Frith, C. D. (2006). Empathic neural responses are modulated by the perceived fairness of others. *Nature, 439,* 466–469.

Slatcher, R. B. (2010). Marital functioning and physical health: Implications for social and personality psychology. *Social and Personality Psychology Compass, 3,* 1–15.

Smith, K. S., Virkud, A., Deisseroth, K., & Graybiel, A. M. (2012). Reversible online control of habitual behavior by optogenetic perturbation of medical prefrontal cortex. *Proceedings of the National Academy of Sciences USA.* doi: 10.1073/pnas.1216264109.

Smith, T. W., Uchino, B. N., Berg, C. A., Florsheim, P., Pearce, G., Hawkins, M., ... Olsen-Cerny, C. (2009). Conflict and collaboration in middle-aged and older couples: II. Cardiovascular reactivity during marital interaction. *Psychology and Aging, 24,* 274–286.

Solomon, M., & Tatkin, S. (2011). *Love and war in intimate relationships: Connection, disconnection, and mutual regulation in couple therapy.* New York, NY: Norton.

Spring, J. A. (2004). *How can I forgive you? The courage to forgive, the freedom not to.* New York, NY: HarperCollins.

Stein, M. B., Simmons, A. N., Feinstein, J. S., & Paulus, M. P. (2007). Increased amygdala and insula activation during emotional processing in anxiety-prone subjects. *American Journal of Psychiatry, 164,* 318–327.

Strack, F., & Deutsch, R. (2004). Reflective and impulsive determinants of social behavior. *Personality and Social Psychology Review, 8,* 220–247.

Strack, F., Martin, L. L., & Stepper, S. (1988). Inhibiting and facilitating conditions of the human smile: A nonobtrusive test of the facial feedback hypothesis. *Journal of Personality and Social Psychology, 54,* 768–777.

Surrey, J. (1991). Relationship and empowerment. In J. V. Jordan, A. G. Kaplan, J. B. Miller, I. P. Stiver, & J. L. Surrey (Eds.), *Women's growth in connection: Writings from the Stone Center* (pp. 162–180). New York, NY: Guilford Press.

Tangney, J., Stuewig, J., & Mashek, D. J. (2007). Moral emotions and moral behavior. *Annual Review of Psychology, 58,* 345–372.

Taub, E., Uswatte, G., King, D. K., Morris, D., Crago, J. E., & Chatterjee, A. (2006). A placebo-controlled trial of constraint-induced movement therapy for upper extremity after stroke. *Stroke, 37,* 1045-1049.

Taylor, S. E. (2002). *The tending instinct: Women, men, and the biology of our relationships.* New York, NY: Henry Holt.

Taylor, S. E., Burklund, L. J., Eisenberger, N. I., Lehman, B. J., Hilmert, C. J., & Lieberman, M. D. (2008). Neural bases of moderation of cortisol stress response by psychosocial resources. *Journal of Personality and Social Psychology, 95,* 197-211.

Teicher, M. H., Andersen, S. L., Polcari, A., Anderson, C. M., & Navalta, C. P. (2002). Developmental neurobiology of childhood stress and trauma. *Psychiatric Clinics of North America, 25,* 397-426.

Thomas, G., & Maio, G. R. (2008). Man, I feel like a woman: When and how gender-role motivation helps mind-reading. *Journal of Personality and Social Psychology, 95,* 1165-1179.

Tomasello, M. (2009). *Why we cooperate.* Cambridge, MA: The MIT Press.

Tost, H., Kolachana, B., Hakimi, S., Lemaitre, H., Verchinski, B. A., Mattay, V. S., … Meyer-Lindenberg, A. (2010). A common allele in the oxytocin receptor gene (OXTR) impacts prosocial temperament and human hypothalamic-limbic structure and function. *Proceedings of the National Academy of Sciences USA, 107,* 13936-13941.

Tronick, E. (2007). *The neurobehavioral and social-emotional development of infants and children.* New York, NY: Norton.

Tugade, M. M., & Fredrickson, B. L. (2007). Regulation of positive emotions: Emotion regulation strategies that promote resilience. *Journal of Happiness Studies, 8,* 311-333.

Twenge, J. M., Campbell, W. K., & Foster, C. A. (2003). Parenthood and marital satisfaction: A meta-analytic review. *Journal of Marriage and Family, 65,* 574-583.

Uchino, B. N. (2006). Social support and health: A review of physiological processes potentially underlying links to disease outcomes. *Journal of Behavioral Medicine, 29,* 377-387.

Uvnas-Moberg, K. (2003). *The oxytocin factor: Tapping the hormone of calm, love, and healing.* Cambridge, MA: Perseus.

van der Kolk, B. A. (1994). The body keeps the score: Memory and the evolving psychobiology of posttraumatic stress. *Harvard Review of Psychiatry, 1,* 253-265.

van der Kolk, B. A. (2003). Posttraumatic stress disorder and the nature of trauma. In M. F. Solomon & D. J. Siegel (Eds.), *Healing trauma: Attachment, mind, body, and brain* (pp. 168-195). New York: Norton.

Van Horn, J. D., & Poldrack, R. A. (2009). Functional MRI at the crossroads. *International Journal of Psychophysiology, 73,* 3-9.

Wachs, K., & Cordova, J. V. (2007). Mindful relating: Exploring mindfulness and emotion repertoires in intimate relationships. *Journal of Marital and Family Therapy, 33,* 464-481.

Waite, L. J., & Gallager, M. (2000). *The case for marriage: Why married people are happier, healthier, and better of financially.* New York, NY: Doubleday.

Walsh, F. (2006). *Strengthening family resilience* (2nd ed.). New York, NY: Guilford Press.

Walum, H., Westberg, L., Henningsson, S., Neiderhiser, J. M., Reiss, D., Igl, W., … Lichtenstein, P. (2008). Genetic variation in the vasopressin receptor 1a gene (AVPR1A) associates with pair-bonding behavior in humans. *Proceedings of the National Academy of Sciences USA, 105,* 14153-14156.

Weiss, R. L. (1980). Strategic behavioral therapy: Toward a model for assessment and intervention. In J. P. Vincent (Ed.), *Advances in family intervention, assessment, and theory* (Vol. 1, pp. 229-271). Greenwich, CT: JAI Press.

Wexler, B. E. (2006). *Brain and culture: Neurobiology, ideology, and social change.* Cambridge, MA: MIT Press.

Whisman, M. A. (2007). Marital distress and DSM-IV psychiatric disorders in a population-based national survey. *Journal of Abnormal Psychology, 116,* 638-643.

White, M. (1989). The externalizing of the problem and the reauthoring of lives and relationships. In M. White, *Selected papers* (pp. 5-28). Adelaide, Australia: Dulwich Centre Publications.

Wicker, B., Keysers, C., Plailly, J., Royet, J.P., Gallese, V., & Rizzolatti, G. (2003). Both of us disgusted in my insula. *Neuron, 40,* 655-664.

Wile, D. B. (1981). *Couple therapy: A nontraditional approach.* New York, NY: Wiley.

Wile, D. B. (2002). Collaborative couple therapy. In A. S. Gurman & N. S. Jacobson (Eds.), *Clinical handbook of couple therapy* (3rd ed., pp. 281-

307). New York, NY: Guilford Press.

Wile, D. B. (2012). *Opening the circle of pursuit and distance.* Family Process, ePub ahead of print. doi: 10.1111/famp.12004

Wilkie, J. R., Ferree, M. M., & Ratcliff, K. S. (1998). Gender and fairness: Marital satisfaction in two-earner couples. *Journal of Marriage and the Family, 60,* 577-594.

Wilson, T. D. (2002). *Strangers to ourselves: Discovering the adaptive unconscious.* Cambridge, MA: Harvard University Press.

Wollett, K., & Maguire, E. A. (2011). Acquiring "the knowledge" of London's layout drives structural brain changes. *Current Biology, 21,* 2109-2114.

Young, L., & Alexander, B. (2012). *The chemistry between us: Love, sex, and the science of attraction.* New York, NY: Penguin.

Young, L. J., Wang, Z., & Insel, T. R. (2002). Neuroendocrine bases of monogamy. In J. T. Cacioppo, G. G. Berntson, R. Adolphs, C. S. Carter, R. J. Davidson, M. K. McClintock, B. S. McEwen, … S. E. Taylor (Eds.), *Foundations in social neuroscience* (pp. 809-816). Cambridge, MA: MIT Press.

Yuen, E. Y., Wei, J., Liu, W., Zhong, P., Li, X., & Yan, Z. (2012). Repeated stress causes cognitive impairment by suppressing glutamate receptor expression and function in prefrontal cortex. *Neuron, 73,* 962-977.

Zak, P. J. (2012). *The moral molecule: The source of love and prosperity.* New York, NY: Dutton/Penguin.

Zeki, S. (2007). The neurobiology of love. *Federation of European Biochemical Societies, 581,* 2575-2579.

Zeki, S., & Romaya, J. P. (2010). The brain reaction to viewing faces of opposite and samesex romantic partners. *PLOS One, 5,* 1-8.

Zhang, T.Y., & Meaney, M. J. (2010). Epigenetics and the environmental regulation of the genome and its function. *Annual Review of Psychology, 61,* 439-466.

찾아보기

내용

저자 소개

Mona DeKoven Fishbane

University of Massachusetts in Amherst 임상심리학 박사(Ph. D.)

2017 미국 올해의 가족 심리학상 수상

전 시카고 가족보건센터 부부 치료 훈련 프로그램 책임자

　미국결혼가족치료협회 관리자

　미국가족치료학회 이사

현 Family Process 자문 편집자

　시카고 가족보건센터, 뉴욕 Ackerman 가족연구소, 미국가족치료 아카

　데미 워크숍 진행 및 강의

역자 소개

박수룡 Park, Soo-Ryong

서울대학교 의과대학 의학과, 정신건강의학과 전문의

현 라온부부가족상담센터 원장

　한국가족치료학회 슈퍼바이저

전영주 Chun, Young-Ju

Purdue University 아동발달가족학과 박사

현 신라대학교 복지상담학부 교수

　한국가족치료학회 슈퍼바이저

　한국상담학회 수련감독자

서미아 Seo, Mi-A
연세대학교 정신간호학 박사
현 단국대학교 상담학과 교수
    한국가족치료학회 부부가족상담사 1급

김현수 Kim, Hyun-Soo
Northern Illinois University 심리학과, 임상심리전공 박사
현 한양대학교 아동심리치료학과(학과 간 통합과정) 및 교육대학원 교수
    licensed clinical psychologist(Washington State, USA)
    한국임상심리학회 임상심리전문가
    보건복지부 정신보건임상심리사 1급

최지원 Choi, Ji-Won
서울여자대학교 상담 및 임상심리학 박사
현 서울여자대학교 교육심리학과 초빙교수
    한스카운셀링센터 부소장
    한국가족치료학회 부부가족상담사 1급
    한국상담심리학회 상담심리사 1급

김수지 Kim, Soo-Jee
연세대학교 아동가족학과 박사
현 연세우리가족상담센터 센터장
    수원대학교 사회복지대학원 특임교수
    연세대학교 생활환경대학원 겸임교수
    한국가족치료학회 부부가족상담사 1급

안혜상 Ahn, Hye-Sang
단국대학교 교육학과 박사 수료
현 라온부부가족상담센터 부부가족상담사
    한국가족상담협회 가족상담전문가 1급

커플상담과 신경생물학
Loving with the Brain in Mind

2019년 11월   5일 1판 1쇄 인쇄
2019년 11월 15일 1판 1쇄 발행

지은이 • Mona DeKoven Fishbane
옮긴이 • 박수룡 · 전영주 · 서미아 · 김현수 · 최지원 · 김수지 · 안혜상
펴낸이 • 김진환
펴낸곳 • (주) **학지사**
　　　　　　04031 서울특별시 마포구 양화로 15길 20 마인드월드빌딩
대표전화 • 02)330-5114　　　　팩스 • 02)324-2345
등록번호 • 제313-2006-000265호

홈페이지 • http://www.hakjisa.co.kr
페이스북 • https://www.facebook.com/hakjisa

ISBN 978-89-997-1969-1　93180

정가 20,000원

이 도서의 국립중앙도서관 출판시도서목록(CIP)은 서지정보유통지
원시스템 홈페이지(http://seoji.nl.go.kr)와 국가자료공동목록시스템
(http://www.nl.go.kr/kolisnet)에서 이용하실 수 있습니다.
(CIP 제어번호: CIP2019041628)

출판 · 교육 · 미디어기업 **학지사**

간호보건의학출판 **학지사메디컬** www.hakjisamd.co.kr
심리검사연구소 **인싸이트** www.inpsyt.co.kr
학술논문서비스 **뉴논문** www.newnonmun.com
원격교육연수원 **카운피아** www.counpia.com